Kompetent im Unterricht der Grundschule

hrsg. von Astrid Kaiser und Susanne Miller

Band 5

Mathematikunterricht

Von

Marianne Grassmann / Klaus-Peter Eichler /
Elke Mirwald / Bianca Nitsch

Schneider Verlag Hohengehren GmbH

Umschlag: Gabriele Majer, Aichwald

Leider ist es uns nicht gelungen, die Rechteinhaber aller Texte und Abbildungen zu ermitteln bzw. mit ihnen in Kontakt zu kommen.
Berechtigte Ansprüche werden selbstverständlich im Rahmen der üblichen Vereinbarungen abgegolten.

Gedruckt auf umweltfreundlichem Papier (chlor- und säurefrei hergestellt).

Bibliografische Information der Deutschen Nationalbibliothek

Die Deutsche Nationalbibliothek verzeichnet diese Publikation in der Deutschen Nationalbibliografie; detaillierte bibliografische Daten sind im Internet über ›http://dnb.d-nb.de‹ abrufbar.

ISBN: 978-3-8340-0731-5

Schneider Verlag Hohengehren, Wilhelmstr. 13, D-73666 Baltmannsweiler

© Schneider Verlag Hohengehren, 73666 Baltmannsweiler 2010
Printed in Germany – Appel & Klinger, Kronach

Inhaltsverzeichnis

Vorwort der Reihenherausgeberinnen V

1. Zur Einführung – einige grundlegende Gedanken 1

2. Mathematische Kompetenzen 6
2.1 Mathematik 6
2.2 Neuere Wurzeln der Kompetenzdiskussion 10
2.3 Kompetenzdiskussion heute –
Entstehung der Bildungsstandards 11
2.3.1 Zur Entstehung der Bildungsstandards 11
2.3.2 Zum Begriff Kompetenz 14
2.3.3 Kompetenzen und Bildungsstandards 15
2.3.4 Anforderungen der Bildungsstandards bezüglich der allgemeinen
mathematischen Kompetenzen 21

3. Entwicklung inhaltsbezogener Kompetenzen 47
3.1 Kompetenzentwicklung im Fach Mathematik der
Grundschule 47
3.2 Leitidee „Zahlen und Rechenoperationen" 48
3.2.1 Zur Sache 48
3.2.1.1 Zahlbegriff 48
3.2.1.2 Rechnen 52
3.2.2 Anregung zur Entwicklung inhaltlicher Kompetenzen 54
3.3 Leitidee „Raum und Form" 93
3.3.1 Geometrie als Teil des Mathematikunterrichts 93
3.3.2 Zur Sache 97
3.3.2.1 Räumliches Vorstellungsvermögen 97
3.3.2.2 Geometrische Begriffe 101
3.3.2.3 Geometrische Abbildungen 104
3.3.3 Anregung zur Entwicklung inhaltlicher Kompetenzen 109
3.3.3.1 Im Hinblick auf die Leitidee „Raum und Form" zu
erwerbende Kompetenzen 109
3.3.3.2 Sich im Raum orientieren –
räumliches Vorstellungsvermögen entwickeln 111

3.3.3.3 Geometrische Figuren erkennen, benennen und darstellen . . . 134

3.3.3.4 Einfache geometrische Abbildungen erkennen, benennen
         und darstellen 142

3.3.3.5 Handwerklich-praktische und gedanklich-theoretische Aspekte
         der Tätigkeit 149

3.4   Leitidee „Größen und Messen" 160

3.4.1   Zur Sache 161

3.4.2   Anregung zur Entwicklung inhaltlicher Kompetenzen 166

3.5   Leitidee „Daten, Zufall und Wahrscheinlichkeiten" 188

3.5.1   Zur Sache 190

3.5.2   Anregung zur Entwicklung inhaltlicher Kompetenzen 197

3.6   Sachrechnen nicht mehr aktuell? 215

3.6.1   Zur Sache 216

3.6.2   Anregungen zur Gestaltung eines Sachrechenlehrganges 218

3.7   Muster und Strukturen 238

3.7.1   Zur Sache 238

3.7.2   Anregung zur Entwicklung inhaltlicher Kompetenzen 241

3.7.2.1 Im Hinblick auf die Leitidee „Muster und Strukturen" zu
         erwerbende Kompetenzen 241

3.7.2.2 Gesetzmäßigkeiten erkennen, beschreiben und darstellen . . . 242

3.7.2.3 Funktionale Beziehungen erkennen, beschreiben und
         darstellen 264

4.   Kompetenzen und kein Ende –
         einige abschließende Gedanken 267

4.1   Kompetenzentwicklung bei leistungsschwachen Kindern 268

4.2   Kompetenzentwicklung mathematisch talentierter Kinder . . . 273

Literatur 275

Vorwort der Reihenherausgeberinnen

Die Kompetenzdebatte ist aktuell. Ähnlich wie Anfang der 1970er Jahre die Lernzieldebatte das Nonplusultra didaktischen Denkens war, ist das schulpädagogische Feld nun mit Kompetenzforderungen übersät. Oft handelt es sich nur um einen Etikettenschwindel. Es wird etwas als Kompetenz formuliert, was sich lediglich auf ein enges kognitives Lernziel reduzieren lässt. Bildungspolitische Maßnahmen und Vorschläge sind voll von Kompetenzrhetorik. Es gilt als nicht zeitgemäß, wenn Richtlinien oder Kerncurricula nicht nach dem Kompetenzmodell formuliert werden. In diesem Denkdruck passiert es leicht, dass gar nicht „Kompetenzen drin sind, wenn Kompetenz drauf steht".

Eine besonders dramatische Wendung nimmt der „Kompetenz-Zugzwang" dann ein, wenn er letztlich nicht am Fördern der Lernenden orientiert ist, sondern als Vorwand für Selektion und Auslese dient. Denn pädagogischen Sinn können kompetenzorientierte Modelle von Lernstandards nur haben, wenn sie produktiv auf erweitertes Lernen ausgerichtet sind. Kindern sollen nicht immer die Defizite vor Augen geführt werden, sondern ihre Fortschritte. Doch in Deutschland besteht die Gefahr, dass aus Standards zu leicht Zensuren werden, die nicht als individuelle, unterstützende Leistungsrückmeldung verstanden werden, sondern eher Defizite aufzeigen. Diese Einschätzung wird gerade auch von Grundschullehrerinnen und -lehrern geteilt, die sich im Rahmen zahlreicher Reformkonzepte seit vielen Jahren recht erfolgreich um eine pädagogische Arbeit bemühen, die der Heterogenität ihrer Schülerinnen und Schüler gerecht wird. Sie stellen sich die berechtigte Frage, ob und wie diese Arbeit mit den geforderten Kompetenzen, Standards, Vergleichsarbeiten etc. vereinbar ist.

Auf der anderen Seite wird mit der Forderung nach dem Kompetenzerwerb häufig auch das grundlegende Ziel verfolgt, die eher „tote Wissensanhäufung" zu überwinden und einen Beitrag zum selbstständigen, verantwortungsbewussten Handeln der Schülerinnen und Schüler mit hoher Selbst-, Sach- und Sozialkompetenz zu leisten. Hans Werner Heymann (2004, S. 7) fasst die seiner Ansicht nach unumstrittenen Chancen des neuen bildungspolitischen Trends rund um Bildungsstandards, Kompetenzen, Lernstandsüberprüfungen und Kerncurricula wie folgt zusammen: Die Beliebigkeit und föderale Zersplitterung schulischer Bemühungen werde eingedämmt; Unterricht könne sich stärker als bisher auf Wesentliches konzentrieren und das deutsche Schulsystem könne mit einem überprüfbaren Bildungsminimum der sozialen Ungleichheit entgegentreten. „Die Kompetenzorientierung steht für den Anspruch, dass die Ergebnisse schulischen Lernens handlungsrelevant, praktisch anwendbar sowie persönlich und gesellschaftlich bedeutsam sein sollen" (Heymann 2004, S. 8).

Die sieben Bücher dieser Reihe rollen in diesem Sinne die Kompetenzfrage nicht administrativ oder selektiv auf, sondern wollen konstruktiv Beispiele aufzeigen,

wie Kinder tatsächlich in den sieben Fachbereichen kompetenter gemacht werden können. Hierzu bedarf es sämtlicher Fächer und Lernbereiche der Grundschule und nicht etwa nur derjenigen, für die bereits Bildungsstandards und
Kompetenzmodelle entwickelt worden sind. Deshalb finden sich in der vorliegenden Reihe die Fächer Deutsch, Mathematik, Kunst, Musik, Englisch, Sachunterricht und Sport vertreten.

Um den formulierten Anspruch einlösen zu können, bedarf es spezifischer Lehrerkompetenzen, die durch die domänenspezifische theoretische wie auch pra-
xisbezogene Auseinandersetzung über die Förderung und Unterstützung von
Kindern in jedem einzelnen Band automatisch gestärkt werden. Trotz der hier-
durch vorgenommenen domänenspezifischen Auslegung beruflicher Kompetenzen von Grundschullehrerinnen und -lehrern, können auch gemeinsame Kompetenzen formuliert werden. Ewald Terhart (2004, S. 10f.) formuliert insgesamt
fünf grundschulspezifische Lehrerkompetenzen, mindestens drei davon werden
in der vorliegenden Reihe unmittelbar angesprochen:

• Die Fähigkeit zum konstruktiven Umgang mit der zunehmenden Heterogenität einschließlich der Entwicklung eines differenzierten und gemeinsamen
  Unterrichtskonzepts.

• Diagnostische Kompetenz im Sinne der Fähigkeit zum Erkennen von unterschiedlichen Lernbedürfnissen und Unterstützungsbedarfen.

• Die Fähigkeit zur Bereitstellung individualisierter Lernprozesse und Lern-
  möglichkeiten auf der Ebene einzelner Klassen, Lerngruppen und Zeitein-
  heiten.

Um Lehrerinnen und Lehrer zu unterstützen, diese vielfältigen Kompetenzen
umzusetzen, wünschen wir dieser Reihe guten Erfolg.

Astrid Kaiser/Susanne Miller

Literatur

Heymann, Hans Werner (2004): Besserer Unterricht durch Sicherung von „Standards"? In:
    PÄDAGOGIK 56, Heft 6, S. 6–9

Terhart, Ewald (2004): Lehrerkompetenzen für die Grundschule – Kontext, Entwicklung
    und Bedeutung. Grundschule 6/ 2004, S. 10–12

1. Zur Einführung – einige grundlegende Gedanken

Einschlägige Untersuchungen wie (TIMSS, PISA, VERA) gaben in der Vergangenheit, aber auch in jüngster Zeit[1] wenig Anlass, mit dem Mathematikunterricht und seinen Ergebnissen zufrieden zu sein.

Das betrifft sowohl die Ergebnisse des Unterrichts in ihrer Gesamtheit als auch die von Bundesland zu Bundesland, von Schule zu Schule, ja selbst von Klasse zu Klasse anzutreffenden ungerechtfertigten[2] Unterschiede im Niveau des Unterrichts und seiner Ergebnisse. Der Wunsch, auf breiter Basis eine Grundqualität des Unterrichts herbeizuführen, ist allzu verständlich und führte letztlich zur Verabschiedung der Bildungsstandards. Dieser Wunsch ist nicht nur ein Wunsch von kultusministerieller Seite. Unzählige engagierte Lehrerinnen und Lehrer sind tagtäglich darum bemüht, jedem Kind eine optimale Entwicklung zu ermöglichen.

Das vorliegende Buch wendet sich in erster Linie an diese Lehrerinnen und Lehrer und soll die in den Bildungsstandards verankerten Vorgaben für die Praxis konkretisieren. Es soll eine Grundlage zur produktiven theoretischen Auseinandersetzung mit den Bildungsstandards sein und zugleich viele konkrete Anregungen für die Arbeit im Unterricht geben. Die Darstellungen können nur exemplarisch sein und wollen Chancen, aber auch Grenzen der Kompetenzdiskussion deutlich machen, welche durch die internationalen Vergleichsuntersuchungen und die von der KMK formulierten Bildungsstandards initiiert wurde. Sie sollen vor allem dazu anregen, immer wieder neu über den eigenen Unterricht unter dem Blickwinkel der optimalen Entwicklung jedes Kindes nachzudenken.

Zur Funktion des Mathematikunterrichts

Diskussionen über den Mathematikunterricht, seine Ziele und seine Ergebnisse sind nicht neu. Sie sind unverzichtbar, denn ohne ein ständiges Nachdenken, ohne Veränderungen gäbe es keine Entwicklung, keine Qualitätsverbesserung und vor allem keine Anpassung an veränderte Anforderungen und Rahmenbedingungen.

Von zentraler Bedeutung ist die Klärung der Funktion des Mathematikunterrichts, also die Antwort auf die Frage, mit welcher Intention Mathematik unterrichtet werden sollte. Die Antwort auf diese Frage ist wegweisend für alle Detailentscheidungen, beispielsweise ob und in welchem Umfang Kinder die Verfahren des schriftlichen Rechnens erlernen sollten, ob, und wenn ja, mit welcher Intention Taschenrechner im Mathematikunterricht der Grundschule eingesetzt werden sollten.

---

[1] Vgl. die jüngst veröffentlichten Ergebnisse von TIMSS 2007.

[2] Dabei verleugnen wir nicht, dass es auf Grund unterschiedlicher Voraussetzungen und Bedingungen durchaus auch gerechtfertigte Unterschiede gibt.

In der Geschichte findet man unterschiedliche Antworten auf die Frage nach der Funktion mathematischer Bildung. Es gab Hochkulturen wie die der Maya, in denen nur wenige mathematisch gebildet waren. Adam Ries[3] ist uns nur deshalb als Rechenmeister bekannt, weil zu seiner Zeit nicht jeder schriftlich rechnen konnte, sondern dies die Rechenmeister erledigten. Die Regeln der Bruchrechnung waren noch zu Zeiten von Ries und Melanchton[4] der universitären Bildung vorbehalten.

Es gab stets Zeiten, in denen der Mathematikunterricht eher das Ziel der formalen (geistesbildenden, die Persönlichkeit formenden) Bildung hatte und Zeiten, in denen eher die materiale (auf die Bewältigung der „Rechenfälle des Lebens" gerichteten) Bildung im Mittelpunkt stand. So betont beispielsweise Pestalozzi die formale Bildung als wichtigstes Ziel. Später trat an die Stelle des Primats der formalen das Primat der materialen Bildung und das erste Ziel des Rechenunterrichts wurde die Vorbereitung der „künftigen Bürger, Bauern und Soldaten"[5] auf ihre Berufe. Eine solche Entwicklung – Ablösung von Extremen – findet man auch nach 1945, wo zunächst an den Rechenunterricht angeknüpft wurde und dann der „Sputnikschock" zu einer Wissenschaftsorientierung einhergehend mit der Betonung formaler Bildung und zur „von oben" verordneten Einführung der „Neuen Mathematik" führte. Mit dem Scheitern dieser Reform[6] fand wieder eine Gegenbewegung „back to the basics" mit einer starken Gewichtung der materialen Bildung statt.

In engem Zusammenhang mit der Frage nach dem Verhältnis von formaler und materialer Bildung steht die Frage, ob der Mathematikunterricht vor allem an der Wissenschaft Mathematik oder an der Entwicklung des Kindes orientiert werden soll.

Johannes Kühnel hat zu Beginn des 20. Jahrhunderts den „Rechenunterricht" einer umfassenden Kritik unterzogen und ein Konzept für seinen „Neubau"[7] entworfen. Seine Feststellung: „Der Rechenunterricht ist seit jeher das Kreuz und Sorgenkind unserer Schule. Hier haben wir neben dem Rechtschreibunterricht die geringsten Erfolge erzielt." trifft offensichtlich noch heute zu, wenn man die Diskussionen um den Mathematikunterricht und seine Ergebnisse betrachtet.

Kühnel kritisiert, dass der damalige Rechenunterricht einseitig vom Standpunkt des gebildeten Erwachsenen konzipiert ist und dessen Bedürfnis nach Schematisierung irrtümlich auf das Kind überträgt. Diese Kritik untermauert Kühnel,

---

[3] (1492–1559), bekannt als Rechenmeister. Er verfasste u. a. „Rechenung auff der linihen und federn" (1522), in dem er das Rechnen auf dem Rechenbrett und das Rechnen mit Ziffern im Positionssystem beschreibt sowie die „Coß", ein Lehrbuch der Algebra.

[4] 1497–1560, eigentlich Philipp Schwartzerdt, war Gelehrter, Dichter, Lehrbuchautor, wurde als „Praeceptor Germaniae" (Lehrer Deutschlands) bekannt. Neben Martin Luther einer der Reformatoren.

[5] Stiehl zitiert nach Radatz/Schipper (S. 31)

[6] Extreme Proteste gipfelten in Aussagen wie z. B. „Mengenlehre macht krank".

[7] Kühnel, J. (1916); S. 43; 44

wenn er feststellt, dass der Unterricht vom Stoffprinzip beherrscht wird und sich die Orientierung des Unterrichts durch „eine nicht geringe psychologische Kenntnislosigkeit" auszeichnet. Kühnel betont, dass auch künftig Kenntnisse und Fertigkeiten wesentlich sind, hebt zugleich aber hervor, dass diese vom Schüler *erworben* werden müssen, dass das Tun des Schülers nicht mehr auf Empfangen, sondern auf Erarbeiten eingestellt sein muss und dass nicht Leitung und Rezeptivität, sondern Organisation und Aktivität des Schülers das Lehrverfahren der Zukunft kennzeichnen.

Ein Blick in den Unterrichtsalltag zeigt, dass diese Art des Unterrichts auch heute noch keineswegs selbstverständlich ist. Trotz vieler positiver Entwicklungen findet man zu häufig noch die Auffassung, dass die Kinder zunächst und in erster Linie einmal Rechnen (und dort vor allem das Anwenden vorgegebener Algorithmen) erlernen müssen, bevor dann die eigenständige Auseinandersetzung mit anspruchsvolleren mathematischen Inhalten möglich ist. In einem derartigen Unterricht lernen Kinder, eine Vielzahl von Aufgabentypen[8] und -formen[9] zu unterscheiden und prägen sich die jeweils passende Lösungsregel ein. So gibt es Kinder, die bei Aufgaben wie $63 - \_\_\_ = 42$ sagen: „Wenn die zweite Zahl

gesucht ist, muss man minus rechnen." und die dann bei Aufgaben wie $20 - \_\_\_ = 50$ als Lösung die Zahl 30 angeben.

Nicht zuletzt an dieser Stelle wird durch die Umsetzung der Bildungsstandards eine Veränderung erwartet.

Die Funktion mathematischer Bildung, also der Zweck, mit dem Kinder mit Mathematik konfrontiert werden, hat unabhängig von der Altersstufe zwei untrennbar miteinander verbundene Seiten[10]:

Einmal befähigen die erworbenen Kenntnisse, Fähigkeiten und Fertigkeiten, Gewohnheiten und Einstellungen zur Beantwortung elementarer Fragen aus der Umwelt und aus der Mathematik und schaffen eine tragfähige Basis für erfolgreiches weiteres Lernen nicht nur im Fach Mathematik.

Zugleich besitzen mathematische Aktivitäten wesentliche Potenzen für die harmonische Entwicklung des Kindes. Das betrifft insbesondere

- das Wecken von Neugier und Interesse an mathematischen Tätigkeiten, Objekten und Fragestellungen,

---

[8] Unter Aufgabe im Sinne einer mathematischen Schüleraufgabe verstehen wir eine Aufforderung an das Kind zum Handeln, die es mit seinem mathematischen Wissen und Können lösen oder aber als unlösbar erkennen kann. Hier wird insbesondere das Problem der „Passung" zwischen Anforderungen und subjektiven Voraussetzungen des Kindes deutlich: Was eine Aufgabe ist, hängt vom Löser ab. Der Terminus „Aufgabentyp" widerspiegelt das mathematische Wesen einer Aufgabe. Aufgabentypen sind beispielsweise „Addition zweier zweistelliger Zahlen mit Überschreiten des Zehners".

[9] Der Terminus Aufgabenform widerspiegelt die Erscheinung einer Aufgabe. Aufgabenformen sind beispielsweise Terme, Tabellen, Zahlenmauern, usw.

[10] vgl. Weber (1984), Eichler (2008)

- das Wecken der Freude an mathematischen Aktivitäten speziell und an entdeckendem Lernen generell,
- die Förderung der Fantasie und der Kreativität,
- die Denk-, Gedächtnis- und Sprachentwicklung,
- die Befähigung zu und die Gewöhnung an ausdauernde, konzentrierte Lernarbeit,
- die Erziehung zu Genauigkeit, Sorgfalt und Eigenverantwortung und nicht zuletzt
- die Entwicklung sozialer Verhaltensweisen.

Auch wenn in der Grundschule die Mehrheit der Inhalte eine fundamentschaffende Funktion für erfolgreiches Weiterlernen besitzen: Gegenwärtig gewinnt der Mathematikunterricht seine Existenzberechtigung weniger denn je aus seinen stofflichen Inhalten, sondern vor allem aus den hier genannten Potenzen für die Entwicklung des Kindes. Diese Potenzen des Mathematikunterrichtes kommen allerdings nur dann zur Geltung, wenn die Kinder durch eine entsprechende Gestaltung des Unterrichts zu aktiv handelnden Subjekten ihrer Bildung gemacht werden können. Fanghänel stellt fest [11] „Wesentlicher als die Frage, *was* denn im Fach Mathematik unterrichtet werden sollte, ist es zu klären, *wie* dies zu geschehen hat". Zweifellos sind Fragen nach der Auswahl und Anordnung des Stoffes, nach seiner Systematik und logischen Strenge wichtig. Den Vorrang aber müssen Überlegungen haben, wie alle Kinder in spezifischer Weise angesprochen und veranlasst werden können, sich geistig aktiv mit den angebotenen Inhalten auseinanderzusetzen.

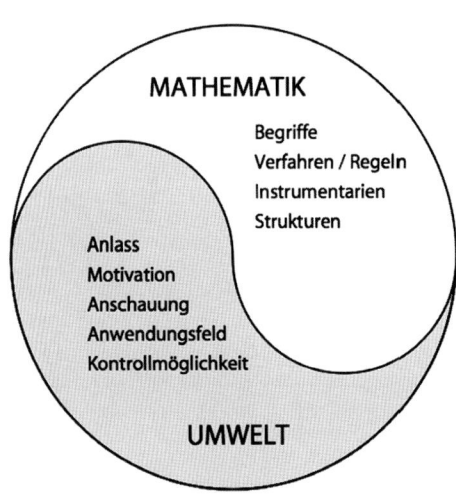

Abb. 1.1 Mathematik und Umwelt

Die Art und Weise der Aneignung mathematischer Inhalte entscheidet nicht zuletzt darüber, ob und wie den beiden Seiten der Funktion mathematischer Bildung Rechnung getragen wird. Zugleich wird deutlich, dass der Bezug zur Umwelt, also zur Lebenswirklichkeit des Kindes eine bedeutende Rolle spielt. Abbildung 1.1 zeigt dieses Verhältnis.

Im Mathematikunterricht Sinn zu stiften bedeutet, der Umwelt die genannten Funktionen zu geben. Erst mit einer mittelbaren oder unmittelbaren Beziehung zur Lebenswirklichkeit und der An-

---

[11] vgl. Fanghänel (2000)

wendung dort ist das Erworbene für den Lernenden sinnhaft und hat die Funktion eines Werkzeugs.

Entsprechend sollte der Erwerb mathematischer Erfahrungen aus der Perspektive der Kinder aufgebaut sein, sollte er die Alltags- und Umwelterfahrungen der Kinder berücksichtigen und dabei dennoch – und das ist Aufgabe der Lehrerin [12] – die Fachsystematik im Auge behalten (vgl. Schipper 2001) [13]. Das Kind findet seine Erfahrungen „aufgehoben" und die Lehrerin weiß, welche langfristigen Ziele mit dieser oder jener Aktivität verfolgt werden. Es kann nicht um Kind- *oder* Fachorientierung gehen, sondern es muss vielmehr darum gehen, beide Seiten zusammenzubringen, also in den kindlichen Erfahrungen Elemente der Fachwissenschaft herauszufinden und *vom FACH aus* nach Anknüpfungspunkten zur kindlichen Entwicklung zu suchen. [14]

Planung, Durchführung und Reflexion von Unterricht erfolgt immer auf der Grundlage zu erreichender Ziele. Nachfolgend sollen deshalb die Ziele des Mathematikunterrichts entsprechend der Bildungsstandards dargestellt werden. Dazu wird zunächst der Begriff der Kompetenz näher untersucht. Anschließend werden im Mathematikunterricht zu erwerbende Kompetenzen näher beschrieben und systematisiert sowie Niveaustufen der Ausprägung dieser Kompetenzen dargestellt.

---

[12] Wenn hier und an anderer Stelle von Lehrerinnen gesprochen wird, mögen sich alle emanzipierten Lehrer ebenso angesprochen fühlen.

[13] Schipper, W., S. 10–15)

[14] vgl. z. B. Wittmann, E. Ch. (1996) S. 3–7

2. Mathematische Kompetenzen

2.1 Mathematik

Wer über mathematische Kompetenzen nachdenkt, muss zuerst klären, was unter Mathematik verstanden werden soll und wozu sie von Nutzen ist. Auf diese Frage nach dem Wesen von Mathematik gibt es verschiedene Antworten, die immer zugleich ein ganz bestimmtes von der subjektiven Erfahrung geprägtes Bild von Mathematik ausdrücken.

Das Wort Mathematik stammt vom altgriechischen mathán (ich lerne) ab. Ursprünglich aus der Untersuchung von Figuren und dem Rechnen mit Zahlen entstanden gibt es mittlerweile eine selbst für Mathematiker schwer zu überblickende Vielzahl von Spezialisierungen. So ist es verständlich, dass es keine allgemein anerkannte Definition gibt, welche beschreibt, was Mathematik ist und was nicht.

- Mathematik wird heute oft als eine Wissenschaft angesehen, die mehr oder weniger abstrakte Strukturen auf ihre Eigenschaften und Muster untersucht.[1] Mathematik zu betreiben bedeutet damit, Strukturen, Muster, Regelmäßigkeiten zu entdecken, zu beschreiben und zu verallgemeinern. Dies ist ein auch für den Unterricht wesentlicher Aspekt von Mathematik.

- Mathematik ist auch ein *Werkzeug*, die Welt zu beschreiben[2]. Dies ist der Aspekt der Anwendungsorientierung von Mathematik. Beutelspacher[3] sieht die Anwendungsorientierung der Mathematik als eine besondere Weise, die Welt zu erfahren, *nicht* Formeln anzuwenden, sondern mit mathematischen Begriffen Strukturen und Zusammenhänge der Welt *zu erkennen*. So kann Mathematik beispielsweise helfen, die Schönheit der Welt z. B. in symmetrische Strukturen, Mustern, Parketten und Ornamenten zu erkennen und zu beschreiben.

- Nach Freudenthal[4] ist Mathematik eine *Geisteshaltung*: „Mathematik ist eine Geistesverfassung, die man handelnd erwirbt und vor allem die Haltung, keiner Autorität zu glauben, sondern immer wieder „warum?" zu fragen. Warum ist 3 · 4 dasselbe wie 4 · 3? Warum multipliziert man mit 100, indem man 2 Nullen anhängt? ... Es gibt nichts in der Welt, das so ohne Kritik akzeptiert wird wie Zahlen. Tausende, Millionen, Milliarden, Prozente und Punkte, Kilos und Tonnen – in der Zeitung, in Kommentaren und Diskussionen scheint das alles wie mit einer Einheitstunke übergossen. Glaube an die Unfehlbarkeit ist Aberglaube. Das Gegengift ist die Frage „Warum?", eine geistige Haltung".

---

[1] Vgl. z. B. Müller/Wittmann (2008)
[2] Vgl. z. B. Winter, H. (1982)Sachrechnen in der Grundschule und hier speziell seine Ausführungen zu den Funktionen des Sachrechnens
[3] Beutelspacher, A. (1996), S. 11
[4] Freudenthal, H. (1982), S. 140–142

- Mathematik ist zugleich eine *Sammlung von Ideen*. Man benötigt Ideen, um neue Sätze zu finden, Beweise zu führen oder auch nur um eine Aufgabe selbstständig zu lösen. Derartige Ideen können schwerlich gelehrt werden, sie müssen erlebt, ja gelebt werden. Das verlangt Zeit und Muße, sich auf mathematische Probleme einzulassen, zu versuchen, zu irren und zu korrigieren. Dieser Aspekt spielt in der aktuellen Diskussion eine nur geringe Rolle, ist aber für langfristig erfolgreiches Arbeiten im Unterricht von zentraler Bedeutung. Eine für die Mathematik und den Mathematikunterricht charakteristische Arbeitsweise besteht doch gerade darin, neue Aufgaben auf bereits bekannte Aufgaben zurückzuführen, selbständig Lösungsstrategien entwickeln.

Im Zentrum eines spiralförmig angelegten Mathematiklehrganges sollten deshalb *fundamentale Ideen*[5] stehen, die an verschiedenen Stellen und aus unterschiedlichen inhaltlichen Perspektiven immer wieder aufgegriffen werden können und die dabei – gewissermaßen wie rote Fäden – die Vielfalt der Inhalte strukturieren. Die einzelnen Inhalte werden dann nicht mehr relativ isoliert behandelt, sondern sinnvoll miteinander vernetzt. Der einzelne Stoff, die einzelne Aufgabe muss dann nicht mit jedem Kind „zu Ende behandelt" werden, denn mit den in den Aufgaben enthaltenen bzw. beim Bearbeiten der Aufgaben zum tragen kommenden fundamentalen Ideen werden die Kinder immer wieder konfrontiert. So kann Lernen für alle Kinder zum erfolgreichen Weiterlernen werden, kann der Heterogenität der Leistungsniveaus Rechnung getragen werden.

Den Bildungsstandards liegen folgende fundamentale Ideen, sogenannte *Leitideen,* zu Grunde:

Leitidee „Muster und Strukturen"

Zahlen und geometrische Objekte besitzen Beziehungen, die sich in Gesetzmäßigkeiten und Mustern widerspiegeln. Derartige Strukturen – und nicht etwa das pure Zahlenrechnen – sind der eigentliche Gegenstand der Mathematik. Den Kindern sind Muster aus der Vorschulzeit bekannt, sie erfassen deren Regelmäßigkeiten. Das Erfassen, Erkennen und Wiedererkennen von Mustern ist letztlich ein wichtiges Mittel der Erkenntnistätigkeit nicht nur in der Geometrie sondern gerade auch in der Arithmetik etwa bei der Bildung der Zahlworte, beim Übertragen bekannter Aufgaben oder beim Erfassen und Anwenden von Rechengesetzen.

Leitidee „Zahlen und Operationen"

Diese Leitidee widerspiegelt die Vielfalt der Aspekte des Zahlbegriffs. Kinder erleben Zahlen als Mittel zum Beschreiben quantitativer Seiten der Realität. Sie lernen dabei die verschiedenen Aspekte des Zahlbegriffs kennen und Zahlen dementsprechend zu verwenden.

---

[5] In der Mathematik gibt es weitere fundamentale Ideen wie etwa die Idee der Symmetrie, die Idee der Beziehung von Teil und Ganzem oder die Idee der funktionalen Abhängigkeit.

Zum Beschreiben von Sachverhalten der Wirklichkeit lernen die Kinder Operationen kennen und nutzen.

Leitidee „Raum und Form"

Die Kinder erfassen unsere Umwelt als dreidimensionalen Raum. Ihre Auseinandersetzungen mit der Umwelt beinhalten damit stets eine Auseinandersetzung mit der Räumlichkeit der uns umgebenden Welt. Dies fordert und fördert u. a. Fähigkeiten zum räumlichen Wahrnehmen, Vorstellen und Darstellen bezogen auf Objekte, bezogen auf Lagebeziehungen zwischen Objekten und bezogen auf Prozesse.

Die Kinder erfassen, dass die Form von Objekten wesentlich über deren praktische Verwendbarkeit etwa beim Bauen, Legen, Auslegen usw. entscheidet. Sie klassifizieren Objekte nach ihrer Form.

Leitidee „Größen und Messen"

Kinder erfahren an vielen konkreten Beispielen, dass Objekte qualitative Eigenschaften (Länge, Fläche, Volumen, Farbe, Masse usw.) besitzen. Sie erfassen, dass einige dieser Eigenschaften quantitativ verglichen und ausgedrückt werden können. Dazu erwerben sie Erfahrungen im Vergleichen und Messen sowie realistische Größenvorstellungen zu verschiedenen Größenarten.

Leitidee „Daten, Häufigkeit und Wahrscheinlichkeit"

In der Auseinandersetzung mit der Umwelt lernen die Kinder Daten zu erfassen, darzustellen und auszuwerten. Im Umgang mit zufälligen Ereignissen sammeln die Kinder Erfahrungen zu nichtdeterministischen Ereignissen.

Die *Konzentration auf fundamentale Ideen* bietet die Möglichkeit,

– Lernen als Weiterlernen zu gestalten, bei dem an vorhandene Erfahrungen angeknüpft und einmal Betrachtetes nicht als abgeschlossen angesehen wird,

– Inhalte in individuell unterschiedlicher Tiefe, vom zeitlichen Umfang her flexibel und methodisch variabel zu bearbeiten,

– der Leistungsheterogenität der Schüler einer Klasse durch differenzierende Förderung aller Schüler gerecht zu werden,

– dass sich die Schüler die Beziehungen zwischen den verschiedenen mathematischen Inhalten wie beispielsweise die Verbindung von Arithmetik- und Geometrieteil erschließen sowie

– die vielfältigen Bezüge einzelner Inhalte zu außerunterrichtlichen Erfahrungen und den Inhalten anderer Fächer anwendungsorientiert zu nutzen.

Mathematik hat also eine Vielzahl von Facetten, kann gleichermaßen anstrengend wie faszinierend sein. Deutlich wird vor allem, dass wesentliche Aspekte mathematischer Bildung durch einen der allgegenwärtigen Tests zweifellos nicht erfasst und erst recht nicht „abgefragt" werden können.

Dass im Unterricht von diesen Aspekten der Mathematik häufig zu wenig oder
gar nichts bei den Lernenden ankommt, dass Kühnels Prinzipien den Unterricht
selten oder nie erreichen, zeigen u. a. Bilder, die Studienanfänger der Grundschulpädagogik[6] von ihrem Mathematikunterricht gezeichnet haben.

 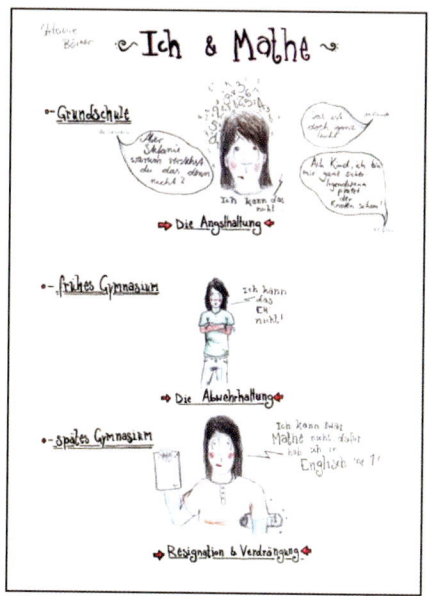

Abb. 2.1 Bilder vom Mathematikunterricht

Hier geht es offensichtlich nicht um aktive eigene Sinnkonstruktion, nicht um
Verständnis und keinesfalls um die Ausbildung einer Geisteshaltung. Vielmehr
geht es hier um Drill, um Reiz – Reaktions – Muster, um das Einpauken unverstandener Regeln. Wie kann man als Lehrerin die Kinder für Mathematik be-
geistern, wenn man von Angsthaltung bis hin zur Resignation alles in der Schule
durchlitten hat?

Wer über Unterricht und Lernangebote für Kinder nachdenkt, kommt nicht um-
hin, sich selbst nach seiner Haltung zur Mathematik zu befragen und zu klären,
welches Bild von Mathematik und Mathematikunterricht er besitzt und seinen
Schülern wünscht. Die Bildungsstandards sollen nicht zuletzt dazu Anregungen
geben.

Bevor wir uns dem Kompetenzbegriff und den Bildungsstandards für den
Mathematikunterricht zuwenden, möchten wir interessante Wurzeln der aktuellen Entwicklung aufzeigen, die zum besseren Verständnis und zur Einordnung
gegenwärtiger Diskussionen beitragen können.

---

[6] Diese Bilder stehen stellvertretend für viele mit ähnlicher Aussage. Sie stammen von Studieren-
den, die in Berlin im Rahmen der Grundschulpädagogik den Lernbereich Mathematik studieren
und später Mathematik in den Klassen 1 bis 4 unterrichten werden.

2.2 Neuere Wurzeln der Kompetenzdiskussion

Bereits in den 1970er Jahren formulierte Heinrich Winter *allgemeine Lernziele des Mathematikunterrichts*[7]. Winter formulierte für den Mathematikunterricht allgemeine, über den Inhalt hinausgehende Ziele, die nicht nur kognitive, sondern implizit auch soziale und affektive Ziele enthalten. Bei der Begründung dieser Ziele spielen sowohl fachmathematische Aspekte als auch Aspekte der Entwicklung des Lernenden eine Rolle. Winter fordert, bereits bei der Stoffauswahl zu beachten, inwieweit der Stoff dazu geeignet ist, möglichst vielen allgemeinen Lernzielen gerecht zu werden.

Winters allgemeine Lernziele beziehen sich auf

- die Entwicklung der **Argumentationsfähigkeit,** wobei aus unserer Sicht das in den Bildungsstandards gesondert aufgeführte Kommunizieren in diesem Ziel enthalten ist, denn es geht Winter um die Fähigkeit, sich mit anderen zu verständigen, aber auch um eine „Vorstufe" des Beweisens. In diesem allgemeinen Lernziel sind vielfältige soziale Aspekte enthalten, denn Argumentation impliziert Zuhören, Akzeptieren oder begründetes Verwerfen anderer Meinungen ebenso wie den Mut, seine Gedanken zu äußern und zu verteidigen;
- die Entwicklung der **Kreativität**, wozu nach Winter auch das Suchen nach eigenen Lösungswegen, aber auch die Ausdauer, immer neue Wege auszuprobieren, gehört. Diese Aspekte werden in den Bildungsstandards beim Problemlösen mit erfasst;
- die Entwicklung der **Fähigkeit zum Mathematisieren**, die wir in den Bildungsstandards im Modellieren wieder finden;
- die Entwicklung der **geistigen Grundtechniken** Klassifizieren, Ordnen, Generalisieren und Konkretisieren, Analysieren und Formalisieren, die in den Bildungsstandards zwar nicht explizit erwähnt werden, die aber eine Voraussetzung sind, um Mathematik selbstständig zu betreiben.

Die Bildungsstandards sind offensichtlich von Winters allgemeinen Lernzielen beeinflusst.

In eine ähnliche Richtung gehen Überlegungen zur Funktion des Mathematikunterrichts bzw. zu allgemeinbildenden Zielen des Mathematikunterrichts, die Härtig und Weber publizierten. So stellte Härtig bereits 1974 Überlegungen „zur Systematisierung des Inhalts von Mathematiklehrgängen" zur Diskussion[8], in denen Komponenten mathematischer Allgemeinbildung herausgearbeitet werden. Härtig stellt heraus, dass jeder Mathematikunterricht neben Faktenwissen auch auf die Entwicklung allgemeiner Denkweisen, die in der Mathematik eine zentrale Rolle spielen, zielt. Bei diesen Denkweisen findet sich – zur semantischen Denkweise gehörig – das Modellieren. Auch das Argumentieren und

---

[7] Vgl. Winter, H. (1975)
[8] Vgl. Härtig, K. (1974)

Kommunizieren findet sich bereits damals in verschiedenen Aspekten, z. B. in der Forderung nach sprachlich-logischer Schulung[9] wieder. Neben einer „normierten" Ausdrucksweise wurde hier stets auch die Nutzung der Umgangssprache im Mathematikunterricht gefordert. Hervorzuheben ist, dass sowohl bei der sprachlich-logischen Schulung als auch in den anderen Bereichen immer langfristige Entwicklungen von Klasse 1 an angestrebt wurden.

Dieser Gedanke der langfristigen, kontinuierlichen, planmäßigen und systematischen Entwicklung ist bei der Umsetzung der Bildungsstandards zu berücksichtigen, gerade derzeit und angesichts der allgegenwärtigen Ungeduld. Härtig betont, dass zur mathematischen Allgemeinbildung auch Vorstellungskraft, Phantasie und Initiative gehören. Das sind Gedanken, die wir bei Winter unter Kreativität und in den Bildungsstandards beim Problemlösen und in inhaltlichen Leitlinien wieder finden. Schon damals wurde gefordert, immer wieder zu überlegen, welche Denkweisen und allgemeinbildenden Fähigkeiten am jeweils zu behandelnden mathematischen Inhalt entwickelt werden können und es wurde betont, dass im Unterricht keineswegs nur die Vermittlung von Faktenwissen und Fertigkeiten im Vordergrund stehen darf.

Die Ergebnisse internationaler Vergleichsuntersuchungen zeigen, dass diese Orientierungen seinerzeit und bis heute offensichtlich nur geringe Auswirkung auf den Unterricht hatten.

2.3 Kompetenzdiskussion heute – Entstehung der Bildungsstandards

Im Folgenden soll zunächst kurz auf die Entstehung der Bildungsstandards speziell für Mathematik[10] eingegangen werden.

2.3.1 Zur Entstehung der Bildungsstandards

Nachdem Deutschland zu Beginn der 1990er Jahre an TIMSS[11] teilgenommen hatte und die deutschen Schülerinnen und Schüler Leistungen in Mathematik und Naturwissenschaften erbrachten, die unter dem Durchschnitt lagen, hat sich die Diskussion um den Unterricht und seine Ergebnisse auch in der Öffentlichkeit deutlich verstärkt. Vermehrt wurde eine rasche Änderung gefordert.

Die getesteten deutschen Jugendlichen lagen insbesondere bei der flexiblen Anwendung ihres Wissens, beim Verknüpfen von Wissen aus unterschiedlichen Bereichen sowie in den Leistungen beim Problemlösen deutlich hinter den Leistungen der Spitzengruppe zurück. Stärken zeigen sie lediglich bei der Reproduk-

---

[9] Beispielsweise wurde Können im Beschreiben und Begründen auch unter Nutzung von Variablen angestrebt.

[10] Für den Deutschunterricht vgl. die Ausführungen von Bartnitzky im ersten Band dieser Reihe.

[11] Third International Mathematics and Science Study, in der Neuauflage von 2007 als Abkürzung für „Trends in International Mathematics and Science Study" verwendet.

tion von Wissen und der Ausführung einfacher Operationen. Auch wenn Deutschland an TIMSS – Grundschule nicht teilgenommen hat, ergab sich die Frage, ob Wurzeln für dieses Abschneiden bereits in der Grundschule gelegt werden, ob bereits im Grundschulmathematikunterricht eine „falsche" Schwerpunktsetzung erfolgt. Die ersten Ergebnisse von PISA[12] und IGLU(E)[13] bestätigten tendenziell diese Defizite, wenngleich sich in der IGLU (E) Studie die Grundschulkinder sowohl im Lesen als auch im mathematischen Bereich im internationalen Vergleich besser platzieren konnten als die Sekundarstufenschüler.

Es kann nicht befriedigen, wenn fast 20 % der Kinder zum Ende der Klasse 4 im Hinblick auf das weitere Lernen von Mathematik als gefährdet eingestuft werden müssen, weil sie nur über elementarste mathematische Grundfähigkeiten verfügen. Unbefriedigend ist auch, dass zwar die Spitzengruppe durchaus im internationalen Vergleich mithalten kann, zu den leistungsfähigsten Schülerinnen und Schülern einiger anderer Länder aber immer noch ein beträchtlicher Abstand besteht.[14]

Diese Befunde wurden mit den Ergebnissen von TIMSS 2007 unterstrichen.[15] Zwar lagen die Ergebnisse der deutschen Grundschulkinder mit 525 Punkten über dem internationalen Durchschnitt von 473 Punkten, aber dennoch verfügten immerhin ein Fünftel der Schülerinnen und Schüler allenfalls über elementares mathematisches Wissen sowie elementare mathematische Fähigkeiten und Fertigkeiten und es erreichten immerhin 4 % der Kinder nur die unterste Kompetenzstufe. Zugleich erreichten nur 6 % der Kinder in Deutschland die höchste Kompetenzstufe. Demgegenüber gelingt es den Staaten der internationalen Leistungsspitze sowohl den Anteil der Kinder auf der untersten Kompetenzstufe geringer zu halten als auch die Potenziale von leistungsstarken Schülerinnen und Schülern besser auszuschöpfen. Die Forderung, „. . . zukünftig die gemeinsame Förderung leistungsschwacher und leistungsstarker Kinder noch besser in Einklang zu bringen"[16] ist folgerichtig. Zwei weitere Ergebnisse von TIMSS 2007 besitzen bildungspolitische Brisanz und sollten Anlass zum Nachdenken über den Unterricht sein:

Zum einen gehört Deutschland zu dem Drittel der TIMSS Teilnehmerstaaten, in denen Jungen in Mathematikleistungen gegenüber den Mädchen einen signifikanten Vorsprung haben, während es international betrachtet keine geschlechts-

---

[12] Program for International Students assessment
[13] Internationale-Grundschul-Lese-Untersuchung, die in Deutschland mit ergänzenden Mathematik- und Naturwissenschaftsaufgaben durchgeführt und bei der einige der TIMSS-Items verwendet wurden.
[14] Bos, W. u. a. (Hrsg. 2003), S. 224
[15] Vgl. Bos, W. u. a. (Hrsg.) (2008)
[16] Ebenda S. 11

spezifischen Leistungsunterschiede gab[17]. Zum anderen hat sich für Deutschland auch in TIMSS 2007 der enge Zusammenhang zwischen Kompetenzentwicklung und sozialer Herkunft bestätigt.

Aus diesen Ergebnissen kann nicht geschlossen werden, dass nur die leistungsschwächeren sowie die leistungsstarken, begabten Kinder einer besseren Förderung bedürfen. Vielmehr bedarf es einer besseren Grundqualität des gesamten Unterrichts ausdrücklich für alle Kinder. Auch jene Kinder, die „gute" bis „befriedigende" Ergebnisse erreichen, haben ein Recht auf Förderung. Im Interesse der Entwicklung aller Kinder aber auch im gesellschaftlichen Interesse eines Landes, dessen Wirtschaftskraft auf der Verarbeitung und wertsteigernden Veredlung von Erzeugnissen beruht, ist es zwingend erforderlich, **allen** Kindern, unabhängig von Geschlecht und sozialer Herkunft, eine möglichst gute mathematische Bildung zu ermöglichen.

Eingedenk dessen und der Ergebnisse dieser internationalen Vergleichsuntersuchungen wurde von politischer Seite mit der Einführung verbindlicher Standards in den Fächern Deutsch und Mathematik sowie mit der Einführung auch nationaler Vergleichsarbeiten reagiert. Auf die mit dieser Output-Orientierung verbundenen Gefahren im Falle einer Überbetonung dieses Outputs wird im Folgenden noch hinzuweisen sein.

Bemerkenswert an den bildungspolitischen Maßnahmen nach PISA war, dass die Grundschule und die vorschulische Bildung in den Mittelpunkt der Aufmerksamkeit rückten. Dabei standen Maßnahmen zur Förderung der sprachlichen Entwicklung vor allem im Vorschulbereich im Mittelpunkt. Tests zur Sprachstandserhebung und Programme zur sprachlichen Förderung findet man mittlerweile in allen Kindertageseinrichtungen. Für mathematische Frühförderung gibt es entsprechende Programme bisher erst in Ansätzen[18]. Hier hat erst in den letzten Jahren eine intensive Forschungs- und Entwicklungsarbeit eingesetzt.

Das Hervorhebenswerte dieser Entwicklung ist, dass es der KMK gelang, landesweite Tests (VERA) zu initiieren sowie verbindliche Bildungsstandards für die Fächer Deutsch und Mathematik jeweils für das Ende der Jahrgangsstufe 4[19] und für den mittleren Schulabschluss festzulegen. In vergleichsweise kurzer Zeit wurden kleine Kommissionen gebildet, die in weniger als 18 Monaten diese Standards erarbeiteten.

---

[17] Noch dramatischer stellen sich die geschlechtsspezifischen Unterschiede im Bereich der Naturwissenschaften dar, wo der Vorsprung der Jungen in Deutschland noch deutlicher ausfällt und Deutschland derjenige Staat unter den teilnehmenden OECD- und EU- Staaten mit der größten Geschlechterdifferenz in den naturwissenschaftlichen Kompetenzen ist. Vgl. Bos u. a. (2008)

[18] Wobei eine Vielzahl dieser Programme bewährte Traditionen ignorieren, weder fachlich noch didaktisch fundiert sind, sondern lediglich eine Marktlücke bedienen. So werden beispielsweise Zahlen mystifiziert, wird empfohlen, freundlich zu Zahlen zu sein, weil dann die Zahlen ihrerseits auch freundlich sind.

[19] In den meisten Bundesländern fällt dieser Zeitpunkt mit dem Ende der Grundschulzeit zusammen.

Die vorliegenden Standards sind damit gewissermaßen Ausdruck einer „Reform von oben". Vergleichsweise anders verlief die Entwicklung der „Principles and Standards for School Mathematics" des NCTM in den USA. Hier gab es einen mehrjährigen Prozess öffentlich geführter Diskussionen unter Beteiligung zahlreicher Wissenschaftler und Lehrer.

Wenn die mit den Standards beschlossenen Reformen den angestrebten Erfolg haben sollen, sind sie im alltäglichen Unterricht umzusetzen. Das vorliegende Buch soll dazu beitragen, indem nachfolgend herausgearbeitet wird,

- was mit den Bildungsstandards erreicht werden soll,
- was das für die Weiterentwicklung des Unterrichts Positive der Standards ist und
- wie ein Unterricht gestaltet werden kann, der diese Standards berücksichtigt.

Die generellen theoretischen Aussagen sollen durch praktikable Beispiele illustriert werden und Anregung zu eigenem Ausprobieren sein. Das Hauptkettenglied für den Erfolg des Unterrichts ist die Lehrerin mit ihrer tagtäglichen Unterrichtsgestaltung. Mit ihr steht und fällt der Erfolg der Umsetzung der Bildungsstandards. Es kommt darauf an, Gutes und Bewährtes zu erhalten, Neues auszuprobieren, Erfahrungen auszutauschen sowie Dinge, die verallgemeinerungswürdig und zugleich übertragungsfähig sind, hervorzuheben, es geht also nicht darum, davon auszugehen, dass alles bisherige falsch oder schlecht war.

2.3.2 Zum Begriff Kompetenz

Bei der Formulierung der Bildungsstandards wird von zu entwickelnden bzw. zu erwerbenden Kompetenzen gesprochen. Ein kurzer Blick zur Klärung des Begriffs „Kompetenz" ist unverzichtbar[20], weil ohne begriffliche Klarheit nicht entschieden werden kann, was es heißt, Kinder in Mathematik kompetent zu machen.

Ist Kompetenz mehr als nur ein neues Wort für bekannte Sachverhalte, also nicht nur „alter Wein in neuen Schläuchen"? Ist es eine neue didaktische Kategorie, mit der es sich mit Blick auf den Unterricht lohnt, auseinanderzusetzen?

Das Wort „Kompetenz" kommt vom lateinischen Wort „Competere", was soviel bedeutet wie zusammentreffen, passen, ausreichen, zu etwas fähig sein: Anforderung und Kind „treffen zusammen", sie „passen". Ein Kind ist kompetent, eine bestimmte Tätigkeit auszuführen.

Damit wird ein wesentliches Moment von Kompetenzen deutlich: Kompetenzen äußern sich in Tätigkeiten, in denen ein Kind Leistungsanforderungen bewältigt. Sie werden erworben, um in dieser oder jener Situation handlungswirksam zu werden. Die Ergebnisse schulischen Lernens sollen nach Heymann handlungs-

---

[20] Vgl. auch Ausführungen von Barnitzky im ersten Band dieser Reihe.

relevant praktisch anwendbar sowie persönlich und gesellschaftlich bedeutsam sein.[21]

In Anlehnung an Weinert[22] verstehen wir unter Kompetenzen die bei Individuen **auf der Basis von Kenntnissen**[23] verfügbaren oder durch sie erlernbaren kognitiven Fähigkeiten und Fertigkeiten zum Lösen von Problemen und Aufgaben sowie die damit verbundenen motivationalen, affektiven und sozialen Bereitschaften und Fähigkeiten, um die Lösungen in variablen Situationen erfolgreich herbeizuführen und verantwortungsvoll nutzen zu können.

Solide Kenntnisse sind eine unverzichtbare Basis des Kompetenzerwerbs und damit Grundlage erfolgreichen Handelns, aber allein längst nicht hinreichend. Kompetenz kann nicht auf Kenntnisse reduziert werden, sondern steht für **vernetztes, anwendbares Wissen**, das dem Handelnden als solches **bewusst** ist. Es kann also als intentional verfügbares Handlungsvermögen bezeichnet werden.

Dieser Kompetenzbegriff kann in seiner Allgemeinheit keine Grundlage für die Gestaltung konkreten Unterrichts sein, er ist fachspezifisch auszugestalten. Kompetenzen sind immer konkret und können nur anhand konkreter Fachinhalte erworben werden. Nachfolgend soll das den Bildungsstandards zugrunde liegende Kompetenzmodell detailliert und fachspezifisch dargestellt werden.

2.3.3 Kompetenzen und Bildungsstandards

Als Ergebnis der oben beschriebenen Entwicklung wurden am 15.10.2004 von der Kultusministerkonferenz „Bildungsstandards im Fach Mathematik für den Primarbereich" beschlossen.

Der Begriff „Bildungsstandards" in seiner Kombination aus Bildung und Standard zwingt zum Nachdenken darüber, was mit Standard gemeint ist, was standardisiert werden kann und soll: Kann man Bildung standardisieren? Ist Bildung nicht etwas ganz Individuelles und die Gesellschaft eröffnet ihren Mitgliedern, insbesondere den Schülerinnen und Schülern Bildungs*möglichkeiten*? Sollen unsere Kinder die Grundschule mit einer „Standardausstattung" verlassen? Alle mit derselben Standardausstattung, auf demselben Niveau?

Auch wenn die Standards gleichzeitig für Unterrichtsentwicklung und Leistungsüberprüfung nutzbar sein sollen, ist eine „Normierung" der Kinder sicher nicht gemeint. Zwar fehlt im Titel des Beschlusses der KMK das Wort „Kompetenzen", doch es wird gleich im ersten Absatz festgestellt, dass die Förderung der

---

[21] Heymann (2004)
[22] Weinert, Franz E. (2002), S. 27/28
[23] Kenntnisse sind individuelle Abbilder der objektiven Realität. Als Ergebnis kognitiver Prozesse existieren sie in Form von Vorstellungen, Begriffen, Urteilen usw. Schon Pippig (1980) weist darauf hin, dass Kenntnisse nicht an sich im menschlichen Bewusstsein existieren, sondern immer in Verbindung mit Fähigkeiten, Fertigkeiten, Einstellungen und anderen Komponenten, die für ihre Aneignung relevant sind.

mathematischen Kompetenzen ein wesentlicher Bestandteil des Bildungsauf-
trages der Schule ist.

Im Vordergrund der Standards stehen nicht die traditionellen Sachgebiete des
Mathematikunterrichts der Grundschule, sondern vielmehr allgemeine und
inhaltsbezogene Kompetenzen, die für das Mathematiklernen und die Mathematik charakteristisch sind. Die traditionellen Sachgebiete sind dadurch allerdings keineswegs inaktuell. Weil es ein gesichertes Forschungsergebnis [24] ist, dass
das Ausmaß des Vorwissens der erklärungskräftigste Faktor für den Erfolg beim
Lernen ist, sind Kenntnisse über Begriffe, Verfahren und Zusammenhänge auch
weiterhin im Unterricht zu sichernde **Grundlagen des Kompetenzerwerbs**.

Die folgende Grafik gibt einen Überblick über die in den Bildungsstandards
genannten Kompetenzen. Dort werden inhaltsbezogene und allgemeine Kompetenzen unterschieden [25].

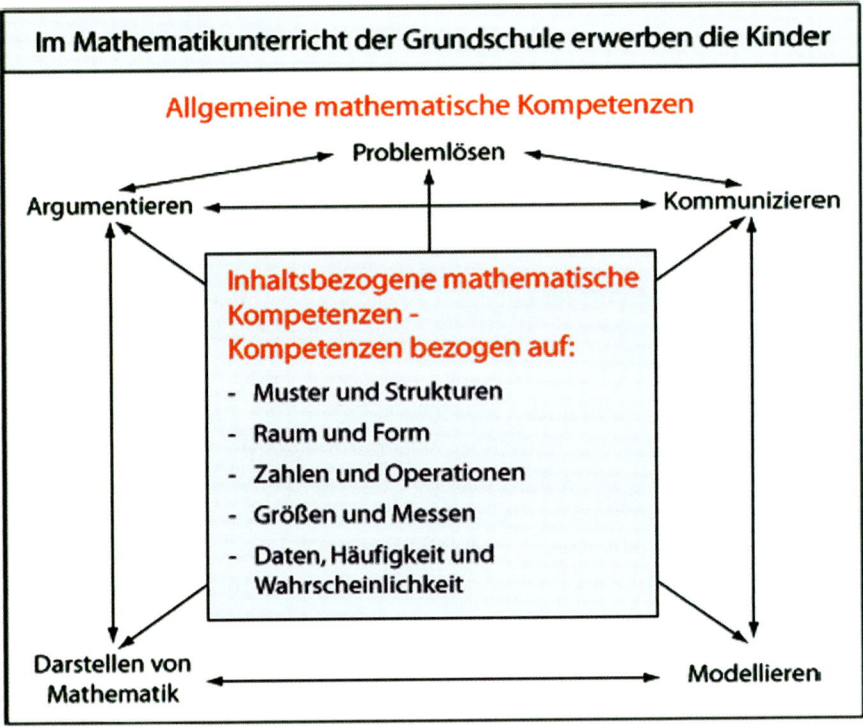

Abb. 2.3.1 Kompetenzen – Übersicht

---

[24] Vgl. die Ergebnisse der Scholastik-Studie

[25] Eine derartige Unterscheidung in inhaltsbezogene und allgemeine Kompetenzen ist in den Kom-
petenzbereichen für Deutsch nicht zu finden. Den allgemeinen mathematischen Kompetenzen
entsprechen dort Methoden und Arbeitstechniken, die analog zu den allgemeinen mathematischen Kompetenzen im Zusammenhang mit den inhaltsbezogenen Kompetenzen erworben
werden sollen.

Aus inhaltlicher Sicht gibt es die inhaltsbezogenen Kompetenzbereiche, die den oben genannten Leitideen entsprechen.

- Muster und Strukturen
- Raum und Form
- Zahlen und Operationen
- Größen und Messen
- Daten, Häufigkeit und Wahrscheinlichkeit

Hierbei ist anzumerken, dass der Bereich „Muster und Strukturen" sowohl im weiten Sinne, also mit Blick auf die Mathematik als Wissenschaft der Muster und Strukturen, als auch im engen Sinne mit Blick auf Muster zum Beispiel in der Arithmetik oder in der Geometrie gefasst werden kann. Die Leitidee „Muster und Strukturen" ist also eher übergeordnet, als dass sie gleichberechtigt neben den anderen Inhaltsbereichen steht.

Entsprechend muss sich die Kompetenz eines Kindes im Hinblick auf die Arbeit an Mustern und Strukturen im weiten Sinne auch in anderen Inhaltsbereichen äußern.

Der Inhaltsbereich „Daten, Häufigkeit und Wahrscheinlichkeit" ist inhaltlich überschnitten mit den Inhaltsbereichen „Arithmetik" (wenn es um die Bestimmung von Anzahlen beispielsweise von Kombinationen geht) und „Größen" (wenn Zufallsgrößen betrachtet werden). Es handelt sich hier auch um einen Teilbereich des traditionellen Sachrechnens, der bisher in der Grundschule vernachlässigt wurde, auf den die Bildungsstandards in besonderer Weise orientieren wollen.

Dementsprechend können Aufgaben oft – und das zeigen auch die Auswertungen der bisherigen PISA Studien [26] – nicht trennscharf genau einem Inhaltsbereich zugeordnet werden.

Beim Arbeiten an diesen Inhaltsbereichen, bei der Aneignung mathematischer Inhalte erwerben die Kinder allgemeine, übergreifende mathematische Kompetenzen (prozessbezogene mathematische Kompetenzen).

Diese werden in ihren unterschiedlichen Facetten und Ausprägungen beim Bearbeiten von Aufgaben sichtbar, denn Kompetenzen werden nur in der Tätigkeit nachgewiesen. Dabei ist zu beachten, dass nicht die Aufgabe an sich eine bestimmte Anforderung an die Kompetenz des Kindes stellt, sondern erst in der Art und Weise ihrer Bearbeitung (unterschiedliche) Kompetenzen sichtbar werden.

Die Pfeile in der Grafik verdeutlichen, dass die zu entwickelnden allgemeinen Kompetenzen eng miteinander verwoben sind. Auch die inhaltsbezogenen und die allgemeinen mathematischen Kompetenzen stehen in enger Wechselbe-

---

[26] vgl. Bender, Peter (2007) Was sagen uns PISA & Co, wenn wir uns auf sie einlassen? In: Jahnke, Th.; Meyerhöfer, W. (Hrsg.) PISA&CO – Kritik eines Programms, 2. Auflage, Franzbecker, S. 281–338

ziehung. Der Erwerb allgemeiner mathematischer Kompetenzen hängt vom Inhalt und ganz wesentlich von der Art seiner Aneignung und damit von der Unterrichtsgestaltung ab. Vorhandene allgemeine mathematische Kompetenzen forcieren die Entwicklung inhaltsbezogener Kompetenzen.

Ob Kinder am Ende der Klasse 4 über die angestrebten Kompetenzen verfügen, sollen sie bei Lösen von Aufgaben in außer- und innermathematischen Kontexten unter Beweis stellen.

Im Folgenden sollen die einzelnen Kompetenzen und ihre Ausprägungsgrade genauer erläutert werden. In den Bildungsstandards werden 3 Anforderungsniveaus unterschieden:

Diese Anforderungsbereiche beziehen sich auf Aufgaben, deren Lösung auf einem bestimmten Weg vom Kind Kompetenzen auf entsprechender „Niveaustufe" erfordert. Folgende Anforderungsbereiche für Aufgaben werden formuliert.

Anforderungsbereich „Reproduzieren" (AB I)

Das Lösen der Aufgabe erfordert Grundwissen und das Ausführen von Routinetätigkeiten.

Anforderungsbereich „Zusammenhänge herstellen" (AB II)

Das Lösen der Aufgabe erfordert das Erkennen und Nutzen von Zusammenhängen.

Anforderungsbereich „Verallgemeinern und Reflektieren" (AB III)

Das Lösen der Aufgabe erfordert komplexe Tätigkeiten wie Strukturieren, Entwickeln von Strategien, Beurteilen und Verallgemeinern.

Die Formulierung „das Lösen der Aufgabe" ist die klare Orientierung auf den Lösungsweg. Kinder können Kompetenzen dadurch nachweisen, dass sie Aufgaben unter Nutzung eines bestimmten Lösungsweges lösen. *Eine Aufgabe kann damit prinzipiell nicht a priori einem bestimmten Anforderungsbereich zugeordnet werden. Wesentlich ist vielmehr, auf welchem Wege das Kind die Aufgabe bearbeitet.* Dieser Weg ist beispielsweise abhängig von den Voraussetzungen des Kindes, von dessen Kenntnissen, von seiner Lösungserfahrung: Die Aufgabe $6 \cdot 8$ beispielsweise sollte für ein Kind am Ende des ersten Halbjahres der Klasse 3 lediglich ein Reproduzieren von Kenntnissen sein, also zum AB I gehören. In Klasse 2, in der Phase der *Erarbeitung* von Grundaufgabengleichungen[27] der

---

[27] Grundaufgaben der Addition bzw. Multiplikation sind alle Aufgaben mit zwei einstelligen Summanden bzw. Faktoren. Grundaufgaben der Subtraktion bzw. Division sind die entsprechenden Umkehraufgaben von Grundaufgaben der Addition bzw. Multiplikation.

Multiplikation erfordert die gleiche Aufgabe das Erkennen und Nutzen von Zusammenhängen, ist also AB II.

Das bestätigt einerseits die Erfahrungstatsache, dass gleiche Aufgaben für verschiedene Kinder einer Klasse unterschiedliche Anforderungen darstellen. Unterschiedliche Lösungswege erlauben es zugleich, dass sich Kinder mit ein- und derselben Aufgabe auf unterschiedlichem Niveau auseinandersetzten. Das eröffnet der Lehrerin Möglichkeiten zur inneren Differenzierung, bei der sich alle Kinder mit gleichenartigen Aufgabenformen wie beispielsweise der Rechentreppe auseinandersetzen:

$$3 + 5 = 8$$

$$5 + 8 = 13$$

$$8 + 13 = 21$$

Ausgehend von einer beliebigen Additionsaufgabe werden treppenförmig weitere Aufgaben notiert. Untereinander sollen dabei immer die gleichen Zahlen stehen.

Alle Kinder können das Wesen solcher Rechentreppen erfassen, sie fortsetzen und eigene Rechentreppen mit drei oder mehr Stufen aufschreiben. Bereits hier werden die Kinder das Zahlenmaterial entsprechend ihres Leistungsniveaus wählen. Untersuchungen zu Rechentreppen mit drei Stufen könnten sich anschließen: Wie ändert sich das Ergebnis in der dritten Zeile, wenn der erste Summand in der ersten Zeile immer um eins vergrößert wird? Wie ist es bei Änderung des zweiten Summanden? Derartige Überlegungen verbunden mit systematischem Probieren könnten zum Beispiel durch die Aufgabe ausgelöst werden, eine Rechentreppe mit drei Stufen und dem Ergebnis 100 zu finden. Möglicherweise finden leistungsstarke Kinder hier sogar alle Lösungen.

Hier wird deutlich: Ein Kind, welches das Ergebnis 100 durch systematisches Probieren erreicht, weist andere Kompetenzen nach als ein Kind, welches feststellt, dass bei einer Vergrößerung der zweiten Startzahl um 1 die Summe in der dritten Zeile um 3 vergrößert wird und dann den Summanden passend verändert.

Mit Aufgabenformaten wie den Rechentreppen können zunächst alle Kinder in gleicher Weise und gemeinsam konfrontiert werden. Die Aufgabe steht prinzipiell allen Kindern offen, jeder kann entsprechend seines Leistungsvermögens an der Aufgabe arbeiten und angeregt durch die Lehrerin unterschiedlich tief in die Sache eindringen. Dies zu befördern, dabei zu diagnostizieren und Hilfen zu geben, ist Aufgabe der Lehrerin.

Als Modell, welches den Zusammenhang von allgemeinen und inhaltsbezogenen Kompetenzen sowie den Anforderungsbereichen veranschaulicht, kann die
Darstellung in einem Quader[28] dienen:

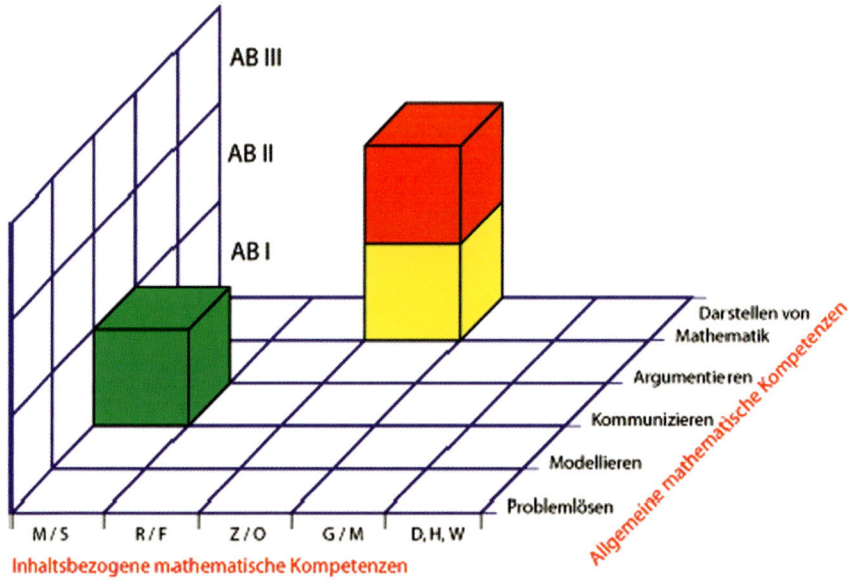

Abb. 2.3.2 „Kompetenzquader" – jeder Würfel ist eine spezifische Anforderungsklasse

Im oben dargestellten Kompetenzmodell werden Unterschiede im Niveau der
Ausprägung von inhaltlichen wie auch allgemeinen Kompetenzen durch die
Anforderungsbereiche I bis III erfasst.

Jeder Würfel des Quaders entspricht einer bestimmten Anforderungsklasse.
Dabei sind nicht alle Würfel ausgefüllt. Beispielsweise gibt es kein Problemlösen
und kein Argumentieren im Anforderungsbereich I. Zu beachten ist, dass es im
Laufe der Entwicklung der Kinder Verschiebungen geben **muss**. Anforderungen, die zunächst noch ein Problem sind, werden bei wiederholter Bearbeitung
kein Problem mehr darstellen. Außerdem „sinken" Aufgaben im Laufe der Entwicklung des Kindes gewissermaßen „nach unten". Aufgaben, die für ein Kind
ursprünglich Anforderungsbereich III sind, werden einige Zeit später zu Routineaufgaben, also eine Anforderung aus dem Bereich I oder sogar darunter.

Daran wird deutlich,

● dass bei Bewältigung ein und derselben Aufgabe verschiedene Kinder verschiedene Kompetenzstufen nachweisen können und

---

[28] Bei Blum u. a. wird das Kompetenzmodell durch ein Koordinatensystem veranschaulicht, die
Achsenbezeichnungen stimmen mit den Kantenbezeichnungen unseres Quaders überein.

- dass die Lösung ein und derselben Aufgabe durch ein und dasselbe Kind zu unterschiedlichen Zeitpunkten seiner Lernbiografie unterschiedliche Kompetenzstufen beweist.

Eingedenk dessen ist insbesondere die Bewältigung von diversen Testaufgaben dann nicht mehr Nachweis der dort erwarteten und oft angegebenen Kompetenzstufe, wenn das Kind bereits derartige Aufgaben hinreichend oft trainiert hat.

2.3.4 Anforderungen der Bildungsstandards bezüglich der allgemeinen mathematischen Kompetenzen

Die allgemeinen mathematischen Kompetenzen kann man in der Praxis des Lösens konkreter Aufgaben oft nur schwer voneinander trennen. So ist Argumentieren zweifellos nicht ohne Kommunizieren möglich, beim Problemlösen spielt häufig das Modellieren, aber auch das Kommunizieren und das Argumentieren eine Rolle. Auch Darstellen und Kommunizieren sowie Darstellen und Problemlösen sind miteinander verbunden.

Insgesamt sind mit den Standards sehr hohe Anforderungen gestellt, die von den Kindern am Ende der Klasse 4 zweifellos auf unterschiedlichem Niveau erreicht werden. Es ist zugleich aber festzustellen, dass ein immenser Umfang an Unterrichtszeit – es handelt sich immerhin um 4 Jahre – zur Verfügung steht, um diese Kompetenzen zu entwickeln.

Die zu erwerbenden Kompetenzen entstehen langfristig, durch Verfestigung und Generalisierung von Resultaten und Verläufen des Lernens. Indem Kinder wieder und wieder Aufgaben auf eine bestimmte Art und Weise lösen, erwerben sie diesbezügliche Kenntnisse, Fähigkeiten, Fertigkeiten, Gewohnheiten und Einstellungen.

Dabei entstehen durch Verfestigung der Lernprozesse (Lernverläufe) Verfahrenskenntnisse, Fähigkeiten, Fertigkeiten, Gewohnheiten und Einstellungen, während durch Verfestigung der Resultate des Lernens vor allem Kenntnisse über Objekte und Zusammenhänge entstehen.

Wenn beispielsweise die Aufgabe $6 \cdot 8$ gelöst wird, dann kann das durch Verdoppeln von $3 \cdot 8$, über die Nachbaraufgabe $5 \cdot 8$ oder auch über $8 + 8 + 8 + 8 + 8 + 8$ geschehen. Die **Kenntnis** des Resultats 48 ist zweifellos wichtig und die gedächtnismäßige Beherrschung der Grundaufgabengleichung $6 \cdot 8 = 48$ ist spätestens am Ende des ersten Halbjahres der Klasse 3 zwingend notwendig, weil diese Kenntnis beim Lösen vieler anderer Aufgaben wie etwa $16 \cdot 8$ oder $60 \cdot 8$

gewissermaßen als „Werkzeug" erforderlich ist. Das darf allerdings nicht dazu führen, einseitig nur Resultate des Lernens im Blick zu haben. Allzu verbreitet sind Kinder, die

- auf die Frage nach dem Ergebnis von $6 \cdot 8$ die vorherigen Zeilen der „Achterreihe" leise murmeln und dann laut $6 \cdot 8 = 48$ sagen oder

- im Falle des Vergessens von $6 \cdot 8 = 48$ einfach hilflos sind und das Ergebnis 48 nicht selbständig rekonstruieren können.

Die entsprechende **Fähigkeit** zur Rekonstruktion der Grundaufgabengleichung erwerben Kinder nur, indem sie immer und immer wieder bewusst den Verlauf des Lernens vollziehen, also die Gleichung rekonstruieren. Zweifellos ist es im Unterricht Zeit sparender, wenn ein Mitschüler das Ergebnis einer vergessenen Aufgabe nennt. Die Fähigkeit zur Rekonstruktion und die Gewohnheit, Vergessenes selbst zu rekonstruieren, werden dabei nicht entwickelt.

Die oben skizzierten Prozesse der Verfestigung, Generalisierung und Verallgemeinerung erfolgen langfristig über Wochen, Monate, Jahre hinweg. Wenn ein Kind immer wieder erlebt, dass neue Aufgaben unter Nutzung bekannter Aufgaben gelöst werden können, wenn es erlebt, wie systematisches Probieren, Skizzieren, usw. helfen, dann wird es entsprechende Fähigkeiten erwerben. Es wird sie gewohnheitsmäßig nutzen und eine insgesamt positive Einstellung zu den dann ja immer wieder als bewältigbar erlebten Leistungsanforderungen im Mathematikunterricht aufbauen.

Kompetenzentwicklung muss also langfristig angelegt, planmäßig und systematisch erfolgen. Aktionsartige „Trainings" nach dem Motto „Fit für die Kompetenztests" oder „Fit für die Bildungsstandards" sind deshalb prinzipiell ungeeignet. Sie führen letztlich nur dazu, dass sich Kinder zu den trainierten Aufgabenformaten passende Lösungswege einprägen. Es bedarf vielmehr durchgängig eines Unterrichts, in dem Kinder immer wieder, und sei es zunächst nur auf einfachster Stufe, Gelegenheiten zum Problemlösen erhalten, *aus der Sache heraus* Kommunizieren und Argumentieren müssen, Modellieren und die Arbeit mit mathematischen Darstellungen als Werkzeuge erleben und nutzen können.

Als Hilfe für die Gestaltung kompetenzorientierten Unterrichts soll im Folgenden dargestellt werden, wie sich die einzelnen Kompetenzen äußern und wie sie entwickelt werden können. Dabei wird deutlich, welche Aufgaben besonderes Potenzial für die Kompetenzentwicklung besitzen und was ein geeignetes Arbeiten mit diesen Aufgaben charakterisiert.

Arbeiten mit Aufgaben als Tätigkeit der Lehrerin umfasst nach Fanghänel (2000)

- die Auswahl und Anordnung der Aufgaben,
- das Stellen der Aufgaben im Unterricht,
- das Ingangsetzen und Inganghalten der Aufgabenbearbeitung bis hin zur
- Initiierung der Rückbesinnung auf das Resultat und den Lösungsweg.

Aufgaben sind zunächst so auszuwählen, dass sie z. B. neben der Entwicklung von Fähigkeiten und Fertigkeiten im Rechnen z. B. auch Möglichkeiten zu Entdeckungen, Anlässe zum Kommunizieren, Argumentieren bieten.

Das Bereitstellen derartiger „substanzieller" Aufgabenformate, die Schaffung anregender Lernumgebungen ist eine unverzichtbare Voraussetzung für einen kompetenzorientierten Unterricht. Häufig wird allerdings der Eindruck erweckt, dass bereits mit der Auswahl der Aufgaben alles getan ist, dass sich bei der Bearbeitung derartiger Aufgaben Kompetenzen von allein entwickeln. Dem ist nicht so. Es gibt keine „guten Aufgaben" und „weniger guten Aufgaben". Es gibt vielmehr nur ein bezogen auf bestimmte Ziele, auf den Erwerb bestimmter Kompetenzen mehr oder weniger *geeignetes Arbeiten mit Aufgaben*.

Das bedeutet, beim Bearbeiten von Aufgaben beispielsweise das Kommunizieren und Argumentieren ganz bewusst in den Mittelpunkt zu stellen, um **allen** Kindern die Möglichkeit zu bieten, entsprechende Kompetenzen zu entwickeln. Entsprechend sollten Aufgaben gezielt zum Entdecken, zum Beschreiben, zum Argumentieren herausfordern. Fähigkeiten und Fertigkeiten im Rechnen – hier sind Automatismen ausdrücklich eingeschlossen – spielen deshalb keine geringere Rolle, sie sind vielmehr eine wesentliche Voraussetzung: Wer beim Lösen substanzieller Aufgabenformate noch mühsam zählt, wird die diesen Aufgaben innewohnenden Zusammenhänge nur schwer oder gar nicht entdecken.

Sind die Aufgaben ausgewählt und gestellt, ist die Tätigkeitsbereitschaft der Kinder schnell hergestellt, die Bearbeitung der Aufgaben beginnt. Wichtig ist es, den Prozess der Aufgabenbearbeitung in Gang zu halten, bei gegebenenfalls auftretenden Problemen die Kinder zum Weiterarbeiten, zum erneuten Probieren, zum Korrigieren von Irrtümern zu ermutigen. Kommt es hingegen immer wieder zu vorzeitigem Handlungsabbruch, erlebt das Kind immer wieder Misserfolge, dann werden langfristig negative Einstellungen zum Fach Mathematik aufgebaut. Aus Schulanfängern, die sich auf das Lernen gerade auch im Fach Mathematik freuten, werden dann allzu schnell Kinder, die schon am Ende der Klasse 1 „ach Mathe" sagen, die Angst vor Mathe haben und ihre Erfolgsaussichten dort nur noch als gering einschätzen.

Von außerordentlicher Bedeutung für die Befähigung der Kinder zum Lösen von Aufgaben ist die Phase der Rückbesinnung, der Rückschau auf die Lösung und den Lösungsweg. Die Rückschau auf die Lösung ordnet diese in den Ausgangskontext ein. Gewohnheitsmäßig sollten sich Kinder die Frage stellen, was das Ergebnis (etwa eine Längenangabe, ein Preis oder auch ein Zahlenwert) bedeutet und ob es sinnvoll ist, mit der Erwartung und den Erfahrungen übereinstimmt. Bei der Rückschau auf den Lösungsweg werden erfolgreiche Arbeitsweisen beim Lösen von Aufgaben noch einmal als solche deutlich. Rückschauend erleben Kinder beispielsweise den Wert systematischen Probierens, den Nutzen von Tabellen und Diagrammen oder den Wert von Skizzen beim Lösen von Sachaufgaben.

Das macht die Bedeutung sprachlicher Kompetenz deutlich. Ohne sie kann nicht über die Aufgaben und das Lösen von Aufgaben reflektiert werden, kann beispielsweise nicht thematisiert werden, was man alles in einer Aufgabe entdecken kann. Eine auf die Darstellung mathematischer Zusammenhänge ausgerichtete Sprachkompetenz ist aus der Sache heraus notwendig und deshalb im Mathematikunterricht bereits in der Grundschule zu entwickeln. Selbstverständlich wird in der Grundschule auch beim Argumentieren und Kommunizieren vorrangig die Umgangssprache zu nutzen und die Fachsprache allmählich zu entwickeln sein. Kinder benötigen Hilfen bei der Entwicklung einer angemessenen (Fach-) Sprache etwa zum Erläutern und Begründen. Voraussetzung dafür ist, dass die Lehrerin selbst die Fachsprache korrekt verwendet.[29]

Im Folgenden sollen die allgemeinen mathematischen Kompetenzen etwas näher betrachtet werden.

Problemlösen wird in den Bildungsstandards durch folgende Punkte beschrieben:

- Mathematische Kenntnisse Fertigkeiten und Fähigkeiten bei der Bearbeitung problemhaltiger Aufgaben anwenden,
- Lösungsstrategien entwickeln und nutzen (z. B. systematisch probieren),
- Zusammenhänge erkennen, nutzen und auf ähnliche Sachverhalte übertragen.

Damit wird ganz deutlich darauf orientiert, die Kinder nicht *nur* zum Lösen von Routineaufgaben[30] (sowohl bei rein arithmetischen Aufgaben als auch bei Sachaufgaben) zu befähigen. Sie sollen vielmehr in der Lage sein, ihr Wissen und Können auch zur Lösung solcher Aufgaben anzuwenden, für die sie (noch) keinen Algorithmus kennen und deshalb selbstständig Lösungsstrategien entwickeln müssen. Dieses Ziel bezieht sich ausdrücklich auf *alle* Kinder, nicht nur auf die leistungsstarken.

Um Problemaufgaben kann es sich sowohl bei innermathematischen Aufgaben als auch bei Anwendungsaufgaben handeln. Ein wesentliches Kennzeichen von Problemaufgaben ist das Vorhandensein einer Barriere, die überwunden werden muss, um von Ausgangs- zum Zielzustand zu gelangen. Die Aufgabe ist aus der subjektiven Sicht des Kindes ungewohnt, es hat nicht sofort eine Erfolg versprechende Lösungsidee oder gar einen bekannten Lösungsalgorithmus parat. Wissen muss umstrukturiert, Bedingungen müssen beachtet und deren Einhaltung überprüft werden.

---

[29] Dazu gehört z. B., dass beachtet wird, dass „parallel zueinander" und „senkrecht zueinander" keine Eigenschaften einer Geraden, sondern Relationen, Beziehungen zwischen zwei Geraden sind. Es gibt also keine senkrechte Linie, sondern eine Linie kann senkrecht zur einer anderen Linie oder aber einer Fläche sein.

[30] Vgl. Winter, H. (1992), S. 350–369

Problemlösestrategien, die von Grundschulkindern zu erwarten sind, sind z. B.[31]

- mehr oder weniger zufälliges, unsystematisches Probieren,
- systematisches Probieren,
- bewusstes Nutzen mathematischer Beziehungen, darunter insbesondere Zahlbeziehungen,
- Vorwärtsarbeiten,
- Rückwärtsarbeiten sowie
- die Kombination des Vorwärts- und des Rückwärtsarbeitens.

Dabei ist die erste Phase des Problemlösens das Erfassen, Verstehen des Problems. Problemlösen heißt deshalb auch, zu beschreiben, was über das Gesuchte bekannt ist und hinsichtlich dieses Unbekannten, des Ziels passende Fragen zu stellen. Wie oft dekodieren Kinder beispielsweise beim Lösen von Sachaufgaben nur Signalwörter und manipulieren ohne inhaltliches Verständnis mit den Zahlenwerten:

(1) *Tom hat sieben Euro. Das sind drei Euro mehr als gestern.*

Die Aussage „Gestern hatte Tom 10 Euro." ist typisch für Kinder, die derart verständnislos manipulieren. Den Sachverhalt nachzuspielen oder eine geeignete Skizze anzufertigen kann helfen, Probleme zu erkennen und Gegebenes und Gesuchtes in der Beziehung zueinander zu sehen:

(2) *In der Tischlerei werden Tische mit 3 und Tische mit vier Beinen ausgeliefert. Am Freitag waren es insgesamt 6 Tischplatten und 20 Tischbeine.*

Hier kann passend mit Material gelegt werden. Ebenso können beispielsweise die 6 Tischplatten skizziert und dann an diese die 20 Beine passend verteilt werden.

Bei Grundschulkindern herrschen oft Suchstrategien vor, die sich vor allen in ihrer Zieladäquatheit und Systematik unterscheiden. Insbesondere bei leistungsstarken Kindern kann sehr früh ein recht systematisches Vorgehen beobachtet werden.

Problemaufgaben können recht differenzierte Anforderungen an den Bearbeiter stellen. Auch wenn bei den Ausführungen zu den inhaltlichen Kompetenzen darauf noch näher eingegangen wird, seien hier unterschiedlich komplexe Beispiele angegeben[32].

(3) *Die Zahl 25 soll so in zwei Summanden zerlegt werden, dass der eine durch 2 und der andere durch 3 teilbar ist.*

---

[31] Vgl. Rasch, R. (2001)
[32] Vielfältige Beispiele mit Lösungen von Kindern finden Sie in: Grassmann, M./Heinze, A. (2009): Auch wenn es der Titel vermuten lässt, sind die enthaltenen Aufgaben durchaus nicht nur für leistungsstarke Kinder geeignet.

Zweifellos ist dies – falls derartige Aufgaben den Kindern noch nicht bekannt sind – insofern eine Problemaufgabe, als es Grundschulkindern nicht möglich ist, einen Algorithmus anzuwenden. Allerdings führt oft bereits spontanes Probieren, was durchaus nicht systematisch sein muss, zu einer Lösung.

Die bewusste Anwendung von Wissen über mathematische Zusammenhänge wird erst dadurch deutlich gefördert, dass wie im Beispiel alle Lösungen der Aufgabe oder die Anzahl der Lösungen anzugeben sind:

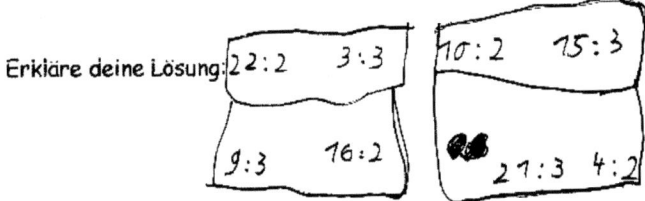

Zerlege 25 so in zwei Summanden, dass der eine durch 2, der andere durch 3 teilbar ist!
Wie viele Lösungen gibt es?

Erkläre deine Lösung: 22:2   3:3   10:2   15:3

9:3   16:2   27:3   4:2

Abb. 2.3.4 Kinderlösung

(4) *Auf einem Bauernhof leben Katzen und Enten. Max hat 36 Beine gezählt. Wie viele Katzen und wie viele Enten können es sein?*

Folgende Lösungsbeispiele zeigen eindrucksvoll, wie gut bereits Grundschulkinder Zusammenhänge erkennen und bewusst nutzen können.

Abb. 2.3.5 Kinderlösung „Enten und Katzen"

Das Kind hat festgestellt, dass 36 Beine für 9 Katzen reichen und hat dann immer je zwei Katzen in eine Ente umgewandelt.

Es ist ebenso zu erwarten, dass nicht alle Kinder systematisch vorgehen, sondern Kinder auch zufrieden sind, wenn sie eine erste Lösung gefunden haben. Das macht Kompetenzunterschiede aus, ist aber nichtsdestotrotz eine zu würdigende Leistung.

Auch die folgende Überlegung ist für die gegebene Anzahl von Beinen richtig. Hier hat das Kind offensichtlich mit der Anzahl der Enten begonnen.

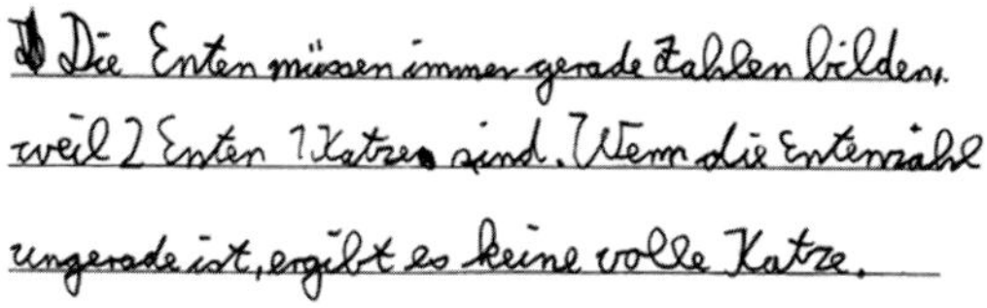

Die Enten müssen immer gerade Zahlen bilden, weil 2 Enten 1 Katze sind. Wenn die Entenzahl ungerade ist, ergibt es keine volle Katze.

Abb. 2.3.6 Kinderlösung „Enten und Katzen" 2

Diese Lösungen der Kinder veranschaulichen deutlich, wie eng das Problemlösen mit dem Kommunizieren und Argumentieren verbunden ist.

Zur Lösung der folgenden Aufgabe sind Kenntnisse der Grundaufgaben der Multiplikation erforderlich. Diese Kenntnisse allein reichen nicht aus, vielmehr ist hier das Wissen umzustrukturieren. Beim Bearbeiten dieser Aufgabe erwerben die Kinder deshalb nicht nur bessere Kenntnisse der Grundaufgabengleichungen, sondern zugleich die Fähigkeit, mit diesen Kenntnissen flexibel umzugehen:

(5) *Einmaleinszüge:*

> *Es werden Züge gebaut, deren Struktur die Kinder zunächst möglichst selbstständig herausfinden sollen: Die zweistellige Zahl im ersten Wagen kann beliebig gewählt werden. Nach welcher Regel werden die weiteren Wagen an den Zug angehangen?*

Abb. 2.3.7 Einmaleinszüge

Im Unterricht werden einige Kinder spätestens nach fünf Beispielen die Regel für das Anhängen der Wagen finden: Die Zahl in einem Wagen ist immer das

Querprodukt der Zahl im Wagen vorher. Im letzten Wagen des Zuges steht also immer eine einstellige Zahl.

Schon das Herausfinden der Regel verlangt von den Kindern, eine Barriere zu überwinden und die zweistellige Zahl als zwei nebeneinander stehende einstellige Zahlen aufzufassen. Darüber hinaus sind mathematische Zusammenhänge zu erkennen und zu nutzen.

Zur Erweiterung dieser Aufgabe gibt es viele Möglichkeiten und damit verbundene Fragen bzw. Aufgaben. Einige davon sind:

• Welcher Wagen kann vor dem Wagen 24 stehen?
• Finde alle Züge, bei denen der letzte Wagen die Nummer 8 hat.
• Gibt es einen Zug mit nur einem Wagen?
• Zu welchen Endzahlen gibt es nur Züge mit zwei Wagen?

Zur Beantwortung dieser Fragen ist das Rückwärtsarbeiten hilfreich: Jede Zahl ist darstellbar als Produkt mit der Eins. Also gibt es keinen Zug mit nur einem Wagen, vor dem Wagen 3 steht Wagen 13 oder 31, vor der 1 der Wagen 11 usw. Züge mit genau zwei Wagen gibt es, wenn die letzte Zahl das Querprodukt nur solcher Zahlen ist, die selbst nicht Querprodukte sind. Dies trifft auf die 3, 7 und 9 zu: 13 und 31, 17 und 71, 19, 91 und 33 sind nicht Querprodukte anderer Zahlen.

Das vorhandene Wissen zur Multiplikation einstelliger Zahlen muss also genutzt und neu strukturiert werden. In den verschiedenen Lösungswegen der Kinder werden deren unterschiedliche Problemlösekompetenzen sichtbar. Es ist beispielsweise nicht zu erwarten, dass alle Kinder die Strategie des Rückwärtsarbeitens nutzen. Dieses Beispiel unterstreicht die Feststellung, dass bei der Einschätzung der Kompetenzen der Kinder nicht nur deren prinzipielle Fähigkeit zum Lösen einer Aufgabe, sondern auch die gewählten Lösungswege, die selbst entwickelten Strategien entscheidend sind.

Die Kompetenz (mathematisch) **Kommunizieren** wird in den Bildungsstandards wie folgt ausdifferenziert:

• eigene Vorgehensweise beschreiben, Lösungswege anderer verstehen und gemeinsam darüber reflektieren,
• mathematische Fachbegriffe und -zeichen sachgerecht verwenden,
• Aufgaben gemeinsam bearbeiten, dabei Verabredungen treffen und einhalten.

Die Forderung, auch im Mathematikunterricht Kommunikation zu pflegen und dabei Fähigkeiten zum Kommunizieren zu entwickeln, ist nicht neu. Guter Mathematikunterricht zeichnet sich im Sinne des oben dargestellten Zusammenhanges von Verlauf und Resultat des Lernens nicht nur dadurch aus, dass anspruchsvolle Aufgaben gelöst werden. Wesentlich ist, dass die Kinder über ihre beim Bearbeiten der Aufgaben gewonnene Erkenntnisse sprechen, sich über Lösungswege austauschen und diese bewerten. Wegen des Zusammenhanges von Sprache und Denken sind die Kinder vom ersten Schultag an dazu zu befähigen. Hier ist es die Lehrerin, die sprachliche Äußerungen der Kinder anregt, ermöglicht und fördert. Im Mittelpunkt steht die Befähigung zur sachlich korrekten Beschreibung mathematischer Sachverhalte. Dabei nutzen die Kinder zunächst ihre Umgangssprache. Fachworte werden dort genutzt, wo sie aus der Sache heraus zweckmäßig und sinnvoll sind. Um eine Klasse von Objekten wie beispielsweise die der Vierecke mit vier rechten Winkeln hervorzuheben, ist ein Begriffswort, hier „Rechteck", erforderlich. Fachtermini helfen, Objekte, mit denen die Kinder handeln, effektiv zu bezeichnen. Eine derartige Namensnotwendigkeit führt beispielsweise dazu, „Minuend" an Stelle des Ausdrucks „die erste Zahl in der Aufgabe mit dem Minus" zu sagen. Inwieweit Fachtermini zum passiven Wortschatz der Kinder gehören und von diesem in den aktiven Wortschatz wechseln, hängt wesentlich davon ab, ob sie von der Lehrerin konsequent benutzt werden. Sprachliche Äußerungen zu fördern heißt auch, dass die Kinder mit dem ihnen zur Verfügung stehenden Wortschatz arbeiten können und dass sie nicht im Interesse falsch verstandener fachlicher Exaktheit in allen Äußerungen sofort korrigiert werden. Wohlgemerkt: Das betrifft die Äußerungen der Kinder, von der Lehrerin muss fachliche Präzision gefordert werden.

Kommunizieren wird zunächst ausschließlich mündlich, später auch schriftlich erfolgen. Das betrifft die Darstellung eigener Lösungswege ebenso wie das Beschreiben von Auffälligkeiten in Aufgaben, Ergebnissen, Darstellungen usw. Gerade letzteres kann und muss von Anfang an entwickelt werden. Dazu ist es unverzichtbar, Aufgaben so zu stellen, dass „Auffälligkeiten" entdeckt und beschrieben werden können. Zugleich müssen die Kinder erfahren, um welche Art von „Auffälligkeiten" es im Mathematikunterricht geht und wie man diese sachgerecht beschreiben kann: Dass es nicht darauf ankommt zu beschreiben, wie schön die Ziffern, Formen oder Muster aussehen oder wie „gerade" die 1 ist.

Von den ersten Tagen der Klasse 1 an lernen die Kinder beispielsweise

- zu begründen, dass es deshalb 5 Dinge sind, weil es so viele sind, wie Finger an einer Hand,
- zu beschreiben, dass immer, wenn zu zwei Dingen noch drei andere hinzu kommen, es dann insgesamt fünf Dinge sind.

Mit derartigen Beschreibungen von Objekten und Prozessen wird der Aufbau mentaler Bilder unterstützt.

Um Fähigkeiten im Beschreiben zu entwickeln, sollten im Unterricht Aufgaben wie die folgenden nicht nur formal gelöst, sondern in ihrem Wesenszusammenhang erkannt werden. Textzeilen so wie im Beispiel fordern zur Reflexion heraus.

(6)   *Rechne aus. Was fällt dir auf?*

a) $2 \cdot 5$	b) $3 \cdot 6$	c) $4 \cdot 7$
$4 \cdot 5$	$6 \cdot 6$	$8 \cdot 7$

Das Ergebnis in der zweiten Zeile ist immer ...

Beim Beschreiben von Mustern zu Zahlen *können* die Kinder mathematische
Einsichten gewinnen und nachweisen:

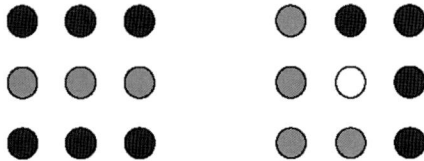

9 ist dreimal drei.   9 ist auch zwei mal vier plus 1 usw. [33]

(7) *Rechne aus. Was fällt dir auf?*

1 + 9   Dass das Ergebnis immer 10 ist, entdecken und beschreiben die Kinder
2 + 8   schnell. Wird nach einer Begründung für diese Beobachtung gefragt,
3 + 7   ist der Übergang zum Argumentieren vollzogen. Auch diese beiden
4 + 6   Kompetenzen sind nicht scharf voneinander abzugrenzen.

    Allein auf der symbolischen Ebene werden die Kinder das Wesen der
Konstanz der Summe bei gegensinnigem Verändern nicht begründen können.
Einsichten ermöglichen die Handlung in der enaktiven Ebene und Darstellung
in der ikonischen (bildhaften) Ebene.

Die Kinder können beispielsweise argumentieren, indem sie ein Schüttelbox,
ein Zerlegehaus (mit Punktdarstellung oder mit Ziffern) oder ein Zwanzigerfeld
nutzen:

Werden in ein solches Zwanzigerfeld Wendeplättchen oder „Wendewürfel"
gelegt, die an zwei gegenüber liegenden Flächen rot bzw. blau gefärbt sind, dann
wird von Bild zu Bild immer ein Plättchen bzw. Würfel „gewendet", aber die
Anzahl der Plättchen oder Würfel bleibt gleich. Auf ikonischer Ebene können
Abbildungen des Zwanzigerfeldes beschrieben und dabei herausgestellt und
begründet werden, dass immer zehn Felder belegt sind, dass die Summe also
stets 10 ist.

Beim Problemlösen, aber oft auch beim Rechnen ist es unverzichtbar, Lösungswege so zu beschreiben, dass sie Mitschüler und die Lehrerin verstehen und
beurteilen können.

- Wie habe ich das herausbekommen?
- Gibt es andere Wege?

---

[33] Wir haben bereits bei Schulanfängern über 90 Muster zur 9 gefunden, die Wissen um Zerlegungs-
möglichkeiten deutlich machen. Vgl. Grassmann u. a. (2002)

- Welcher Weg fällt mir leichter?
- Wo muss man aufpassen, weil man dort leicht Fehler machen kann?

Diese und weitere Fragen spielen in Rechenkonferenzen eine Rolle. Dort sollten regelmäßig Rechenwege vorgestellt und diskutiert werden. Bei den Rechenkonferenzen sollten stets folgende drei Phasen (ICH – DU – WIR) berücksichtigt werden:

- In Einzelarbeit werden Aufgaben selbständig bearbeitet (ICH)
- Kinder stellen sich in Partner- oder Gruppenarbeit ihre Lösungen und Wege vor (DU)
- Klassenöffentlich verständigen sich die Kinder über ihre Ergebnisse; können wir uns auf eine Vorgehensweise verständigen oder sind verschiedene möglich und vorteilhaft? (WIR)

Dabei sollen die Kinder immer wieder erkennen, dass es in der Regel nicht *den* Lösungsweg für eine Aufgabe gibt, dass meist mehrere Wege zum Ziel führen, dass alle Ideen gefragt sind und dass nicht dieser oder jener Lösungsweg von vornherein vorgeschrieben ist.

In diesen Zusammenhang werden Fähigkeiten entwickelt, die in allen Lebensbereichen relevant sind und im Mathematikunterricht insbesondere in Partner- oder Gruppenarbeit entwickelt werden können.

Wie eng Kommunizieren und Argumentieren zusammenhängen, zeigen die oben genannten Beispiele. Auch bei Winter ist Argumentieren ein ganz wichtiges allgemeines Lernziel, welches das oben beschriebene Kommunizieren einschließt.

In den Bildungsstandards wird **Argumentieren** folgendermaßen ausdifferenziert:

- mathematische Aussagen hinterfragen und auf Korrektheit prüfen,
- mathematische Zusammenhänge erkennen und Vermutungen entwickeln,
- Begründungen suchen und nachvollziehen.

In dieser Ausdifferenzierung klingt ein wenig Freudenthals „Mathematik als Geisteshaltung" an. Zweifellos werden auch hier sehr hohe Anforderungen formuliert. Sie sind insofern notwendig, als von ihnen in letztlich der langfristige Erfolg des Mathematikunterrichts abhängt.

Ob das Beschreiben von Auffälligkeiten eher zum Kommunizieren oder zum Argumentieren gezählt wird, ist zweitrangig. Wesentlich ist, dass sich dem Beschreiben immer wieder die Fragen anschließen, warum das so ist und wie die Beobachtung erklärt werden kann. Dabei können Erklärungen auf enaktiver, ikonischer oder symbolischer Ebene erfolgen.

Die Konstanz der Summe bei gegensinnigem Verändern der Summanden kann analog zum Zwanzigerfeld auch mit Würfeltürmen dargestellt werden:

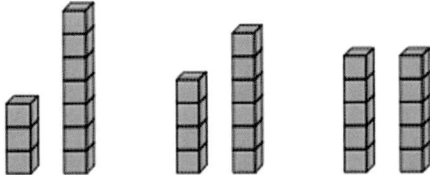

Die Handlung wird dann so beschrieben: „Wenn ich von einem Turm einen Stein wegnehme und auf den anderen Turm lege, bleiben es immer 10." Dieses Bild sollten die Kinder auch dann im Kopf haben, wenn sie die Konstanz der Summe bei gegensinniger Änderung der Summanden auf symbolischer Ebene nutzen.

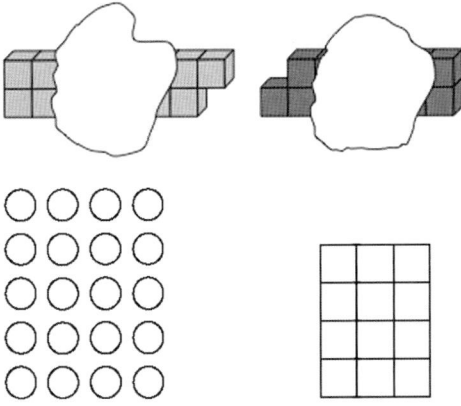

Dass die Summe zweier ungerader Zahlen stets eine gerade Zahl ist, kann beispielsweise so wie in der Abbildung veranschaulicht werden. Wegen der in der Abbildung dargestellten Tücher ist es nicht möglich, die Anzahl der Würfel anzugeben. Bekannt ist dank der Konfiguration nur, dass es zwei ungerade Anzahlen sind und dass deren Summe stets eine gerade Zahl sein muss.

Dass die Multiplikation kommutativ ist, können die Kinder mathematisch korrekt beispielsweise an einer Darstellung durch Punkte oder Würfel begründen.

Die Kinder begründen, dass 4 · 5 = 5 · 4 und dass 3 · 4 = 4 · 3 ist. Je nach Betrachtungsweise sind es beispielsweise 4 Reihen mit je 5 Punkten oder 5 Reihen mit je 4 Punkten. Dabei wird im Konkreten das Allgemeine deutlich. Man kann *stets* die Faktoren vertauschen, ohne den Wert des Produktes zu ändern.

Die Argumentationsfähigkeit kann insbesondere auch im Zusammenhang mit unlösbaren Aufgaben entwickelt werden. Wenn bei mehreren Versuchen keine Lösung gefunden wird, drängt sich die Vermutung auf (Hypothesenbildung), dass die Aufgabe unlösbar ist. Diese Vermutung muss begründet werden. Dazu müssen die Kinder zunächst einsehen, dass „Ich habe lange probiert und keine Lösung gefunden." keine Begründung sein kann, denn weiteres oder besseres Probieren hätte ja vielleicht zur Lösung geführt.

Ein Beispiel für eine korrekte Begründung der Unlösbarkeit der Aufgabe gibt Juliane:

(8) *Setze die Zahlen 1 bis 6 so ein, dass die Summe der Zahlen auf den drei weißen Feldern und die Summe der drei Zahlen auf den schraffierten Feldern gleich groß sind.*

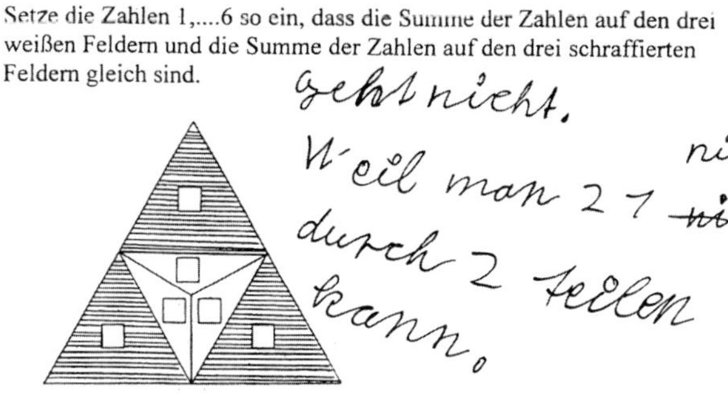

Setze die Zahlen 1,....6 so ein, dass die Summe der Zahlen auf den drei weißen Feldern und die Summe der Zahlen auf den drei schraffierten Feldern gleich sind.

Geht nicht, weil man 2 7 nicht durch 2 teilen kann.

Abb. 2.3.8 Julianes Lösung

Juliane muss also nicht weiter probieren, die Aufgabe ist nicht lösbar.

Gerade unlösbare Aufgaben und Aufgaben mit mehreren Lösungen (Kann ich sicher sein, alle Lösungen gefunden zu haben?) fordern zum Argumentieren heraus, spiegeln die Realität in besonderem Maße wider und sollten im Unterricht immer wieder planmäßig eingesetzt werden.

Dass bereits Grundschulkinder zu herausragenden Leistungen auch im Argumentieren in der Lage sind, zeigt dieses Beispiel: Im Zusammenhang mit figurierten Zahlen wurde Viertklässlern die in die „Kokosnuss-Geschichte" von Enzensberger[34] eingekleidete Aufgabe zu Dreieckszahlen – es waren u. a. die 30. und die 50. Dreieckszahl zu bestimmen – gestellt.

(9) **Aufgabe:** *Der Zahlenteufel wirft Kokosnüsse von einer Palme. Auf dem Boden entstehen dreieckige Muster. Das erste Muster besteht aus eine Kokosnuss, das zweite aus drei, das vierte aus sechs, das fünfte aus 10 Kokosnüssen.*

---

[34] Enzensberger, H. M. (1999)

Malte fand eine Formel, die er für ein Grundschulkind erstaunlich gut begründen konnte:

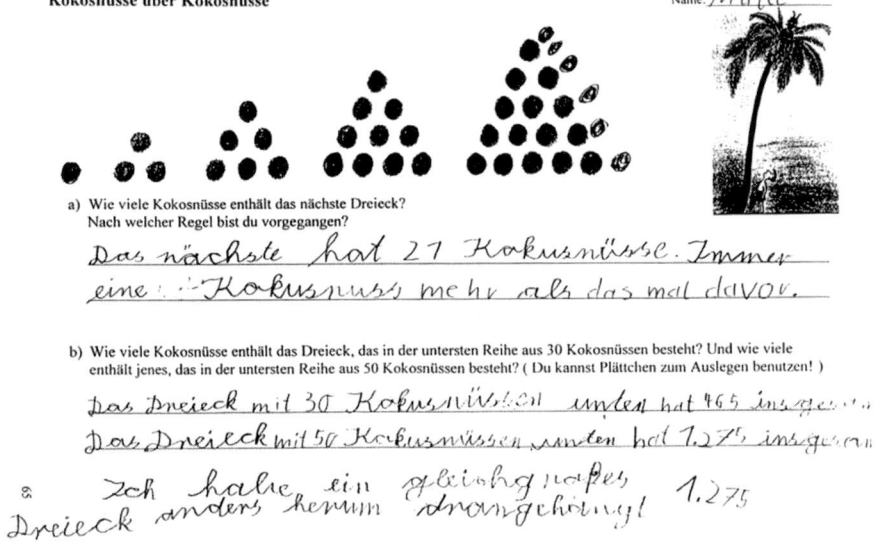

Kokosnüsse über Kokosnüsse   Name: Malte

a) Wie viele Kokosnüsse enthält das nächste Dreieck?
   Nach welcher Regel bist du vorgegangen?

Das nächste hat 27 Kokusnüsse. Immer eine Kokusnuss mehr als das mal davor.

b) Wie viele Kokosnüsse enthält das Dreieck, das in der untersten Reihe aus 30 Kokosnüssen besteht? Und wie viele enthält jenes, das in der untersten Reihe aus 50 Kokosnüssen besteht? (Du kannst Plättchen zum Auslegen benutzen!)

Das Dreieck mit 30 Kokusnüssen unten hat 465 insgesa...
Das Dreieck mit 50 Kokusnüssen unten hat 1.275 insgesam
Ich habe ein gleichgroßes
Dreieck anders herum drangehängt! 1.275

Abb. 2.3.9 Lösung Kokosnussaufgabe – Malte

Derartige Leistungen sind sicher nicht von allen Kindern zu erwarten, Untersuchungen[35] zeigen aber immer wieder, dass auch bezogen auf das Argumentieren mehr von den Kindern erwartet werden kann, als ihnen im Unterricht im Allgemeinen abverlangt wird. Doch auch für die Entwicklung der Fähigkeit zum Argumentieren gilt das beim Kommunizieren Gesagte: Kinder benötigen Anregungen und Hilfen, damit Erklärungen und Begründungen nicht nur von den Leistungsstarken gegeben werden. Oft helfen Sammlungen von Wortmaterial, Satzanfänge, Satzmuster und Satzschalttafeln, wie sie aus der Fremdsprachendidaktik bekannt sind, um Kindern beim Formulieren ihrer Entdeckungen zu unterstützen.

Die Entwicklung der Argumentationsfähigkeit hängt zudem sehr davon ab, ob Unterrichtsgespräche ausschließlich im Dialogmuster Lehrer-Schüler-Lehrer-Schüler-… geführt werden oder ob Kinder es lernen, sich im Unterrichtsgespräch aufeinander zu beziehen. Diese Methodenkompetenz (einander zuhören, den anderen verstehen und nachfragen, auf den anderen eingehen) ergibt sich keineswegs zufällig, sondern muss systematisch entwickelt werden. In der Gesprächsführung sind dabei beurteilungsfreie Impulse wie Nachfragen, Spiegeln oder Provozieren hilfreich.

---

[35] vgl. z. B. Selter/Sundermann (2006).

Nachfragen	Spiegeln	Provozieren
Bist du sicher, dass das so ist? Warum hast du dich für … entschieden? Habe ich richtig verstanden, dass du … Zu welchem Kind sprichst du gerade?	Ich habe dich jetzt so verstanden, dass … Du meinst also … Du bist also anderer Meinung als …	Das könnte doch auch so sein … Man könnte doch auch … Jetzt sind aller einer Meinung. Handpuppe: Ich verstehe das nicht. Ich würde einfach … (Übertreibend) Das kann/muss also immer so sein.

Fragen, die immer wieder zu stellen sind und die sich Kinder zunehmend selbst stellen sollten, sind beispielsweise:

- Kann das sein? Stimmt die Lösung mit meiner Erfahrung und Erwartung überein?
- Warum ist das so?
- Warum geht das nicht?
- Warum sind das alle Lösungen?
- Ist das immer so?

Modellierung als weitere allgemeine mathematische Kompetenz wird in den Bildungsstandards folgendermaßen ausdifferenziert:

- Sachtexten und anderen Darstellungen der Lebenswirklichkeit die relevanten Informationen entnehmen,
- Sachprobleme in die Sprache der Mathematik übersetzen, innermathematisch lösen und diese Lösungen auf die Ausgangssituation beziehen,
- zu Termen, Gleichungen und bildlichen Darstellungen Sachaufgaben formulieren.

Bei dieser Kompetenz steht die Anwendung der Mathematik im Vordergrund, erinnert man sich an die Funktionen des Sachrechnens, wie sie Heinrich Winter[36] formuliert hat.

Es geht darum, realitätsnahe Situationen mit Hilfe mathematischer Mittel zu verstehen und zu modellieren, um sich aus der Situation ergebende Fragen zu beantworten. Dabei ist der Rückbezug vom mathematisch ermittelten Ergebnis auf die Situation ganz wichtig. Gewohnheitsmäßig sollten die Kinder danach fragen, was das Ergebnis bezogen auf die Ausgangssituation bedeutet.

---

[36] Vgl. Winter, H. (1992)

Wie wichtig das bewusste Stellen derartiger Fragen ist, wird immer wieder deutlich, wenn Kinder unreflektiert so genannte Kapitänsaufgaben lösen und dabei rechnerisch ermittelte Ergebnisse so wie in den folgenden Beispielen ungeprüft in einen Antwortsatz kleiden.

> 2. Auf einem Schiff sind der Hirte, seine Herde mit 150 Schafen und seine 3 Hunde. Während eines Sturms fallen 5 Schafe ins Wasser. Wie alt ist der Hirte?

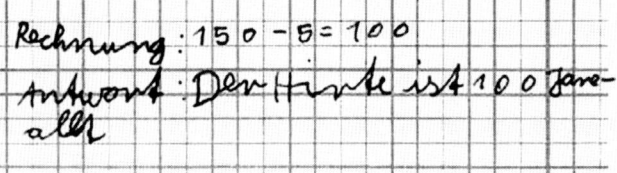

Abb. 2.3.10 Lösung Kapitänsaufgabe 1

> 2. Auf einem Schiff sind der Hirte, seine Herde mit 150 Schafen und seine 3 Hunde. Während eines Sturms fallen 5 Schafe ins Wasser. Wie alt ist der Hirte?

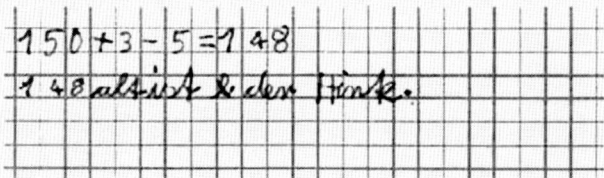

Abb. 2.3.11 Lösung Kapitänsaufgabe 2

> 4. Die Augustingrundschule hat drei 3. Klassen. In allen drei Klassen sind zusammen 150 Schüler sind. Wie viele Schüler gehen in eine Klasse?

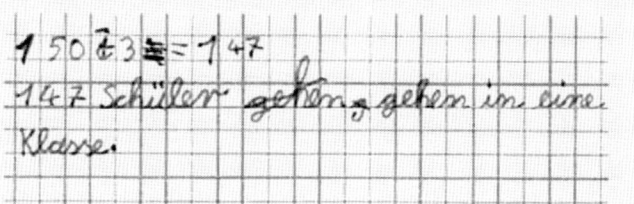

Abb. 2.3.12 Lösung Kapitänsaufgabe 3

An folgenden Beispielen wird deutlich, dass Schemata wie „Frage – Rechnung – Antwort" den Modellierungsprozess nicht unterstützt, sondern höchstens eine Hilfe beim Festhalten des Ergebnisses ist. Die Beispiele zeigen, dass eine Auseinandersetzung mit dem Inhalt der Aufgabenstellungen nicht erfolgte.

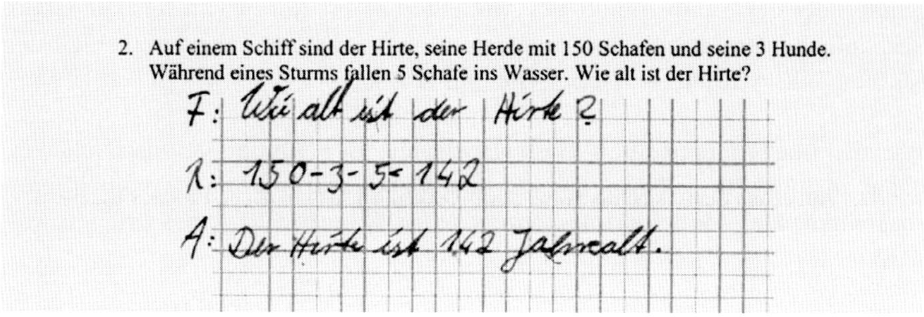

2. Auf einem Schiff sind der Hirte, seine Herde mit 150 Schafen und seine 3 Hunde. Während eines Sturms fallen 5 Schafe ins Wasser. Wie alt ist der Hirte?

F: Wie alt ist der Hirte?

R: 150-3-5=142

A: Der Hirte ist 142 Jahre alt.

Abb. 2.3.13 Lösung Kapitänsaufgabe 4

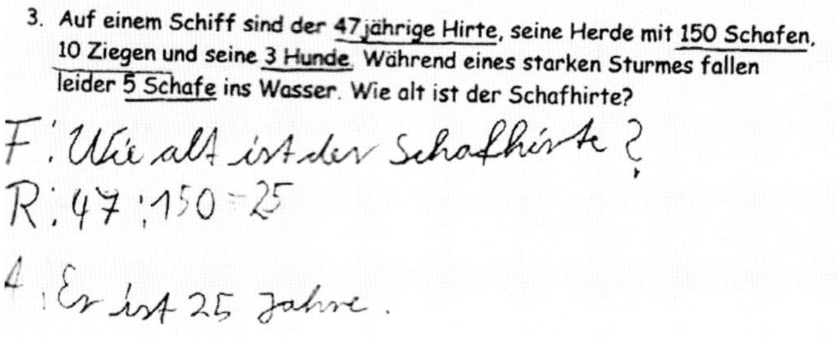

3. Auf einem Schiff sind der 47jährige Hirte, seine Herde mit 150 Schafen, 10 Ziegen und seine 3 Hunde. Während eines starken Sturmes fallen leider 5 Schafe ins Wasser. Wie alt ist der Schafhirte?

F: Wie alt ist der Schafhirte?

R: 47 : 150 = 25

A: Er ist 25 Jahre.

Abb. 2.3.14 Kinderlösung

Eine selbstständige kritische Reflexion kommt dagegen in folgenden – leider selten anzutreffenden – Antworten zur oben genannten „Schäferaufgabe" zum Ausdruck.

Nicht lösbar

Während eines Sturms fallen 5 Schafe ins Wasser. Wie alt ist der Hirte?

Wiealtistdehr Hirte

R Ich weiß es nicht

steht nichts vom alter.

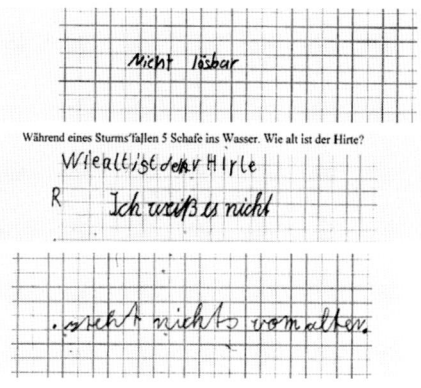

Abb. 2.3.15 Beispiele von Kinderlösungen, die Unsinnigkeit von Kapitänsaufgaben erkennen.

Auch wenn es in den Bildungsstandards nicht explizit formuliert ist: Modellierungsprozesse spielen fast überall in der Mathematik eine Rolle. In der Grundschule liegt der Schwerpunkt des Modellierens im Lösen von Sachaufgaben. Sachaufgaben umfassen dabei – wie bereits oben erläutert – alle drei Gebiete der Mathematik: Arithmetik, Geometrie und Größen.

Wie die oben dargestellten Lösungsbeispiele der Kinder veranschaulichen, hängt auch das Modellieren eng mit dem Kommunizieren und Argumentieren zusammen. Der Modellierungsprozess selbst kann wie folgt beschrieben werden:

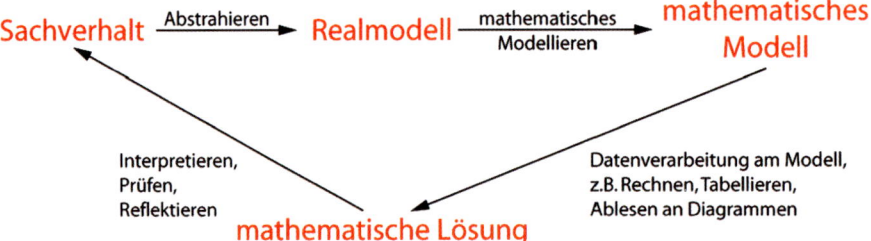

Abb. 2.3.16 Modellierungsprozess

Dabei kann und soll es durchaus vorkommen, dass zur Lösung eines Sachproblems Daten erst recherchiert werden müssen, dass der Modellierungskreislauf mehrfach durchlaufen werden muss, wenn sich ein Modell als nicht oder nicht ausreichend „passend" erwiesen hat.

Dass Modellierungen von Sachsituationen ganz unterschiedlich aussehen können, zeigen die Lösungen folgender kombinatorischer Aufgaben.

(10) *Bei einer Geburtstagsfeier treffen sich 12 (10, 8) Kinder. Jeder gibt jedem die Hand. Wie oft werden Hände geschüttelt?*

(11) *Bei einer Geburtstagsfeier sind 12 (10, 8) Personen. Jeder stößt mit jedem an. Wie oft klingen die Gläser?*

Beispiele für Lösungen:

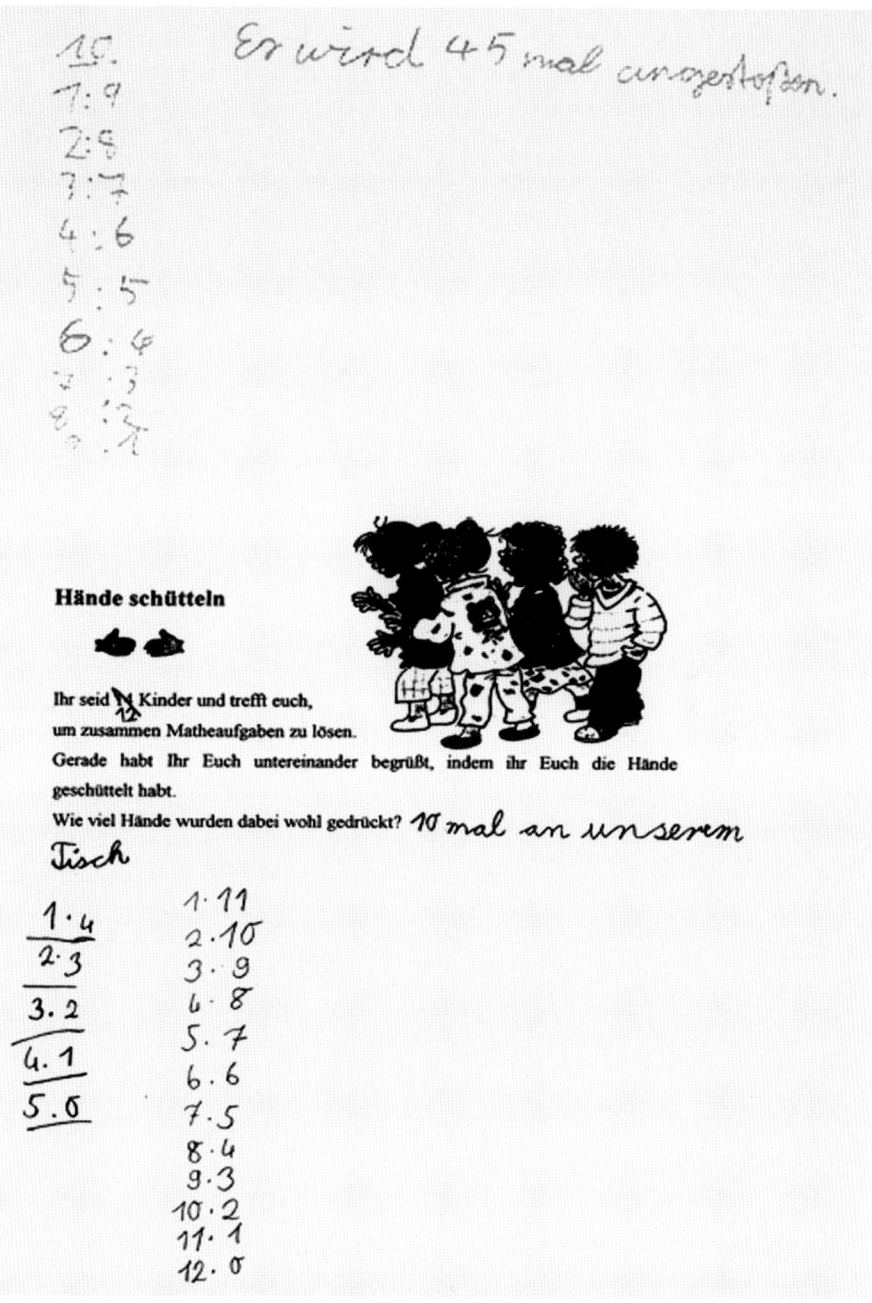

Abb. 2.3.17 Beispiele Lösungen Kombinatorikaufgabe

Die Bemerkung der Kinder macht deutlich, dass zunächst an ihrem Gruppen-
tisch (mit 5 Kindern) eine Lösung (handelnd) ermittelt wurde, bevor zur Lösung
der Aufgabe mit 12 Kindern übergegangen wurde. Die „Multiplikationspunkte"
sind als Zeichen zur Trennung zwischen dem Gast (Nr. 1) und der Anzahl der
Gäste, denen der die Hand schütteln kann ohne dass Wiederholungen auftreten,
zu interpretieren.

Im folgenden Beispiel wurden die Gäste durch „Punkte" veranschaulicht, die
Verbindungslinien (Händeschütteln) aber nur in Gedanken gezeichnet. 17
bedeutet hier: der erste Gast gibt 7 anderen die Hand.

Abb. 2.3.18 Geometrische Lösung Anstoßen

Bei einer analogen Aufgabe wurden für vier Kinder auch die „Handschläge"
gezeichnet.

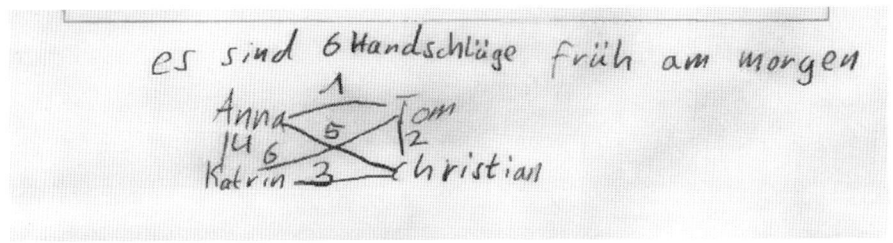

Abb. 2.3.19 Kinderlösung „Händeschütteln"

(12) *Auf einer Weide stehen Kühe, Pferde und Ziegen. Ohne Pferde sind es 18*
      Tiere. Ohne Kühe sind es 12 Tiere. Ohne Ziegen sind es 10 Tiere. Wie viele
      Kühe, Pferde und Ziegen sind auf der Weise.

Zur Lösung dieser Aufgaben kommen viele Kinder durch mehr oder weniger
systematisches Probieren. Interessanterweise gab es Kinder, die eine Beziehung

zu den ihnen bekannten Rechendreiecke[37] herstellen und zum Lösen der Aufgabe nutzen konnten.

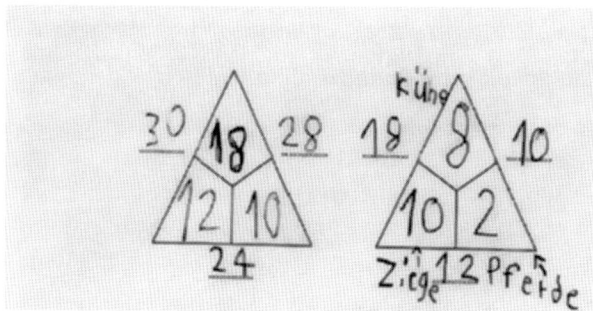

Abb. 2.3.20 Kinderlösung unter Nutzung des Rechendreiecks

Beim zweiten Versuch konnte die Lösung ermittelt werden.

Diese Vielfalt an möglichen Lösungswegen zeigt, dass es **das** mathematische Modell zur Beschreibung eines Sachverhaltes oft nicht gibt. Vielmehr ist es wichtig, einen geeigneten Lösungsansatz zu finden, sich über Lösungswege auszutauschen und gemeinsam zu prüfen, ob der Lösungsansatz geeignet ist.

Wie wichtig die Interpretation des rechnerisch ermittelten Ergebnisses in der Phase der Rückbesinnung ist, zeigen folgende Beispiele:

(13) *Von einem 22 m langen Seil sollen Stücke von 4 m Länge abgeschnitten werden. Wie viele Stücke erhält man?*

(14) *4 Kinder teilen sich 22 Äpfel. Wie viele Äpfel bekommt jedes Kind?*

(15) *Die 22 Personen wollen gemeinsam in Taxis zum Theater fahren. In jedes Taxis passen 4 Personen. Wie viele Autos müssen fahren?*

Alle Sachverhalt können mit 22 : 4 beschrieben werden. Die rechnerische Lösung 5 Rest 2 ist dann in jedem Kontext neu zu interpretieren.

(13) Man erhält 5 Stücke und 2 m Seil bleiben als Rest.

(14) Jedes Kind bekommt 5 Äpfel und noch einen halben Apfel.

(15) Es werden 6 Taxis benötigt.

Das **Darstellen** als letzte der in den Bildungsstandards aufgeführten allgemeinen Kompetenzen wird folgendermaßen beschrieben.

---

[37] Bei Rechendreiecken handelt es sich um ein Aufgabenformat, bei dem drei innere und drei äußere Zahlen, die sich als Summe von je zwei inneren Zahlen ergeben, eine Rolle spielen. Je nachdem, welche und wie viele Zahlen gegeben sind, entstehen unterschiedlich hohe Anforderungen an den Löser der Aufgabe.

- für das Bearbeiten mathematischer Probleme geeignete Darstellungen entwickeln, auswählen und nutzen,
- eine Darstellung in eine andere übertragen,
- Darstellungen miteinander vergleichen.

Diese Beschreibung zeigt die enge Verbindung zu allen anderen allgemeinen Kompetenzen.

Die im Einzelnen aufgeführten Bestandteile hätten durchaus z. B. auch unter den Kompetenzen Problemlösen oder Modellieren aufgeführt werden können. Eine Grenze muss aus unserer Sicht auch nicht gezogen werden. Wichtig ist vielmehr, dass Kinder erfahren und begreifen, dass ganz unterschiedliche Darstellungen für einen Sachverhalt hilfreich sind.

Das Nutzen unterschiedlicher Darstellungen für mathematische Objekte und Zusammenhänge finden wir vom ersten Schultag an. Zahlen werden durch Mengen von Objekten, durch Punktbilder und später im dekadischen Positionssystem als Summe von Vielfachen von Zehnerpotenzen dargestellt. Beziehungen zwischen zwei Größen wie etwa Stückzahl und Preis oder Weglänge und Fahrzeit werden in Tabellen, Skizzen oder am doppelt geteilten Zahlenstrahl erfasst. Quantitäten wie etwa Einwohnerzahlen, Niederschlagsmengen oder auch die Häufigkeit von Buchstaben in einem Text werden in Schaubilder und Diagrammen dargestellt, Rechenoperationen werden durch Handlungen, dann durch Bilder und schließlich durch Symbole dargestellt. Die Liste lässt sich weiterführen.

Auch das Anfertigen und Nutzen verschiedener Darstellungen, insbesondere das Skizzieren, muss gelernt werden. Die gut gemeinten Hinweise „Mach doch eine Zeichnung" oder „Du kannst rechnen, malen oder schreiben" führen nicht automatisch dazu, dass Kinder Skizzen anfertigen, die bei Lösung von Sach- und Problemaufgaben wirklich helfen. Selbst leistungsstarke Kinder fertigen zuweilen zu Problemaufgaben phantasiereiche Zeichnungen an, die bei der Lösung der Aufgabe nicht hilfreich sind. Folgende Beispiele illustrieren das.

(16) *Petra hat für ihre Puppe zwei Röcke und drei Blusen. Wie viele Möglichkeiten hat sie, die Puppe unterschiedliche anzuziehen.*[38]

Hilfreiche **Darstellungen** sind beispielsweise:

---

[38] Vgl. Grassmann, M. (1999)

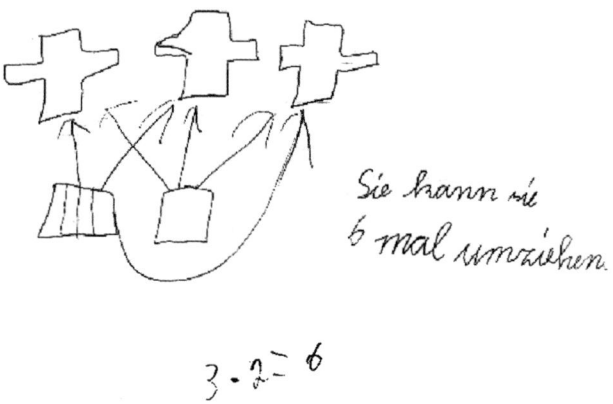

Sie kann sie
6 mal umziehen.

3 · 2 = 6

4.a) Petra hat für ihre Barbiepuppe 3 Blusen und 2 Röcke.
Wie oft kann Petra ihre Puppe anders anziehen?

 b) Außerdem hat sie noch einen hellen und einen dunklen Gürtel.
Wie viele Möglichkeiten sind es jetzt?

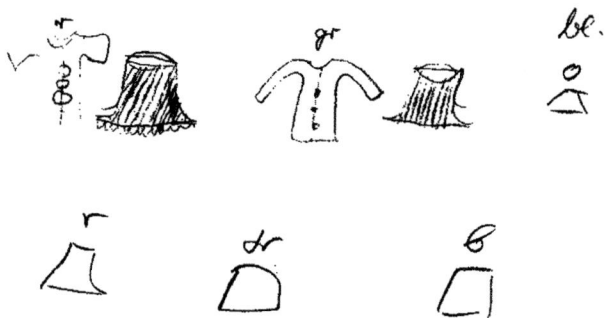

Abb. 2.3.21 Hilfreiche Skizzen „Rock – Bluse Aufgabe"

Hier wurde für den zweiten Rock nur noch notiert, welche Farbe die mit ihm zu kombinierenden Röcke haben, die Struktur der Aufgabe wurde erkannt und es konnte eine Lösung „abgelesen" werden.

Folgende **Bilder** sind bei der Lösungsfindung nicht hilfreich.

Abb. 2.3.22 Bilder zur Rock – Bluse Aufgabe

Hier handelt es sich offensichtlich wirklich um Bilder im Sinne von Illustrationen
zur Geschichte, keineswegs aber um bei der Lösung hilfreiche Skizzen.

(17) *Zwei Schiffe fahren einander entgegen. Das Schiff mit dem Dieb ist schon*
      70 Seemeilen von der Küste entfernt, als das Polizeiboot vom anderen Ufer
      los fährt. Das Polizeiboot ist 6mal so schnell wie das des Diebes. Wie viele
      Seemeilen fahren beide Boote noch, bevor sie sich begegnen?[39]

---

[39] Die Aufgabenstellung, die sich Studierende ausgedacht haben, ist sicher nicht realistisch, die
      Kinder haben aber sehr schnell von der Einkleidung abgesehen und sich auf den mathematischen
      Inhalt konzentriert.

Das Bild zweier Schiffe hilft hier sicher nicht bei der Lösungsfindung.

Folgende Skizze, die das Wesen, nämlich die beiden unterschiedlichen Geschwindigkeiten verdeutlicht, half Johann beim Lösen der Aufgabe.

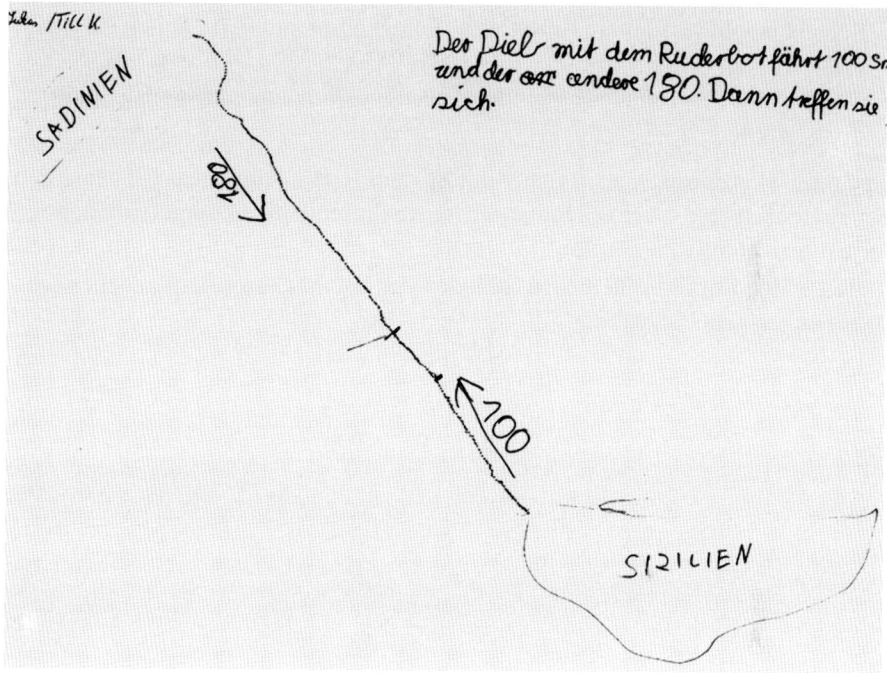

Abb. 2.3.23 Skizze zur Lösung der „Schiffsaufgabe"

Vielleicht ist auf den ersten Blick nicht ersichtlich, dass diese Zeichnung schnell zur Lösung führt. Johann zeichnete 1 Punkt für das erste Schiff und simultan dazu immer 6 Punkte für das zweite Schiff. Beide näherten sich in jeder Zeiteinheit um 7 Längeneinheiten. Die Skizze entspricht dem und so konnte er aus seiner Darstellung die Lösung ablesen.

Hier wie auch bei allen anderen allgemeinen mathematische Kompetenzen gilt, dass deren Entwicklung langfristig und planmäßig zu gestalten ist.[40]

Abschließend zu diesem Kapitel halten wir als **Fazit** fest:

Inwieweit Schülerinnen und Schüler kompetent sind, wird deutlich, wenn sie beim Lösen von Aufgaben ziel-, mittel- und bedingungsadäquat

- auf vorhandene Kenntnisse und Fähigkeiten zurückgreifen,
- die Fähigkeit besitzen, sich erforderliches Wissen zu beschaffen,

---

[40] Eichler (2008) verweist darauf, dass und wie die Entwicklung der Fähigkeit zum Skizzieren entwickelt werden kann und das hier die Festigung von Teilhandlungen des Skizzierens wesentlich ist. Vgl. Eichler, K.-P.: (2008). Auch Rasch (2001) weist immer wieder darauf hin, dass entsprechende Fähigkeiten bewusst zu entwickeln und zu trainieren sind.

- zentrale Zusammenhänge des jeweiligen Sach- bzw. Handlungsbereiches erkennen,
- angemessene Handlungsschritte durchdenken und planen,
- Lösungsmöglichkeiten kreativ erproben,
- beim Handeln verfügbare Kenntnisse, Fähigkeiten und Fertigkeiten einsetzen und
- das Ergebnis des eigenen Handelns geeignet mit angemessenen Kriterien überprüfen.

Nach der Skizzierung der in den Bildungsstandards formulierten allgemeinen Kompetenzen ergibt sich die Frage, wie ein in diesem Sinne kompetenzorientierter Unterricht aussehen sollte.

Im folgenden Kapitel sollen dazu für jeden der inhaltlichen Kompetenzbereiche Anregungen gegeben werden.

3. Entwicklung inhaltsbezogener Kompetenzen

3.1 Kompetenzentwicklung im Fach Mathematik der Grundschule

Ganz entscheidende Bedingungen für erfolgreiches Lernen für einen langfristigen Kompetenzerwerb sind folgende Unterrichtsmerkmale, die u. E. bereits für die Grundschule relevant sind:

- Zieltransparenz auch für die Lernenden,
- klare Strukturierung der Lernangebote, Einbeziehung von Reflexionselementen auch zur Erfassung und Beschreibung des Lernstandes,
- Schaffen von Lerngelegenheiten für Selbsteinschätzungen der Schülerinnen und Schüler, Sicherung eines soliden Basiswissens,
- kognitive Aktivierung im Unterricht mit einem funktionalen Wechsel der Sozial- und Arbeitsformen,
- ein positives Unterrichtsklima mit einer lernförderlichen Arbeitsatmosphäre sowohl für leistungsschwache als auch leistungsstarke Kinder und einer entsprechenden Gesprächs- und Rückmeldekultur. Letzteres bedeutet z. B., dass Leistungen nicht defizit- sondern kompetenzorientiert betrachtet werden, d. h. auch bei fehlerhaften Lösungen zuerst danach zu schauen ist, welches Wissen, welche Fähigkeiten die Kinder zeigen. Das bedeutete auch, dass Fehler etwas ganz normales im Lernprozess sind, dass sie als Lernspuren betrachtet und genau analysiert werden, um adäquate Lernangebote unterbreiten zu können.
- effektiver Umgang mit der Lernzeit.

Ein ganz wesentliches Element bei der Strukturierung, dem Unterbreiten von Lernangeboten sind natürlich die Gestaltung von Aufgaben und Lernangeboten, die den Kindern eine aktive, freudvolle Auseinandersetzung mit Mathematik, Erforschen und aktives Entdecken von Gesetzmäßigkeiten und Zusammenhängen ermöglicht.

Nachfolgend sollen an den Inhaltsbereichen des Mathematikunterrichts der Grundschule jene Schwerpunkte für die Gestaltung von Lernprozessen dargestellt werden, die sich aus den am Ende der Klasse 4 zu erreichenden inhaltlichen Kompetenzen ergeben.

Dabei können die einzelnen Inhaltsbereiche hier nicht vollständig abgebildet werden. Deshalb soll an instruktiven Beispielen jeweils Allgemeines herausgearbeitet werden.

Zu den einzelnen Leitideen werden jeweils einleitend kurz Hintergrundinformationen „Zur Sache" zusammengestellt. Sie zeigen, um welche mathematischen Inhalte es geht und stellen wesentliche fachdidaktische Aspekte dar.

Anschließend werden die dort zu erwerbenden inhaltsbezogenen Kompetenzen detailliert dargestellt und es werden beispielhaft Konsequenzen für die Unterrichtsgestaltung abgeleitet. Dabei werden stets Beziehungen zu den anderen inhaltlichen Leitideen, insbesondere zur Leitidee „Muster und Strukturen" sowie zu den allgemeinen mathematischen Kompetenzen hergestellt.

3.2 Leitidee „Zahlen und Rechenoperationen"

Arithmetik, also die Auseinandersetzung mit Zahlen und Rechenoperationen, gehört zweifelsfrei zu den Kernbereichen des Mathematikunterrichts der Grundschule. Kinder, die zur Schule kommen, wollen rechnen lernen. Meine kleine Nachbarin, die gerade in die 3. Klasse gekommen ist, antwortet auf die Frage, was Mathematik ist: „Na, Rechnen". Viele Kinder finden es „cool", wenn sie möglichst schnell, möglichst viele Rechenaufgaben erledigt haben.

Kinder, die zur Schule kommen, wollen schnell ganz große Zahlen kennen lernen und endlich mit ihnen rechnen, Lucia z. B. verkündet schon im Kindergarten ganz stolz, dass 1 Million plus 1 Million gleich 2 Millionen ist.

Dieses und weitere Indizien[1] weisen darauf hin, dass Mathematik häufig ausschließlich auf arithmetische Inhalte beschränkt wird. Und noch etwas deutet sich bereits hier an: Das Ausführen von Algorithmen („Sag mir, wie ich es zu machen habe!") und das Finden (genau) einer Lösung stehen offensichtlich nach wie vor im Mittelpunkt. Diesem Trend soll mit den Bildungsstandards entgegengewirkt werden. Die Beherrschung der Grundaufgaben und die Anwendung von Rechenverfahren sind nur zwei Kompetenzen neben vielen weiteren, die auf Verstehen und selbstständige Auseinandersetzung mit dem Gegenstand ausgerichtet sind.

Worum muss es bei der Umsetzung der Leitlinie „Zahlen und Rechenoperationen" gehen, wenn Kinder hier im Sinne der Bildungsstandards Kompetenzen entwickeln sollen?

Schauen wir uns die Leitidee zunächst aus fachlicher Perspektive an, klären wir, was Zahlen und Rechenoperationen sind und welche Kenntnisse, Fähigkeiten, Fertigkeiten, Einstellungen und Gewohnheiten für einen kompetenten Umgang mit Zahlen und Rechenoperationen erforderlich sind.

3.2.1   Zur Sache

3.2.1.1 Zahlbegriff

Wenn wir in der Grundschule von Zahlen sprechen, sind zunächst die natürlichen Zahlen (einschließlich der 0) gemeint. Am Beispiel des Zahlbegriffs wird der hohe Abstraktionsgrad der Mathematik deutlich.

---

[1] Selbst die in letzter Zeit intensivierten Untersuchungen und Veröffentlichungen zur Entwicklung mathematischer Kompetenzen im Vorschulalter reduzieren Mathematik häufig auf Zahlen und das Rechnen mit ihnen.

5, VI,

Sind das Zahlen?

Ist Ihnen schon einmal eine Zahl auf der Straße begegnet? Kann man sie anfassen? Fühlen? Schmecken? Riechen wie z. B. einen Hund?

Zahlen sind Begriffe oder, um mit Dedekind zu sprechen, „freie Schöpfungen des menschlichen Geistes" und trotzdem müssen Grundschulkinder Vorstellungen von Zahlen erwerben, Erfahrungen im Umgang mit Repräsentanten dieser abstrakten Objekte gewinnen. Zahlen sind also nicht mit Zeichen – wie sie oben angegeben sind – zu verwechseln.

Als Lehrerin und als Lehrer müssen wir alle Ecken des epistemologischen Dreiecks[2] im Blick behalten, geeignete Aufgaben und Handlungen auswählen, um den Kindern zu ermöglichen, Vorstellungen auszubilden und damit Verbindungen zwischen Symbolen und Inhalten sowie Handlungen herzustellen.

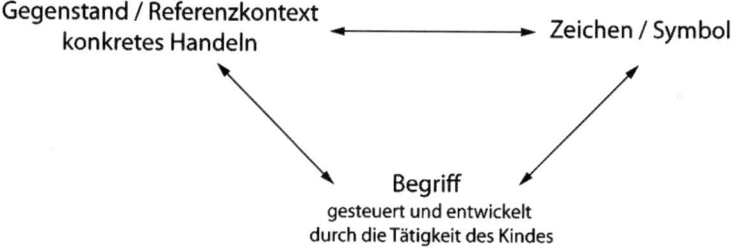

Abb. 3.2.1.1 Epistemologisches Dreieck

Dabei sind Handlungen und Gegenstände so auszuwählen, dass wesentliche Begriffsinhalte „begriffen" werden können, dass Kinder ausgehend von der Handlung abstrahierend zum Wesen des Zahlbegriffs vordringen, dass sie geistige Aktivitäten ermöglich; was nicht mit (äußerer) Geschäftigkeit verwechselt werden darf.

Um natürliche Zahlen zu konstruieren, gibt es zwei mathematische Modelle, die auch für die Schule wesentliche Aspekte des Begriffs der natürlichen Zahl darstellen.

Zum einen können natürliche Zahlen als **Kardinalzahlen**[3] endlicher Mengen konstruiert werden. Konkrete (endliche) Mengen sind Repräsentanten der Zahlen. Dieser Kardinalzahlaspekt spielt immer dann eine Rolle, wenn im Unterricht mit Mengen gearbeitet wird (jedes Kind kann einen Repräsentanten der

---

[2] vgl. Hasemann, K. (2003), S. 89
[3] vgl. z. B. Hasemann, K. (2003), S. 45

Zahl drei in die Hand nehmen), wenn Zahlen (Repräsentanten) zerlegt, zusammengesetzt durch Zahlenbilder, die möglichst ein simultanes bzw. quasisi-
multanes Erfassen möglich machen, dargestellt werden. Kinder sollen also mit
natürlichen Zahlen Anzahlen von Objekten realer oder (später) vorgestellter
Mengen verbinden.

Zum anderen können natürliche Zahlen axiomatisch auf der Grundlage der
Peano-Axiome[4] eingeführt werden. Dabei spielt die Nachfolgerrelation eine
ganz entscheidende Rolle. Im Unterricht wird dieses Modell (implizit) immer
dann angesprochen, wenn gezählt wird, wenn Vorgänger und Nachfolger
bestimmt werden, wenn Kinder erkennen, dass jede Zahl einen ganz bestimmten Platz in der Reihe der Zahlen hat, wenn festgestellt wird, dass 17 dichter an
20 als an 10 „liegt" (3 Schritte bis zur 20 aber 7 Schritte bis zur 10) u. a.

Man spricht in diesem Zusammenhang von **Ordinalzahlaspekt** (Zählzahl und
Ordnungszahl) natürlicher Zahlen. Zur Veranschaulichung wird in diesem
Zusammenhang häufig der Zahlenstrahl verwendet. Auch dieser Zahlaspekt
gehört zum Begriffsinhalt, den Kinder erwerben müssen, um in den verschie-
densten Anforderungssituationen kompetent mit Zahlen umgehen zu können.

Hinzu kommen zwei weitere Aspekte, die auch beim Rechnen später wichtig
sind. Zum einen der **Maßzahlaspekt**, die Erkenntnis, dass natürliche Zahlen als
Maßzahlen von Größen genutzt werden können. Zahlen drücken hier die Viel-
fachheit einer Einheit aus, z. B. 8 m (8 mal wurde ein Meter aneinander gelegt).
Der Maßzahlaspekt ist insbesondere bei der Zahldarstellung von Zahlen über
Längen am Zahlenstrahl von Bedeutung. Der Zahlenstrahl kann als Abstraktion
z. B. eines Plattenweges, von Schritten, die entlang einer geraden Linie gemacht
werden, gewonnen werden.

Eng verbunden mit dem Maßzahlaspekt ist der **Operatoraspekt** natürlicher Zahlen. Hier wird erfasst, dass natürliche Zahlen verwendet werden, um die Viel-
fachheit einer Handlung oder eines Vorgangs zu beschreiben: Meine Kette ist
dreimal so lang wie deine – wenn deine 4 Perlen hat, hat meine also 12; 10 kann
man in fünf Zweier zerlegen; um von 10 zur 20 zu gelangen muss man fünfmal
einen Zweierschritt – fünf Zweierschritte – machen.

Schließlich ist der **Relationalzahlaspekt** von Bedeutung, der in vielen Anwen-
dungssituationen eine Rolle spielt und der vielen Kindern Schwierigkeiten[5]
bereitet.

Mit dem Zahlaspekt wird ausgedrückt, dass natürliche Zahlen auch Relationen/
Beziehungen zwischen natürlichen Zahlen angeben. Die Zahl „3" z. B. gibt den
Unterschied zwischen 7 und 10 („10 ist 3 mehr als 7") aber auch zwischen 7 und
4 („4 ist 3 weniger als 7") und auch zwischen 13 und 16, 23 und 20 usw. an.

---

[4] vgl. Hasemann, K. (2003), S. 42 ff., für weiterführende Information z. B. Padberg, F. (1997)
[5] Untersuchungen haben z. B. gezeigt, wie „Ernie hat 4 Kekse. Er hat 3 Kekse weniger als Bert. Wie
     viele Kekse hat Bert?" nur von 16 % der Linder gelöst werden können. Vgl. z. B. Radatz (u. a.)
     (2000), S. 80

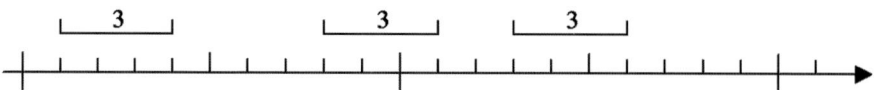

Auch diesen Aspekt muss im zu erwerbenden Zahlbegriff der Kinder fest verankert sein.

Und natürlich haben die Zahlen auch (algebraische) Eigenschaften und sind Objekte mit denen nach ganz bestimmten Regeln und Verfahren gerechnet werden kann, die u. a. als Teil des **Rechenzahlaspekt**s aufgefasst werden. Hierzu gehören solche Eigenschaften, wie Primzahl, Quadratwurzel einer anderen Zahl zu sein, oder auch, dass beim Addieren mehrerer Zahlen diese beliebig zusammengefasst werden können (Kommutativität und Assoziativität werden hier genutzt).

Darüber hinaus werden Zahlen als Mittel zum Codieren, Unterscheiden von Objekten verwendet. Diesen **Codierungsaspekt** erleben die Kinder bereits im Vorschulalter als subjektiv bedeutungsvoll, da hat das Haus, in dem sie wohnen, die Nummer 14, muss die Mama jeden Tag mit dem Bus der Linie 100 fahren u. ä.

Auch wenn im Unterricht nicht die entsprechenden Begriffe verwendet werden, müssen die Kinder natürliche Zahlen in all ihren Zahlaspekten kennen und anwenden lernen.

Zahlzeichen und dekadisches Positionssystem

Neben den inhaltlichen Aspekten des Zahlbegriffs sind Zahlbezeichnungen, Zahlworte und Symbole für Zahlen, notwendig, um mit den Zahlen operieren zu können. In unserem Kulturkreis hat sich das dekadische Positionssystem mit den arabischen Ziffern 0, 1, ..., 9[6] durchgesetzt. Bevor aber das Positionssystem Unterrichtsgegenstand ist, müssen die Kinder auch Zahlbezeichnungen wie

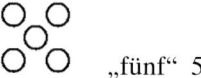

kennen lernen. Einsicht in das dekadische Positionssystem bedeutet, dass das Prinzip der fortgesetzten Bündelung, immer zehn Objekte einer Stufe ergeben ein Objekt der nächsten Stufe (zehn Einer einen Zehner usw.) begriffen wird,

---

[6] Ursprünglich stammen diese Ziffern von den Indern, wo sie mindestens schon im 5. Jh. bekannt waren. Araber brachte die Ziffern – noch ohne die Null – ins Abendland. Die arabischen Ziffern und das Prinzip des Stellenwertes wurde wesentlich durch Leonardo von Pisas „Liber Abaci" (1202) verbreitet, fanden zunächst aber nur Verwendung in mathematischen Schriften. Erst im 16. Jahrhundert setzten sich die arabischen Ziffern mit den wachsenden Erfordernissen des Rechnens gegenüber den römischen Zahlzeichen durch. Die Schreibweise im Positionssystem erforderte eine Kennzeichnung unbesetzter Stellen: Das Wort **Null** (vom lateinischen nullus – keiner) wurde genutzt und ein Punkt wurde gesetzt, der sich zum Zeichen 0 entwickelte. Das Wort „Ziffer" stammt übrigens vom Wort „sifr", der arabischen Bezeichnung für die Null ab.

dass erkannt wird, dass jede der Zweien in 2222 einen anderen „Wert" hat, da außer den einzelnen Ziffern jeweils der Stellenwert zu berücksichtigen ist. Die erste 2 steht für zwei Tausender und die letzte für zwei Einer. Ganz wichtig für Zahldarstellungen ist die 0 als Zeichen für eine nicht besetzte Stelle. 5023 bedeutet also, dass beim Bündeln der Hunderter zu Tausendern kein Hunderter übrig geblieben ist, dass das Ergebnis des Bündelns fünf Tausender, kein Hunderter, zwei Zehner und drei Einer sind.

3.2.1.2 Rechnen

Bleibt noch zu klären, was unter Rechnen zu verstehen ist. Schauen wir zunächst wieder auf den Begriffsinhalt. In der Grundschule geht es um die sogenannten vier Grundrechenarten Addition, Multiplikation, Subtraktion und Division, wobei die beiden letztgenannten Umkehroperationen der beiden erstgenannten sind. Rechenoperationen (Additionen und Multiplikation) sind Zuordnungen. Je zwei natürlichen Zahlen a und b wird ihre Summe (a + b) bzw. ihr Produkt (a · b) – wieder eine natürliche Zahl – zugeordnet.

Die konkrete Definition von Summe und Produkt ist davon abhängig, welcher Weg zur Konstruktion von natürlichen Zahlen gewählt wurde. Bei der Kardinalzahlkonstruktion werden elementfremde Mengen vereinigt und die Kardinalzahl dieser Vereinigungsmenge ist dann die Summe. Bei der axiomatischen Konstruktion (Peano) wird die Summe der Zahlen a und b gebildet, indem b-mal die Nachfolgerelation gebildet wird, was für die Schule bedeutet, dass von a um b Schritte weitergezählt wird.

Differenz bzw. Quotient zweier natürlicher Zahlen sind dann die Lösungen der Gleichungen

$$b + x = a \quad (x = a - b)$$
$$\text{bzw.} \quad b \cdot x = a \quad (x = a : b),$$

falls diese Lösungen existieren.

Diese Begriffsinhalte müssen sich in den konkreten Handlungen im Unterricht widerspiegeln wie auch die Eigenschaften der jeweiligen Rechenoperationen.

Mit der Definition der Rechenoperationen ist noch nicht festgelegt, wie Summe, Differenz, Produkt oder Quotient zweier Zahlen bestimmt werden. Summe bzw. Produkt zu bestimmen, bedeutet, die jeweils zugeordnete Zahl zu bestimmen. Da beim Rechnen dann auch mehrere Zahlen[7] beteiligt sein können, kann man Rechnen auch als Bestimmen des „Termwertes" aufgefasst werden.

Wichtig ist dann die Frage, welche Verfahren und Strategien möglich und sinnvoll sind, um Rechenergebnisse zu erhalten.

Nachfolgend werden **Verfahren und Strategien** dargestellt, rechnerisch Termwerte zu bestimmen, also zu rechnen. Wir unterscheiden beim Rechnen wie folgt:

---

[7] Mathematisch wird dies stets auf die mehrfache Verknüpfung von je zwei Zahlen zurückgeführt.

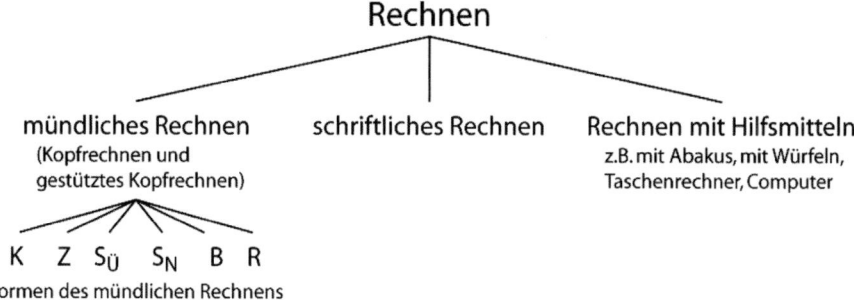

Beim **schriftlichen Rechnen** operiert das Kind nur mit den einstelligen Ziffern. Durch die Art und Weise des Aufschreibens wird der Stellenwert der Ziffern automatisch berücksichtigt. Ob das Rechnen mündlich oder schriftlich erfolgt, hängt nicht davon ab, ob das Kind etwas aufschreibt. Es ist durchaus denkbar, Verfahren des schriftlichen Rechnens im Kopf auszuführen. Wenn ein Kind beispielsweise die Aufgabe $27 + 41 = 68$ in dieser Form notiert und dazu „2 plus 4 ist gleich 6 und 7 plus 1 ist gleich 8" kommentiert, rechnet es schriftlich.

Gestütztes Kopfrechnen wird manchmal unglücklich als halbschriftliches Rechnen bezeichnet, was eine Nähe zum schriftlichen Rechnen andeutet, die nicht gegeben ist. Das wichtigste Unterscheidungsmerkmal ist, dass beim mündlichen Rechnen immer mit Zahlen gearbeitet wird, beim schriftlichen Rechnen mit Ziffern unabhängig vom Stellenwert.

Rechnen im Sinne von Rechenverfahren bedeutet für den Unterricht, Schaffen eines **Reservoirs** an bekannten (auch auswendig beherrschten) **Grundaufgaben** und den Erwerb von **Strategien**, die es ermöglichen, unbekannte Aufgaben auf bekannte zurückzuführen und dadurch zu lösen. Gerade in elaborierten Lösungsstrategien werden Kompetenzen der Kinder sichtbar.

Formen des **mündlichen Rechnens**[8] sind:

K-*Reproduktion von* **K***enntnissen, insbesondere von Kenntnissen der Grundaufgabengleichungen:*
Beispiele: $6 \cdot 8 = 48, 63 : 7 = 6$

Z-*Anwendung des* **Z***ahlbildungsprinzips*
Weil Zahlen im dekadischen Positionssystem als Summen von Vielfachen von Zehnerpotenzen dargestellt werden, sind die Ergebnisse sofort in der Aufgabe abzulesen. Dazu werden Kenntnisse über das Stellenwertsystem genutzt.
Beispiele sind: $10 + 7 = 17; 120 + 8 = 128$ oder $324 - 20 = 304$

---

[8] Häufig aufgeführte Strategien gestützten Kopfrechnens („halbschriftlichen" Rechnens) können hier eingeordnet werden.

$S_{\ddot{U}}$-Schrittweise Rechnen durch Übertragen[9] bekannter Aufgaben

Beispiele liefern folgende Rechenwege:

$$4 + 3 = 7 \Rightarrow 14 + \ 3 = 17$$
$$4 + 3 = 7 \Rightarrow 40 + 30 = 70 \text{ oder } 3000 + 4000 = 7000$$

S_N-Schrittweises Rechnen durch Nacheinanderausführen von Teilschritten

Beispiele liefern folgende Rechenwege:

$$234 - 19 = 234 - 20 + 1; \qquad 17 \cdot 3 = 10 \cdot \ 3 + 7 \cdot 3$$
$$183 + 11 = 183 + 10 + 1; \qquad 28 \cdot 9 = 20 \cdot \ 9 + 8 \cdot 9 \text{ oder}$$
$$\qquad\qquad\qquad\qquad\qquad\qquad 28 \cdot 9 = 28 \cdot 10 - 28$$
$$247 + \ 8 = (247 + 3) + 5 \qquad 352 - 78 = (352 - 52) - 26$$
$$256 : 4 = (240 : 4) + (16 : 4)$$
$$17 \cdot 5 = (17 \cdot 10) : 2$$

B – Nutzen von Beziehungen zwischen Zahlen bzw. zwischen Aufgaben

Beispiele liefern folgende Rechenwege:

$$71 - \quad 69 \text{ oder } 703 - 698 \text{ durch Erkennen des „Unterschiedes" lösen}$$
$$234 - 199 \text{ durch Nutzen der Beziehung zwischen 199 und 200 erfassen}$$
$$252 + 248 = 250 + 250 \text{ (gegensinniges Verändern)}$$

R-Anwendung formaler Regeln bei Multiplikation und Division mit 10, 100 usw.

Beispiel: $18 \cdot 100 = 1800$, $3600 : 10 = 360$
(„Nullen anhängen bzw. wegstreichen")

Diese Regeln werden zwar im Rechnen formal angewandt, sollten aber dennoch von den Kindern mit den Kenntnissen über das dekadische Positionssystem begründet werden können.

Für den Unterricht ist also zum einen wichtig, dass die Kinder inhaltliche Vorstellungen von Zahlen und Rechenoperationen aufbauen, damit Rechnen nicht zu einem Operieren mit sinnleeren Zeichen wird. Zum anderen sind Kompetenzen im Rechnen auszubilden. Diese umfassen neben Kenntnissen und Fähigkeiten auch Fertigkeiten, Gewohnheiten und Einstellungen. Nachfolgend wird dargestellt, was von diesen mathematisch-inhaltlichen Aspekten in der Leitidee „Zahlen und Operationen" in den Bildungsstandards auftritt.

3.2.2 Anregung zur Entwicklung inhaltlicher Kompetenzen

In den Bildungsstandards sind zur **Leitidee „Zahlen und Operationen"** im Einzelnen folgende Kompetenzen ausgewiesen, die die Kinder bis zum Ende der Klasse 4 erwerben sollen. Die linksstehenden übergeordneten Kompetenzen werden weiter ausdifferenziert. Wenn man diese Ausdifferenzierung genauer betrachtet, ist bereits bei den Formulierungen ein Einfluss der allgemeinen

---

[9] Grundlage des Übertragens sind Monotonieeigenschaften der Operationen bzgl. der Relation „… = …"

mathematischen Kompetenzen zu erkennen. Explizit sind bei diesen inhaltsbezogenen Kompetenzen Aussagen zum Darstellen, Kommunizieren, Argumentieren und Modellieren zu finden.

Zahldarstellungen und Zahlbeziehungen verstehen	den Aufbau des dezimalen Stellenwertsystems verstehen Zahlen bis 1.000.000 auf verschiedene Weise darstellen und zueinander in Beziehung setzen sich im Zahlenraum bis 1.000.000 orientieren (z. B. Zahlen der Größe nach ordnen, runden).
Rechenoperationen verstehen und beherrschen	die vier Grundrechenarten und ihre Zusammenhänge verstehen, die Grundaufgaben der Addition, Subtraktion Multiplikation und Division gedächtnismäßig beherrschen und diese Grundkenntnisse auf analoge Aufgaben in größeren Zahlenräumen übertragen, mündliche und halbschriftliche Rechenstrategien verstehen und bei geeigneten Aufgaben anwenden, verschiedene Rechenwege vergleichen und bewerten, Rechenfehler finden, erklären und korrigieren, Rechengesetze erkennen, erklären und benutzen, schriftliche Verfahren der Addition, Subtraktion und Multiplikation verstehen, geläufig ausführen und bei geeigneten Aufgaben anwenden[10], Lösungen durch Überschlagsrechnungen und durch Anwenden der Umkehroperation kontrollieren.
in Kontexten rechnen	Sachaufgaben lösen und dabei die Beziehungen zwischen der Sache und den einzelnen Lösungsschritten beschreiben, das Ergebnis auf Plausibilität prüfen, bei Sachaufgaben entscheiden, ob eine Überschlagsrechnung ausreicht oder ein genaues Ergebnis nötig ist, Sachaufgaben systematisch variieren, einfache kombinatorische Aufgaben (z. B. Knobelaufgaben) durch Probieren bzw. systematisches Vorgehen lösen.

Entsprechend unserer Zielstellung werden wir im Folgenden der Frage nachgehen, welche Schwerpunkte in einem Unterricht gesetzt werden müssen, damit Kinder im oben charakterisierten Umfang kompetent im Umgang mit Zahlen werden. Dabei kann keine umfassende Darstellung erfolgen, wir wollen auf

---

[10] Hier fällt auf, dass das Verfahren der schriftlichen Division nicht mehr aufgeführt wird.

wichtige, häufig noch nicht ausreichend im Blick befindliche Dinge hinweisen, Beispiele für Aufgabenstellungen darstellen und ihre Potenzen sowohl unter dem Blickwickel der inhaltlichen als auch der allgemeinen mathematischen Kompetenzen betrachten.

Im Einzelnen werden wir bezogen auf die Leitidee Zahlen und Rechenoperationen auf Folgendes eingehen:

(1) Zahldarstellungen und Zahlbeziehungen verstehen
Zahlverständnis entwickeln
>   Anzahlen erfassen, darstellen und Zahlen zerlegen
>   Zählen und sich im Zahlenraum orientieren
Zahlen darstellen und Zahlbeziehungen verstehen

(2) Rechenoperationen verstehen und beherrschen
Rechenoperationen und ihre Beziehungen zueinander verstehen
>   Rechenoperationen aufbauen und verinnerlichen
>   Keine einseitigen Operationsvorstellungen aufbauen
Grundkenntnisse und -fertigkeiten erwerben und Rechenstrategien bewusst nutzen
>   Zusammenhängendes vernetzt einprägen
>   Rechengesetze erkennen und nutzen
>   Rechenstrategien entwickeln, Rechenvorteile erkennen und nutzen
>   geeignete Rechenverfahren wählen
>   Ergebnisse überschlagen und abschätzen
>   Rechnen üben- mathematische Zusammenhänge erkennen und nutzen- allgemeine mathematische Kompetenzen ausbilden

(3) Rechnen in Kontexten
Zu diesem Punkt werden wir im übergreifenden Kapitel zum Sachrechnen eingehen, denn Rechnen in Kontexten darf nicht nur eng an arithmetische Inhalte gebunden und dabei vielleicht noch genau auf die gerade behandelte Rechenoperation zu geschnitten sein.

(1) Zahldarstellungen und Zahlbeziehungen verstehen

Um die Kompetenzen bis zum Ende der Klasse 4 auszubilden, ist es unerlässlich, den Kindern einen sorgfältigen Aufbau des Zahlbegriffs, die Entwicklung eines gut ausgebildeten Zahlverständnisses zu ermöglichen.

Zahlverständnis entwickeln

Was aus inhaltlicher Sicht zum Zahlbegriff, zum bei den Kindern auszubildenden Zahlverständnis gehört, haben wir oben erläutert. Welche Typen von Aufgaben sind zu berücksichtigen, um ein derartiges Zahlverständnis zu entwickeln und wie können bei der Bearbeitung dieser Aufgaben die allgemeinen mathematischen Kompetenzen entwickelt werden?

Anzahlen erfassen, darstellen und Zahlen zerlegen

Zur Entwicklung von (Mengen-) Vorstellungen von Zahlen sind „Bilder" zu Zahlen, die einerseits eine simultane bzw. quasisimultane Zahlauffassung ermöglichen und andererseits das Erkennen von Beziehungen zwischen Zahlen erlauben, wichtig. Das beginnt im Vorschulbereich mit dem simultanen Erfassen von Würfelbildern. Bereits beim Ausmalen von z. B. 9 Punkten in dem gegebenen Punktefeld zu Beginn des 1. Schuljahres werden ganz unterschiedliches Wissen und ganz unterschiedliche Kompetenzen von Schulanfängern im Darstellen und Zerlegen von Zahlen sichtbar.

Die Aufgabenstellung lautet, male neun Kreise an.

So gibt es Kinder, die zu Schulbeginn diese Anforderung nicht bewältigen, die (Zähl-) Zahlen noch nicht mit Mengen in Verbindung bringen können, Kinder, die mühsam einen Punkt mit dem anderen markieren und schließlich zu Darstellungen wie

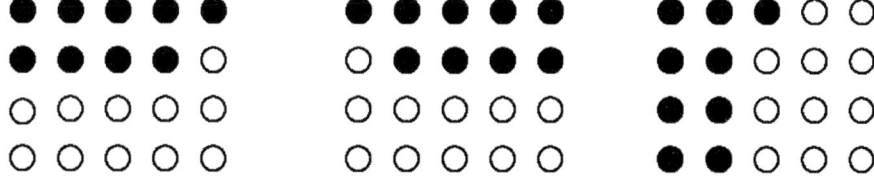

kommen. Und schließlich gibt es Kinder, die bereits zu Schulbeginn Muster wie die folgenden erzeugen.

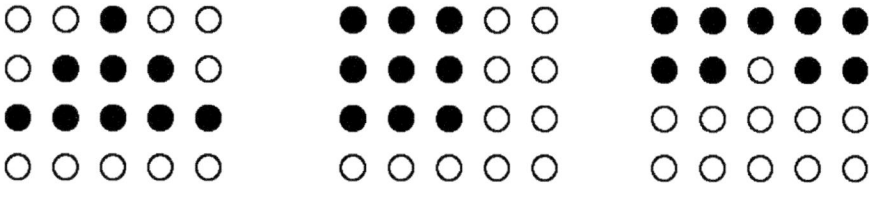

Abb. 3.2.2.2 Punktmuster zur Zahl 9

Diese Kinder haben zur Zahl 9 also bereits am Anfang strukturierte Zahlenbilder im Kopf, machen in ihren Bildern Beziehungen zwischen Zahlen deutlich (Neun ist z. B. 3 mal 3 oder 4 mal 2 plus 1). Für jedes Kind wird deutlich, was bezogen auf die Darstellung von Zahlen die Zone seiner nächsten Entwicklung ist und es wird noch einmal ganz deutlich, dass eine Aufgabe allein – ohne Betrachtung der Lösungswege der Kinder – häufig schwer einem Anforderungsbereich zuzuordnen ist. Die von den Kindern erzeugten Zahlenmuster müssen Anlass für Kommunikation über Muster sein. Was fällt Euch auf? Welches Muster findet ihr besonders schön? Findet ihr weitere Muster?

Und die gefundenen Muster stellen wir dann auf einem Plakat dar, auf dem dann vielfältige Zerlegungen unserer gewählten Zahl und vielfältige Beziehungen dieser Zahl zu anderen Zahlen deutlich werden.

Zur Identifizierung von Anzahlen können die Kinder an Punktmustern in verschiedenen Konfigurationen Anzahlen erfassen. Dabei ist die Fähigkeit des visuellen Strukturierens notwendig. Sie kann differenzierend gefördert werden, indem die Kinder mit zweifarbigen Abbildungen arbeiten und sich dann Abbildungen zuwenden, die sie selbst visuell strukturieren müssen.

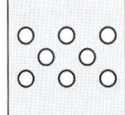 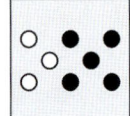 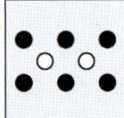 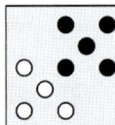 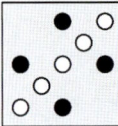 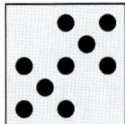

Wie viele Punkte sind es? Erkläre, wie Du es schnell siehst.

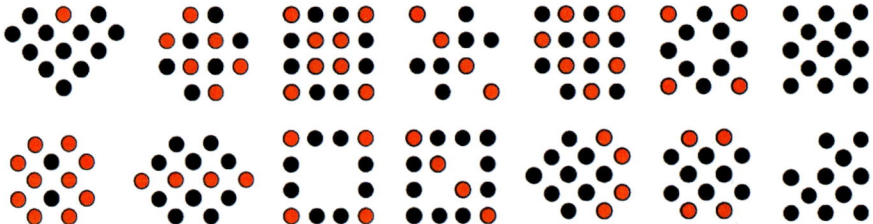

Wie generell mathematische Aktivitäten sollte auch das Erfassen von Anzahlen mit Bezug zur Lebenswirklichkeit der Kinder erfolgen. Beispielsweise können die Kinder Abbildungen betrachten und herausfinden, wie viele Autos o. ä. dort zu sehen sind. Sind die Autos auf einer Abbildung nur schwer anzahlmäßig zu überschauen, erweist es sich als günstig, zunächst auf jedes gefundene Auto ein Plättchen/ Würfel o. ä. zu legen und anschließend die Plättchen/ Würfel so anzuordnen, dass ihre Anzahl schnell erfasst werden kann. Dabei vertiefen die Kinder zugleich ihre Einsichten in die Eins-zu-Eins-Zuordnung und das Wesen der Zahl als Anzahl: Wenn es genauso viele Würfel wie Autos sind, kann man statt der Autos die Würfel zählen. Aus der Sache heraus wird das strukturierte Legen etwa in einem Zwanzigerfeld motiviert:

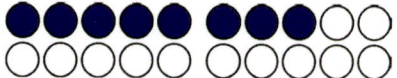

Im Zwanzigerfeld können die Kinder beispielsweise die 8 leicht als „Doppelvier", in ihrer Zerlegung in 5 und 3 oder auch als „Zwei weniger als 10" erfassen. Insbesondere schwächere Kinder benötigen hinreichend Übungen, um Anzahlen effektiv zu erfassen und darzustellen, ohne dabei immer wieder zählen zu müssen. In der klassenöffentlichen Diskussion sollte erörtert werden, welche Zahl man auf welche Weise günstig darstellen kann.

Die Kinder müssen immer wieder die Gelegenheit erhalten, selbst Zahlenbilder zu erzeugen, und zwar ohne und mit vorstrukturierten Materialien, wobei letzteres zunehmend wichtiger sein sollte. In den „Eigenproduktionen" der Kinder werden wiederum Kompetenzunterschiede, wie in den folgenden Beispielen, deutlich werden. Die Aufgabe der Kinder bestand darin, Mengendarstellungen anzugeben.

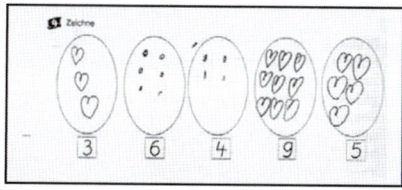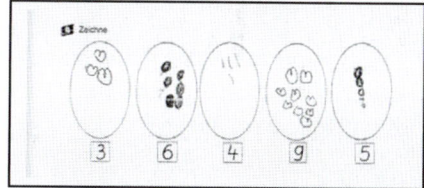

Abb. 3.2.2.3 Muster von Kindern zu Zahlen

Beide Kinder haben die Aufgabe korrekt gelöst und trotzdem werden Kompetenzunterschiede deutlich. Während das erste Kind generell strukturierte Zahldarstellungen wählt – die Leitlinie Muster und Strukturen also von sich aus umsetzt – ist dies bei den Lösungen des zweiten Kindes nur in Ansätzen (bei der 6) erkennbar. Dieses Kind benötigte weitaus länger zur Bearbeitung der Aufgabe und zählte immer wieder die bereits gezeichneten Objekte. Dass differenzierte Anforderungen an diese beiden Kinder zu stellen sind, ist genauso offensichtlich wie die Notwendigkeit des Austausches über die Lösungen der Kinder.

Im Zusammenhang mit der Entwicklung (kardinaler) Zahlvorstellungen muss auf zwei weitere ganz wesentliche Aspekte hingewiesen werden, die auch für verständiges Rechnen eine Rolle spielen. Zum einen handelt es sich um die **Teil-Ganzes Beziehung** und zum anderen um die damit eng zusammenhängende **Zahlzerlegung**, die insbesondere bei Stellenwertüberschreitungen beim Addieren und Subtrahieren hilfreich sind. Es geht in beiden Fällen darum, Beziehungen zwischen dem Ganzen (einer Zahl) und ihren Teilen (Zahlen sind aus Teilen additiv zusammenzusetzen) zu erkennen und zu nutzen. Dass bedeutet, dass Kinder:

– Zahlen (ganz) beliebig zerlegen können, und zwar zufällig und systematisch
– aus einer Zerlegung auf die (Gesamt)Zahl schließen,
– Ganze aus ihren Teilen bestimmen können,
– Teile bestimmen können, wenn das Ganze gegeben ist.

Dabei kann das Zerlegen von Zahlen ausgehend von Sachkontexten, aber auch rein arithmetisch thematisiert werden.

Das **zufällige** Zerlegen von Zahlen kann sehr gut mit einem Partyteller aus Pappe durchgeführt werden. Mit einem Strich wird er in zwei Hälften geteilt. Wird nun eine Anzahl Plättchen oder Würfel darauf geworfen, wird diese zerlegt. Einige liegen in der einen Hälfte, die anderen in der anderen Hälfte. Beide Anzahlen können unmittelbar erfasst werden.

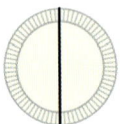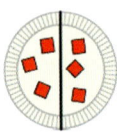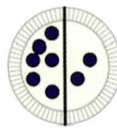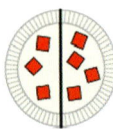

Ähnlich kann mit Schüttelboxen gearbeitet werden. Wird die Schüttelbox zur Hälfte verdeckt, ist das ein Anlass, von der sichtbaren Anzahl zur vorgegebenen Gesamtzahl zu ergänzen.

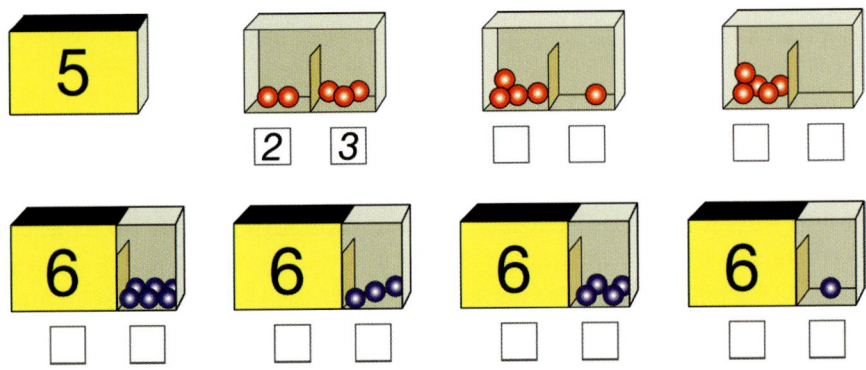

Eine bekannte und häufig genutzte Aufgabenstellung in diesem Zusammenhang ist das Ausfüllen von Zerlegungshäusern. Dass auch eine solche Aufgabenstellung auf ganz unterschiedliche Weise bearbeitet werden kann, zeigen die folgenden Beispiele, die von zwei Kindern einer Klasse zum gleichen Zeitpunkt bearbeitet werden.

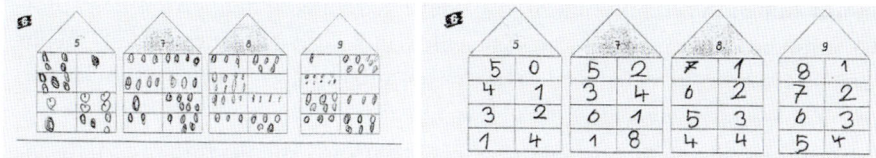

Abb. 3.2.2.4 Zahlenhäuser mit   Abb. 3.2.2.5 Zahlenhäuser mit Ziffern
Punktbildern

Beide Kinder haben die Aufgaben korrekt gelöst, aber unterschiedliche Darstellungen für Zahlen verwendet, wobei die Darstellung durch Produkte deutlich mehr Zeit beanspruchte. Interessant ist auch, dass beim zweiten Kind im Zerlegungshaus der 7 die Zahlen 1 und 8 auftreten, was die Vermutung nahe legt, dass dieses Kind 7 in Gedanken als 8 − 1 dargestellt hat, obwohl die Subtraktion noch nicht Unterrichtsgegenstand war. Kinder, die Lösungen wie in Abbildung 3.2.2.4 anbieten, müssen Gelegenheit erhalten, den Übergang von der ikonischen zur symbolischen Ebene zu vollziehen – wie können Zahlen anders als durch Punkte dargestellt werden?

An dieser Stelle wird bereits deutlich, dass in diesem Zusammenhang auch Fähigkeiten zum Darstellen, Kommunizieren und Argumentieren eine Rolle spielen.

In der folgenden Aufgabenstellung, in der Zahldarstellungen und Muster erkannt werden sollen, wird dies noch einmal ganz deutlich.

Aufgabe ist zunächst, den Mustern Ziffern zuzuordnen, wobei dabei aber nicht stehen geblieben werden darf. Was fällt auf? Dabei können die Muster einzeln oder die Beziehung zum Nachbarmuster oder die gesamte Reihe betrachtet werden. Es gibt Muster, bei denen auf beiden Seiten gleich viele Punkte sind und welche, bei denen auf einer Seite 1 Punkt mehr (weniger) ist. Die Begriffe gerade Zahl und ungerade Zahl werden vorbereitet. Diese Muster wechseln sich immer ab. Von einem Muster zum nächsten kommt immer ein Punkt hinzu. Vielleicht fällt den Kindern weiteres auf. Sie können dann selbständig Muster erfinden, mit denen sie mathematischen Einsichten kommunizieren. Allgegenwärtig ist hier also auch die Leitidee „Muster und Strukturen".

Zählen und orientieren

Zu einem gut ausgebildeten Zahlverständnis gehört selbstverständlich auch das Zählen, die Einsicht, dass jede Zahl einen festen Platz in der Reihe der natürlichen Zahlen hat.

Das Zählen von Vorschulkindern, das Ähnlichkeiten mit dem „Aufsagen" eines Gedichtes hat, bedeutet nicht, dass sich die Kinder den Zahlenraum, z. B. bis 20, wenn bis zu dieser Zahl die Reihe erfolgreich aufgesagt wird, erschlossen haben.

Aber Zählen ist eine wichtige Aktivität, um

- die lineare Anordnung der natürlichen Zahlen zu erfassen;
- zu erkennen, dass jede Zahl genau einen Nachfolger und bis auf die Zahl 0 auch genau einen Vorgänger hat;
- den Unterschied zwischen Zahlen zu erfassen: Wenn von 7 drei Schritte vorwärts gezählt wird, erhalten wir 10, wenn wir drei Schritte rückwärts zählen 4, der Unterschied ist jeweils gleich.

Für die lineare Anordnung der natürlichen Zahlen bietet der Zahlenstrahl eine sehr gute Möglichkeit.

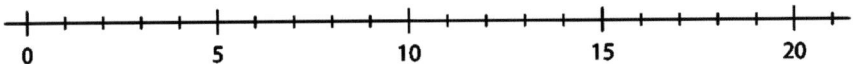

Kinder können den Punkten Zahlen zuordnen und deren Lage beschreiben:

- 7 liegt zwischen 5 und 10 (aber auch zwischen 0 und 10, 5 und 20, ...);
- 15 liegt genau in der Mitte zwischen 10 und 20 (von jeder dieser Zahlen muss ich fünf Schritte gehen, um die 15 zu erreichen);
- 18 liegt zwischen 10 und 20, aber dichter an der 20 als an der 10;
- von 8 bis 4 ist es genauso weit, wie von 8 bis 12;
- die 2 und die 8, die 3 und die 7, die 4 und die 6 liegen auf dem Zahlenzahl jeweils symmetrisch zur 5. Die Summe dieser Zahlen ist immer 10. Welche Zahlen liegen symmetrisch zur 10 (zur 15, zur 20 ...)? Wie groß ist deren Summe?

Diese und viele weitere Beobachtungen können die Kinder machen und beschreiben. Das Kommunizieren hilft allen Kindern, Einsichten zu gewinnen bzw. zu festigen oder auch auf ganz neue Ideen zu kommen, wenn z. B. erkannt wird, dass es ja noch mehr Zahlen(-paare) als 8 und 4 gibt, die sich um vier unterscheiden. Die hier für den Zwanzigerraum angesprochenen Aufgabenstellungen sind selbstverständlich in größeren Zahlenräumen wieder aufzugreifen. Wie sicher sich Kinder in den jeweils behandelten Zahlenräumen orientieren können, wird insbesondere beim Arbeiten am (fast) leeren Zahlenstrahl[11] deutlich.

Zahlen werden am Zahlenstrahl „verortet": Der Ort wird aufgesucht, am dem eine vorgegebene Zahl ungefähr ist oder aber es wird die Zahl identifiziert, die einem vorgegebenen Ort entspricht.

---

[11] Dieser (fast) leere Zahlenstrahl ist vom Rechenstrich, bei dem auf jegliche Markierung verzichtet wird und der zur Veranschaulichung von Rechenwegen genutzt wird, zu unterscheiden. Zur Orientierungsübung müssen wenigstens zwei Zahlen vorgegeben werden und damit haben wir einen Zahlenstrahl.

Mögliche Übungsformen, bei deren Bearbeitung das Zahlverständnis der Kinder zum Ausdruck kommt, sind damit z. B.:

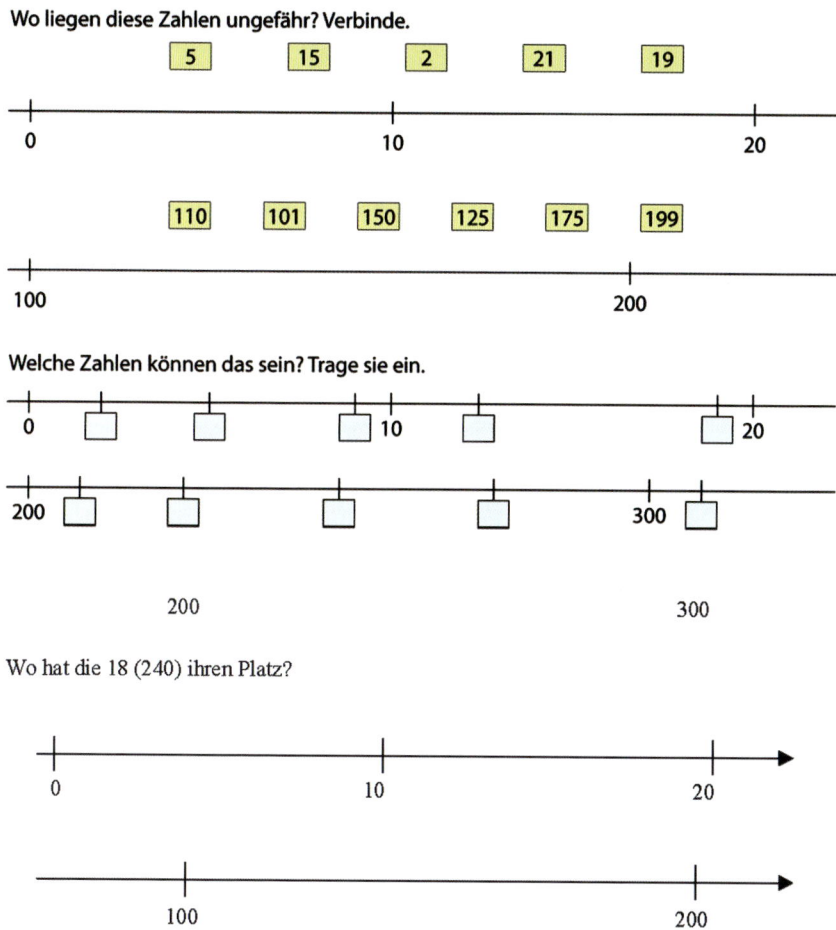

Die Lösungen dieser und ähnlicher Aufgaben sind von den Kindern zu erläutern, wobei sowohl Kommunikations- als auch Argumentationsfähigkeiten herausgefordert und entwickelt werden. Und natürlich wird bei der Arbeit mit dem Zahlenstrahl die Fähigkeit zum Darstellen von Zahlen entwickelt. Orientierungsübungen am Zahlenstrahl sind auch in größeren Zahlenräumen sinnvoll und hilfreich. Größenvergleiche ergeben sich am Zahlenstrahl von selbst und auch das Runden von Zahlen (welcher Hunderter ist näher an der zu rundenden Zahl) kann durch Darstellungen am Zahlenstrahl eingesehen werden und muss nicht ausschließlich auf formale Regeln zurückgeführt werden.

Zur Nutzung des Zahlenstrahls am Schulanfang noch eine Bemerkung: Da es eine nicht zu vernachlässigende Anzahl von Kindern gibt, die Orientierungsschwierigkeiten, insbesondere Schwierigkeiten bei der Unterscheidung von rechts und links haben, bewährt es sich, am Schulanfang einen vertikalen Zahlenstrahl zu verwenden, bei dem die Kinder ihre Erfahrungen, dass beim „nach oben gehen" alles größer wird, nutzen können.

Zahlen darstellen und Zahlbeziehungen verstehen

Mit diesem Punkt der Leitlinie „Zahlen und Operationen" wird insbesondere auf verschiedene Darstellungen von Zahlen und speziell das Verständnis des dezimalen Aufbaus unseres Positionssystems verwiesen. Dabei ist das Verständnis des Aufbaus des Hunderter- und Tausenderraumes von ganz entscheidender Bedeutung, denn die Struktur dieser Zahlenräume finden wir in den größeren Zahlenräumen immer wieder: Es gibt immer wieder Einer, Zehner, Hunderter (diese dann immer mit neuen Namen, z. B. ein Tausend, zehn Tausend, hundert Tausend, tausend Tausend – eine Million).

Bedeutsam bei der Umsetzung dieser Leitidee im Unterricht ist, dass die Kinder das Bündeln und Entbündeln im wahrsten Sinne des Wortes begreifen, also vielfältige Möglichkeiten erhalten, um vom Ergebnis konkreter Bündlungshandlungen zu Zahldarstellungen im Positionssystem zu kommen.

Die leitende Frage beim Aufbau des Positionssystems ist:

> „Wie können große Anzahlen von Objekten schnell erfasst werden, ohne dass mühsam gezählt werden muss und dass bei Vorgabe eines „Zahlennamens" jeder die gleiche Anzahl von Objekten angeben würde?"

Der erste wichtige Schritt ist das strukturierte Zählen, wobei die Kinder ganz unterschiedliche Strukturen nutzen können und werden. Um z. B. zu Beginn der Klasse 3 festzustellen, wie viele Reiskörner in eine Streichholzschachtel passen, sollte diese gefüllt, die Kinder zum Schätzen veranlasst und anschließend die Frage der Überprüfung gestellt werden.

Was schätzen Sie, wie viele Reiskörner in eine Streichholzschachtel passen?

Die Kinder werden sicher Bündel (Häufchen) bilden, die durchaus nicht gleich viele Reiskörner enthalten und dann arbeitsteilig zählen. Am Ende steht dann die Aufgabe, die einzeln ermittelten Anzahlen noch zusammenzufassen, was zu Additionsaufgaben führen wird, die zu diesem Zeitpunkt noch nicht im Unterricht behandelt wurden. Nach diesem mühsamen Bündeln entsteht die Frage, ob und wie geschickt vorgegangen werden kann. Die Idee, immer 10er Häufchen, dann 100er Häufchen zu bilden, kann in Anlehnung an Bündelungserfahrungen beim Geld entstehen. Über das Ergebnis beim Lösen dieser Aufgabe staunen Kinder immer wieder: Es passen wirklich ca. 1000 Reiskörner in eine Streichholzschachtel.

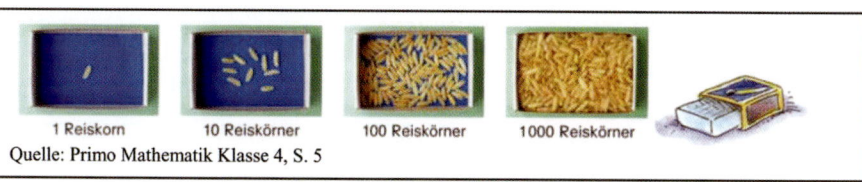

1 Reiskorn   10 Reiskörner   100 Reiskörner   1000 Reiskörner

Quelle: Primo Mathematik Klasse 4, S. 5

Bevor zu formalen Zahldarstellungen, zunächst unter Nutzung einer Stellentafel, übergegangen wird, sind unbedingt weitere Bündelungsaktivitäten notwendig. Bei der Auswahl des dazu benutzten Materials ist unbedingt darauf zu achten, dass 10 Einheiten wirklich in ein Bündel der nächsthöheren Stufe eingetauscht werden, dass also z. B. 10 Einer in einen Zehner bzw. 10 Zehner in einen
Hunderter eingetauscht werden. Die einzelnen (eingetauschten) Elemente sollten nicht mehr als solche wahrzunehmen sein.

Unter diesem Aspekt hat das Arbeiten mit Steckwürfeln Probleme, denn 10er
Stangen bestehen aus 10 einzelnen Würfeln, von denen jederzeit einige weggenommen werden können, die immer wieder als einzelne Elemente wahrgenommen werden. So haben wir erlebt, dass Kinder die 100 Steckwürfel schön zu einer
„Hunderterplatte" zusammengebaut hatten und die Aufgabe erhielten, ihr
Ergebnis in die Stellentafel zu übertragen, zuerst in die Einerspalte 100 eintrugen und als die Lehrerin bemerkte, dass sie doch eine Hunderterplatte hergestellt haben, die 100 in die Hunderterspalte eintrugen – sie haben die 100 einzelnen Würfel gesehen.

Geeignete Bündelungsmaterialien sind insbesondere:
- Rechengeld (allerdings nur 1, 10, 100 Euro)
- Mehrsystemmaterial

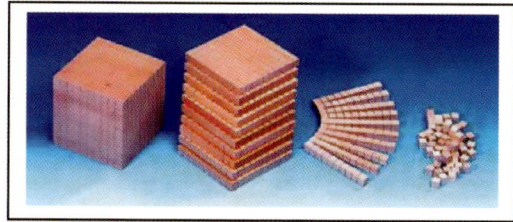

Abb. 3.2.2.6 Mehrsystemblöcke

Ausgehend von der Darstellung mit Mehrsystemmaterial kann eine Zahl auf der
ikonischen Ebene schematisch dargestellt werden:

Dieser Darstellung können Symbole – die Ziffer 243 bzw. das Zahlwort zwei-
hundertdreiundvierzig – zugeordnet werden.

Verständnis für das dezimale Stellenwertsystem wird deutlich, wenn Kinder zwischen unterschiedlichen Darstellungen wechseln können, wenn ihnen bewusst ist, dass neben der Ziffer immer der Stellenwert zu berücksichtigen ist.

Diese Übergänge sind:

- von der Darstellung mit Mehrsystemmaterial zur Ziffernschreibweise,
- von der Darstellung mit Mehrsystemmaterial zum Zahlwort,
- von der schematischen Darstellung zur Ziffernschreibweise,
- von der schematischen Darstellung zum Zahlwort,
- von der Ziffernschreibweise zum Zahlwort

und jeweils umgekehrt.

Verständnis zeigt sich auch, wenn z. B. Aufgabenstellungen wie die folgende gelöst werden können und die Lösungen erläutert und begründet werden können.

Es dürfen fünf Plättchen in eine Stellentafel gelegt werden.

T	H	Z	E
● ● ●			● ●

Im Beispiel ist die Zahl 3002 dargestellt. Dies sollte Ausgangspunkt für weitere Fragen und Aufgaben sein.

- *Welche weiteren Zahlen können mithilfe von fünf Plättchen dargestellt werden?*
- *Welches ist die kleinste (größte) Zahl, die mit fünf Plättchen dargestellt werden kann?*
- *Wie viele unterschiedliche Zahlen können mit fünf Plättchen dargestellt werden?*
- *Wie ändert sich die Zahl, wenn ein Plättchen verschoben wird?*

Eine derartige Aufgabe kann offensichtlich nicht am Anfang der Auseinandersetzung mit dem Stellenwertsystem stehen, denn die Kinder müssen hier den Bündelungsprozess bereits verinnerlicht haben, da ein Plättchen in der Hunderterspalte etwas anderes bedeutet als ein Plättchen in der Zehner- oder Einerspalte – man sieht dem Plättchen nicht mehr an, dass es z. B. aus zehn Einern hervorgegangen ist.

Von der ikonischen Darstellung weg zur symbolischen Ebene führen Aufgaben wie

- *Wie viele vierstellige Zahlen gibt es, bei denen die Summe der vier Ziffern gleich 5 ist? Schreibe alle auf.*

Es ist wichtig, dass die Kinder erfassen, dass es sich hier dem Wesen nach um die gleiche Aufgabe wie die oben konkret mit Plättchen bearbeitete handelt. Dieser Transfer ist allerdings vorrangig von den leistungsstarken Kindern zu erwarten.

Alle diese Aufgaben bieten Anlässe zum Erläutern, Begründen, Variieren und Vermuten.

In diesem Zusammenhang reizvoll sind auch Rätsel und Aufgaben wie folgende, die zur weiteren Differenzierung eingesetzt werden können:

- *Ich denke mir eine vierstellige Zahl, die verrate ich nicht. Die Summe ihrer Ziffern ist die Zahl 3. Wie groß ist das Produkt der vier Ziffern?*
- *Magdalena entdeckt eine fünfstellige Zahl. Bei ihrer Zahl ist die Summe der fünf Ziffern gleich 5. Wie groß kann dann das Produkt der fünf Ziffern sein?*
- *Paul meint, dass es nur eine vierstellige Zahl gibt, bei der die Summe der vier Ziffern gleich 1 ist. Stimmt das?*

Die oben formulierten Aufgaben verlangen bei der Bearbeitung Einsichten in Zusammenhänge und bieten Anlässe für Verallgemeinerungen, sind also durch bloße Reproduktion nicht zu lösen und damit eher den Anforderungsbereichen II und III zuzuordnen. Ganz deutlich wird auch, dass über die Lösungen, die gewonnenen Einsichten ein Austausch stattfinden muss, dass es vielfältige Anlässe zum Argumentieren und Begründen gibt.

(2) Rechenoperationen verstehen und beherrschen

Findet man unter diesem Punkt in den Bildungsstandards nicht nur Dinge, die auch bisher Schwerpunkte der Arithmetik waren? Nach wie vor sollen Grundaufgaben des Kopfrechnens gedächtnismäßig beherrscht und schriftliche Rechenverfahren geläufig ausgeführt werden. Sind also in diesem Bereich keine Schwerpunktverlagerungen durch die Bildungsstandards gegeben?

Beim genauen Lesen und unter Berücksichtigung der auszubildenden allgemeinen Kompetenzen wird deutlich, dass auch in diesem Bereich veränderte Schwerpunktsetzungen zu finden sind. Beispielhaft soll hier auf Aspekte eingegangen werden, die aus unserer Sicht ganz besonders wichtig sind und noch immer vielfach nur ungenügend im Unterricht beachtet werden.

Rechenoperationen und ihre Beziehungen zueinander verstehen

Rechenoperationen aufbauen und verinnerlichen

Grundlage für einen erfolgreichen Umgang mit Zahlen, also auch das Rechnen, ist neben einem gut entwickelten Zahlbegriff und tragfähigen Vorstellungen von Zahlen ein solides, gut entwickeltes Verständnis der Rechenoperationen. Dieses Verständnis muss gut entwickelte Vorstellungen von den Rechenoperationen, die auf Handlungserfahrungen beruhen (vgl. epistemologisches Dreieck S. 49), umfassen.

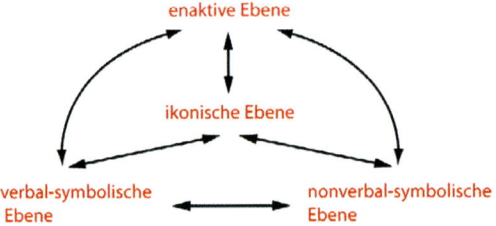

Auf der **enaktiven Ebene** werden gestellte Probleme durch äußere Handlungen probierend, forschend und unter Zuhilfenahme von Materialien gelöst. Hier kann zwischen Handlungen mit konkreten und Handlungen mit semikonkreten Objekten, die als Stellvertreter für die konkreten Objekte fungieren, unterschieden werden.

Die **ikonische Ebene** der bildhaften Darstellung und Vorstellung stellt eine erste Stufe der Verinnerlichung und Abstraktion dar. Die äußere Handlung wird – zunächst sehr realitätsnah, dann mehr und mehr vereinfacht – ins Bildhafte übertragen. Dabei sind zwei Möglichkeiten zu unterscheiden:

• Zeichnen der Kinder als modifizierte Tätigkeit
• Arbeiten am fertigen Bild als einer „Momentaufnahme" der Tätigkeit.

Auf der **verbal-symbolischen Ebene** beschreiben die Kinder Handlungen und Bilder sprachlich. Auf der **nonverbal-symbolischen Ebene** wird der Sachverhalt mit einem Term, einer Gleichung usw. beschrieben.

Bei der Gestaltung des Mathematikunterrichts ist zu beachten, dass es nicht das Ziel sein kann, möglichst schnell zur symbolischen Ebene zu gelangen. Wichtig ist, dass Transfern zwischen den einzelnen Ebenen geleistet werden kann, wobei zu beachten ist, dass nicht immer ein Weg von der enaktiven über die ikonische zur symbolischen Ebene gegangen werden muss, es sind z. B. direkte Übergänge von der enaktiven zur symbolischen Ebene denkbar.

Wichtig ist, dass Kinder lernen, ihre Lösungswege zu beschreiben und dabei Handlungen oder Zeichnungen zu nutzen. Dies kann angeregt werden durch Aufgabenstellungen wie:

• *Lege passend zur Aufgabe (zum Term).*
• *Zeichne passend zur Aufgabe (zum Term).*
• *Erzähle eine Geschichte, die zur Aufgabe passt.*

Von besonderer Bedeutung auf allen drei Ebenen ist das **Verbalisieren**. Die Kinder sollen *vor* der Tätigkeit diese gedanklich vorwegnehmend beschreiben, *während* der Tätigkeit diese kommentieren und *nach* der Tätigkeit in der Phase der Rückbesinnung diese rekapitulierend erläutern, begründen und werten.

Für den Unterricht bedeutet das,

• Handlungen so auszuwählen und zu nutzen, dass wesentliche Inhalte des jeweiligen Operationsbegriffs repräsentiert werden,

- mit bildlichen Darstellungen zu arbeiten, in denen Kinder ihre Handlungserfahrungen wieder erkennen,

- Kinder ihre Operationsvorstellungen selbst in Bildern festhalten zu lassen und

- sich mit Kindern über bildliche Darstelllungen zu verständigen.

Zwei Beispiele sollen das verdeutlichen:

Beispiel 1:

Welche „Rechnung" ordnen Sie folgendem Bild zu? Welche werden wohl Ihre Kinder sehen?

KASSE

Die Antworten:

$8 - 2$	$4 - 1$	(Pärchen)
$6 + 2$	$6 - 2$	(auf einer Seite sind zwei Personen mehr)

$? -$ „Ich weiß doch nicht, was zu bezahlen ist!"

sind doch sicher mögliche Interpretationen. Die Kinder werden vor allem das wieder erkennen, was ihnen aus durchgeführten Handlungen bekannt ist. Bilder müssen zu den durchgeführten Handlungen, also zu Ihrem Unterricht passen.

Beispiel 2

Schauen Sie sich die folgenden beiden Bilder an, in denen Zweitklässler ihre Vorstellungen zur Division festgehalten haben [12].

Die erste Aufgabe lautete: Zeichne ein Bild zur Aufgabe 8:2 und die zweite Frage war: Welche Aufgabe ist wohl dargestellt.

---

[12] Vorstellungen zu additiven Operationen finden Sie z. B. in Lorenz / Radatz, Handbuch des Förderns, Schroedel, Hannover 1993, S. 51 ff.

Abb. 3.2.2.8 Kindervorstellungen   Abb. 3.2.2.9 Kindervorstellungen
            zur Division 1   zur Division 2

In diesen Bildern sind Vorstellungen von der Division identifizierbar, die auf Handlungserfahrungen bzw. möglichen Handlungen beruhen. Dividieren wir hier als Verteilen (auch wenn das Ergebnis nicht abgelesen werden kann) bzw. Aufteilen dargestellt.

In diesen beiden Bildern ist keinerlei inhaltliches Verständnis erkennbar, sind keinerlei Handlungen identifizierbar. Symbole werden durch Symbole ersetzt. Ein inhaltlicher Zugang zur Division ist nicht gegeben. Hier wird Rechnen zum Operieren mit sinnleeren Zeichen.

Nach Aebli ist zur Verinnerlichung der Handlung die **innere Rekonstruktion der Operation**, die sich auf die Wahrnehmung stützt und durch sprachliche Aktivitäten zu unterstützen ist, wesentlich (Verinnerlichungsprozess). Erst danach ist ein **ausschließliches Arbeiten in der Vorstellung** ohne anschauliche Stütze möglich.

Wichtig ist, dass z. B. auch von der Vorstellung zur konkreten Handlung übergegangen werden kann. Symbole begleiten diesen Verinnerlichungsprozess. Das Zeichen „+" steht dann am Ende für eine ganze Reihe von Handlungen, aber auch für den statischen Aspekt der Addition – das Zerlegen von Mengen, die Teil – Ganzes – Beziehung.

 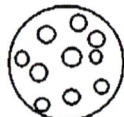 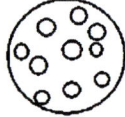    

3 Bälle mit Punkten und 2 Bälle mit Streifen: zusammen 5 Bälle.

Das Primat der Handlung sollte bei allen Rechenoperationen – auch bei der Multiplikation, bei der häufig in Lehrbüchern statische Darstellungen am Anfang stehen – berücksichtigt werden. Diese Handlungen müssen durch Sprache begleitet werden.

Handlungen setzen den Einsatz von Material voraus. Kinder benötigen Material zum Aufbau von Vorstellungen, auch wenn es einige Kinder gibt, die bereits mit elaborierten Vorstellungen von Addition und Subtraktion in die Schule kommen und recht schnell ohne Material erfolgreich rechnen können. Eine Aussage wie die eines Mädchens am Ende der Klasse 1 „In unserer Klasse gibt es Kinder, die rechnen noch mit den Fingern. Stell dir mal vor, so doof sind die", gibt Anlass, in zweierlei Richtung nachzudenken. Zum einen wurde den Kindern dieser Klasse offensichtlich kein didaktisch wertvolles Material angeboten, so dass auf die Finger zurückgegriffen wird, und zum anderen scheint hier die Einstellung vorzuherrschen, dass die Nutzung von Material ein Zeichen von Unfähigkeit ist. Beides sind keineswegs Merkmale eines guten Unterrichts. Vielmehr muss ein guter Unterricht einen ständigen Wechsel zwischen und eine Vernetzung der Abstraktionsebenen ermöglichen.

Eine Möglichkeit, die Vorstellungen der Kinder zu Rechenoperationen herauszufordern, ist sie „Rechengeschichten" zu Rechenaufgaben schreiben zu lassen [13].

Keine einseitigen Operationsvorstellungen aufbauen

Dass Vorstellungen von Rechenoperation nicht einseitig sein dürfen, soll hier am Beispiel der Subtraktion erläutert werden. Subtraktion wird häufig ausschließlich mit der Vorstellung des „Wegnehmens", des „Wenigerwerdens", des „Bezahlens und des Rausgebens" u. ä. verbunden. Das führt z. B. dazu, dass Kinder bei Textaufgaben beim Auftreten derartiger „Signalworte" sofort zur Subtraktion greifen, ohne sich mit dem Inhalt der Aufgabenstellung auseinanderzusetzen und so wird auch bei der Aufgabe „Pia hat 17 Murmeln, das sind 4 weniger als Karl hat. Wie viele Murmeln hat Karl?" subtrahiert und im Ergebnis hat Karl nur 13 Murmeln, wo er doch 21 sein eigen nennen kann. Dass die Lösung 13 nicht korrekt sein kann, können Kinder leicht erkennen, wenn auf den Aufgabentext zurückgegangen wird und die Frage gestellt wird, wer mehr Murmeln haben muss.

Zu den Vorstellungen von der Subtraktion gehören eben auch das Ergänzen und die Berechnung des Unterschieds zwischen zwei Zahlen. Bei diesen beiden Vorstellungen wird die enge Beziehung zwischen Addition und Subtraktion ganz besonders deutlich.

$$7 - 4 = \square \qquad \text{oder} \qquad 4 + \square = 7$$

kann auch durch die Fragen interpretiert werden:

---

[13] Beispiele dazu geben wir im Abschnitt 3.6. an.

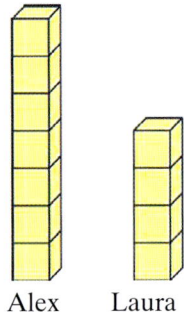

– um wie viele Klötzer ist der Turm von Alex höher als der von Laura
– Wie viele Steine muss Laura noch auf ihren Turm setzen, damit er genauso hoch ist, wie der von Alex?

Alex   Laura

Bei der Multiplikation z. B. gehört neben der mehrfachen Addition gleicher Summanden (mehrfache Vereinigung gleichmächtiger Mengen) der kombinatorische Aspekt zu den Vorstellungen, die die Kinder von dieser Operation erwerben müssen, damit nicht solche Darstellungen, wie sie im Kapitel 2 (S. 44) zu finden sind, angefertigt werden. Dieser kombinatorische Aspekt ist zwar nicht zur Einführung der Multiplikation geeignet, muss aber in Anwendungsaufgaben unbedingt berücksichtigt werden.

Zu diesem Themenkreis gehört auch, dass Zusammenhänge zwischen den verschiedenen Rechenoperationen thematisiert werden, da dies die Kinder in die Lage versetzt, vernetztes Wissen aufzubauen, das bei der Entwicklung von Lösungsstrategien hilfreich ist. Bereits bei der handelnden Erarbeitung muss der Zusammenhang zwischen Operation und Umkehroperation beachtet werden. Handlung und Umkehrhandlung – z. B. Dazulegen und Wegnehmen – gehören eng zusammen, wenn Kinder nicht isoliertes, sondern vernetztes Wissen aufbauen sollen.

Auch auf ikonischer Ebene können Zusammenhänge zwischen Rechenoperationen deutlich werden, wie beim Einsatz der folgenden Aufgabe:

Begründe, warum die Aufgaben zur Abbildung passen.

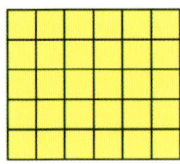

$5 \cdot 6$ $30 : 5$
$6 \cdot 5$ $30 : 6$

Hier werden wiederum Beziehungen zu den allgemeinen mathematischen Kompetenzen deutlich.

Kompetenzen beim Umgang mit Zahlen aufzubauen, schließt aber mehr als die Entwicklung von Vorstellungen zu Zahlen und Rechenoperationen ein – das Rechnen bleibt ein wichtiger Bestandteil des Mathematikunterrichts der Grundschule.

Worauf ist hier, wieder unter Beachtung der allgemeinen mathematischen Kompetenzen, hinzuweisen?

Grundkenntnisse und -fertigkeiten erwerben und Rechenstrategien bewusst nutzen

Zusammenhängendes zusammen/ vernetzt einprägen

Natürlich bleibt auch nach Formulierung der Bildungsstandards die Beherrschung der Grundaufgabengleichungen, vorausgesetzt, diesem Einprägen geht Verständnis der Rechenoperationen voraus, ein wichtiges Ziel des Mathematikunterrichts der Grundschule.

Sowohl bei Addition und Subtraktion als auch bei Multiplikation und Division erleichtert sich das Einprägen, wenn der Zusammenhang zwischen Operation und Umkehroperation sowie zwischen Aufgabe und „Tauschaufgaben" genutzt werden. Es ist die Einsicht anzustreben, dass bei der Addition aus den Zahlen 3, 5 und 8 die Aufgabenfamilie

$$3 + 5 = 8 \qquad 8 - 3 = 5$$
$$5 + 3 = 8 \qquad 8 - 5 = 3$$

gebildet werden kann, dass ich also bei Beherrschen der ersten Aufgabe sofort drei weitere Aufgaben lösen kann.

Ähnliches gilt für Multiplikation und Division, wo z. B. die Zahlen 8, 3, 24 die Aufgabenfamilie

$$8 \cdot 3 = 24 \qquad 24 : 3 = 8$$
$$3 \cdot 8 = 24 \qquad 24 : 8 = 3$$

bilden.

Mit diesen Einsichten wird die Anzahl der einzuprägenden Aufgaben deutlich geringer. Kinder können Aufgabenfamilien selbst finden, dabei herausfinden, dass bei zwei gleichen Summanden bzw. Faktoren die Familien nur aus zwei Aufgaben bestehen. Auch das Vervollständigen ist eine Aufgabenstellung, bei deren Lösung zu erkennen ist, welche Zusammenhänge Kinder selbst erkennen. So können die vorgegebenen Zahlen 5 und 12 sowohl durch 17 als auch durch 7 ergänzt werden, um eine additive Aufgabenfamilie, nämlich

$$5 + 7 = 12 \quad 12 - 5 = 7 \quad \text{oder} \quad 5 + 12 = 17 \quad 17 - 5 = 12$$
$$7 + 5 = 12 \quad 12 - 7 = 5 \qquad\qquad 12 + 5 = 17 \quad 17 - 12 = 5$$

ergänzt werden.

Multiplikative Aufgabenfamilien können sehr gut an Punktfeldern veranschaulicht werden.

Am Punktfeld

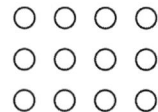

erkennt man sofort, dass $3 \cdot 4 = 4 \cdot 3$ gilt und diese Darstellung kann für beliebige natürliche Zahlen genutzt werden und ist unabhängig von den konkreten

Zahlen. Damit sind wichtige Schritte hin zur Verallgemeinerung getan, das Kommutativgesetz ist damit mathematisch völlig korrekt begründet. Gleichzeitig ist zu erkennen, dass 12 Punkte in drei Reihen zu je vier Punkten und zu vier Spalten mit je drei Punkten aufgeteilt werden können, wenn ich das Ergebnis von $3 \cdot 4$ kenne, kann ich also auch die Aufgaben $4 \cdot 3$; $12 : 3$ und $12 : 4$ lösen, ich muss also nicht vier Gleichungen auswendig lernen.

Weitere Zusammenhänge ergeben sich bei der Multiplikation z.B. durch Verdopplungen und Nachbaraufgaben. Es ist wichtig, alle diese Zusammenhänge zu thematisieren und als Mittel effektiven Einprägens zu nutzen.

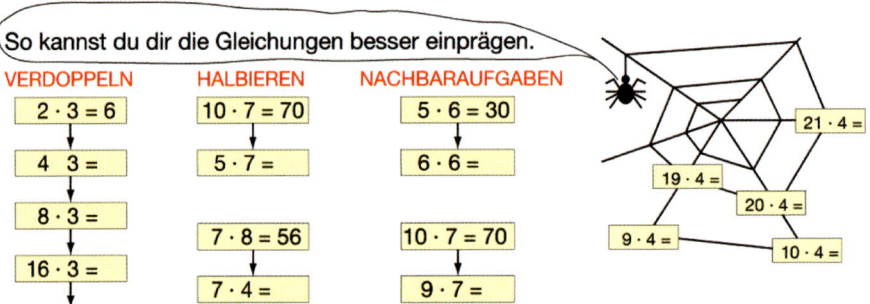

Rechengesetze erkennen und nutzen

Eine wichtige Forderung an einen Unterricht, der Kinder kompetent im Umgang mit Zahlen machen will, ist, dass das Erkennen und Nutzen von Zusammenhängen, die auf Rechengesetzen beruhen, bewusst thematisiert und nicht den Kindern allein überlassen wird, ob sie Zusammenhänge erkennen. Wenn die Kinder Handlungsvorstellungen zur Addition erworben und Additionsaufgaben gelöst haben, können Systematisierungen vorgenommen werden.

Beispielsweise können alle Additionsaufgaben mit der Summe 10 oder der Summe 20 auf Zettel notiert und an die Tafel geheftet werden:

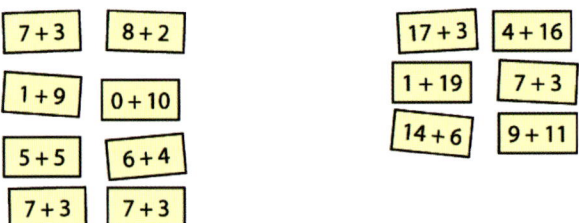

Wie können wir die Aufgaben sortieren, was fällt uns auf? Sicher gibt es verschiedene Vorschläge zum Sortieren und vielleicht auch diesen, den sie sonst als weiteren initiieren sollten. Die auf Kärtchen geschriebenen Aufgaben können folgendermaßen sortiert werden.

Summe 10   **Summe 20**

| 10 + 0 | | 20 + 0 |

| 9 + 1 | | 19 + 1 |

| 8 + 2 | | 18 + 2 |

⋮   ⋮

| 2 + 8 | | 2 + 18 |

| 1 + 9 | | 1 + 19 |

| 0 + 10 | | 0 + 20 |

Die Zerlegungen der 10 (Geschwisterzahlen) sollten von den Kindern einge-
prägt werden, weil sie Voraussetzung für das Lösen weiterer Aufgaben ist. Die
Ähnlichkeit zwischen der Zerlegung der 10 und der Zerlegung der 20 ist offensichtlich

Was fällt weiter auf? Der erste Summand wird von Aufgabe zu Aufgabe um 1
kleiner, der zweite um 1 größer – die Summe bleibt konstant. Diese Einsicht
kann durch Handlungen unterstützt oder vorbereitet werden.

Derartige Systematisierungen stehen nicht am Anfang der Behandlung von
Rechenoperationen, sind aber notwendig, sollen Kinder die Chance haben, vernetztes Wissen aufzubauen. Aus der im Beispiel illustrierten Einsicht kann eine
Strategie des gestützten Kopfrechnens erwachsen, denn gegensinniges Ändern
kann auch bei großen Zahlen genutzt werden, um Aufgaben so zu verändern,
dass Ergebnisse leichter zu berechnen sind.

Ähnlich können auch Subtraktionsaufgaben mit gleichem Ergebnis gesucht und
dann sortiert werden.

Wir suchen Minusaufgaben mit dem Ergebnis 2, 5 und 6 und sammeln sie.

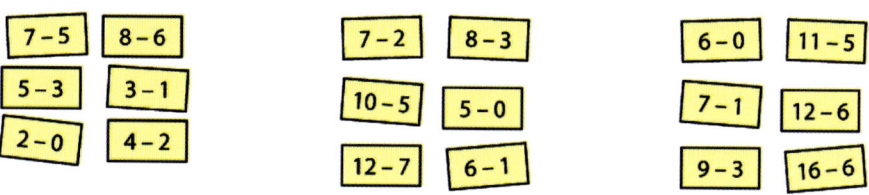

Auch hier sortieren wir die Ergebnisse und erkennen, dass die Differenz beim
gleichsinnigen Ändern von Minuend und Subtrahend konstant bleibt. Auch hier
ist eine handelnde Unterstützung der Einsicht hilfreich und sinnvoll. Der Unterschied (die Differenz) zweier durch Türme dargestellten Zahlen bleibt gleich,
wenn von beiden Türmen (Zahlen) die gleiche Anzahl von Klötzen weggenommen wird bzw. drauf gesetzt wird.

Der Unterschied bleibt gleich, im Bild wird das besonders deutlich, wenn die jeweils unteren Klötze entfernt werden.

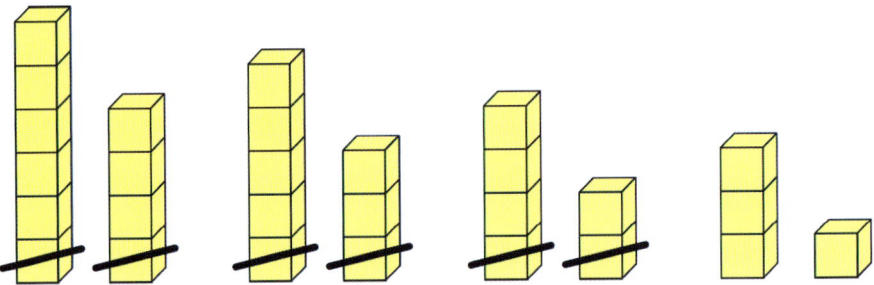

Dabei wird auf enaktiver Ebene kommuniziert und argumentiert.

Auf symbolischer Ebene ergibt sich folgende Sortierung in einer Tabelle. Einige Kinder der Klasse 1 können dabei durchaus bereits Aufgaben wie 22–20, 28–26, ... lösen.

Differenz 2	Differenz 5	Differenz 6
2 – 0	5 – 0	6 – 0
3 – 1	6 – 1	7 – 1
4 – 2	7 – 2	8 – 2
⋮	⋮	⋮
22 – 20	25 – 20	26 – 20
23 – 21	26 – 21	27 – 21
⋮	⋮	⋮

Die Interpretation der Subtraktion als Berechnung des Unterschieds (aber auch des Ergänzens – wie viele Steine müssen noch ergänzt werden?) ist für das Erwerben der Einsicht in die Konstanz der Differenz hilfreicher als die des Wegnehmens.

Beim Ordnen von Additionsaufgaben kann auch eine Plustabelle entstehen. Dabei ist es unerheblich, ob nur die „Aufgaben" (Terme) oder die gesamte Gleichung (also auch das Ergebnis) notiert werden.

+	0	1	2	3	4	5	6	7	8	9	10
0	0+0	0+1	0+2	0+3	0+4	0+5	0+6	0+7	0+8	0+9	0+10
1	1+0	1+1	1+2	1+3	1+4	1+5	1+6	1+7	1+8	1+9	1+10
2	2+0	2+1	2+2	2+3	2+4	2+5	2+6	2+7	2+8	2+9	2+10
3	3+0	3+1	3+2	3+3	3+4	3+5	3+6	3+7	3+8	3+9	3+10
4	4+0	4+1	4+2	4+3	4+4	4+5	4+6	4+7	4+8	4+9	4+10
5	5+0	5+1	5+2	5+3	5+4	5+5	5+6	5+7	5+8	5+9	5+10
6	6+0	6+1	6+2	6+3	6+4	6+5	6+6	6+7	6+8	6+9	6+10
7	7+0	7+1	7+2	7+3	7+4	7+5	7+6	7+7	7+8	7+9	7+10
8	8+0	8+1	8+2	8+3	8+4	8+5	8+6	8+7	8+8	8+9	8+10
9	9+0	9+1	9+2	9+3	9+4	9+5	9+6	9+7	9+8	9+9	9+10
10	10+0	10+1	10+2	10+3	10+4	10+5	10+6	10+7	10+8	10+9	10+10

An der Plustafel können Tausch- und Nachbaraufgaben gefunden und Ergebnisse von Aufgaben aus bekannten Aufgaben abgeleitet, also Strategien entwickelt werden.

Mögliche Aufgaben auf dem Weg zu diesen Einsichten sind:

- Markiere alle Aufgaben mit dem Ergebnis 10 rot, mit dem Ergebnis 7 blau. Wie sind sie angeordnet? Vergleiche und beschreibe.
- Markiere eine Aufgabe (etwa 7 + 7) und alle ihre Nachbaraufgaben. Beschreibe.
- Suche zu einer Aufgabe die Tauschaufgabe. Beschreibe die Lage beider Aufgaben.

Auch bei Einprägen der Grundaufgaben der Multiplikation (Einmaleinsreihen) können Zusammenhänge zwischen Aufgaben genutzt werden. Hier ist wichtig, dass die Kinder in der Lage sind, sich Lösungen von Aufgaben zu erarbeiten, auch hier darf es nicht um stupides, unverstandenes Einprägen gehen, müssen Zusammenhänge zwischen Aufgaben erkannt und genutzt werden.

Tragen wir bei jeder Einmaleinsreihe die Aufgaben und auch die Umkehraufgaben in eine Einmaleinstabelle ein, so stellen wir bei der Behandlung der letzten Reihe, in der Regel das Einmaleins der 7, fest, dass nur eine noch nicht im

Rahmen einer Reihe behandelten Aufgabe hinzukommt und dies ist die Aufgabe 7 · 7. Eine ganz wichtige Rolle beim Einprägen der Einmaleinsreihen spielen die Königsaufgaben, die sich die Kinder leicht merken können und aus denen die Ergebnisse aller weiteren Aufgaben abgeleitet werden können. Damit sind für jede Reihe das Einfache, Zweifache, Fünffache und Zehnfache – also z. B. für die 7er Reihe 1 · 7, 2 · 7, 5 · 7 und 10 · 7 – gemeint. Auch die leicht einzuprägenden Quadrataufgaben werden manchmal zu den Königsaufgaben hinzugerechnet.

Rechenstrategien und die ihnen zugrundeliegenden Rechengesetze können auf enaktiver und ikonischer Ebene entdeckt und auch mathematisch völlig korrekt begründet werden. So können Kinder z. B. mithilfe der folgenden Darstellungen an Punktfeldern das Distributivgesetz entdecken und begründen:

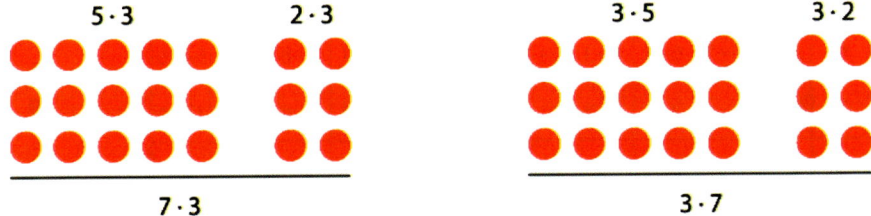

Da diese Darstellung völlig unabhängig von den konkreten Zahlen ist, stellt diese Darstellung auch eine völlig korrekte Begründung des Distributivgesetzes dar. Die Kinder können diese Entdeckung/ Erkenntnis bei der Lösung von Aufgaben nutzen, haben für sich vielleicht eine Rechenstrategie zur Lösung für die in einem Schritt nicht berechenbaren Multiplikationsaufgaben entwickelt. Damit sind wir beim nächsten Schwerpunkt.

Rechenstrategien entwickeln, Rechenvorteile erkennen und nutzen

Kinder müssen Wissen immer wieder vernetzen, dürfen nicht unverstandene Algorithmen vorgesetzt bekommen, die sie dann unverstanden ausführen. Es muss darum gehen, dass an Wissen, Vorstellungen und Kompetenzen der Kinder angeknüpft wird, dass nicht Musterlösungen vorgegeben werden. Aber natürlich müssen den Kindern, wenn eigene Lösungswege und -strategien nicht entwickelt werden können, Lösungswege angeboten, also Beispiellösungen vorgestellt werden. So kann z. B. thematisiert werden, wie die Additionsaufgabe 6 + 7 gelöst werden kann.

Dabei sind z. B. folgende Lösungsweg denkbar.

● Zählendes Rechnen unter Nutzung der Finger, einem Arbeitsmittel, das viele Kinder nutzen, wenn sie kein anderen Material angeboten bekommen, mit dem sie mindestens genau so schnell wie mit den Fingern[14] zu korrekten Lösungen kommen.

---

[14] Vgl. Grassmann, M. (1997) In diesem Beitrag wird deutlich, dass auch beim Rechnen mit den Fingern z. T. erstaunliche Strategien entwickelt werden.

- Zahlzerlegungen können ebenso genutzt werden:
  Enaktiv kann das z. B. bedeuten:

Die Kinder erkennen: 6 + 7 = (6 + 4) + 3 = 10 + 3 = 13. Hier wird deutlich, warum Zahlzerlegungen (insbesondere die Geschwisterzahlen) sicher beherrscht werden müssen.

Es kann natürlich auch 7 + 6 = (7+3) + 3 = 10 + 3 gerechnet werden, die 6 kann hier gut in zwei gleich große Teile zerlegt werden.

Diese Strategie des Rechnens bis zum nächsten Zehner (später Hunderter) ist eine immer tragfähige Strategie, die insbesondere leistungsschwächeren Kindern angeboten werden sollte, um sie von Anfang an vom zählenden Rechnen wegzubringen. Auch beim Subtrahieren ist dies eine tragfähige Strategie.

- Werden die Summanden auf dem Zwanzigerfeld oder auf dem Rechenrahmen untereinander dargestellt, ergeben sich weitere Lösungsstrategien:

Hier   kann   „abgelesen"   werden: 6 + 7 = (6 + 6) + 1   oder
6 + 7 = (7 + 7) − 1

In diesen Fällen sind also Nachbaraufgaben hilfreich und insbesondere handelt es sich hier bei diesen beiden Nachbaraufgaben um Verdopplungsaufgaben, die in der Regel besonders gut beherrscht werden.

Man kann aber auch ablesen: 6 + 7 = (5 + 5) + (1 + 2) = 10 + 3. Bei dieser Zerlegung „sieht" man die Zehn als zweimal 5 sofort und muss dann nur noch 10 + 3 rechnen. Bei diesem Vorgehen: immer 5 von den beiden Summanden abspalten, wird der Zehnerübergang leicht bewältigt.

Bei speziellen Aufgabentypen können weitere Strategien entwickelt, bzw. den Kindern angeboten werden:

- Bei Addition von 9 (19, 199, ...) ist es sinnvoll, zunächst ganze Zehner, Hunderter, ... zu addieren und dann einen Schritt rückwärts zu gehen. Bei Subtraktion von 9 (19, 199, ...) dann entsprechend ganze Zehner, Hunderter, ... subtrahieren und einen Einerschritt nach vorn gehen (1 addieren). Hier wird deutlich, wie eng elaborierte Lösungsstrategien mit Zahlvorstellungen, dem Erkennen von Beziehungen zwischen Zahlen zusammenhängen.

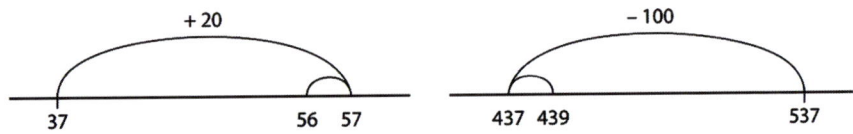

- Bei Aufgaben wie 25 + 26, 45 + 46; 249 + 251 können (wie ja auch bei 6 + 7) Verdopplungsaufgaben genutzt werden.

Kinder sollten die Chance haben, Lösungsstrategien zu entwickeln, sie zu präsentieren und auch ihren Lieblingsweg zu gehen. Keineswegs sollte aber von allen Kindern verlangt werden, alle Wege zu gehen. Unverstandene Strategien anderer Kinder nachzuvollziehen ist genauso schädlich, wie die vorgegebenen Algorithmen der Lehrerin nachmachen zu müssen.

Vor der Behandlung „neuer" Rechenoperationen bzw. vor der Übertragung der Rechenoperationen in größere Zahlenräume sollten die Kinder die Möglichkeit erhalten, zu zeigen, was sie schon können, wie sie Aufgaben bewältigen, die noch nicht im Unterricht thematisiert worden sind, damit an die informellen Strategien der Kinder angeknüpft werden kann. So kann, auch ganz im Sinne der am Anfang dieses Kapitels geforderten Zieltransparenz, zu Beginn der Behandlung der Subtraktion im Hunderterraum (2. Schuljahr) eine Aufgabe wie die folgende gestellt werden [15]:

---

[15] Primo, Band 2, 2009, S. 24

Hier wird den Kindern gezeigt, welche Aufgabentypen sie am Ende des Unterrichtsabschnittes lösen können sollen und gleichzeitig werden sie herausgefordert, sich selbst zu erproben, eigenständig Lösungswege zu entwickeln. Damit werden auch die Problemlösekompetenzen der Kinder angesprochen. Die Kinder analysieren die Anforderungen, können **Analogien** erkennen und nutzen. Fragen, die sich dabei stellen, sind z. B.:

• Lösungsideen vorstellen, wie lösen die einzelnen Kinder die Aufgaben?
• Warum sind die einzelnen Aufgaben leicht oder schwierig?

Und Sie als Lehrerin erkennen, welche Lernangebote den einzelnen Kindern unterbreitet werden müssen. Am Ende des entsprechenden Unterrichtsabschnitts sollte unbedingt auf diese Eingangssituation zurückgeblickt werden, um jedem Kind zu verdeutlichen, was es dazu gelernt hat.

Das Suchen, Erkennen und Nutzen von Analogien ist in allen Bereichen der Mathematik eine hilfreiche Strategie und sollte von Klasse 1 an immer wieder thematisiert werden.

Es gibt Kinder, die von sich aus im Gespräch feststellen, dass mit $3 + 4 = 7$ auch $30 + 40 = 70$, $300 + 400 = 700$ oder $3000 + 4000 = 7000$ (natürlich verbal festgestellt) „gerechnet" werden kann. Aber auch bei $13 + 4$; $23 + 14$, … tritt die Aufgabe „$3 + 4$" wieder auf.

Auch wenn nicht alle Kinder derartige Leistungen zeigen, macht das Gespräch über derartige Entdeckungen auch diesen Kindern deutlich, dass und was man beim Rechnen beachten und entdecken kann. Hier wird wieder ganz deutlich, wie wichtig Kommunikation und Argumentation im Mathematikunterricht sind. So kann mithilfe der Zehnersystemblöcke sehr gut die Analogie zwischen $3 + 4$ und $30 + 40$ begründet werden. Es werden jeweils drei und vier Objekte – das eine Mal Einerwürfel, das andere Mal Zehnerstangen – zusammengefügt, es ergeben sich jeweils 7 Objekte.

Ein weiteres Beispiel dazu, wie wichtig es ist, Ideen der Kinder herauszufordern, sie selbstständig Lösungsstrategien entwickeln zu lassen:

Zu Beginn der Klasse 3 werden den Kindern u. a. folgende Aufgaben vorgelegt:

(1) $243 + 329$
(2) $784 - 199$

Bis zu diesem Zeitpunkt wurde nur im Hunderterraum gerechnet. Viele Kinder überwinden die Barriere (mit so großen Zahlen wurde noch nicht gerechnet) und beschreiben ganz unterschiedliche Lösungswege und machen dabei z. B. auch deutlich, was sie noch nicht können.

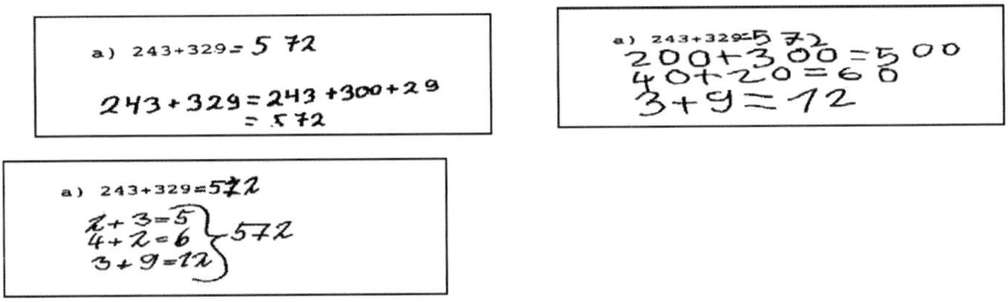

Abb. 3.2.2.10 Kinderlösungen zu 243 + 199

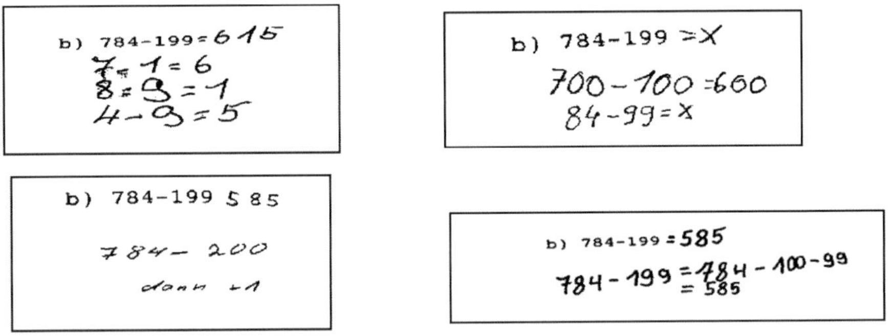

Abb. 3.2.2.11 Kinderlösungen zu 784 − 199

Hier werden erhebliche Kompetenzen der Kinder sichtbar, auch wenn noch nicht alle Lösungen korrekt sind. So werden für die Addition erfolgreiche Strategien (Stellenwerte gesondert betrachten) auf die Subtraktion übertragen, ein Kind erkennt, was es noch lernen muss, welche Teilaufgabe es noch nicht bewältigen kann.

Diese Lösungswege sollten in Rechenkonferenzen vorgestellt und diskutiert werden: „Wie mache ich was?", „Wie machst Du das?", „Wie machen wir das?". Immer wieder ist also der Weg vom Singulären zum Regulären[16] zu gehen, der Problemlösen, Kommunizieren und Argumentieren beinhaltet.

Wie wichtig es ist, sich Zahlen vor dem Rechnen genau anzuschauen, um zu entscheiden, ob überhaupt gerechnet werden muss oder ob sich Rechenvorteile ergeben, wird an Aufgabentypen wie den folgenden deutlich:

245 − 298; 250 : 500 – diese Aufgaben sind im Bereich der natürlichen Zahlen – also für Grundschulkinder – nicht lösbar, hier brauche ich erst gar nicht zu rechnen anfangen. Derartige Aufgaben in Schulbüchern sind also durchaus nicht als „Druckfehler" anzusehen.

---

[16] vgl. Gallin / Ruf (1990) Sprache und Mathematik in der Schule; Verlag Lehrerinnen und Lehrer Schweiz; Zürich

Insbesondere beim Rechnen mit mehr als zwei Zahlen können sich beim genauen Hinschauen Rechenvorteile ergeben, denen in der Regel die Anwendung der Assoziativ- und Kommutativgesetze von Addition und Multiplikation oder das Distributivgesetz zugrunde liegen.

Aufgaben wie die folgenden können so „ganz einfach" gelöst werden.

$18 + 27 + 12;$ $73 + 18 + 7;$ $54 - 28 - 24;$ $56 + 28 - 26;$ $56 + 37 + 14 - 37$

$9 \cdot 13 \cdot 0;$ $3 \cdot 8 + 8 \cdot 7;$ $25 \cdot 36 \cdot 4;$ $20 \cdot 137 \cdot 5$

Um das genaue Betrachten der Aufgabe vor dem „Drauflosrechnen" zur Gewohnheit werden zu lassen, ist es wichtig

- die Kinder immer wieder anzuhalten zu überlegen, wie man sich das Rechnen vereinfachen kann,

- zu fragen, ob es unterschiedliche Wege zum Ergebnis gibt und

- diese Wege dann miteinander zu vergleichen.

Dann können und sollten die Kinder die Gelegenheit erhalten, selbst Aufgaben zu erfinden, bei denen es Rechenvorteile gibt, bei denen man sich das Rechnen leicht machen kann.

Ein Zwischenfazit:

Ein Unterricht, der Kinder kompetent im Umgang mit Zahlen machen soll, muss Kinder immer wieder herausfordern, eigene Lösungsstrategien zu entwickeln, sich mit Aufgaben auseinanderzusetzen, für deren Lösung sie noch kein Verfahren und keine Strategie kennengelernt haben. Es ist langfristig kontraproduktiv, eine Aufgabe zu stellen, „den" Rechenweg zu zeigen und Kinder an vielen analogen Aufgaben nachvollziehen zu lassen. Vielmehr sollte jedes Kind (zunächst) seine Wege gehen können, ehe dann gemeinsam von allen Kindern gefundene Beispiellösungen ausprobiert und geübt werden.

geeignete Rechenverfahren wählen

Wenn die Kinder die Verfahren des schriftlichen Rechnens kennengelernt haben, wenden sie diese Verfahren häufig an, ohne zu überlegen, ob alternative Verfahren – z. B. das Kopfrechnen bzw. gestütztes Kopfrechnen – sinnvoller, der Aufgabenstellung angemessener sind.[17]

Die Diskussion um den Einsatz des Taschenrechners bzw. des Computers in der Grundschule lassen bei vielen Kolleginnen und Kollegen die Angst aufkommen, dass Kinder dann gar nicht mehr im Kopf rechnen werden, dass eine blinde Technikgläubigkeit entsteht, denn dass technische Gerät rechnet doch sicher „schneller, richtiger und genauer" als wir das können.

Aber gerade beim Nutzen von technischen Hilfsmitteln zum Rechnen gewinnt das Kopfrechnen an Bedeutung, muss es doch stets darum gehen, zu prüfen, ob Ergebnisse richtig sein können, dem Sachverhalt angemessen sind u. ä. Und dazu sind sichere Kopfrechenfertigkeiten, ein Blick für Zahlen unerlässlich.

---

[17] Vgl. z. B. Selter, Ch. (2000)

Ziel eines Mathematikunterrichts, der Kinder kompetent im Umgang mit Zahlen machen will, muss es in diesem Zusammenhang sein, sie zu befähigen, aufgabenabhängig ein Rechenverfahren auszuwählen, Ergebnisse von schriftlichen Rechnungen und von technischen Geräten kritisch zu prüfen. Damit hängt eng das Überschlagen und Abschätzen von Rechenergebnissen zusammen, auf das im Anschluss kurz eingegangen werden soll.

Bei der Auswahl geeigneter Rechenverfahren spielen unterschiedliche Aspekte eine Rolle.

Zum einen ist die eine oder andere Vorstellung von einer Rechenoperation bei bestimmten Aufgabentypen hilfreich. Dies wird besonders bei der Subtraktion deutlich.

Aufgaben wie: 701 − 698 löst man mit dem Ergänzungsverfahren deutlich leichter als durch Abziehen und dann natürlich im Kopf. Schön ist es, wenn die Kinder „sehen", dass von 698 bis 700 nur 2 fehlen und dann bis 701 insgesamt 3, die Differenz/ der Unterschied ist 3. Auch dieses „Sehen", diese Auswahl geeigneter Rechenverfahren muss thematisiert werden.

Um derartige Einsichten geht es auch in der folgenden Abbildung, wo darüber hinaus deutlich wird, wie viele „Stolpersteine" es für Kinder bei der Berechnung von 500 − 385 geben kann.

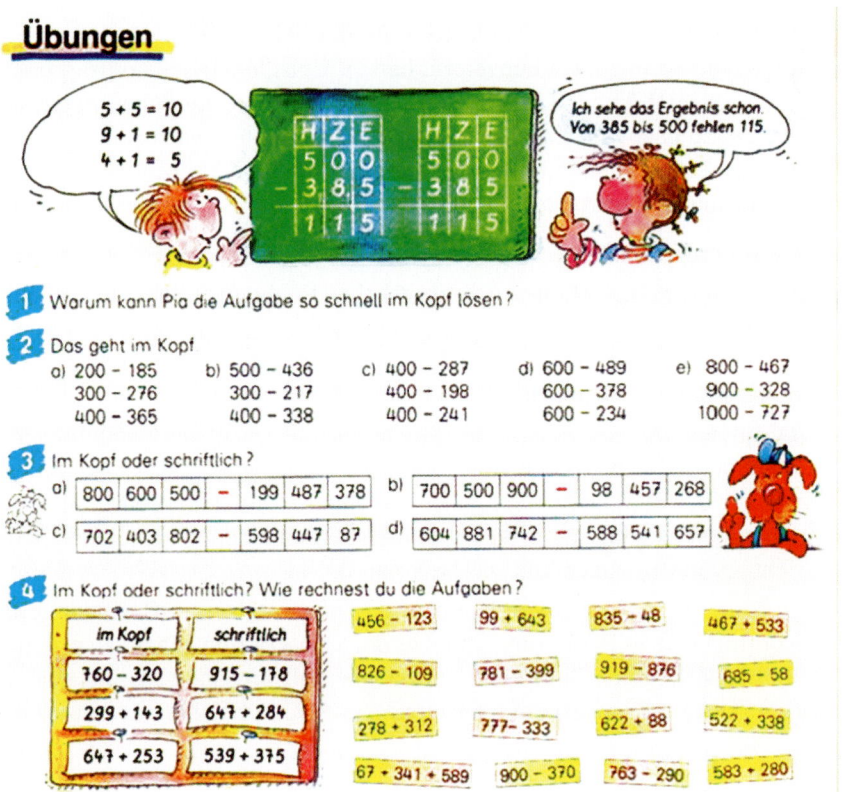

Mit diesem Beispiel wird ein weiterer Aspekt deutlich, die Kinder sollen in Abhängigkeit von der Aufgabenstellung nicht nur die Frage nach geeigneten Vorstellungen von Rechenoperationen, sondern auch die Frage nach geeigneten Verfahren stellen. Gibt es nicht viele Aufgaben mit „großen Zahlen", die ganz leicht und schnell im Kopf gelöst werden können, bei denen man das Ergebnis im Kopf viel schneller ermitteln kann, als mithilfe der schriftlichen Verfahren oder mit einem Taschenrechner? Die Frage sollte immer wieder gestellt werden und wird von den Kindern sicher unterschiedlich beantwortet. Beim Austausch darüber, warum die Kinder sich für ein Verfahren entschieden haben, wird dem einen oder anderen Kind deutlich, warum manche Aufgaben ja vielleicht doch einfacher im Kopf zu lösen sind. Wir ergänzen in unserer Klasse immer wieder die Liste von Aufgaben, die wir einfach finden, die ganz leicht im Kopf zu lösen sind.

Ein Wettbewerb: Kopf gegen Taschenrechner wird, bei geeigneter Aufgabenauswahl zeigen, dass sich die Kinder durchaus nicht immer für das Rechengerät entscheiden werden.

Beispiele für mögliche Aufgabenstellungen sind:

Aufgabe	Kopf	TR
270 : 10		
9 · 8		
7 · 21		
14 · 14		
480 + 520		
479 - 279		

Aufgabe	Kopf	TR
250 + 350		
480 - 199		
480 : 6		
734 + 199		
5 · 40		
602 - 598		

In den Tabellen wird immer für den ein Kreuz gemacht, der das Ergebnis zuerst (korrekt) nennt. Es sollten also drei Kinder jeweils gemeinsam arbeiten, die beiden „Spieler" und ein Schiedsrichter, der auch die Korrektheit der Ergebnisse zu prüfen hat. Die Rollen werden gewechselt und die Kinder erstellen selbst Tabellen mit Aufgaben, die dann den anderen Kindern der Klasse vorgelegt werden.

Ergebnisse überschlagen und abschätzen

Das Überschlagen von Rechenergebnissen, das Feststellen der Größenordnung, die ein Ergebnis hat – und dies, bevor genau gerechnet wird und nicht erst nachträglich, um die „Korrektheit"[18] von Ergebnissen zu bestätigen. Überschlagsrechnungen sind im alltäglichen Leben von großer Bedeutung: „Wie viel muss ich etwa bezahlen?", „Reicht mein Geld, um mir noch ein Paar Skates zu kaufen?"; „Wie lange werden wir wohl brauchen, um von A nach B zu kommen, wann müssen wir uns also spätestens auf den Weg machen?" , „Sind diese Jeans wirklich preiswerter als zu Hause?" u. v. a.

---

[18] Wir haben nicht selten erlebt, dass ein Überschlag im Anschluss an eine Rechnung durchgeführt wurde und dabei darauf geachtet wurde, dass der Überschlag auch zum berechneten Ergebnis passt.

Runden Sie bei derartigen Überlegungen zu berücksichtigende Zahlen nach strengen Regeln?

Muss im Unterricht ein Überschlag immer mit (nach Regel) gerundeten Zahlen erfolgen?

Natürlich nicht. Bei einem Überschlag geht es darum, die Größenordnung eines Ergebnisses zu ermitteln und dazu sind (Grund-) Aufgaben zu suchen, die einfach zu lösen sind und es ermöglichen, die Größenordnung des Ergebnisses anzugeben. Dabei ist auch der Kontext zu berücksichtigen, wenn es sich um Sachaufgaben handelt. Wer Artikel mit Preisen von 3,78 €, 4,25 €, 4,16 €, 3,99 € und 4,05 € kauft, der kann überschlägig „fünf mal etwa 4 € ergibt etwa 20 €" schätzen. Wer aber nur noch exakt 20 € hat, der wird bei einigen Preisen anders überschlagen.

Die Größenordnung des Ergebnisses von 2347 : 86 wird eher durch 2400 : 80 (24 : 8) als 2300 : 90 ermittelt werden.

Auch beim Überschlagen ist also ein „Gefühl" für Zahlen und Zahlbeziehungen hilfreich, soll nicht nach formalen Regeln vorgegangen werden. In der folgenden Abbildung wird außer dem bisher betonten Aspekt der Anwendung ein weiterer angesprochen, der im Zusammenhang mit dem Überschlagen wichtig ist.

Primo Kl. 3, S. 69

Mit einem Überschlag können auch Fehler in Ergebnissen festgestellt werden, wie es uns Laura zeigt. Die Kinder können erleben, dass man gar nicht genau rechnen muss, um einige Fehler zu erkennen. Wieder ein Anlass, Kommunikation im Mathematikunterricht zu pflegen. Verständnis für Zahlen und Rechenoperationen wird beim Lösen derartiger Aufgaben weit mehr entwickelt als beim sturen Bearbeiten von Rechenpäckchen.

Beim Abschätzen geht es darum, einen Bereich (ein Intervall), in dem ein Ergebnis liegen muss, anzugeben. Die folgende Abbildung zeigt ein Beispiel.

Primo Klasse 3, S. 77

Die Kinder können im Ergebnis ihrer Überlegungen festhalten, zwischen welchen Grenzen – im Beispiel zwischen 60 und 70 – das Ergebnis liegen muss. Wird ein Ergebnis ermittelt, das außerhalb dieses Bereiches liegt (kleiner oder größer als die Grenzzahlen ist), kann dieses Ergebnis nicht korrekt sein. Damit wird in letzter Konsequenz auf die Fehlerrechnung vorbereitet.

Anja behauptet, die Lösung der Aufgabe 456 : 6 die Zahl 86 ist. Kann das stimmen?

Hier hilft ein Abschätzen des Ergebnisses:

420 : 6 = 70   480 : 6 = 80

Das Ergebnis muss also zwischen 70 und 80 liegen, kann also nicht 86 sein. Korrekt ist 76.

Dass auch die Nutzung des Taschenrechners Anlass zum Überschlagen von Rechenergebnissen sein kann, soll an einem Beispiel demonstriert werden.

Wertvolle Produkte

Ein Spieler beginnt und wählt sich zwei Zahlen, die er miteinander multipliziert. Jede Zahl darf nur einmal verwendet werden.

In welche Kiste gehört das Ergebnis? Schreibe dir die Punkte auf. Dann ist der Nächste dran. Wer hat am Ende die meisten Punkte?

Primo Klasse 4, S. 86

Um möglichst viele Punkte zu erhalten, die Ergebnisse nicht nur vom Zufall abhängig zu machen, ist es zweckmäßig, vor der Auswahl der Zahlen einen Überschlag zu machen, um die Größenordnungen der Ergebnisse zu ermitteln. Dies muss nicht vor Bearbeitung einer solchen Aufgabe, eines solchen „Wettstreits" geschehen, aber in der Auswertung ist des unbedingt zu thematisieren und bei ähnlichen Aufgabenstellungen dann zu beobachten, ob die Kinder Einsichten gewonnen haben, die auf neue Aufgabenstellungen angewendet werden können[19]. Wieder werden Beziehungen zu den allgemeinen mathematischen Kompetenzen ganz deutlich.

Rechnen üben – mathematische Zusammenhänge erkennen und nutzen – allgemeine mathematische Kompetenzen ausbilden

Üben ist integraler Bestandteil jedes Lernprozesses. Gerade in Mathematik ist das Üben[20] wichtig, um Grundfertigkeiten auszubilden, aber auch um ein tieferes Eindringen in Beziehungen und Zusammenhänge zu ermöglichen. Ein Unterricht, der die Kinder im Sinne der Bildungsstandards kompetent machen will, muss gewährleisten, dass beim Üben nicht nur auf Fertigkeitsentwicklung orientiert wird, sondern auch Möglichkeiten zur Ausbildung allgemeiner mathematischer Kompetenzen im Blick behalten werden. Das bedeutet, dass „substanzielle" Aufgabenformate beim Angebot der Übungsaufgaben zu berücksichtigen sind, dass die Kinder die Chance haben müssen, Zusammenhänge zu erkennen, Entdeckungen zu machen. Das bedeutet, dass für den Übungsprozess Aufgaben zu berücksichtigen sind, die auf unterschiedlichen Niveaus bearbeitet werden können, die die unterschiedlichen Anforderungsniveaus der Bildungsstandards (vgl. Kapitel 2, S. 18) bedienen können. Wobei auch an dieser Stelle noch einmal betont werden muss, dass die Kinder über Zahl- und Operationsvorstellungen sowie über gesicherte Grundfertigkeiten verfügen müssen, damit sie überhaupt in der Lage sind, Zusammenhänge, Muster und Strukturen erkennen zu können, denn wer mühsam zählend Ergebnisse von Additions- und Subtraktionsaufgaben ermittelt, kann z. B. bei Zahlenmauern/Rechenpyramiden keine Zusammenhänge erkennen, jede einzelne Aufgabe stellt eine isolierte Anforderung dar.

Trotzdem sind vom ersten Schuljahr an Aufgaben wie z. B. die folgenden unbedingt erforderlich, die das Erkennen mathematischer Zusammenhänge ermöglichen, sowie zur Entwicklung von Kommunikations-, Argumentations- und Problemlösekompetenzen beitragen können.

- „Was fällt dir auf?" ist eine Frage, die immer wieder zu stellen ist.

---

[19] Aufgabenstellungen ähnlicher Art, die beim Einsatz des Taschenrechners zum Überschlagen von Ergebnissen Anlass bieten, finden Sie z. B. in: Floer (1990) oder Grassmann, M. (1999)

[20] Auf die Klassifizierung von Übungsformen soll hier nicht eingegangen werden, hier kann auf die Literatur verwiesen werden, z. B. Radatz/Schipper (2004) ; Müller/Wittmann (1992); Padberg (2000) u. a.

Beispiele

Was fällt dir auf? Setze fort!

1 + 8	12 + 7	14 − 7	18 − 9	281 − 19
2 + 7	22 + 7	15 − 7	17 − 8	381 − 19
3 + 6	32 + 7	16 − 7	16 − 7	481 − 19
4 + 5	42 + 7			

Wie geht es weiter? Was fällt dir auf?

10 · 7 + 7	16 : 5 = 3 Rest 1	120 : 2
9 · 7 + 7	17 :	121 : 2
8 · 7 + 7	18 : 5	121 : 3
7 · 7 + 7	19 : 5	

Welche Zahlen fehlen? Erfinde ähnliche Aufgaben.

$4 \cdot 4 = 2 \cdot \square$ $4 \cdot 6 = 8 \cdot \square$ $9 \cdot 2 = \square \cdot 6$ $48 : 4 = \square : 2$

Addiere immer die Ergebnisse der Aufgaben, die untereinander stehen. Was fällt dir auf? Findest du eine Erklärung?

450 + 320	380 − 160	250 − 173	442 + 189
450 − 320	380 + 160	250 + 173	442 − 189

Löse alle Aufgaben. Was fällt dir auf? Findest du eine Erklärung?

6 · 35   2 · 105   30 · 7   15 · 14   21 · 10

Hier geht es immer wieder um das Erkennen und die Nutzung von Zusammenhängen zwischen Zahlen bzw. Rechenoperationen, von Rechenvorteilen, das Erkennen von Mustern und auch das Begründen von Beobachtungen. Damit wird deutlich, dass auch die Entwicklung allgemeiner mathematischer Kompetenzen wie Kommunizieren, Argumentieren und Problemlösen befördert werden kann. Derartige Aufgabenstellungen sollten immer wieder auch in größeren Zahlenräumen aufgegriffen werden. Kinder sollten dabei auch die Gelegenheit erhalten, selbst Aufgabenreihen zu konstruieren.

- Aber auch das Finden von Fehlern, das Begründen, warum Aufgaben richtig oder falsch gelöst wurden, trägt sowohl zur Entwicklung inhaltsbezogener als auch zur Entwicklung allgemeiner mathematischer Kompetenzen bei. Bei derartigen Aufgabenstellungen besteht die Möglichkeit, typische Fehler zu thematisieren. Vielleicht erkennt das eine oder andere Kind in den Beispielen Fehler, die es selbst gemacht hat und kann diese künftig vermeiden, wenn es die Ursache erkannt hat.

Auch hierzu wenige Beispiele zunächst nach typischen Fehlern sortiert:

– Zählfehler
    8 + 5 = 12
    12 − 4 = 9

      – Reihenfolge der Operationen
         $8 + 2 \cdot 5 = 50$
      – Rechenrichtungsfehler
         $54 - 36 = 22$ (5 − 3 und 6 − 4)

Im Zusammenhang mit der Suche nach Fehlern kann auch das Überschlagen wieder thematisiert werden:

Bei manchen Aufgaben haben sich Fehler eingeschlichen. Kannst du die falschen Ergebnisse finden, ohne die Aufgaben noch einmal zu lösen? (hier werden nur mögliche fehlerhaft gelöste Aufgaben angegeben).

$3 \cdot 29 = 67$ $4 \cdot 152 = 604$ $12 \cdot 55 = 606$
$5 \cdot 58 = 340$ $6 \cdot\ 58 = 346$ $27 \cdot 13 = 350$

Während bei den ersten beiden Aufgaben ein Überschlag hilft zu erkennen, dass diese nicht richtig gelöst wurden, hilft es bei den anderen Aufgaben, jeweils nur die Endziffer zu betrachten, um festzustellen, dass die Ergebnisse nicht richtig sein können.

- Nur Addieren üben – oder?
  Du darfst die folgenden Ziffernkarten verwenden.

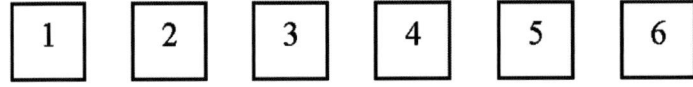

Bilde Additionsaufgaben mit dreistelligen Zahlen, damit
a) das Ergebnis möglichst klein ist!
b) das Ergebnis möglichst groß ist!
Kannst Du zu a) und b) mehr als eine Aufgabe finden?

Lösungen zu a und b sind:

a)   135   b)   531
     + 246   + 642

und damit natürlich auch

a)   145   146   136
     + 236   + 235   + 245

b)   541   542   532
     + 632   + 631   + 641

Bei den Begründungen der Kinder kommt zum Ausdruck, ob ein Verständnis für das dekadische Positionssystem und das Verfahren der Addition entwickelt ist.

Soll das Ergebnis möglichst klein sein, muss an den Hunderterstellen eine möglichst kleine Zahl stehen. Die nächst kleinere muss dementsprechend an den Zehnerstellen eingesetzt werden. Soll das Ergebnis möglichst groß sein, müssen die größten Zahlen an den Hunderterstellen stehe und siehe da, an der zweiten

Stelle stehen dieselben Zahlen wie bei der Lösung von a). Und schließlich ist die Einsicht zu nutzen, dass in den beiden Zahlen die Ziffern, die an der gleichen Position (H, Z, E) stehen, vertauscht werden können, ohne dass sich das Ergebnis ändert, denn es wird stellenweise addiert.
Also nicht „nur" Üben der Addition.

• Noch mehr Addieren üben: Summen aufeinanderfolgender Zahlen, mögliche Aufgabenstellungen zu diesem Problemfeld:
– *Finde möglichst viele Additionsaufgaben mit Reihenfolgezahlen[21], das Ergebnis soll nicht größer als 20 (25) sein.*
– *Welche der folgenden Zahlen kann man als Summe von Reihenfolgezahlen darstellen? 3, 4, 5, 8, 13, 15, 16; 18.*
– *Welche Zahlen können immer als Summe von zwei Reihenfolgezahlen dargestellt werden?*
– *Finde alle Additionsaufgaben mit Reihenfolgezahlen, die das Ergebnis 15; 45 haben.*

Natürlich sind weitere Aufgabenstellungen möglich, vielleicht erfinden die Kinder selbst weitere. Alle Kinder können sich mit diesem Aufgabenformat beschäftigen, finden durch mehr oder weniger systematisches Probieren, aber vielleicht die leistungsstarken Kinder auch durch bewusstes Nutzen ihres Wissens („ungerade Zahlen haben keine Hälfte, die kann man immer als Summe von zwei Reihenfolgezahlen darstellen" – stellte ein Junge fest), durch systematische Überlegungen, die sich bei der Lösung der ersten Aufgabe z. B. bereits in der Produktion von Lösungen zeigen werden.

In diesem Beispiel wurden zunächst alle Summen, die mit 1 beginnen, dann die mit 2 beginnenden usw. notiert, die Größe der Summe am Ende jeweils zur Kontrolle.

Es wäre auch denkbar, dass zunächst alle Summen mit zwei, dann mit drei, vier und fünf Summanden gefunden werden.

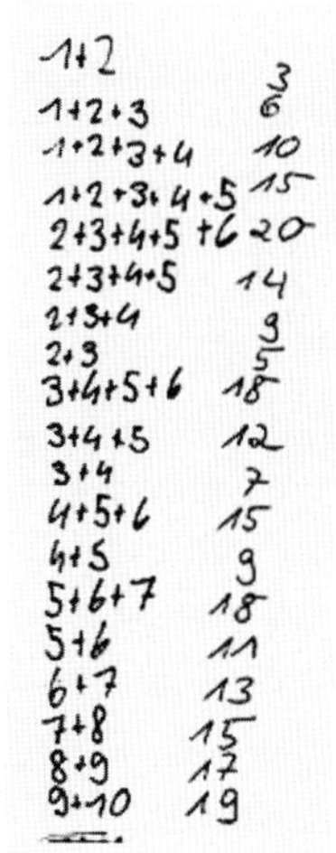

Abb. 3.2.2.12 Summen von Reihenfolgezahlen

[21] Diese Bezeichnung hat sich in unserer Arbeit mit Kindern bewährt, es muss natürlich geklärt werden, was unter „Reihenfolgezahlen" zu verstehen ist, am besten an Beispielen: 1 und 2; 3 , 4, 5; 4, 5, 6, 7 ... sind Reihenfolgezahlen, 3, 6 aber nicht.

● Rechnen und Begründen
Berechne und vergleiche. Was fällt dir auf? Kannst du deine Entdeckung begründen?

1 + 2 + 3	3 · 2
2 + 3 + 4	3 · 3
3 + 4 + 5	3 · 4

Durch Ausrechnen wird festgestellt:

$1 + 2 + 3 = 3 \cdot 2$
$2 + 3 + 4 = 3 \cdot 3$ usw.

Kann dann auch 7 + 8 + 9; 12 + 13 + 14 berechnet werden?
Das Ergebnis ist immer das Dreifache der Zahl in der Mitte, warum? Auch hier kann eine Handlung bzw. eine ikonische Darstellung helfen:

Das Bauwerk – bei dem die konkrete Höhe gar nicht wichtig ist – veranschaulicht die Summe dreier aufeinander folgender Zahlen. Es kann **immer** so umgeordnet werden, dass 3 gleich hohe Türme entstehen, sie sind dann so hoch wie der mittlere Turm.

Die Summe von drei aufeinanderfolgenden Zahlen ist also stets das Dreifache der mittleren Zahl und damit durch 3 teilbar – eine weitere mathematische Einsicht wurde gewonnen. Untersuchungen an Bauwerken für vier, fünf ... aufeinander folgende Zahlen können sich anschließen.

Vielleicht wird außerordentlich leistungsstarken Kindern auch deutlich, warum die Zahlen 2, 4, 8, 16 (und alle weiteren Zweierpotenzen) nicht als Summe aufeinander folgender Zahlen darstellbar sind.

Weitere Beispiele, an denen deutlich wird, dass es eine Vielzahl von Aufgaben gibt, die neben der Entwicklung der inhaltlichen Kompetenzen auch zur Entwicklung der allgemeinen Kompetenzen beitragen, finden Sie bereits im Kapitel 2.

Fazit:

Auf der Grundlage soliden Zahl- und Operationsverständnisses muss es darum gehen, flexible Rechenfähigkeiten zu entwickeln, was eine Ausbildung solider Grundfertigkeiten einschließt, denn nur auf dieser Grundlage ist es möglich, Kompetenzen im Umgang mit Zahlen zu erwerben, selbständig auch Entdeckungen zu machen, Muster und Strukturen zu erkennen sowie Lösungsstrategien zu entwickeln.

Sollen Kinder die in den Bildungsstandards formulierten allgemeinen mathematischen Kompetenzen erwerben, ergeben sich für die Leitidee „Zahlen und Operationen" vielfältige Schlussfolgerungen für die Art und Weise des Unterrichts sowie die Auswahl der Aufgaben.

Kommunikation ist für Verstehen und Verständigen in allen Inhaltbereichen von entscheidender Bedeutung. Wir müssen gemeinsam mit Kindern Bedeutungen aushandeln, gewährleisten, dass wir mit Begriffen gleiche Inhalte und Vorstellung verbinden. Zur Entwicklung der Argumentationsfähigkeiten, wie sie in den Bildungsstandards formuliert ist, gehört auch, dass Kinder Vermutungen äußern und diese überprüfen (zunächst natürlich durch weitere Beispiele).

Unter dem Aspekt der Entwicklung der Fähigkeiten im Argumentieren sind beim Arbeiten mit Zahlen und Rechenoperationen also immer wieder Aufgaben zu stellen, die Begründungen herausfordern, die zu Vermutungen Anlass geben, die das Abschätzen von Rechenergebnissen ermöglichen und die den Kindern deutlich machen, dass Ergebnisse des Rechnens nicht willkürlich sind, sondern vielmehr begründet werden können. Das geht natürlich nur, wenn Wissen, Rechenfertigkeiten, Rechenverfahren nicht isoliert nebeneinander behandelt werden, sondern Wissen vernetzt wird.

Natürlich muss die Entwicklung der Argumentationsfähigkeit langfristig angeregt werden. Das bedeutet, dass gemeinsam mit den Kindern Argumentationen erarbeitet werden, dass auch Beispiele dafür, wie eine Vermutung oder ein erkanntes Muster erläutert und begründet werden können.

3.3   Leitidee „Raum und Form"

3.3.1 Geometrie als Teil des Mathematikunterrichts

Geometrie – ein wesentlicher Teil der Mathematik

Körper, ebene Figuren, deren Eigenschaften und Lagebeziehungen wurden durch die Anforderungen der Arbeit bereits vor tausenden von Jahren untersucht. Beispiele dafür gibt es viele: Wegepläne und Karten wurden geschaffen. Zum Herstellen von Rädern mit oder ohne Speichen waren Kenntnisse über den Kreis und die Lage seines Mittelpunktes erforderlich. Wenn alljährlich der Nil oder der Gelbe Fluss über die Ufer traten, brachte das Hochwasser nicht nur fruchtbaren Schlamm auf die Felder, sondern auch die Notwendigkeit, dieses Land immer wieder neu zu vermessen und in Felder aufzuteilen.

Ornamente beispielsweise an Gebäuden, auf Gefäßen, Waffen oder Kultgegenständen zeigen, dass geometrische Figuren vielfach auch zu Schmuckzwecken verwendet wurden. Welch beachtlichen Umfang die Kenntnisse bereits frühzeitig hatten, zeigt das von Euklid von Alexandria etwa 325 v. Chr. verfasste und 13 Bücher umfassende Werk Elemente, in welchem er systematisch das mathematische Wissen seiner Zeit zusammenstellt. Geometrische Betrachtungen nehmen dabei großen Raum ein. Betrachtungen zum Messen von Streckenlängen, Winkelgrößen, Flächeninhalten und Volumina verbinden Arithmetik und Geometrie. Lange Zeit galt die Geometrie als die Mutter der Mathematik: Arithmetische Aussagen wurden erst dann als wahr angesehen, wenn sie geometrisch, beispielsweise dargestellt an Längen und Flächen, veranschaulicht werden konnten.

Geometrie von Anfang an

Heranwachsende Kinder erfahren tagtäglich, dass die Dinge der Welt verschiedene Qualitäten haben. Sie vergleichen und unterscheiden Dinge nach Farben, Formen, Größen usw. Diese vor allem qualitativen Erfahrungen, von denen viele zu geometrischen Überlegungen führen, machen Kinder oft viel früher als quantitative Erfahrungen. Zudem beinhalten nahezu alle Auseinandersetzungen des Kindes mit seiner Umwelt geometrische Aktivitäten. Konsequenterweise – und das ist auch Intention der Bildungsstandards – sollten die Kinder von Klasse 1 an planmäßig und systematisch mit geometrischen Problemen konfrontiert werden. Insbesondere die folgenden Gründe[22] sprechen dafür, vom ersten Schultag an geometrische Aktivitäten zu fördern:

(1) Der Geometrieunterricht kann einen wesentlichen Beitrag zur Erschließung der Umwelt und der Lebenswirklichkeit der Schüler leisten.

(2) Viele Kinder haben bereits im Vorschulalter gelegt, gefaltet, geknetet, gebaut usw. und dabei geometrische Erfahrungen gesammelt. Geometrie ist damit ein wesentlicher Bereich, in dem frühkindliche Tätigkeiten fortgeführt werden können und in dem an vorschulische Erfahrungen angeknüpft werden kann.

(3) Geometrische Aktivitäten gehen fast immer mit unmittelbaren praktischen Tätigkeiten einher. Dadurch können die Kinder altersgerecht aneignen, was dazu beiträgt, dass sie der Geometrie aufgeschlossen gegenüber stehen.

(4) Geometrische Aktivitäten liefern viele Anlässe zu arithmetischen Betrachtungen und können helfen, arithmetische Sachverhalte zu veranschaulichen.

---

[22] Vgl. etwa Besuden (1984), Besuden (1994) Radatz / Rickmeyer (1991)

(5) Spielerische Elemente, ansprechende Knobelaufgaben und vor allem die anschauliche Präsentation geometrischer Probleme verlocken die Kinder immer wieder zur Beschäftigung mit geometrischen Inhalten.

(6) Der Unterrichtserfolg in Geometrie hängt oft nur von wenigen Vorkenntnissen und bereits ausgebildetem Können ab und ist so oft sicherer erreichbar als im Arithmetikunterricht. Anstrengungen in einer Unterrichtsstunde „lohnen" sich damit für die Kinder deutlicher und vor allem schneller.

(7) Der Geometrieunterricht vermag die Denkentwicklung der Kinder in besonderer Weise zu fördern. Triebkraft der Denkentwicklung ist dabei die praktisch – gegenständliche Tätigkeit, die immer im dreidimensionalen Raum vollzogen wird.

Die Funktion des Geometrieunterrichts in der Primarstufe

Mit Blick auf die eben genannten Gründe für den Einsatz geometrischer Aktivitäten und die in Kapitel 1 genannte Funktion des Mathematikunterrichts in der Primarstufe ist speziell für den Geometrieunterricht hervorzuheben:

(1) Im Geometrieunterricht sollen die Kinder solche Kenntnisse hinsichtlich geometrischer Objekte, Relationen und Operationen erwerben, die in praktischen Zusammenhängen beim Aufsuchen, Beschreiben, genauen Bestimmen oder Darstellen von Sachverhalten in der Umwelt Anwendung finden oder die Voraussetzung für das Verständnis elementarer Zusammenhänge im weiteren Unterricht sind.

(2) Der Geometrieunterricht soll bei den Kindern jene grundlegenden Fertigkeiten (etwa im Zeichnen, im Messen, im Lesen von Falt- oder Bauanleitungen usw.) entwickeln, die als sicher verfügbare „Unterprogramme" beim Lösen inner- wie außergeometrischer, darunter insbesondere auch arithmetischer Aufgaben, notwendig sind.

(3) Im Geometrieunterricht sollen solche Fähigkeiten, Denk- und Arbeitsweisen sowie Gewohnheiten entwickelt werden, die für Tätigkeiten im Geometrieunterricht und die Auseinandersetzung des Kindes mit seiner Umwelt besonders wesentlich sind und die deshalb dort besonders effektiv gefördert werden können. Dazu gehören insbesondere die Fähigkeiten,

- Geometrisches aus umweltlichen Situation zu gewinnen und umgekehrt geometrische Sachverhalte auf die Umwelt zu beziehen, zu „geometrisieren" [23],

- Geometrisches in umweltlichen Situationen zu entdecken (also Abstraktionen zu konkretisieren),

---

[23] Das beinhaltet vor allem die Fähigkeit zur Analyse umweltlicher Situationen, zur Abstraktion von Unwesentlichem und zur Verallgemeinerung der geometrisch wesentlichen Seiten.
Eine wichtige Seite des Geometrisierens stellt die Ordnung der Realität unter vielfältigen Ordnungsaspekten dar, die letztlich zur Begriffsbildung führt. Mögliche Ordnungsapekte sind beispielsweise Formen, Lagebeziehungen, Symmetrieeigenschaften und Muster.

- geometrische Objekte zu analysieren und zu beschreiben,
- sich geometrische Objekte, Prozesse und Relationen nach Beschreibungen vorzustellen,
- sich insbesondere räumliche Objekte, deren Eigenschaften, und Beziehungen auf der Grundlage verbaler Beschreibungen oder ebener Darstellungen vorzustellen,
- sachbezogen zu argumentieren,
- sich kreativ zu verhalten [24] sowie
- planmäßig zu arbeiten – etwa beim Analysieren eines geometrischen Objekts, einer Skizze oder einer Zeichnung.

(4) Der Geometrieunterricht soll die Kinder zum Anwenden ihres geometrischen Wissens und Könnens befähigen. Sie sollen lernen, insbesondere ihre Umwelt „mit den Augen der Geometrie" zu betrachten und zu beobachten [25], geometrische Figuren und Zusammenhänge in der Umwelt zu erkennen [26], gegebenenfalls merkmalsrelevante Eigenschaften mittels geeigneter praktisch – gegenständlicher Tätigkeiten zu prüfen und auf der Grundlage dieser Erkenntnisse die Umwelt vereinfacht unter Nutzung von Modellen, Zeichnungen oder Skizzen zu beschreiben und zu rekonstruieren.

Wesentliche Fragen zur konkreten Unterrichtsarbeit sollten im Hinblick auf diese Funktion des Geometrieunterrichts entschieden werden. Das betrifft Fragen zur Auswahl und Wichtung von Zielen und Inhalten ebenso wie Entscheidungen zum konkreten Arbeiten mit Aufgaben. Ob und wie mit der einen oder anderen Aufgabe im Geometrieunterricht gearbeitet wird, sollte davon abhängen, welchen Beitrag das im Hinblick auf die oben genannte Funktion des Geometrieunterrichts zu leisten vermag.

---

[24] Unter **kreativem Verhalten** verstehen wir in Anlehnung an Steindorf (1991, S. 66 ff.) und mit Blick auf De Bono (1986) das Produzieren ungewöhnlicher Ideen, das Sehen neuer Beziehungen zwischen den Elementen einer Situation, das Erweitern des Rahmens der Problembearbeitung usw. Kreatives Verhalten zeigt sich beispielsweise beim Aufwerfen von Fragen und Vermutungen, beim zielgerichteten Experimentieren an Modellen, planmäßigen Abändern von Figuren oder Lagebeziehungen oder beim Herstellen von Zusammenhängen. Insbesondere ist auch das Zurückführen von neuen auf bereits gelöste Probleme eine für mathematisches Arbeiten typische Form kreativen Verhaltens.

[25] **Betrachten** und **Beobachten** sind wichtige Tätigkeiten, um dauerhafte und exakte Vorstellungen über die objektive Realität zu gewinnen, gegenseitige Bezüge herzustellen, Zusammenhänge zu erkennen, zu verstehen und zu werten.
Diese Tätigkeiten können nicht auf „Anschauen" reduziert werden, sondern zeichnen sich darüber hinaus durch Planmäßigkeit, Systematik und höhere Genauigkeit aus und sind folglich wichtige Elemente der Erkenntnistätigkeit der Schüler.
Während **Betrachten** eine Zuwendung zu Gegenständen, Objekten und Erscheinungen im Zustand der Ruhe ist, verstehen wir unter **Beobachten** eine Zuwendung zu einem Vorgang, Verlauf, Prozess.

[26] Hier spielt vor allem das Erkennen von Formen, Symmetrien und Lagebeziehungen eine Rolle.

Aus sachlogischer Sicht geht es im Geometrieunterricht um vier Bereiche, in denen die Kinder Kompetenzen entwickeln und die sich so auch in den Bildungsstandards widerspiegeln:

(1) die Entwicklung des räumlichen Vorstellungsvermögens,
(2) die Aneignung geometrischer Begriffe,
(3) der Erwerb abbildungsgeometrischer Kenntnisse und Fähigkeiten,
(4) die Befähigung zum Quantifizieren geometrischer Objekte hinsichtlich ihrer Längen, Flächen und Volumina.

Zunächst werden jeweils die fachlichen Grundlagen dieser Bereiche dargestellt. Danach werden die Anforderungen der Bildungsstandards interpretiert. Anschließend werden Anregungen zu einer kompetenzorientierten Unterrichtsgestaltung gegeben.

3.3.2   Zur Sache

3.3.2.1 Räumliches Vorstellungsvermögen

Bedeutung des räumlichen Vorstellungsvermögens

Was wären wir ohne die Fähigkeit, uns Dinge vorzustellen: Wie schön es gerade jetzt wäre, am Strand zu sitzen. Was wir dabei alles links und rechts von uns sehen könnten. Wie eine Möwe über uns kreist, wie angenehm warm das Wasser noch ist ...

Das alles und noch vieles mehr stellen wir uns vor, ohne viel darüber nachzudenken, dass wir uns gerade jetzt etwas vorstellen und dass uns das vielleicht mehr oder weniger gut gelingt oder sogar anstrengend ist. Beispielsweise steht mein Strandkorb mit der Nummer 3 links neben der Nummer 4 und rechts neben der Nummer 6 und der Strandkorb mit der Nummer 10 steht links neben der Nummer 6. Steht die Nummer 10 nun links oder aber rechts (haben Sie es sich vorgestellt?) von meinem Strandkorb?

Vorstellen können wir uns vieles: Gegenstände und deren Eigenschaften, Beziehungen dieser Gegenstände untereinander und nicht zuletzt Vorgänge und Handlungen. Dabei ist das Vorstellen, wie jeder täglich immer wieder bemerkt, kein einfaches Wiedergeben, kein Reproduzieren von Sinneseindrücken. Bereits beim Wahrnehmen, welches dem Vorstellen vorausgeht, wählen wir aus. Alle Informationen gleich intensiv aufzunehmen und sich vielleicht noch daran zu erinnern ist uns unmöglich, denn eine derartige Datenflut kann niemand verarbeiten. Wer zum Strand radelt, benutzt ein Fahrrad. Die Anzahl seiner Speichen weiß er anschließend nicht, obwohl er sie gewiss alle gesehen hat. Die Fahrradmarke kennt er vielleicht, aber Form und Farbe des Schriftzuges? Uns subjektiv Wesentliches sowie Interessantes, Ungewöhnliches, Unerwartetes nehmen wir intensiver wahr als bereits Vertrautes. Wenn also die Kinder im Strandkorb Nummer 4 spielen oder in einer Kinderzeitschrift blättern, werden wir das nebenbei registrieren. Wenn der Junge vom Strandkorb 6 dagegen mit seinen Eltern Matheaufgaben rechnet, wird uns das vielleicht als ein in unseren Breiten eher ungewöhnliches Verhalten am Strand auffallen und längere Zeit im Gedächtnis bleiben.

Wahrnehmen ist ein aktiver Prozess: **Was** wir wahrnehmen und **als was** wir etwas wahrnehmen, hängt von unseren Vorerfahrungen und Erwartungen ab. Vorstellen ist ein nicht minder aktiver Prozess der Neukonstruktion, Rekonstruktion, Umkonstruktion von Wahrgenommenem. Vorstellbar ist uns auch das, was von uns nicht exakt genau so wahrgenommen wurde, denn wir verfügen über eine produktive Phantasie. So kann sich beispielsweise jeder von uns vorstellen, wie ein rosa Elefant ins Zimmer geflogen kommt, trompetend einen Salto macht und anschließend wieder zum Fenster hinausfliegt[27]. Wir kennen Elefanten und ihr Trompeten, wir wissen, was Fliegen ist und auch ein Salto ist uns bekannt. All das können wir zusammenbringen und nicht zuletzt diesen fliegenden Elefanten in unserer Vorstellung noch rosa anstreichen. Im Beispiel erfolgte die Vorstellung auf der Grundlage einer verbalen Beschreibung. Oft stellen wir uns dreidimensionale Dinge auch auf der Grundlage zweidimensionaler Abbildungen vor: Wir sehen das Urlaubsfoto und erfassen, was dort vor und hinter dem Strandkorb ist, stellen uns die Sandburg vor, wir sehen eine Bauanleitung und nehmen den Prozess des Bauens in der Vorstellung vorweg.

Hier wird die große Bedeutung des räumlichen Vorstellungsvermögens deutlich: Unsere Welt ist dreidimensional, aber alle Möglichkeiten des Aufschreibens, Protokollierens, Fotografierens usw. liefern nur verbale oder zweidimensionale Abbilder[28]. In der **Auseinandersetzung mit der Umwelt**, bei der Bewältigung von **Alltagssituationen** ist deshalb immer wieder die Vorstellung räumlicher Objekte, Lagebeziehungen oder Prozesse auf der Grundlage von verbalen Beschreibungen oder zweidimensionaler Abbildungen notwendig:

- beim Überqueren einer Straße und dem damit verbundenen Abschätzen von Entfernungen und Geschwindigkeiten herannahender Fahrzeuge,
- beim Aufräumen von Dingen in Behälter, Schrankfächer usw. oder
- beim Bauen mit Bausteinen, beim Falten nach Faltanleitungen usw.

In der Schule benötigen die Kinder nicht nur im Mathematikunterricht die Fähigkeit, sich auf Buchseiten zu orientieren und sich das in zweidimensionalen Abbildungen Dargestellte vorzustellen[29]. Speziell im Fach Mathematik ist die Fähigkeit zur Vorstellung von Zahlen, Zahlbeziehungen und Operationen entscheidend für den Unterrichtserfolg. So verbinden wir mit Zahlen wie etwa 48 oder 478 eben nicht nur Ziffern oder Zahlwörter wie „achtundvierzig" und „vier-

---

[27] Urheber dieses schönen Beispiels ist Jens Holger Lorenz.
[28] Eine Ausnahme bilden beispielsweise 3-D Bilder und Filme, die mit speziellen Brillen betrachtet werden.
[29] Das Kapitel 2 liefert dafür viele Beispiele.

hundertachtundsiebzig", sondern auch einen Ort in einem gedachten, einem vorgestellten Zahlenraum, etwa einem Zahlenstrahl: Dann ist 48 „fast 50", also „kurz vor der Mitte zwischen 0 und 100". 478 ist eine Zahl zwischen 0 und 1000, die relativ nahe an der Mitte dieses Bereiches, also nahe an 500 liegt oder – betrachtet man quasi wie im Zoom nur den Bereich zwischen 400 und 500 – eine Zahl, die zu Beginn des vierten Viertels dieses Bereiches liegt.

Wer sich zu $4 + 3$ oder zu $4 \cdot 3$ nichts vorzustellen vermag, für den werden diese Terme nie mehr sein als Aufforderungen, ein – wie auch immer bestimmtes – Ergebnis zu nennen. Verstehen,

- warum $4 + 3 = 7$ ist,
- warum auch $3 + 4 = 7$ ist,
- warum $3 \cdot 4 = 12$ ist und
- warum auch $4 \cdot 3 = 12$ ist

wird nur der, der sich räumlich-geometrisch Repräsentanten für Zahlen und Operationen vorstellen kann, der über innere Bilder verfügt und mit ihnen operieren kann.

Auch der *Berufserfolg* korrespondiert in einer großen Anzahl von Berufen mit der Fähigkeit zum räumlichen Vorstellen. Das betrifft nicht nur jene Berufe wie Konstrukteur oder Bauzeichner, in denen man das ohnehin vermutet. Viele Personen ordnen ihre Arbeit virtuell räumlich und zeitlich. Sie legen Aufgaben gedanklich in Paketen vor sich im Raum ab und vermögen diese dann bei Bedarf gedanklich flexibel umzuordnen. Wer das kann, ist oft der Erfolgreichere, weil der besser Organisiertere. Räumliches Vorstellungsvermögen gilt nicht zuletzt als eine *Basiskomponente der Intelligenz*[30].

Entwicklung und Komponenten räumlich-visueller Qualifikation

Für die Arbeit im Unterricht ist es hilfreich, die komplexe Qualifikation „räumliches Vorstellungsvermögen" mit Teilfähigkeiten zu beschreiben, an deren Entwicklung dann mit konkreten Aufgaben gearbeitet werden kann. Seit Thurstone gibt es dazu zahlreiche Ansätze.[31] Folgende, oft auch Komponenten räumlich-visueller Qualifikation genannten, Fähigkeiten spielen eine Rolle:

Räumliche Wahrnehmung bezeichnet die Fähigkeit, Objekte, Lagebeziehungen zwischen Objekten und von Lagebeziehungen von Objekten bezüglich des eigenen Körpers wahrzunehmen, zu erfassen.

Wir nehmen nicht nur visuell sondern mit allen Sinnen wahr. Deshalb sind auch Blinde in der Lage, sich Objekte und Prozesse vorzustellen. Sie neigen dazu, sich

---

[30] vgl. Thurstone 1938. Einen guten Überblick dazu bietet Maier (1994)

[31] 4) Downs et al. (2006) erweitern den Begriff „Räumliches Vorstellungsvermögen" zum Begriff „Räumliches Denken", indem sie unter vorzustellenden Objekten sowohl konkrete, sinnlich wahrnehmbare Objekte als auch abstrakte Konzepte wie beispielsweise Diagramme mit Echolotdaten fassen. Auch auf Repräsentationen von abstrakten Konzepten können wir Operationen sowohl real als auch in der Vorstellung anwenden.

Längen- oder Lagebeziehungen in Anzahlen von Schritten (oder Fingerbewegungen) in eine bestimmte Richtung vorzustellen[32], während „Sehende" sich eher Bilder und visuelle Merkmale einzelner Objekten vorstellen.

Eine wesentliche Voraussetzung für Vorstellungsleistungen ist eine der Realität adäquate Wahrnehmung. Dazu sind nach Frostig[33] folgende fünf Teilqualifikationen der Wahrnehmung wesentlich: Visuomotorische Koordination, Figur-Grund-Wahrnehmung, Wahrnehmungskonstanz, Wahrnehmung räumlicher Beziehungen und Wahrnehmung der Raumlage.

Räumliche Beziehungen bezeichnet die Fähigkeit, sich die räumlichen Lagebeziehungen (z. B. dahinter – davor, darüber – darunter, links von – rechts von, zwischen) von unbewegten Objekten *vorzustellen*. Dabei befindet sich der *Standort* des Betrachters *außerhalb* der räumlichen Situation.

Räumliche Orientierung ist die Fähigkeit, die eigene Person gedanklich richtig *in* eine räumliche Situation einzuordnen, sich real und mental im Raum zurechtzufinden.

Räumliche Visualisierung (oder auch Veranschaulichung) ist die Fähigkeit, sich Objekte vorzustellen und mit ihnen zu operieren, d.h. sich gedanklich räumliche Bewegungen wie beispielsweise das Zerschneiden einer Figur oder räumliche Verschiebungen und Faltungen vorzustellen.

Vorstellungsfähigkeit von Rotationen ist die Fähigkeit, sich schnell und präzise Rotationen vorzustellen.

Bloom[34] weist nach, dass die Entwicklung des räumlichen Vorstellungsvermögens einen von allen anderen Intelligenzfaktoren abweichenden Verlauf hat und vom Vorschulalter über das Grundschulalter hin bis zum mittleren Schulalter einen wesentlich steileren Anstieg aufweist. So ist nach Bloom bei 3-jährigen Kindern das räumliche Vorstellungsvermögen – gemessen an der Leistung eines Erwachsenen – der am schwächsten entwickelte Intelligenzfaktor. Erst danach beginnt ein steiler Anstieg. Dieser Befund ist verständlich: Bei Kindern setzt erst mit dem Erlernen des Laufens eine verstärkte aktive Auseinandersetzung mit ihrer räumlichen Umwelt ein. Der Aktionsradius der Kinder vergrößert sich ab diesem Alter beträchtlich, die Kinder erleben die Welt in ihrer Dreidimensionalität und erhalten dabei durch Spiele und Spielzeuge vielfältige Anregungen.

Bereits mit 9 Jahren erreichen Kinder 50% und mit 14 Jahren dann 80% der Leistung eines Erwachsenen. Untersuchungen wie die von Thiesemann[35] unterstreichen einen derartigen Entwicklungsverlauf des räumlichen Vorstellungsvermögens und zeigen zugleich dessen Trainierbarkeit. Wie sehr unsere Vorstellung durch Wahrnehmungen geprägt ist und wie sehr Vorstellungsleistungen vorangegangene Wahrnehmungen erfordern, verdeutlicht die folgende Abbildung.

---

[32] vgl. Gardner (1994)
[33] Vgl. Frostig et.al. (1977)
[34] Vgl. Bloom (1971)
[35] Vgl. Thiesemann (1991a, b, c)

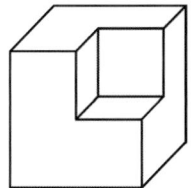

- Ein großer Würfel, aus dem ein kleiner Würfel heraus-geschnitten wurde?

- Der Blick in einen Raum, von dem die hintere und die rechte Wand sowie die Decke zu sehen sind und in dessen hinterer rechter oberer Ecke ein Würfel hängt?

- Einen Würfel, bei dem rechts vorn auf die obere Ecke ein kleiner Würfel aufgesetzt wurde, der jetzt nach vorn zum Betrachter zeigt?

In der Abbildung ist kein Würfel zu sehen. Zu sehen sind nur Flächen und Linien, Sechsecke und Vierecke, darunter sogar ein Quadrat. Die Würfel werden vorgestellt. Wie gut dieses Vorstellen gelingt, hängt wesentlich von den Vorerfahrungen des Betrachters ab. Sie entscheiden darüber, was er sich beim Betrachten der Abbildung leichter vorstellt. Jene Vorstellung, die der geläufigeren Wahrnehmung entspricht, setzt sich in der Regel eher durch. Das erklärt, warum die Vorstellung des Raumes mit dem Würfel in der Ecke vielen von uns schwerer fällt als die Vorstellung des großen Würfels, aus dem ein kleiner Würfel herausgeschnitten wurde: Wie oft schauen wir schon hinten rechts oben in Ecken?

3.3.2.2 Geometrische Begriffe

Begriffe als Mittel zum Erfassen der Realität

Die Wurzeln der Geometrie liegen in der objektiven Realität. Mit der Bildung geometrischer Begriffe werden real existierende Dinge hinsichtlich ihrer Form, ihrer gegenseitigen Lage usw. klassifiziert. Dabei wird nicht nur abstrahiert, also Wesentliches hervorgehoben und Unwesentliches vernachlässigt. Geometrische Begriffe sind darüber hinaus immer auch *Idealisierungen*. Den gebildeten Begriffen werden „ausgezeichnete" Eigenschaften zugesprochen, die von realen Objekten nur in mehr oder weniger großer Näherung erreicht werden. So kann beispielsweise ein Zuckerstück ebenso wie ein Spielwürfel als Würfel angesehen werden, obwohl die Oberfläche des Zuckerstücks nicht eben ist und die „Ecken" des Spielwürfels abgerundet sind.

Geometrische Objekte existieren nicht in Wirklichkeit, sondern sind *ideelle Gebilde*. In der Umwelt existieren *materielle Objekte*, die als *Modelle* für geometrische Objekte angesehen werden können. Für den Unterricht bedeutet dies:

- erste Vorstellungen zum Begriff durch Abstraktion von konkreten Objekten aus der Umwelt zu gewinnen[36],

- nach der Abstraktion eine Rückkopplung zwischen dem gebildeten Begriff und den Ausgangsobjekten vorzunehmen, bei der die Kinder erfassen, wo Idealisierungen erfolgten und nicht zuletzt

---

[36] Wobei die Abstraktion durchaus auch angeleitet erfolgen kann. (vgl. das deduktive Erarbeiten von Begriffen)

- erworbenes geometrisches Wissen im instrumentalen Sinne als Werkzeug zum Erfassen und Beschreiben der Umwelt zu nutzen.

Beispielsweise sind Holzstäbe, Trinkröhrchen, ein straff gespannter Faden, die Tischkante usw. Modelle für den Begriff „Strecke". Auch die Skizze oder Zeichnung einer Strecke ist bereits ein Modell des Begriffs „Strecke".

Hingegen gibt es wegen der Unendlichkeit, auf die sich diese Begriffe beziehen, keine Modelle für die geometrischen Begriffe Gerade, Strahl und Ebene. Deshalb ist beispielsweise die Redeweise „so zeichnen wir gerade Linien" angebrachter als etwa „das ist eine Gerade" (die es ja wegen der Endlichkeit des gezeichneten Stückes nicht sein kann!). In diesem Sinne sollten Geraden immer wieder auch von Tafelrand zu Tafelrand bzw. von Heftrand zu Heftrand gezeichnet werden. Tafel und Heft sind begrenzt, es wird den Kindern eher bewusst, dass man dadurch bedingt nur einen Teil der unbegrenzten Gerade zu zeichnen vermag.

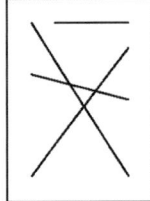 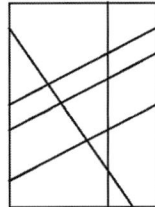

Also an der Tafel die rechte Darstellung wählen.

Es ist für den Unterrichtserfolg entscheidend, dass Kinder Begriffe wirklich besitzen und nicht nur Begriffswörter benutzen. Deshalb betrachten wir hier das Wesen von Begriffen und den Erwerb von Begriffen näher. Begriffe sind gedankliche Widerspiegelungen von Klassen von Objekten[37] auf der Grundlage wesentlicher Merkmale aller Objekte dieser Klasse. Sie existieren nur im Bewusstsein des Menschen. Zu jedem Begriff gibt es einen **Begriffsinhalt** (der alle wesentlichen Merkmale des Begriffs enthält), einen **Begriffsumfang** (das ist die Menge aller Repräsentanten des Begriffs) und ein Zeichen (einen Namen oder eine Symbol wie etwa das Zeichen für „rechter Winkel").

Aus zweierlei Gründen kann es notwendig sein, Begriffe einzuführen:

Eine **Begriffsnotwendigkeit** liegt vor, wenn es aus der Tätigkeit heraus sinnvoll und notwendig ist, eine Klasse von Dingen von anderen Objekten zu unterscheiden und mit einem Begriffswort hervorzuheben. So wird beispielsweise jene Klasse von „Steinen", mit denen man „gut" Mauern bauen kann, von allen anderen Steinen unterschieden und mit dem Wort „Baustein" bezeichnet.

---

[37] Das Wort „Objekt" wird hier im Sinne von „Objekt unserer Widerspiegelung" benutzt. Objekte können in diesem Sinne auch Verfahren oder Relationen sein. Die Widerspiegelung führt dann zu Begriffen wie „Abbildung" oder „ist senkrecht zu".

Das Beispiel zeigt die Rolle des Subjektes: Was „gut bauen können" bedeutet, entscheidet zunächst der Einzelne: So könnten hier alle Quader oder aber auch nur alle ziegelsteinförmigen Bausteine (Quader mit einem Seitenverhältnis von ca. 1 : 2 : 4) gemeint sein. In der Kommunikation mit anderen muss ein Konsens gefunden werden, damit z. B. der Satz: „Gib mir den Baustein." von allen Beteiligten gleich aufgefasst wird.

Eine **Namensnotwendigkeit** liegt vor, wenn aus der Tätigkeit die Notwendigkeit zur Bezeichnung von Objekten erwächst, um leichter über die Tätigkeit sprechen, sie beschreiben zu können. Beispielsweise ist „Rechteck" kürzer als „Viereck mit vier rechten Winkeln", der Begriff „Minuend" ist effizienter als die Angabe „die erste Zahl in der Aufgabe mit dem Minus".

Mit der Begriffsnotwendigkeit ist nicht immer automatisch auch die Namensnotwendigkeit gegeben und umgekehrt. Es ist deshalb für den Unterricht zu prüfen, worauf es beim Erarbeiten des Begriffes ankommt. Wird in erster Linie der Name zur Bezeichnung benötigt oder geht es nur um die gedankliche Hervorhebung einer Klasse von Objekten, wobei eventuell sogar (zunächst) auf die Nutzung des Begriffswortes verzichtet werden kann? Zuweilen ist es gerade im Grundschulalter sinnvoll, zunächst auf den Namen zu verzichten und ihn erst dann einzuführen, wenn wirklich die Namensnotwendigkeit gegeben ist. Bis der Name eingeführt wird, hantieren die Kinder mit den Dingen und lernen ihre Eigenschaften kennen. In Klasse 1 werden beispielsweise oft zunächst nur Würfel und Kugel[38] explizit bezeichnet. Alle anderen Körper sind für die Kinder zunächst „Bausteine", deren Betrachtung in ihrer Vielfalt allein schon deshalb erforderlich ist, um der Alltagserfahrung der Kinder gerecht zu werden.

Die geistige Auseinandersetzung der Kinder mit einem Begriff kann durch praktisch-gegenständliche Tätigkeiten sowohl an Begriffsrepräsentanten als auch an geeignet ausgewählten Nichtrepräsentanten (Kontrastprinzip) wirksam unterstützt werden. Zeichnen, Skizzieren, Färben, Legen, Schneiden, … sind Tätigkeiten, welche Kinder in der Regel hoch motiviert ausführen, die aber in der Regel recht zeitaufwändig sind.

Zu prüfen ist deshalb, mit welchem Ziel die Kinder praktisch tätig werden und welche geistigen Tätigkeiten damit ausgelöst bzw. unterstützt werden können. Praktische Tätigkeit darf nicht zum Selbstzweck, um des geschäftigen Hantierens willen durchgeführt werden, darf nicht auf dieser des Stufe äußeren Hantierens beschränkt bleiben. Werden die Kinder beispielsweise beim Bekleben eines Quaders mit Buntpapier nicht dazu angeregt, seine Flächen nach ihrer Form zu vergleichen, bleibt ihnen das Wesen des Anzueignenden verborgen. Dann erkennen sie nicht, dass Quader besondere Körper sind, deren Flächen 6 Recht-

---

[38] Diese Begriffe werden im Sinne von Grundbegriffen – also ohne definitorische Erklärung – genutzt. Das ist möglich, weil alle Würfel und alle Kugeln zueinander ähnlich sind. Jeder Repräsentant ist damit ein Prototyp. Vergleichsweise ist dies beim Begriff „Quader" nicht der Fall. Hier müsste auf Merkmale eingegangen werden, was in Klasse 1 kaum möglich ist.

ecke sind. Ja es besteht die Gefahr, dass die Kinder als wesentlichen Unterrichtsinhalt lediglich das Herstellen „bunter Kisten" ansehen.

3.3.2.3 Geometrische Abbildungen

Abbildungen

Das Wesen geometrischer Abbildungen besteht darin, dass jedem Punkt des Raumes bzw. der Ebene eindeutig ein Bildpunkt zugeordnet wird. Wie der gesamten Ebene bzw. dem gesamten Raum wird auch jeder ebenen Figur bzw. jedem Körper ein Bild zugeordnet. Dabei sind Abbildungen vom Raum auf den Raum oder von der Ebene auf die Ebene ebenso möglich wie beispielsweise Projektionen des Raumes auf eine Ebene. Spezielle Abbildungen besitzen eine oder mehrere der folgenden Eigenschaften.

- **Winkeltreue** liegt vor, wenn jeder Winkel auf einen Winkel gleicher Größe abgebildet wird.
- **Längentreue** liegt vor, wenn jede Strecke auf eine Strecke gleicher Länge abgebildet wird.
- **Geradentreue** liegt vor, wenn das Bild einer Geraden wieder eine Gerade ist
- **Kreisverwandtschaft** liegt vor, wenn das Bild eines Kreises wieder ein Kreis ist.
- **Streckenverhältnistreue** liegt vor, wenn die Größenverhältnisse zweier beliebiger Strecken im Original und im Bild stets übereinstimmen.

Im Unterricht spielen insbesondere Kongruenz- und Ähnlichkeitsabbildungen eine Rolle. *Ähnlichkeitsabbildungen* sind Abbildungen, die winkeltreu sind und die Streckenverhältnisse unverändert lassen. Die Form eines Objektes wird bei einer Ähnlichkeitsabbildung nicht geändert, dafür aber in der Regel seine Größe. In der Grundschule treten Ähnlichkeitsabbildungen beispielsweise dann auf, wenn Kinder Figuren auf Gitterpapieren oder mit vorgegebenem Maßstab vergrößert oder verkleinert abzeichnen. Die Kinder erfassen oft rasch, dass alle Kreise und alle Quadrate zueinander ähnlich sind, also die gleiche Form, aber verschiedene Größen haben.

Kongruenzabbildungen (von lat. congruens = übereinstimmend, passend) sind nicht nur geradentreu und winkeltreu, sondern auch längentreu. Das Bild eines Körpers oder einer ebenen Figur ist also ein Körper bzw. eine ebene Figur gleicher Form und gleicher Größe. Man kann Kongruenzabbildungen mit starren mechanischen Bewegungen veranschaulichen, welche die Ebene bzw. den Raum ohne Dehnung oder Deformation auf sich selbst abbilden. Aus diesem Grund bezeichnet man Kongruenzabbildungen oft auch als *Bewegungen*.

Beispiele für Kongruenzabbildungen sind:

- *Achsenspiegelung (Geradenspiegelung)*
- *Punktspiegelung (Drehung um 180°)*
- *Drehung*
- *(Parallel-)Verschiebung (Translation)*

Die Kongruenz von Figuren wird im Unterricht im Sinne einer Deckungsgleichheit betrachtet. Ein Beispiel ist das weiter unten beschriebene Herstellen eines Faltwinkels. Alle Faltwinkel sind zueinander deckungsgleich. Kongruenzabbildungen spielen insbesondere bei Arbeiten mit der Spiegelung und der Drehung sowie beim Arbeiten mit **Bandornamenten** und **Parketten** eine Rolle.

Bewegung und Symmetrie

„Symmetrie, ob man ihre Bedeutung weit oder eng fasst, ist eine Idee, vermöge derer der Mensch durch die Jahrhunderte seiner Geschichte versucht hat, Ordnung, Schönheit und Vollkommenheit zu begreifen und zu schaffen."[39]

Symmetrie[40] ist einmal eine Eigenschaft von Körpern und ebenen Figuren. Eine Figur heißt symmetrisch, wenn es eine (von der identischen Abbildung, die alle Punkte auf sich selbst abbildet, verschiedene) Bewegung gibt, welche die Figur auf sich selbst abbildet. Als derartige Bewegungen kommen nur die Spiegelung und die Drehung in Frage, weil bei der Verschiebung ja kein Punkt auf sich selbst abgebildet wird.

Symmetrie als Eigenschaft von Figuren: Die Figur wird auf sich selbst abgebildet.

Bei einer Geradenspiegelung an g wird die Figur auf sich selbst abgebildet.	Bei einer Drehung um Z mit Drehwinkel α wird die Figur auf sich selbst abgebildet.	
	$\alpha \neq 180°$	$\alpha = 180°$
Die Schneeflocke ist axialsymmetrisch. Sie hat sogar sechs Spiegelachsen.	Die Schneeflocke ist radialsymmetrisch, denn sie wird bei Drehung um Vielfache von 60° auf sich selbst abgebildet.	Die Schneeflocke ist zentralsymmetrisch, denn sie wird bei Drehung um 180° auf sich selbst abgebildet.
Axialsymmetrie	**Radialsymmetrie (Drehsymmetrie)**	**Zentralsymmetrie (Punktsymmetrie)**
Die Gerade g heißt **Symmetrieachse** oder auch **Spiegelachse** der Figur.		Der Punkt Z heißt **Symmetriezentrum** der Figur.

---

[39] Weyl, H. (1955), S. 13

[40] Oft wird nicht fachlich sauber zwischen Spiegelung und Symmetrie getrennt. Während die Spiegelung eine Abbildung ist (die also auf jede Figur angewandt werden kann), ist die (Achsen)Symmetrie eine Eigenschaft von Figuren.

Wird Symmetrie auch auf unendlich ausgedehnte ebene oder räumliche Figuren wie beispielsweise Bandornamente, Parkette oder räumliche Pflasterungen bezogen, dann kann die Abbildung, welche die Figur auf sich selbst abbildet, auch eine Verschiebung oder die Nacheinanderausführung einer Spiegelung und einer Verschiebung sein.

Bandornamente

Der Begriff **Ornament** kommt vom lateinischen Wort ornare, welches schmücken bedeutet. Gegenstände werden mit Ornamenten verziert und gegliedert. Ein **Bandornament (Streifenornament)** ist ein unendlich lang fortsetzbares *periodisches* Ornament, welches von zwei parallelen Geraden eingeschlossen wird.

Das periodische Ornament kann erzeugt werden, indem ein **Grundmuster** beliebig häufig längs der beiden parallelen Geraden verschoben wird. Dieses unten hellgelb hinterlegte Grundmuster wiederum kann dadurch erzeugt werden, dass ein **Motiv** abgebildet wird. Im einfachsten Falle ist das Grundmuster identisch mit dem Motiv, dann liegt im Bandornament nur eine Verschiebung vor. In allen anderen Fällen wird das Grundmuster aus dem Motiv durch folgende Abbildungen oder deren Nacheinanderausführung erzeugt:

- Spiegelung an einer Geraden in der Ausbreitungsrichtung (Längsspiegelung)
- Spiegelung an einer Geraden senkrecht zur Ausbreitungsrichtung (Querspiegelung)
- Drehung um 180° um einen Punkt auf der Mittellinie des Ornaments (Punktspiegelung)
- Schubspiegelung, also Verschiebung längs der Ausbreitungsrichtung und anschließende Längsspiegelung.

Zwei Motive und die 7 möglichen Typen von Bandornamenten

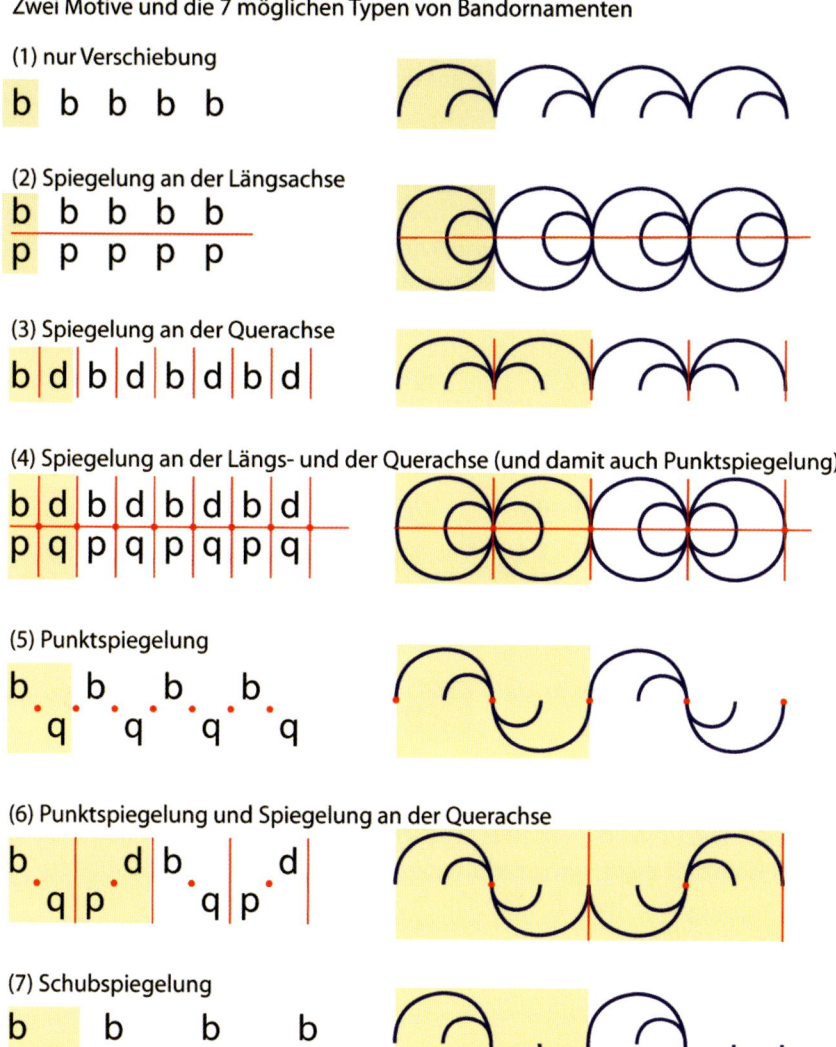

(1) nur Verschiebung

(2) Spiegelung an der Längsachse

(3) Spiegelung an der Querachse

(4) Spiegelung an der Längs- und der Querachse (und damit auch Punktspiegelung)

(5) Punktspiegelung

(6) Punktspiegelung und Spiegelung an der Querachse

(7) Schubspiegelung

Bemerkenswert ist, dass es zwar unterschiedlichste Motive, aber dennoch nur die oben veranschaulichten sieben Klassen von Bandornamenten gibt. Bereits mit einem einzigen Motiv sind verschiedene aber strukturgleiche Bandornamente möglich: Verschiebt man beispielsweise die Lage der Punkte für die Punktspiegelung oder die Spiegelachsen, entstehen zwar optisch verschiedene aber doch in ihrem Wesen gleiche Ornamente.

Weil Bandornamente nahezu beliebig komplex gestaltet werden können, bieten sie eine Fülle von Einsatzmöglichkeiten vom ersten Schultag an bis hin zur

Sekundarstufe II. Die Komplexität resultiert zum einen aus der Art des verwendeten Motivs. Es kann wie oben aus einer Figur bestehen, kann aber auch aus mehreren Figuren zusammengesetzt, in sich selbst mehrfach gegliedert sein. Die Komplexität resultiert zum anderen aus den verwendeten Abbildungen.

Parkette

Tagtäglich begegnen sie uns im Alltag, insbesondere auf unseren Wegen: ***Parkette*** als periodische, lückenlose und überlappungsfreie Bedeckung der gesamten Ebene mit Parkettsteinen. ***Periodizität*** bedeutet, dass es mindestens zwei nicht parallele Geraden gibt, längs derer das (gesamte!) Parkett verschoben und dabei wieder auf sich selbst abgebildet werden kann. Es gibt damit eine Ausgangsfigur, durch deren Verschiebung das gesamte Parkett erzeugt werden kann. Diese Ausgangsfigur kann aus einem oder auch aus mehreren Parkettsteinen bestehen:

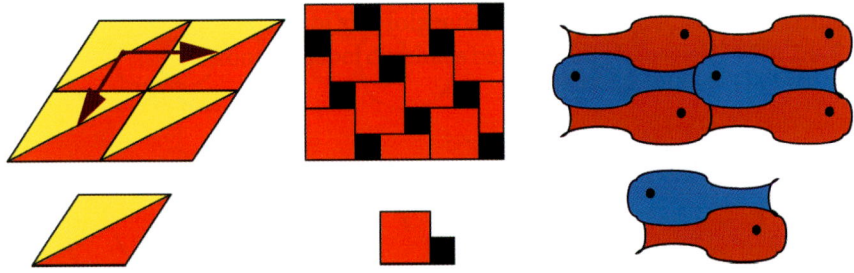

Die Abbildung zeigt drei Parkette und darunter jeweils die sie erzeugende Ausgangsfigur. Die Pfeile deuten zwei mögliche Verschiebungsrichtungen an. Liegt diese Periodizität nicht vor, spricht man nicht von einem Parkett, sondern von einem Mosaik. Ein Beispiel für eine Mosaikpflasterung ist die so genannte ***Golombische Sphinx***.

Aus sechzehn der kleinen „Sphinxfünfecke" kann – ohne Periodizität – eine größere Sphinx zusammengesetzt werden, aus sechzehn größeren auf gleiche Weise eine noch größere usw. Damit kann die gesamte Ebene lückenlos und nichtperiodisch bedeckt werden.

Die folgende Abbildung veranschaulicht Symmetrieeigenschaften von Parketten.

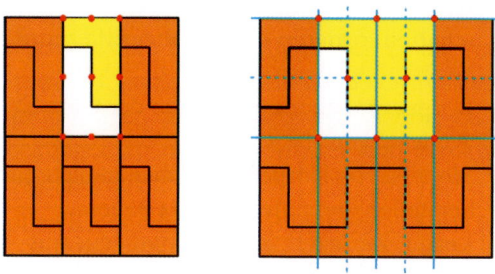

Beide Parkette wurden aus L-Plättchen gelegt. Durch wiederholte Abbildung eines L kann man das gesamte Parkett erzeugen. Entsprechend der beim Herstellen des Parketts verwendeten Abbildungen (wie Verschiebung, Spiegelung, Punktspiegelung, Drehung, Schubspiegelung) liegen in den Parketten dann Symmetrien vor: Links Punktsymmetrie und rechts Punktsymmetrie, Achsensymmetrie und Schubsymmetrie (das L kann längs der gestrichelten Achsen verschoben und dann daran gespiegelt werden)

In der Grundschule spielen insbesondere zwei Arten von Parketten eine Rolle. So genannte einfache Parkette, das sind Parkette aus einer Sorte von Parkettsteinen und Archimedische Parkette, das sind Parkette aus mehreren Sorten regelmäßiger Vielecke. Unter den einfachen Parketten spielen so genannte Escherparkette im Unterricht eine Rolle.

3.3.3   Anregung zur Entwicklung inhaltlicher Kompetenzen

3.3.3.1 Im Hinblick auf die Leitidee „Raum und Form" zu erwerbende Kompetenzen

In den Bildungsstandards sind zur Leitidee „Raum und Form" im Einzelnen folgende bis zum Ende der Klasse 4 zu erwerben Kompetenzen ausgewiesen. Die links in der Tabelle stehenden übergeordneten Kompetenzen werden rechts mit Blick auf die Entwicklung allgemeiner mathematischer Kompetenzen weiter ausdifferenziert.

sich im Raum orientieren	• über räumliches Vorstellungsvermögen verfügen, • räumliche Beziehungen erkennen, beschreiben und nutzen (Anordnungen, Wege, Pläne, Ansichten), • zwei- und dreidimensionale Darstellungen von Bauwerken (z.B. Würfelgebäuden) zueinander in Beziehung setzen (nach Vorlage bauen, zu Bauten Baupläne erstellen, Kantenmodelle und Netze untersuchen).

geometrische Figuren erkennen, benennen und darstellen	• Körper und ebene Figuren nach Eigenschaften sortieren und Fachbegriffe zuordnen, • Körper und ebene Figuren in der Umwelt wieder erkennen, • Modelle von Körpern und ebenen Figuren herstellen und untersuchen (Bauen, Legen, Zerlegen, Zusammenfügen, Ausschneiden, Falten . . .), • Zeichnungen mit Hilfsmitteln sowie Freihandzeichnungen anfertigen.
einfache geometrische Abbildungen erkennen, benennen und darstellen	• ebene Figuren in Gitternetzen abbilden (verkleinern und vergrößern), • Eigenschaften der Achsensymmetrie erkennen, beschreiben und nutzen, • symmetrische Muster fortsetzen und selbst entwickeln.
Flächen- und Rauminhalte vergleichen und messen	• die Flächeninhalte ebener Figuren durch Zerlegen vergleichen und durch Auslegen mit Einheitsflächen messen, • Umfang und Flächeninhalt von ebenen Figuren untersuchen, • Rauminhalte vergleichen und durch die enthaltene Anzahl von Einheitswürfeln bestimmen.

Nachfolgend wird exemplarisch dargestellt, welche Schwerpunkte im Unterricht gesetzt werden sollten, damit Kinder im oben charakterisierten Umfang Kompetenzen im Hinblick auf die Leitidee „Raum und Form" erwerben. Auch hier stehen Aufgaben, deren Potenzen sowie ein geeignetes Arbeiten mit diesen Aufgaben im Mittelpunkt. Dieses Arbeiten mit Aufgaben wird sowohl mit Blick auf die inhaltsbezogenen wie auch auf die allgemeinen mathematischen Kompetenzen dargestellt. Dabei stehen folgende Schwerpunkt im Mittelpunkt:

(1) sich im Raum orientieren

Die Fähigkeit zur räumlichen Wahrnehmung entwickeln

Die Vorstellungsfähigkeit entwickeln
• *Vorstellen räumlicher Beziehungen*
• *sich räumlich orientieren*
• *räumlich visualisieren*

- *Vorstellen von Rotationen*

(2) geometrische Figuren erkennen, benennen und darstellen

Begriffe erarbeiten

- *Körper und ebene Figuren nach Eigenschaften sortieren und Fachbegriffe zuordnen*

Begriffe festigen

- *Begriffe **identifizieren**: Körper und ebene Figuren in der Umwelt wieder erkennen*

- *Begriffe **realisieren**: Modelle von Körpern und ebenen Figuren herstellen realisieren) und untersuchen*
  - *Bauen, Legen, Zerlegen, Zusammenfügen, Ausschneiden, Falten ...*
  - *Zeichnen und Skizzieren*

- *Begriffe systematisieren: Modelle von Körpern und ebenen Figuren untersuchen und Beziehungen zwischen Begriffen finden, insbesondere Ober- und Unterbegriffe erkennen*

(3) einfache geometrische Abbildungen erkennen, benennen und darstellen

- *ebene Figuren in Gitternetzen verkleinert oder vergrößert abbilden*
- *Figuren spiegeln, verschieben, drehen*
- *Symmetrien und deren Eigenschaften erkennen, beschreiben und nutzen*
- *symmetrische Muster erfassen, fortsetzen und selbst entwickeln*
  - *Bandornamente*
  - *Parkette*

(4) handwerklich-praktische und gedanklich-theoretische Aspekte der Tätigkeit

Ausführungen zur Arbeit mit symmetrischen Mustern findet der Leser im Abschnitt „Muster und Strukturen" dieses Buches. Anregungen zur Arbeit mit Längen, Flächen und Volumina sind im Kapitel „Größen und Messen" dieses Buches enthalten.

3.3.3.2 Sich im Raum orientieren – räumliches Vorstellungsvermögen entwickeln

Im Hinblick auf die Komponenten räumlich-visueller Qualifikation werden nachfolgend Aufgaben genannt, die im Unterricht immer wieder eine Rolle spielen sollten. An ihnen wird ein geeignetes Arbeiten mit Aufgaben charakterisiert, welches auf andere Aufgaben übertragen werden kann.

Die Fähigkeit zur räumlichen Wahrnehmung entwickeln

(1) Visuomotorische Koordination

Visuomotorische Koordination ist die Fähigkeit, die Bewegung des Körpers und der Gliedmaßen mit dem Sehen zu koordinieren. Sie wird beim Spielen im Freien (etwa beim Fangen eines Balles mit der Hand oder beim Fußballspielen) ebenso entwickelt wie beim Basteln, beim Ausschneiden längs einer Linie, beim Ausmalen oder beim Nachspuren. In der Schule wird sie beim Schreiben im Heft ebenso wie beim Zeichnen und Skizzieren benötigt. Die folgenden Abbildungen von Schulanfängern, angefertigt innerhalb der letzten acht Wochen vor Beginn der Klasse 1, verdeutlichen die beträchtlichen Niveauunterschiede.

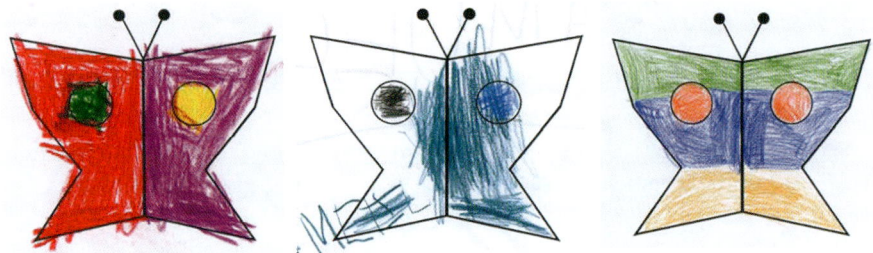

Niveauunterschiede beim Ausmalen

Angesichts dieser Niveauunterschiede sollten zur Förderung der visuomotorischen Koordination insbesondere im Anfangsunterricht immer wieder motivierende Aktivitäten, wie zum Beispiel Schneiden und Falten von Papier, Aus- und Abmalen von komplizierteren Bildern usw., eingesetzt werden.

(2) Figur-Grund-Wahrnehmung

Dies ist die Fähigkeit, eine Figur vor einem komplexen Hintergrund bzw. als Teil einer Gesamtfigur zu erkennen. Die Aufmerksamkeit kann auf ein wesentliches Detail fokussiert werden.

Allein schon für die erfolgreiche Orientierung in einem Schulbuch ist sie unverzichtbar. Ohne diese Fähigkeit können Kinder dem Unterricht nur schwer folgen. Zwar sind Kinder oft sehr scharfsinnige, aufmerksame Betrachter, jedoch ist ihre Aufmerksamkeit oft unsystematisch auf alle möglichen Details gerichtet. Es fehlt ihnen noch an Techniken und Gewohnheiten zur systematischen Analyse des zu betrachtenden Gegenstandes. Suchen Kinder beispielsweise in einer Abbildung Dinge, ist nicht selten zu beobachten, dass sie einige Regionen der Abbildung immer wieder betrachten und dort dann Dinge mehrfach entdecken, sie zählen usw., und andere Abschnitte der Abbildung glatt übersehen. Diese Kinder drehen sich dann förmlich im Kreise, vermögen ihre Aufmerksamkeit nicht in geordnete Bahnen zu lenken. Hilfreich ist es hier, das Bild gedanklich zu zerlegen und Teil für Teil zu betrachten. Das kann zunächst beispielsweise durch das Auflegen einer transparenten Folie, auf der zwei zueinander senkrechte Striche das Bild in vier Rechtecke zerlegt, unterstützt werden.

Zur Förderung der Figur-Grund-Diskrimination kann mit vielen in den Büchern ohnehin vorhandenen Abbildungen gearbeitet werden. In Partner- oder Gruppenarbeit können die Kinder an diesen Abbildungen „Ich sehe was, was Du nicht siehst" spielen[41]. Übungen aus dem Bereich der Geometrie sind unter anderem folgende Aufgaben[42]:

Zeichne in das Fachwerkhaus viele verschiedene Rechtecke ein.

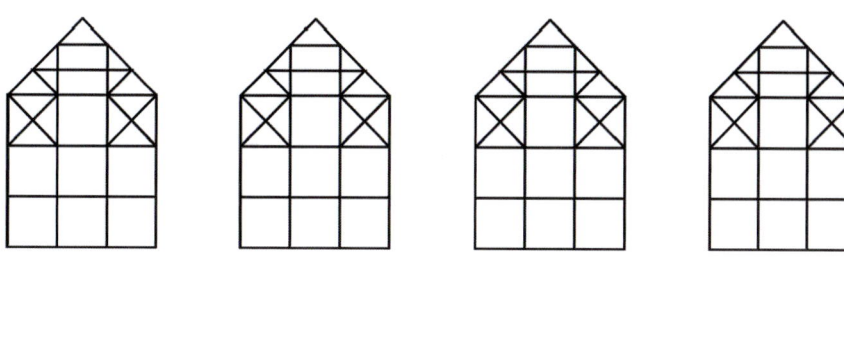

Färbe in jedem Streifen ein anderes Rechteck.

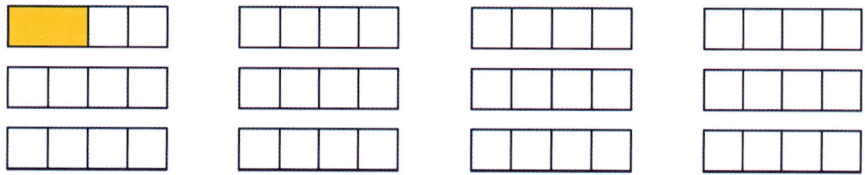

Beide Aufgaben fördern die Figur-Grund-Wahrnehmung und dienen zugleich der Festigung des Begriffs „Rechteck"[43]. Die erste Aufgabe stellt einen Bezug zur Lebenswirklichkeit her und regt dazu an, Rechtecke und weitere Figuren in der Umwelt zu finden. Die zweite Aufgabe bietet gute Möglichkeiten zu differenzierendem Arbeiten: Wie viele Rechtecke sieht man, wenn der Streifen aus zwei, aus drei, aus vier und aus fünf nebeneinander liegenden Quadraten besteht? Wer bemerkt eine Gesetzmäßigkeit? Wie viele Rechtecke könnte man entdecken, wenn der Streifen aus 10 oder gar aus 100 Quadraten besteht. ...

Der Förderung der Figur-Grund-Wahrnehmung in Verbindung mit der Entwicklung von Zeichenfertigkeiten (insbesondere auch der visuomotorischen Koordination) und der Festigung von Begriffen dienen Aufgaben wie die folgenden.

Zeichne mehrfach das „Haus des Nikolaus". Finde darin 9 verschiedene Dreiecke und vier verschiedene Vierecke.

---

[41] Sehr gut geeignet sind die motivierenden Wimmelbilder in den Büchern von Lila Leiber (2008) oder Ali Migutsch (2007).

[42] Aus Lorenz, J. H. (Hrsg.): Mathematikus, Klasse 3, Braunschweig, 2007

[43] Hier erfolgt die Festigung durch Begriffsidentifizierung.

Verbinde immer vier Punkte so, dass ein Quadrat entsteht.
Finde viele Quadrate.

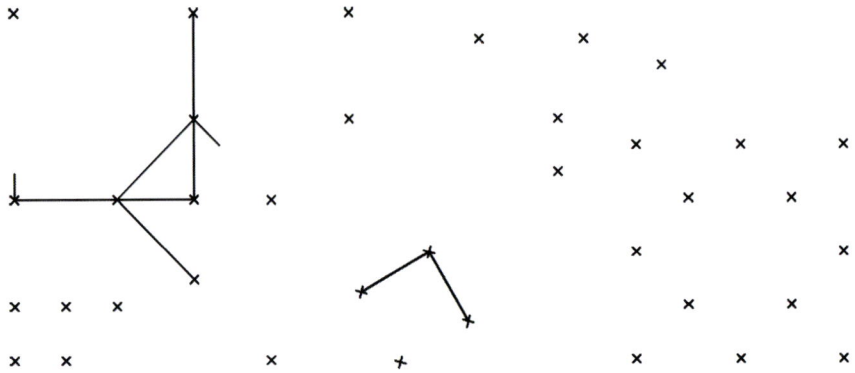

Weil in der Regel nicht alle Kinder alle Figuren finden werden, sind klassen-
öffentliche Diskussionen nicht nur über die Lösung, sondern auch über den
Lösungsweg wichtig. Gute Strategien, mit denen systematisch alle Figuren
gefunden werden können, werden dabei allen Kindern zugänglich. Die folgende
Aufgabe dient abermals der Förderung der Figur-Grund-Wahrnehmung und verbindet dies mit der Entwicklung von Fertigkeiten im Zeichnen.

Zeichne mit dem Zirkel die Blume. Finde viele verschiedene Färbungen.

(3) Wahrnehmungskonstanz

Wahrnehmungskonstanz ist die Fähigkeit, Figuren gleicher Form auch in verschiedenen räumlichen Lagen und in verschiedener Färbung wiederzuerkennen.
Diese Fähigkeit ist nicht nur für den Geometrieunterricht, etwa für den Erwerb
geometrischer Begriffe, wichtig. Sie ist ebenso beim Erlernen des Lesens
bedeutsam, denn auch hier kommt es darauf an, Buchstaben und Wörter unabhängig von ihrer Größe, Farbe und räumlichen Lage zu erfassen.

Wirksam gefördert werden kann sie mit Aufgaben wie der folgenden:

Trage in die Tabelle ein, wie viele Körper von jeder Sorte verwendet wurden.

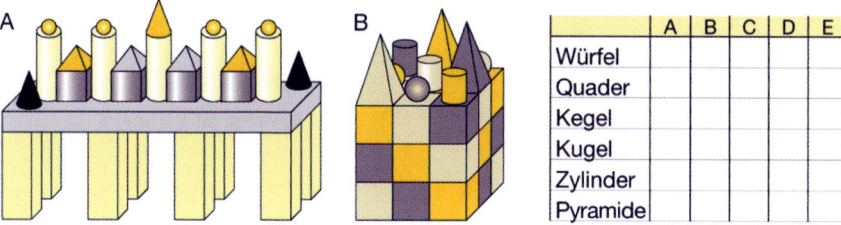

(4) Wahrnehmung räumlicher Beziehungen

Unter Wahrnehmung räumlicher Beziehungen versteht man die Fähigkeit, die Position von zwei oder mehreren Objekten *in ihrer räumlichen Beziehung zueinander* wahrzunehmen. Diese Fähigkeit ist wesentlich für den Bereich der Geometrie aber auch der Arithmetik, wenn Sachsituationen zu erfassen sind. Darüber hinaus spielt diese Fähigkeit eine Rolle beim Erlernen des Lesens, wo Buchstaben in der korrekten Reihenfolge erfasst werden müssen. Übungen zur Förderung der Wahrnehmung räumlicher Beziehungen sind beispielsweise:

- *das Abzeichnen von zusammengesetzten Figuren oder Figuren in einem Gitternetz,*
- *das Fortsetzen von Folgen von Figuren,*
- *das Orientieren in Labyrinthen sowie*
- *das Arbeiten mit Karten, auf denen eine Bildgeschichte dargestellt ist und die entsprechend der Geschichte in der richtigen Reihenfolge anzuordnen sind.*

Werden Übungen hierzu geeignet eingesetzt, können sie aus der Sache heraus die Entwicklung der allgemeinen Kompetenzen Kommunizieren und Argumentieren fördern. Was ist zu sehen? Wo ist das angeordnet? Warum muss das eine Ding auf dem Bild weiter vorn sein als das andere?

Wie heterogen die Leistungen der Kinder auch hier sind und wie wichtig ihre diesbezügliche Förderung ist, zeigen folgende Arbeitsbeispiele:

Alle Zeichnungen wurden von Kindern innerhalb der letzten acht Wochen vor Beginn der Klasse 1 angefertigt[44]. Auf einem Punktraster war ein Männlein vorgegeben, welches in ein darunter angeordnetes identisches Raster übertragen werden sollte. Als Hilfe zur besseren Orientierung waren die Augen des Männleins bereits eingezeichnet. Bemerkenswert ist auch hier das breite Leistungsspektrum: Beim Abzeichnen des Männleins arbeiteten 32 % der Kinder völlig korrekt. Bei 52,5 % der Kinder gab es Konzentrationsmängel, die dazu führten, dass gegen Ende der Zeichnung nicht mehr korrekt gearbeitet wurde, beispielsweise Punkte nicht mehr getroffen oder ganz ausgelassen wurden. 86 % der Kinder haben zwischendurch den Stift abgesetzt und kontrolliert. Nach dem Zeichnen haben 44,6 % der Kinder unaufgefordert die Zeichnung noch einmal kontrolliert und dabei Fehler entdeckt und verbessert. Allerdings zeichneten auch 16,1 % der Kinder – also fast jedes sechste Kind (!) – Bilder, bei denen eine Übereinstimmung mit der Vorlage nicht mehr zu erkennen ist. Aber auch sie schätzten ihre Arbeit realistisch ein, bemerkten die drastischen Abweichungen gegenüber der Ausgangsfigur und wünschten oft einen zweiten, ja sogar einen dritten erfolgreicheren Versuch.

Unmögliche Figuren wie diese und zweideutige Abbildungen veranlassen die Kinder zum genauen Hinsehen. Dabei benötigen die Kinder Zeit, sich in die Abbildung hineinzusehen und die Unmöglichkeit bzw. die Zweideutigkeit der Abbildung zu erfassen.

---

[44] vgl. Holst (2004). Die Untersuchung EGOS 1/1 erfolgte 2003 in den Ballungsräumen Halle, Hamburg und Rostock. Einbezogen waren insgesamt mehr als 1800 Vorschulkinder, die vorliegende Aufgabe wurde von ca. 600 Kindern bearbeitet.

(5) Wahrnehmung der Raumlage

Unter Wahrnehmung der Raumlage versteht man die Fähigkeit, die Lage eines Objektes **bezüglich des eigenen Körpers** wahrzunehmen. Der Betrachter erfasst aus seiner Perspektive Beziehungen wie „dahinter – davor", „darüber – darunter", „links von – rechts von", oder „zwischen". Derartige Fähigkeiten sind nicht nur für den Geometrieunterricht bedeutsam. Der Aufbau von Zahl- und Operationsvorstellungen – gerade unter Nutzung des Zahlenstrahls – aber auch die Fähigkeit zu schriftlichem Rechnen ist ohne die Fähigkeit zur Wahrnehmung der Raumlage undenkbar. Kinder mit Problemen in diesem Bereich haben oft Schwierigkeiten beim Unterscheidung von links und rechts, sie verwechseln die Ziffer 3 und den Buchstaben E bzw. die Buchstaben d und b oder p und q.

Die Vorstellungsfähigkeit entwickeln

Voraussetzung für entsprechende Vorstellungsleistungen ist die Beobachtung und Ausführung räumlicher Prozesse. Kinder sollen bauen, umbauen, zerlegen, zusammensetzen, verschieben, drehen, falten usw. und beim Ausprobieren beispielsweise sehen,

- wie Körper von verschiedenen Seiten aussehen,
- in welche Figuren ein Quadrat mit einem oder mit zwei Schnitten zerlegt werden kann,
- wie verschiedene Netze einen Würfel umschließen,
- wie Quader, Würfel und andere Bausteine gekippt werden und in welcher Lage sie dann sind.

Die Kinder sammeln dabei Erfahrungen über die verschiedenen Körper, über Lagebeziehungen und insbesondere über die Bewegung von Körpern im Raum. Wichtig ist hier das Verbalisieren. Die Kinder sollen sich beispielsweise dazu äußern:

- warum die eine Figur Schattenbild eines Quaders sein kann, die andere aber nicht oder
- warum der Würfel gerade auf diese Weise gekippt werden muss, um in eine bestimmte Lage zu kommen.

Besitzen die Kinder Handlungserfahrungen und haben sie dabei wahrgenommen, ist es möglich und notwendig, von ihnen gezielt Vorstellungen zu fordern. Diese Vorstellungen sollten verbalisiert werden. Problemhaltige Situationen, Aufgabe mit mehreren oder ungewöhnlichen Lösungen fordern zum Begründen heraus. Die anschließende Kontrolle durch Handlungen ist gerade in der Grundschule unverzichtbar.

Vorstellen räumlicher Beziehungen

Das Vorstellen räumlicher Beziehungen beinhaltet das Erfassen und Vorstellen von Beziehungen zwischen Gegenständen oder zwischen Teilen von Gegen-

ständen im Raum. Zur Förderung dieser Fähigkeit können Aufgaben wie die folgende eingesetzt werden.

Finde die farbigen Teile in den ungefärbten Bauwerken. Färbe passend.

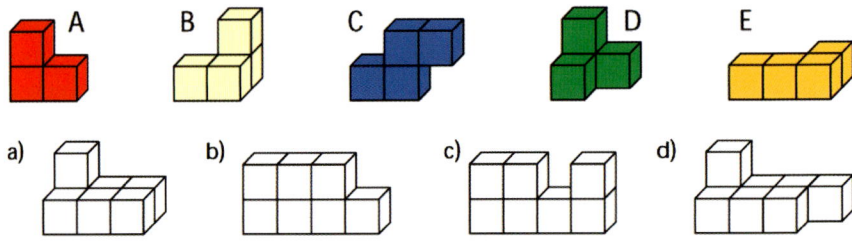

In Partnerarbeit kann an Würfelbauwerken gebaut werden. Zwei Kinder sitzen
Rücken an Rücken. Ein Kind hat ein fertiges Bauwerk vor sich und diktiert dem
Partner, wie dieser bauen soll. Dies schult nicht nur die Vorstellung, sondern
auch die Fähigkeit, Wahrgenommenes präzise zu beschreiben.

Aufgaben zum Erfassen und Vorstellen räumlicher Beziehungen können zu sehr
vielen in Lehrbüchern ohnehin vorhandenen Abbildungen gestellt werden.

Sich räumlich orientieren

Die Kinder sollen gedanklich längs eines dargestellten Weges oder durch ein
abgebildetes Labyrinth gehen. Am Wegesrand sind jeweils verschiedene Dinge
zu sehen. Die Kinder sollen allein aus der Vorstellung heraus entscheiden, welche Dinge man rechts und welche man links am Wegesrand sehen kann.

Wenn die Kinder herausfinden wollen, wie die Maus durch das Labyrinth zum Käse kommt[45], müssen sie sich in eine sich bewegende Person hineinversetzen, aus dieser Perspektive den Weg beschreiben und erklären, an welchen Dingen die Maus vorbei kommt. Sie werden dann feststellen, dass der Frosch rechts am Wegesrand sitzt und dass die Maus beim Schuh scharf nach links abbiegen muss.

In der folgenden Aufgabe[46] sollen sich die Kinder vorstellen, auf einem Schiff an einer Küste entlangzufahren. Vom Schiff aus wurde fotografiert. Nun sollen die Kinder die Fotos in die richtige Reihenfolge bringen bzw. entscheiden, von wo aus jedes der Fotos gemacht wurde.

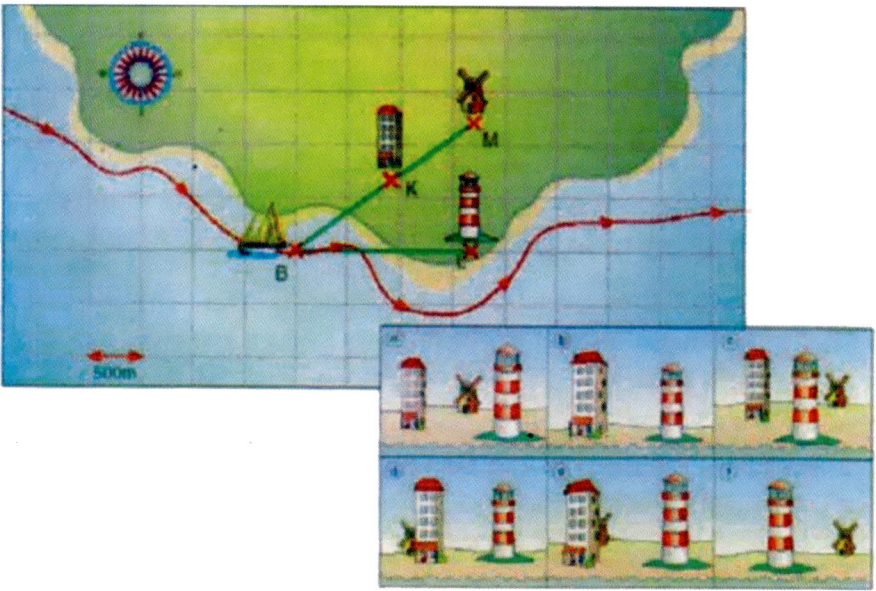

Zur Förderung der räumlichen Orientierung können darüber hinaus viele zur Veranschaulichung arithmetischer Sachverhalte oder Sachaufgaben in Büchern ohnehin enthaltene Abbildungen genutzt werden.

Was sieht ein Kind in der Abbildung rechts von sich, was sieht es links von sich?

Ein Kind schießt mit dem Fuß gerade auf Tor. Mit welchem Fuß schießt das Kind?

Magdalena steht im Bäckerladen und holt Brötchen. Die Bäckersfrau packt die Brötchen in eine Tüte. In welcher Hand hält sie die Tüte? Was sieht die Bäckersfrau rechts von sich? Auf welcher Seite sieht das Magdalena, die ihr ja gerade gegenüber steht?

---

[45] Abb. Aus Lorenz, J. H.: Mathematikus, Klasse 1
[46] Aus: Lergenmüller/Schmidt (2005)

Räumlich visualisieren

Räumlich visualisieren (oder auch Veranschaulichung) umfasst die Fähigkeit, sich räumliche Objekte im Zustand der Ruhe auf der Grundlage einer Abbildung (etwa eines Schrägbildes) oder einer symbolischen Beschreibung etwa eines Würfelbauwerks auf der Grundlage eines Bauplans vorzustellen. Es umfasst darüber hinaus die Fähigkeit, mit diesen Objekten gedanklich zu operieren, d.h. sich gedanklich räumliche Bewegungen wie beispielsweise räumliche Verschiebungen und Faltungen vorzustellen.

Auf dem Spielplatz liegen am Abend noch Bausteine. Wo könnten die abgebildeten Körper oben im Bild zu sehen sein?[47] Prüfe, indem du solche Körper gegen das Licht hältst und dabei ein Auge zukneifst.

Wird ein Rechteck präsentiert und die Frage aufgeworfen, welcher Körper eine derartige Seitenansicht hat, akzeptieren die Kinder sofort Quader und Dreiecksprisma als mögliche Lösungen. Ebenso vehement lehnen sie oft den Zylinder ab, weil dieser doch „rund" ist. Hier hilft nur die Wahrnehmung an realen Körpern: Ein Auge zukneifen und den Zylinder gegen das Licht halten. Derartige Aufgaben können gut mit virtuellen Materialien einer Software bearbeitet werden:

In der Aufgabe zur Abbildung[48] sollen die Kinder entscheiden, welcher der vier rechts abgebildeten Körper am Strand stehen kann. Zur Kontrolle können die Kinder mit der Maus den Körper ins Bild hinein ziehen und beliebig drehen. Im Bild wird – so wie wenn man den Körper gegen das Licht hält – nur sein dunkler Umriss sichtbar.

Auch das Vorstellen von Objekten und Prozessen nach Beschreibungen ist eine kopfgeometrische Aktivität, die in hohem Maße die Fähigkeit zu räumlichem Visualisieren fördert.

---

[47] Aus: Al – Dahoodi et. al: Felix und Felicitas. – Arbeitsheft Geometrie für die Klassen 3/4

[48] online unter: www.felix-und-felicitas.de – einer Onlineplattform zur Förderung des räumlichen Vorstellungsvermögens

Welche Körper können das sein?

- *Ein Körper mit genau 4 Ecken.*
- *Ein Körper ohne Ecken und Kanten.*
- *Ein Körper mit genau 6 Flächen und 8 Ecken.*
- *Ein Körper mit genau 6 Flächen und 6 Ecken.*
- *Ein Körper mit genau 6 Flächen und 5 Ecken.*
- *Ein Körper mit genau 5 Flächen und 6 Ecken.*

Die Kinder können sich Objekte vorstellen, ihre Vorstellungen beschreiben und zur Kontrolle sowie zur Unterstützung der Kommunikation den vorgestellten Körper skizzieren, aus Knetmasse oder als Kantenmodell mit Trinkröhrchen und Pfeifenreinigerstücken herstellen.

Eine sehr gute und rasch immer wieder insbesondere auch im Rahmen täglicher Übungen einsetzbare kopfgeometrische Aufgabe ist das gedankliche Zerlegen einer ebenen Figur (eines Quadrates, eines regelmäßigen Fünfecks usw.) mit einem oder zwei Schnitten: Welche Figuren können entstehen? Wie kann der Rest aussehen, wenn man ein Dreieck abschneidet? Kann man die Figur in zwei deckungsgleiche Teile zerlegen? Wo muss man dazu schneiden? Ebenso kann das gedankliche Zerlegen eines Würfels, einer Kugel usw. durch einen Schnitt vorgestellt werden.

Räumliches Visualisieren und räumliches Orientieren fördern Aufgaben wie diese:

Welche Abbildungen zeigen die Burg? Trage ein, von wo aus man die Burg so sieht.

Vorstellen von Faltungen

Falten[49] von Papier verbindet räumliches Handeln, das Umklappen des Papiers, mit dem Wahrnehmen und – falls nach einer Faltanleitung gearbeitet wird – dem vorherigen Vorstellen von räumlichen Prozessen sowie räumlichen und ebenen Objekten; sei es beim Lesen und Ausführen von Faltanleitungen oder auch beim Vorstellen von Faltungen, die zu einem gewünschten Ergebnis führen. Das Falten fördert die Fähigkeit zum Visualisieren und ermöglicht den Kindern darüber hinaus in der Tätigkeit Einsichten in geometrische Sachverhalte. Hier geht es

---

[49] vgl. hierzu Oberländer (2005)

nicht um das bloße Sammeln von Erfahrungen im Sinne einer Propädeutik, sondern um einen systematischen und vor allem vernetzten Erwerb mathematischen Könnens[50]. Dazu genügt es nicht, nur Faltungen entsprechend einer Anleitung auszuführen[51]. Vielmehr müssen darüber hinaus der Prozess des Faltens und die Eigenschaften der entstandenen Faltfigur im Mittelpunkt stehen. Es geht dabei vor allem um das Erkennen und Nutzen von Lagebeziehungen der Faltlinien, um das Erfassen und gedankliche Vorwegnehmen von gefalteten Figuren und von Eigenschaften dieser Figuren sowie um das zielgerichtete Herstellen von Figuren mit vorgegebenen Eigenschaften.

Hinsichtlich allgemeiner Ziele stehen die Entwicklung der Feinmotorik und Bewegungskoordination, die Förderung von Wahrnehmung und Konzentration, die Entwicklung analytischer Arbeitsweisen, die Befähigung zu planmäßigem Vorgehen sowie vorausschauendem Planen und Durchdenken sowie nicht zuletzt die Befähigung zu sozialem Lernen im Vordergrund.

Im Mittelpunkt sollten deshalb Aufgaben wie die folgenden stehen:

Falte ein Blatt Papier zweimal und schneide so, dass diese Figuren entstehen.

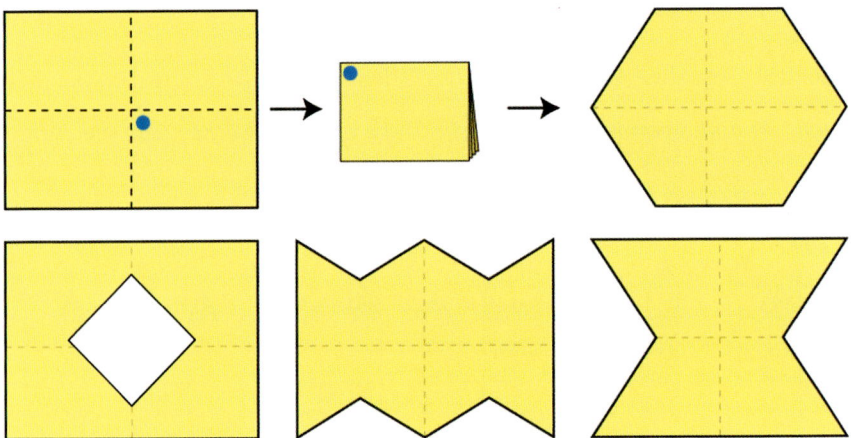

Netze von Körpern

Die Arbeit mit **Netzen** von Körpern, insbesondere denen von Quadern und Würfeln ist ein wesentlicher Bereich zur Förderung der Fähigkeit zum Visualisieren. Auch hier müssen die Kinder zunächst Gelegenheit zum Wahrnehmen von Netzen erhalten, ehe diesbezügliche Vorstellungsleistungen gefordert werden

---

[50] Vgl Oberländer (2005)
[51] Das Ausführen von Faltungen entsprechend einer Anleitung ist zweifellos sehr wichtig. Die Entwicklung diesbezüglicher Fähigkeiten kann wirksam und differenzierend durch den Einsatz von Animationen gefördert werden. Auf www.mathematikus.de stehen derartige Animationen in großer Zahl zur Verfügung.

können. Es bietet sich an, zunächst diverse Verpackungen – und keineswegs nur Quader – so aufzuschneiden, dass ihr Netz sichtbar wird oder aber Körper auf Papier derart abzukippen und dabei die Flächen zu umfahren, dass nacheinander alle Flächen umzeichnet werden.[52]

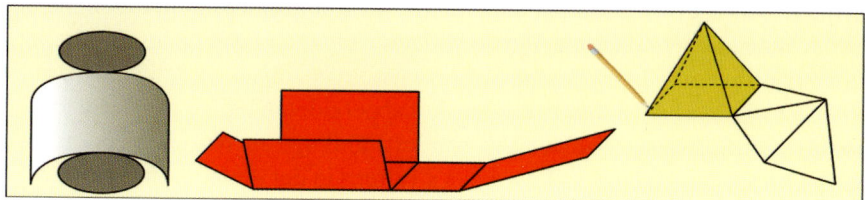

Auf diese Weise können arbeitsteilig in Gruppenarbeit viele Körpernetze erzeugt, dann verglichen, klassifiziert und auf einem Poster dargestellt werden. Wonach kann man unterscheiden? Nach der Art der Flächen? Nach der Anzahl der Flächen? Die Poster bieten nicht zuletzt ein Material zur Erarbeitung geometrischer Begriffe: Alle Köper, deren Netze aus sechs Rechtecken bestehen, sind Quader. Wie ist es mit Pyramiden? Beschreiben und Begründen sind dabei aus der Sache heraus notwendig. Kinder sollten gerade deshalb Gelegenheit haben, ihre Arbeiten klassenöffentlich zu präsentieren.

Weitere typische Aufgaben zur Förderung der Vorstellung bestehen darin:

- zu entscheiden, ob eine Figur Würfel- oder Quadernetz ist,
- in vorgegebenen Netzen gegenüberliegende Flächen gleich zu färben,
- vorgegebene Fragmente zu Quadernetzen zu ergänzen oder
- anhand der Färbung zu entscheiden, ob vorgegebene Netze zu einem Würfel passen.

Dass differenzierende Anforderungen möglich sind, zeigt folgende Aufgabe[53]:

Welche Würfel passen zum Netz? Vermute erst, dann schneide das Netz aus und prüfe.

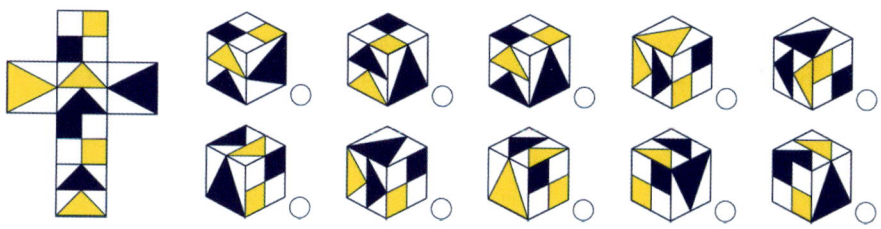

[52] Aus: Eichler, K.-P. (Hrsg.): Denken und Rechnen – A, Klasse 4
[53] Aus: Eichler, K.-P. (Hrsg.): Denken und Rechnen – A, Arbeitsheft Klasse 3

Haben sich die Kinder den Sachverhalt vorgestellt und vermutet, sollten sie sich über ihre Vermutungen austauschen. Die in der Regel auftretenden Ungewissheiten oder Unstimmigkeiten führen zur Diskussion: Aus der Sache heraus wird argumentiert, werden eigene Vorstellung beschrieben, muss man auf die Argumente der anderen eingehen und deren Denkweise verstehen. Nicht zuletzt sollten die Kinder hier Gelegenheit haben, ihre Vermutung zu prüfen, indem sie das Netz ausschneiden und falten. Bei derartigen Aufgaben ist der Einsatz von Software mit virtuellen Materialien und informativem Feedback effektiv und vermag das Lernen individuell zu unterstützen. Im abgebildeten online frei verfügbaren Modul einer Software ergänzen die Kinder Fünflinge zu Würfelnetzen und erleben dann als Feedback den Prozess des Faltens in der Animation.

www.mathematikus.de

Würfelbauwerken zur Darstellung von Zahlen, Zahlbeziehungen und Operationen

Die Arbeit mit Würfelbauwerken bietet eine gute Möglichkeit zur *Verbindung von Arithmetik und Geometrie*[54]. Sie fördert die Fähigkeit zu räumlichem Visualisieren und unterstützt darüber hinaus den Erwerb von Vorstellungen zu Zahlen, Zahlbeziehungen und Operationen. Dies ist umso günstiger, weil dabei immanent immer – im Gegensatz zur Arbeit mit ebenen Figuren – räumliches Wahrnehmen und Vorstellen gefordert und gefördert wird. Von Klasse 1 an sollten deshalb mit Würfelbauwerken gearbeitet werden.[55]

Die wesentliche Leistung besteht hier im Vorstellen des Bauwerks ausgehend von der ebenen Darstellung. Die Kinder benötigen immer wieder die Gelegenheit zum Bauen, um

- die Einheit von ebener Darstellung und realem Bauwerk zu erleben,
- die Kluft zwischen ebener Darstellung und eigener Vorstellung der räumlichen Wirklichkeit zu überwinden und nicht zuletzt
- zu kontrollieren.

---

[54] vgl. hierzu Blanck, S./Eichler, K.- P. 1999
[55] Unterricht wird nicht dadurch anschaulich, weil *genau* die in den Sachverhalten benutzten Dinge vorhanden sind, sondern weil die Kinder grundlegende Erfahrungen besitzen, prinzipielle *Mittel und Methoden des Veranschaulichens kennen* und ebenso wie ihre produktive Phantasie *nutzen*. Für ein lernendes Kind können beispielsweise Holzwürfel in der einen Situation Bausteine, in einer anderen Situation Goldstücke zum Bezahlen und eine Stunde später Pflaumen, Äpfel usw. verkörpern.

Die Analyse realer dreidimensionaler Bauwerke und ihres Aufbaus, das Umordnen von Würfeln usw. ermöglichen den Kindern Wahrnehmungen von Objekten und Prozessen, welche Voraussetzungen für Vorstellungen sind. Kindern, die keine Vorstellungen haben, helfen Erklärungen wenig. Sie benötigen vielmehr Zeit zum Probieren und Wahrnehmen. Erst dadurch erwerben sie die Fähigkeit „Bilder zu lesen", d. h. zweidimensionale Darstellungen auszuwerten:

Wie viele Würfel sind es? Vermute erst, dann baue und kontrolliere.

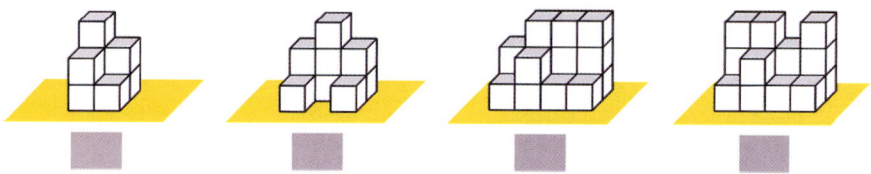

Gegenstand klassenöffentlicher Diskussion und damit zugleich Möglichkeit diagnostischer Arbeit des Lehrers sollte die Frage sein, wie die Kinder die Anzahl der verwendeten Würfel bestimmen, worauf sie achten:

- Ist es günstig, jeden Würfel einzeln zu zählen?
- Wie vergesse ich die verdeckten Würfel nicht?
- Wie vermeide ich, einen Würfel doppelt zu zählen?
- Trennt man besser „ebenenweise" oder „scheibenweise"?
- Gibt es noch andere Möglichkeiten, wie etwa das Erkennen bereits bekannter Teile im neuen Bauwerk, das Umordnen oder das Rechnen?

Dabei werden Bauwerke verschieden „interpretiert" und veranschaulichen so Operationen: Beispielsweise im ersten Bauwerk 5 + 3 (hinten fünf und vorn drei Würfel), im zweiten Bauwerk 6 + 3 (ein Sechser und noch drei andere Würfel) oder 7 + 2 (wenn man zu den sieben Würfeln hinten die beiden vorn noch drauflegt, wird es ein Neuner.

Das gedankliche Umordnen von Würfeln benutzen viele Kinder, wenn sie erlebt haben, dass man dann ein Bauwerk erhalten kann, bei dem die Anzahl der Würfel „auf einen Blick" erfasst werden kann. Sechser, Achter, Neuner oder Zwölfer (als Doppelsechser) sind solche Bauwerke. Viele Kinder erfassen im ersten Bauwerk sofort, dass es acht Würfel sind, weil sie gedanklich zum „Doppelvierer" umordnen.

Die Erfahrung der Invarianz, dass also beim Umordnen der Steine eines Bauwerks deren Anzahl gleich bleibt, kann nicht bei allen Kindern vorausgesetzt werden. Zudem erfassen längst nicht alle Kinder sofort, ob ein Bauwerk aus dem anderen durch Umordnung hervorgeht. Bauwerke wie das dritte und das vierte sollten deshalb auch in dieser Reihenfolge eingesetzt werden, um die Fähigkeit zum Vorstellen von Prozessen zu fördern.

In der Arbeit lernen die Kinder nicht nur verschiedene Lösungsideen zu akzeptieren, sondern sie erfahren auch deren unterschiedliche Brauchbarkeit für verschiedene Bauwerke. Meist gibt es mehrere Möglichkeiten, geschickt umzuordnen oder gedanklich zu zerlegen. Jedes Kind kann seinen eigenen Weg finden und gehen. Zur Förderung des Operationsverständnisses können Bauwerk und Term gemeinsam vorgegeben und interpretiert werden:

Erkläre, warum die Aufgabe zum Bauwerk passt. Färbe passend.

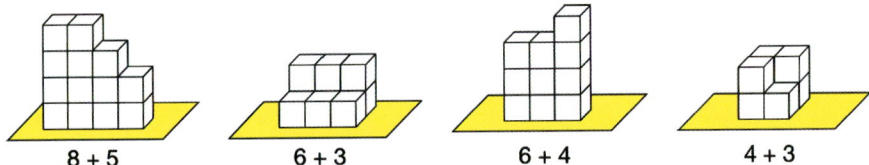

Bauwerke wie die hier abgebildeten ermöglichen mehrere Sichtweisen, einige davon sind in den Zeichnungen der Schüler enthalten:

 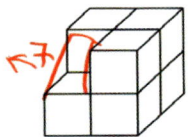 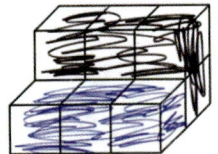

oder „vorn – hinten" oder   oder wie links abgebildet   oder „unten – oben"
„links – rechts"   zerlegen

Ähnlich gut können Beziehungen zwischen Zahlen durch Würfelbauwerke veranschaulicht werden. Wichtig ist dabei, dass die Kinder Strategien wie das Sehen eines Bauwerks als Teil eines anderen oder das mentale Umordnen als hilfreich erfassen und üben können.

Vergleiche die Anzahl der Würfel.

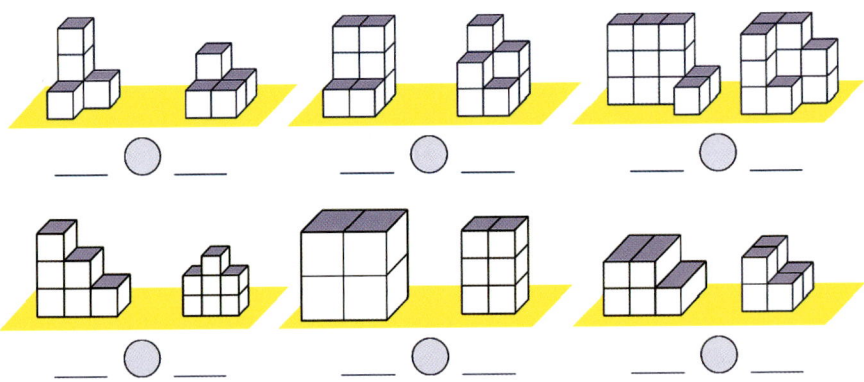

Diese Aufgabe ist unterschiedlich einsetzbar. Möglich wäre, zuerst die Anzahlen zu bestimmen und dann zu vergleichen. Der Vergleich kann auch ohne Bestimmung der Anzahlen beispielsweise durch gedankliches Umordnen erfolgen. Die Kinder tragen dann nur das Relationszeichen, nicht aber die Anzahlen ein. Weil es beim Vergleich der Anzahlen nicht auf die Größe der Bauwerke, sondern auf die Anzahl der Steine ankommt, sind Aufgaben wie die in der unteren Reihe unverzichtbar.

Noch stärker wird die Vorstellung gefordert, wenn in einem Bauwerk die Anzahl fehlender Würfel zu bestimmen ist. Sie kann am Bild nicht unmittelbar abgezählt, sondern nur durch unmittelbares Vorstellen oder durch Berechnung der Differenz bestimmt werden.

Es war ein großer 3 x 3 x 3 - Würfel. Wie viele kleine Würfel wurden weggenommen?[56]

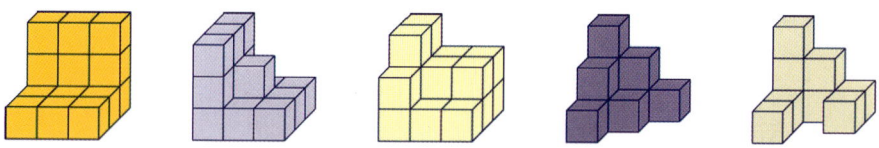

Immer wieder sollten abwechslungsreich knifflige, neuartige Aufgaben eingesetzt werden. Gerade mit Aufgaben wie der folgenden können leistungsstarke Kinder gut motiviert werden[57].

Wie viele Kugeln (K) und wie viele Platten (P) werden für jedes Bauwerk benötigt?

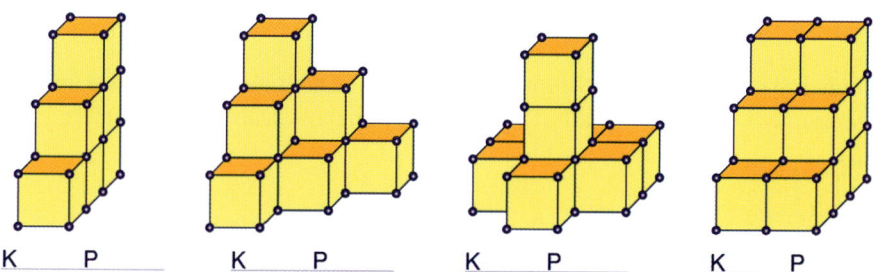

| K | P | | K | P | | K | P | | K | P |

Nach der individuellen Arbeit an der Aufgabe sollten sich die Kinder über ihre Sichtweisen und Strategien austauschen. So wird Lernen voneinander möglich und aus der Sache heraus notwendig. Den Lösungsweg des Anderen verstehen heißt, sich auf dessen Strategie näher einzulassen. Gerade im Hinblick auf die Entwicklung der allgemeinen Kompetenzen Argumentieren, Kommunizieren und nicht zuletzt auch Problemlösen sollten kooperative Lernformen immer wieder planmäßig eingesetzt werden.

---

[56] aus: Eichler, K.-P. (Hrsg.): Denken und Rechnen – A, Arbeitsheft Klasse 3
[57] aus: Eichler, K.-P. (Hrsg.): Denken und Rechnen – A, Arbeitsheft Klasse 3

Würfelbauwerke und arithmetische Gesetzmäßigkeiten

Mit Würfelbauten können sehr gut arithmetische Gesetzmäßigkeiten veranschaulicht werden. An zwei Beispielen soll das hier dargestellt werden. So ist allgemein bekannt, dass man beim Multiplizieren dreier Faktoren diese stets beliebig zusammenfassen kann, ohne dabei den Wert des Produktes zu ändern. Ebenfalls beim Multiplizieren ist bekannt, dass man dort Faktoren gegensinnig verändern kann und dabei den Wert des Produktes nicht ändert. Die für den Unterricht wesentliche Frage ist dabei die, ob die Kinder diese Fakten als Expertenwissen des Lehrers zur Kenntnis nehmen müssen oder ob sie einsehen können, warum diese Gesetzmäßigkeiten gelten. Würfelbauwerke, deren Umordnung und Strukturierung helfen, indem sie diesen Sachverhalt veranschaulichen und im Konkreten Allgemeines verdeutlichen:

Ein und dasselbe Bauwerk wird unterschiedlich gefärbt. Die Anzahl seiner Würfel kann so, wie es die Färbungen verdeutlichen, als Produkt ermittelt werden.

$5 \cdot 3 \cdot 4$ bzw. $5 \cdot 4 \cdot 3$ (5 Scheiben)

$3 \cdot 4 \cdot 5$ bzw. $3 \cdot 5 \cdot 4$ (3 Scheiben)

$4 \cdot 3 \cdot 5$ bzw. $4 \cdot 5 \cdot 3$ (4 Scheiben)

Ähnlich ist es beim gegensinnigen Verändern. Ein Bauwerk wird wie in der Abbildung zu sehen umgebaut. Dabei ändert sich die Anzahl seiner Würfel nicht:

Aus $3 \cdot 8$ wird durch gegensinniges Verändern, welches durch das Umbauen veranschaulicht wird, $6 \cdot 4$. Offensichtlich spielt die konkrete Anzahl der Würfel ebenso wenig eine Rolle wie die Anzahl der Teile, in die das hohe Bauwerk zerlegt wird. Wird ein Blatt kariertes Papier auf die gleiche Weise zerschnitten und neu zusammengesetzt, muss die konkrete Anzahl der Kästchen nicht bestimmt werden, sie ist unwichtig, wird aber gleich bleiben. Der Kommentar eines Kindes „Halb so hoch ist doppelt so breit." widerspiegelt diese Einsicht.

Würfelbauwerke und Dokumentation der Arbeit

Die Arbeit mit Bauplänen ist im Unterricht durchaus verbreitet. Zu oft beschränkt sie sich allerdings darauf, nach Bauplänen zu bauen oder zu Bauwerken einen Bauplan anzufertigen. Mit Bauplänen im Interesse der Entwicklung der allgemeinen Kompetenzen arbeiten bedeutet, die Baupläne wirklich zum Mittel der Dokumentation werden zu lassen. Das heißt, zunächst Kindern die Chance zu geben, den Bauplan selbst zu entdecken. Werden interessante Bauwerke gefunden und im Plan für den Partner festgehalten, der nachbaut, ist sowohl das Anfertigen von Plänen als auch das Kommunizieren darüber aus der Sache heraus notwendig.

Magdalena schreibt zu ihren Bauwerken Pläne. Lucia baut dann nach diesen Plänen.

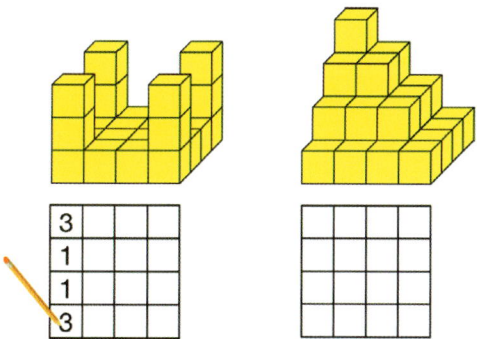

Vielfach wird die in der Abbildung verwendete Notation von der Kindern selbst vorgeschlagen oder zumindest rasch als zweckmäßig erfasst. Eine höhere Anforderung besteht darin, sich ein Bauwerk und seine Ansichten allein schon am Bauplan vorzustellen.

Nach dem Plan wird gebaut. Von welcher Stelle aus kann man welches der Fotos machen?

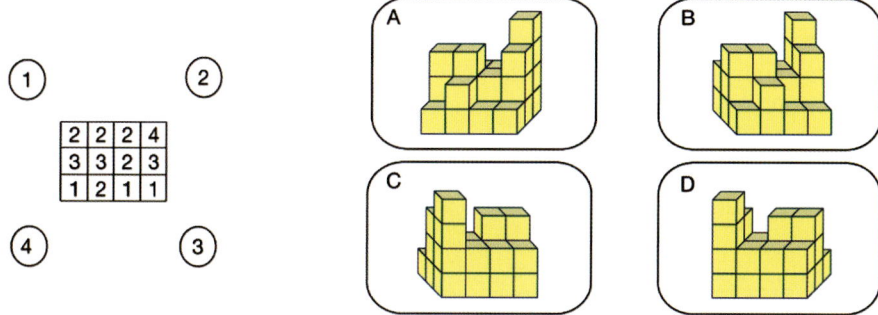

Anregungen zur Weiterführung gibt es viele:

• Wie ändert sich das Bauwerk, wenn im Plan alle Zahlen um 1 (2, 3, . . .) vergrößert werden?
• Wie verändert es sich, wenn man alle Zahlen verdoppelt?
• Wie sieht das Bauwerk aus geschieht, wenn man den Plan an einer Achse des Quadrates „spiegelt"?
• Wie sieht der Bauplan einer „Treppe" aus?

Schrägbilder

Ein weiteres wesentliches Werkzeug zur Dokumentation der Arbeit ist das Anfertigen von Schrägbildern. Das Problem, einen Würfel so darzustellen, dass er gut als Würfel erkennbar ist, sollte am Anfang stehen. Alle Kinder können einen Würfel zeichnen. Werden die Zeichnungen z.B. in Gruppenarbeit begutachtet, erfassen die Kinder was eine treffende Darstellung auszeichnet. Jede Gruppe kann dann ihre Vorschläge präsentieren, beschreiben und begründen.

Im Nachgang können noch einmal alle Kinder experimentieren, also beim Zeichnen die Neigung der nach hinten verlaufenden Strecken und das Verkürzungsverhältnis planmäßig variieren und die Ergebnisse begutachten. Dies schult nicht nur Zeichenfertigkeiten. Vielmehr erwerben die Kinder in der Arbeit auch die Erfahrung, wie man etwas systematisch untersucht.

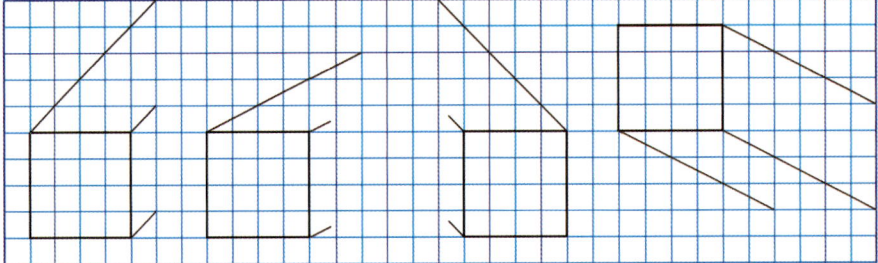

Als Hilfe beim Experimentieren kann eine Vorgabe wie in der Abbildung dienen. Die Richtung der nach hinten verlaufenden Kanten steht fest. Die Kinder sollen sich jeweils für eine passende Länge entscheiden, zeichnen, die Zeichnungen präsentieren und begründen.

Vorstellung von Rotationen

Auch die Fähigkeit zur Vorstellung von Rotationen kann nur der erwerben, der zunächst Gelegenheit hatte, entsprechend Bewegungen wahrzunehmen. Ist diese Voraussetzung erfüllt, können die Kinder in der folgenden Aufgabe vermuten und danach zur Kontrolle mit Steckwürfeln bauen und die Bewegung ausführen.

Färbe alle Körper, die gleich dem blauen sind, ebenfalls blau.

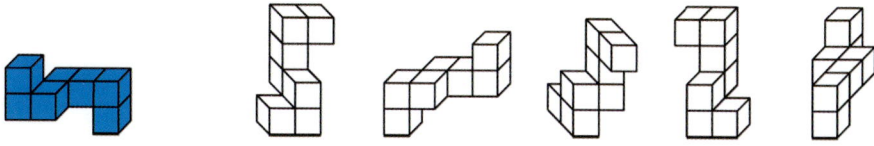

Auch die folgende Aufgabe erfordert die Vorstellung von Rotationen. Darüber hinaus kann die Abbildung genutzt werden, um die Anzahl der Würfel in den Bauwerken zu bestimmen.

Jedes gelbe Bauwerk soll mit einem grauen Gebäude zum Würfel ergänzt werden. Verbinde.

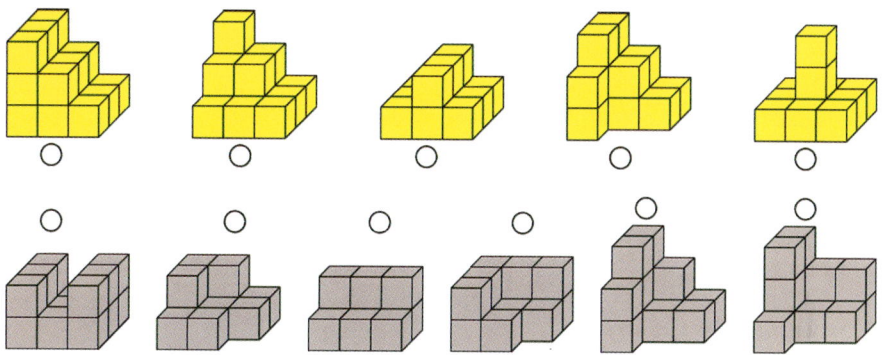

Falls die Kinder bereits über entsprechende Primärerfahrungen verfügen, kann hier sehr gut mit virtuellen Materialien gearbeitet werden.

Der Ritter soll die Burgmauer reparieren. Welcher Stein passt in die Lücke.[58]

---

[58] Diese und weitere Aufgaben stehen als Freeware online unter www.mathematikus.de zur Verfügung. Hier können die Kinder interaktiv vorstellen, probieren und gegebenenfalls Irrtümer korrigieren.

Ein weiteres Beispiel ist das Kippen eines Würfels. In der folgenden Abbildung ist einmal die Ausgangsfigur vorgegeben und der Prozess beschrieben. Dazu muss man sich den Prozess und das Ergebnis vorstellen. In der Zeile darunter sind jeweils der Ausgangszustand und der Endzustand vorgegeben und man muss sich den Prozess vorstellen.

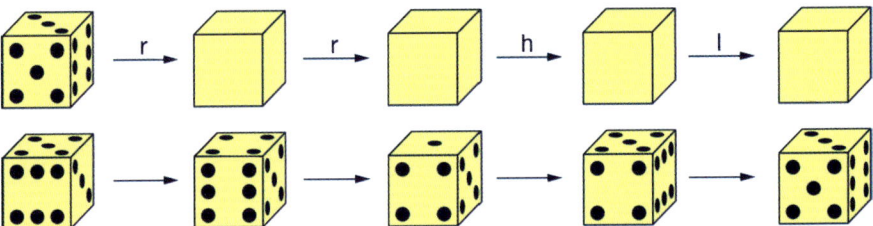

Noch schwieriger ist es, wenn jeweils der Prozess und der Endzustand vorgegeben sind und man sich den Ausgangszustand vorstellen muss: Der Würfel wurde erst nach rechts und dann nach hinten gekippt. Nun ist die „1" oben, die „2" rechts und die „3" vorn. Wie lag er vor dem Kippen da?

Beispiel: Magdalena kippt den Spielwürfel erst nach hinten, dann nach rechts. Paul kippt den Würfel erst nach rechts und dann nach hinten. Vergleiche die Lage der Würfel.

Hinweise für den Unterricht

Vorstellungen sind individuelle Eigenproduktionen des Kindes und diese Vorstellungsleistung kann dem Kind nicht durch Erklärungen abgenommen werden. Den Schritt von der Wahrnehmung hin zu rekonstruierenden und dann zu antizipierenden virtuellen Handlungen (d. h. Vorstellungen im Sinne Piagets) muss letztlich jedes Kind selbst gehen. Handlungserfahrungen sind eine notwendige Voraussetzung. Aufgaben müssen deshalb so eingesetzt werden, dass Kinder überhaupt die Chance zu einer Handlung haben. Das betrifft sowohl die Fähigkeit der Kinder, diese Handlungen auszuführen (wer Probleme mit dem Schneiden und dem Falten hat, wird schwerlich in der Lage sein, schnell einmal zu prüfen, ob aus einem Quadratsechsling ein Würfel gefaltet werden kann ...) als auch Kenntnisse, wie man eine Vorstellung überprüfen kann. Wenn sich ein Kind bei der Betrachtung der vom Schiff aus fotografierten Bilder des Beispiels von Seite 99 nicht vorstellen kann, ob der Leuchtturm von einer bestimmten Position des Schiffes aus zwischen der Windmühle und dem Haus zu sehen ist, dann hilft meist der Hinweis, doch einmal die drei Bauten mit dem Schiff zu verbinden und zu sehen, welche Verbindungslinie zwischen welchen beiden anderen liegt.

Weil die individuelle Leistung eines Kindes von seiner Motivation abhängt, ist es unverzichtbar, motivierende Lernanlässe zu schaffen und die Kinder beim Arbeiten mit diesen Lernumgebungen zu Vorstellungsleistungen herauszufordern. Weitere Beispiele für Aufgaben, bei deren Bearbeitung die Kinder aus der Sache selbst zur Tätigkeit verleitet werden, gibt es viele: Faltanleitungen und Bauanleitungen lernen die Kinder mit der Absicht lesen, ein konkretes Objekt herzustellen. Räumlich-geometrische Aufgaben rund um 3-D-Puzzles oder den Somawürfel bergen interessante Probleme in sich, die Kinder oft stundenlang zum Probieren veranlassen ...

Beim Einsatz räumlich-geometrischer Aufgaben ist zu beachten, dass die Arbeit mit ihnen

- aufwändiger und vorbereitungsintensiver ist, als die Arbeit an ebenen und linearen Figuren oder an Kenntnissen über geometrische Begriffe,

- Geduld und Vertrauen verlangt, weil das Lernziel „räumliches Vorstellungsvermögen" nicht so rasch erreicht und nicht so einfach abgetestet werden kann wie etwa das Können im Rechnen oder die Kenntnisse von Begriffen wie Quadrat, Rechteck usw.

- Zeit und Geduld für praktisch-gegenständlichen Tätigkeiten, für probierende, irrende und sich korrigierende Kinder erfordert,

- das Risiko eines anderen Unterrichtsverlaufes in sich birgt – der oft genauso fruchtbar sein kann. Dieser wird verursacht durch die Vorschläge von neugierigen Kindern, die oft bereits ausgeprägte Kompetenzen besitzen und diese im Geometrieunterricht in der Regel wesentlich ungehemmter ins Spiel bringen, als vergleichsweise im Arithmetikteil, weil die Interaktionsmuster im Geometrieteil den Kindern vergleichsweise weniger fest gefügt, weniger reglementiert erscheinen,

- ungeachtet des dafür notwendigen erheblichen Zeitaufwandes mit sprachlichen Äußerungen aller Kinder einhergehen muss. Die Sprache fördert das Denken des Kindes und gibt Einblicke in seine Entwicklung. Der Einsatz geeigneter Aufgaben und kooperativer Formen ihrer Bearbeitung, die Sprechanlässe aus der Sache heraus bieten, ist unverzichtbar.

Angesichts der in der Praxis oft bestehenden Stoff-Zeit-Probleme ist es kaum möglich, beliebig viele zusätzliche Aufgaben zur Entwicklung des räumlichen Vorstellungsvermögens in den Unterricht einzubeziehen. Deshalb sollten alle Möglichkeiten genutzt werden, arithmetische Sachverhalte räumlich-geometrisch zu veranschaulichen, Arithmetik und Geometrie zu verbinden und beispielsweise Zahlen, Zahlbeziehungen und Operationen auch räumlich-geometrisch mit Würfeln zu veranschaulichen.

Nicht zuletzt wird hier der Wert fächerübergreifenden Arbeitens deutlich, denn Möglichkeiten zur Förderung des räumlichen Wahrnehmungs- und Vorstellungsvermögens bieten sich auch im Sportunterricht, im Werkunterricht und nicht zuletzt im Fach Kunsterziehung.

Vor allem aber ist hervorzuheben, dass ein geeignetes Arbeiten mit Aufgaben zur Entwicklung räumlich-visueller Qualifikation, so wie in diesem Abschnitt gezeigt, sehr große Potenzen für die Entwicklung allgemeiner mathematischer Kompetenzen hat.

3.3.3.3 Geometrische Figuren erkennen, benennen und darstellen
Begriffe erarbeiten: Körper und ebene Figuren nach Eigenschaften sortieren und Fachbegriffe zuordnen

Induktives Erarbeiten geometrischer Begriffe

Beim induktiven Erarbeiten geometrischer Begriffe arbeiten die Kinder an Repräsentanten und Nichtrepräsentanten des Begriffs, vergleichen sie, klassifizieren und heben schließlich eine Klasse von Objekten begrifflich hervor.

Ein Vorteil induktiven Erarbeitens besteht darin, dass die Kinder unmittelbar praktisch Objekte hinsichtlich ihrer Eigenschaften untersuchen und vergleichen können. Damit werden ihnen die wesentlichen Merkmale des Begriffs in der Tätigkeit deutlich. Mit der Wahl geeigneter Repräsentanten und Nichtrepräsentanten ist allerdings zu sichern, dass die Kinder an ihnen die wesentlichen Merkmale des Begriffs überhaupt erkennen können und dass sie nicht mit unwesentlichen Merkmalen überhäuft werden.

Beispiel: *Erarbeitung des Begriffs „Rechter Winkel"*
Wenn alle Kinder von einem Blatt Papier den Rand abreißen, hat anschließend jeder ein anders aussehendes Blatt Papier. Nun wird das Papier so wie in der Abbildung zu sehen zweimal gefaltet. Der Begriff „Faltwinkel" für das Faltprodukt wird vom Lehrer benutzt und von den Kindern übernommen.

Reiße von einem Blatt Papier dünn den Rand ab und fertige einen Faltwinkel an. Lege deinen Faltwinkel und die Faltwinkel deiner Nachbarn übereinander. Vergleiche.

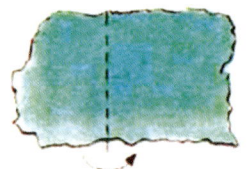 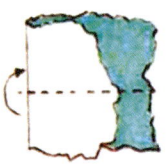  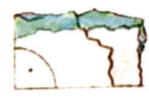

Legen die Kinder ihre Faltwinkel übereinander entdecken sie, dass *alle* Faltwinkel zueinander „deckungsgleich" sind. Der Name „Rechter Winkel[59]" für alle zu den Faltwinkeln deckungsgleichen Winkel wird eingeführt[60]. Werden die Gegenstände im Klassenzimmer mit dem Faltwinkel untersucht, erleben die Kinder, dass es in der Umwelt sehr viele rechte Winkel gibt. Die Frage nach dem Grund

---

[59] Es ist zu klären, dass „Rechter Winkel" so viel wie richtiger Winkel bedeutet (alter Sprachgebrauch, etwa in Märchen: Das ist nicht recht) bedeutet und dass es keine linken Winkel gibt.

[60] Fachlicher Hintergrund: Die Größe eines Winkels ist die Klasse aller zu diesem Winkel deckungsgleichen Winkel. Eben das handeln die Kinder beim Aufeinanderlegen ihrer Faltwinkel aus.

wird sich anschließen und die Kinder können sich gewiss sehr gut eine Welt ohne rechte Winkel vorstellen.

 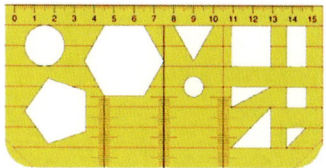

Noch etwas: Wer den Faltwinkel erst an der Tür und dann an der Tafelecke anlegt, weiß auch, ohne die Tür zur Tafel zu bewegen, dass beide Winkel zueinander deckungsgleich (und damit gleich groß) sind.[61]

Weil es unzweckmäßig ist, immer wieder den Winkel neu zu falten, lernen die Kinder die Geoschablone als ein Gerät kennen, mit dem man prüfen kann, ob ein rechter Winkel vorliegt. Dazu wird zunächst die Schablone mit dem Faltwinkel untersucht, um festzustellen, wo an ihr rechte Winkel zu finden sind. Schließlich wird mit der Geoschablone gezeichnet, um sie als Werkzeug kennen zu lernen, werden rechte Winkel gezeichnet usw.

Beispiel:: *Erarbeitung des Begriffes „Rechteck" auf induktivem Wege*

In der Abbildung[62] sind viele Vierecke zu sehen. Es bedarf der Figur-Grund-Wahrnehmung und konzentrierter Arbeit, um sie alle zu finden. Diese Vierecke können hinsichtlich der Anzahl ihrer rechten Winkel untersucht und klassifiziert werden. Auch in der Umwelt finden die Kinder Vierecke ohne rechten Winkel, mit genau einem rechten Winkel, mit genau zwei rechten Winkeln und mit vier rechten Winkeln.

Rechtecke werden so als **Vierecke mit vier rechten Winkeln** hervorgehoben.

Im Interesse der Verbindung von Mathematik und Umwelt sollten Abbildungen wie diese nicht nur zum Erfassen von Rechtecken benutzt werden. Diskutiert werden sollte die Frage, warum gerade Rechtecke so häufig auftreten. Was würde passieren würde, wenn man statt des Rechtecks ein anderes Viereck nutzen würde? Nur so erkennen die Kinder, wo die Eigenschaften der Figur wichtig sind (etwa bei den Fenstern) und wo sie weniger wichtig sind (etwa beim Drachen).

---

[61] Das ist dank der Transitivität der Relation „. . . ist deckungsgleich zu . . .“ der Fall.
[62] Aus: Mathematikus Klasse 2, Seite 38

Beispiel: *„Parallelogramm"*

In der folgenden Abbildung[63] sind Repräsentanten und Nichtrepräsentanten bereits unterschieden. Die Kinder können ihre Merkmale vergleichen und das Wesen des Parallelogramms erfassen. Folgerichtig lautet die Aufgabe hier:

Erkläre, wann ein Viereck Parallelogramm ist.

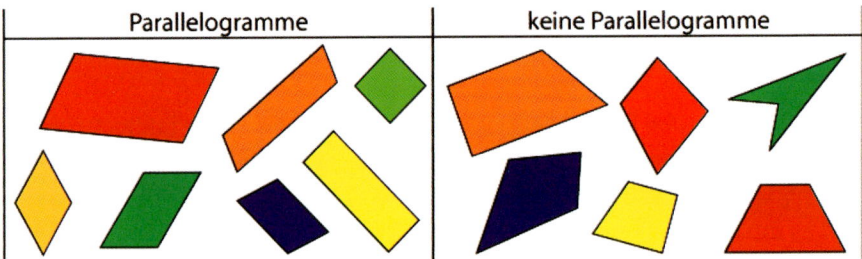

Eine andere Möglichkeit wäre hier, im Plenum in eine an der Tafel vorbereitete Tabelle der Reihe nach so lange verschiedene Vierecke einzusortieren, bis die Kinder selbst weitere Vierecke korrekt einsortieren können. Dann haben sie erfasst, wonach sortiert wurde, was also die gemeinsamen Merkmale aller Parallelogramme sind.

Beispiel: *Der Begriff „Kreis" kann nicht induktiv erarbeitet werden, weil die Kinder beim Vergleich noch so vieler Kreise bestenfalls feststellen werden, dass alle Kreise „rund" oder „gleichmäßig rund" sind, sie aber nicht auf die Idee kommen, den Mittelpunkt einzubeziehen.*

Das hier beschriebene induktive Arbeiten fördert die allgemeinen geistigen Fähigkeiten der Kinder. Die Kinder vergleichen, abstrahieren und verallgemeinern zum Begriff. Unverzichtbar ist dabei die unterrichtliche Kommunikation. Auffälliges ist zu beschreiben, es ist zu begründen, warum gerade auf diese und keine andere Weise klassifiziert wurde, warum das eine oder andere Merkmal wesentlich oder eben auch unwesentlich ist. Das fördert eine aktive Aneignung des Begriffs durch die Kinder und verhindert, dass diese sich unverstanden Definitionen einprägen.

Eine wesentliche Voraussetzung nicht nur für die induktive Erarbeitung von Begriffen ist die Beachtung der Systematik des Anzueignenden. Vergleichen hinsichtlich rechter Winkel oder zueinander paralleler Seiten beispielsweise kann nur der, dem diese Begriffe bereits bekannt sind.

Deduktives Erarbeiten geometrischer Begriffe

Trotz der Vorzüge induktiven Arbeitens ist es unmöglich, alle Kenntnisse auf diese Weise zu erarbeiten. Zum einen wegen des Zeitbedarfs, zum zweiten weil

---
[63] Aus: Mathematikus Klasse 3

nicht immer hinreichend geeignete Repräsentanten zur Verfügung stehen, an denen die Kinder die Merkmale des Begriffs gut erfassen können. Drittens ist es auch im Hinblick auf die Befähigung zum selbständigen Wissenserwerb etwa mit einem Lehrbuch oder Nachschlagewerk gar nicht anzustreben, alle Begriffe induktiv zu erarbeiten.

Beim deduktiven Erarbeiten von Begriffen wird die Definition des Begriffs mittels eines Oberbegriffs und so genannter artbildender Merkmale vorgegeben. Auf der Grundlage dieser Begriffsbestimmung untersuchen die Kinder vorgegebene Objekte auf ihre Zugehörigkeit zum Begriff. Dabei erwerben sie Vorstellungen vom Begriff.

Beispiel: *Erarbeitung des Begriffes „Rechteck" auf deduktivem Wege*
Als Ausgangsniveau ist zu sichern, dass die Kinder die Begriffe „Viereck", „Ecke" (eines Vierecks), „Seite" (eines Vierecks) sowie „rechter Winkel" kennen. Sie können prüfen, ob ein Winkel ein rechter ist. Das Zeichnen zueinander senkrechter Linien sollte zumindest bereits auf Gitterpapier beherrscht werden.

Die Begriffsbestimmung wird ebenso vorgegeben wie Figuren, die auf ihre Zugehörigkeit zum Begriff „Rechteck" zu untersuchen sind. Eine Tabelle lenkt die geistige Aktivität der Kinder auf das Wesen:

> Ein **Rechteck** ist ein Viereck mit vier rechten Winkeln.

Fülle die Tabelle aus und markiere alle Rechtecke farbig.

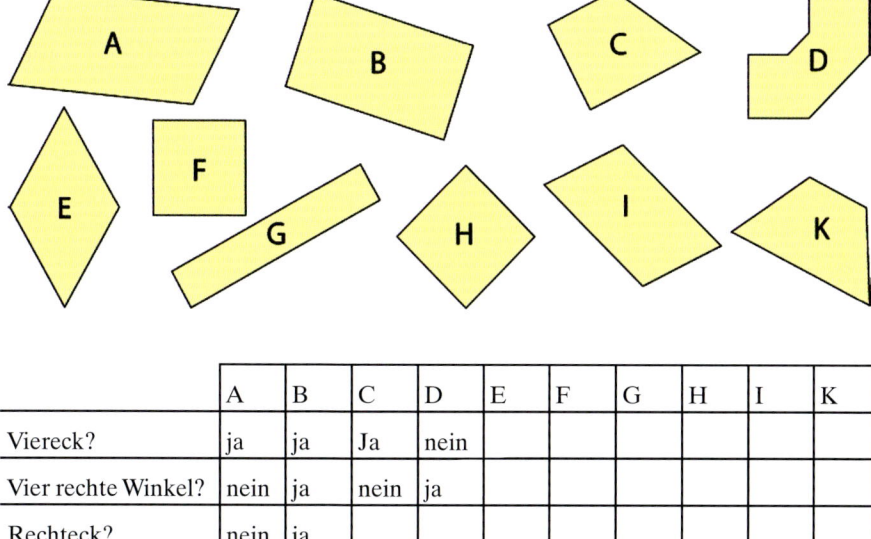

	A	B	C	D	E	F	G	H	I	K
Viereck?	ja	ja	Ja	nein						
Vier rechte Winkel?	nein	ja	nein	ja						
Rechteck?	nein	ja								

Die Kinder füllen die Tabelle aus, markieren die Rechtecke und erfassen dabei, dass beide Eigenschaften – Viereck und vier rechte Winkel – gleichzeitig vorliegen müssen, damit die untersuchte Figur ein Rechteck ist.

Konstruktives Erarbeiten geometrischer Begriffe

Es ist zuweilen sinnvoll, gemeinsam mit den Kindern Repräsentanten, also Objekte, die zum Begriffsumfang gehören, herzustellen und dabei so vorzugehen, dass die Kinder beim Herstellen alle wesentlichen Merkmale beachten müssen und so gut erkennen. Insbesondere dann, wenn keine passenden Repräsentanten und Nichtrepräsentanten existieren, bei deren Analyse die Kinder die wesentlichen Merkmale des Begriffsinhaltes erkennen können, und wenn es zugleich auch keine Möglichkeit gibt, den Begriff mittels Oberbegriff und artbildender Merkmale für die Kinder fasslich zu beschreiben, bietet sich der konstruktive Weg an. Weil gemeinsam die Herstellung der Repräsentanten erfolgt, steht am Ende des konstruktiven Weges eine genetische Definition, die den Prozess der Herstellung beschreibt.

Beispiel: *Erarbeitung des Begriffes „Kreis" auf konstruktivem Wege*

Beim Erarbeiten des Begriffes „Kreis" kann mangels eines geeigneten Oberbegriffs nicht deduktiv vorgegangen werden. Zugleich führt der Vergleich vieler Kreise, wie bereits erwähnt, nicht dazu, die bekannte Charakterisierung als Punktmenge erfassen zu können.

Als Ausgangsniveau ist beim konstruktiven Vorgehen zu sichern, dass die Kinder die Begriffe „Punkt", „Gerade" und „Strecke" kennen sowie Strecken zeichnen, ihre Länge messen und eine Strecke vorgegebener Länge abtragen können.

Beim Erarbeiten werden gemeinsam mit den Kindern konkrete Kreise so erzeugt, dass bei ihrer Herstellung die allgemeinen Merkmale aller Kreise sichtbar werden.

(1)   (2)   (3)

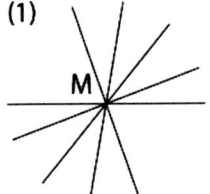
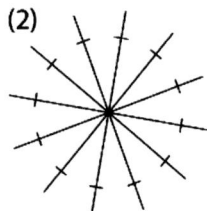
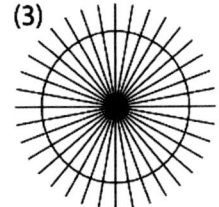

(1) Durch einen Punkt M werden Geraden gezeichnet.
(2) Auf allen Geraden werden die Punkte markiert, die von M den gleichen, beliebig vorgegebenen Abstand haben.
(3) Weitere Geraden durch M werden gezeichnet. Auch auf ihnen werden die Punkte markiert, die von M diesen vorgegebenen Abstand haben.

So wird schrittweise weiter gearbeitet und schnell entdecken die Kinder:

> Zeichnet man **alle** Punkte, die von einem Punkt M den gleichen Abstand haben, so entsteht ein **Kreis**. M ist der **Mittelpunkt** des Kreises.

Diese **genetische oder konstruktive** Begriffsbestimmung beschreibt, wie man einen **ganz beliebigen** Kreis herstellen kann und charakterisiert damit zugleich das Wesen aller Kreise. Kinder erfahren darüber hinaus, dass die Herstellung auf diese Weise zwar möglich, jedoch sehr umständlich ist und lernen Werkzeuge zum Zeichnen von Kreisen kennen (Schablonen, Zirkel, Schnur …).

Anschauliches Erarbeiten geometrischer Begriffe

Nicht alle Begriffe können durch Zurückführung auf andere Begriffe definiert werden. Zwangsläufig müssen einige Begriffe als Grundbegriffe verwendet werden. In der Grundschule werden diese Begriffe (beispielsweise *„Punkt"*, *„Gerade"*[64], *„… liegt auf …"*, *„… geht durch …"*) ausgehend von der Alltagserfahrung der Kinder aus der Anschauung abgeleitet. Es wird die einheitliche Verwendung und Bezeichnung vereinbart.

Das erfolgt im Kontext jener Tätigkeiten, in denen Punkte und gerade Linien ohnehin benötigt werden. Sei es beim Basteln, beim Zeichnen, beim Bohren: Oft ist es notwendig, eine Stelle genau zu markieren. So wird etwa vor dem Bohren die Stelle, an der gebohrt werden soll, mit einem Kreuz markiert. Gebohrt wird an dem Punkt, an dem sich die beiden Striche kreuzen. Die Kinder erleben im Tun: „So markiert man einen Punkt." Werden mehrere Punkte an der Tafel markiert und wird mit anderen darüber gesprochen, ist es notwendig, die Punkte – beispielsweise mit großen Buchstaben – zu bezeichnen. Ebenfalls in der Tätigkeit erleben Kinder, was gerade Linien sind, warum sie als Begrenzung oft praktisch sind und wie man sie zeichnet. Werden mehrere gerade Linien gezeichnet, müssen sie – beispielsweise mit kleinen Buchstaben – bezeichnet werden. Übungen im Zeichnen von Geraden (Begriffsrealisierung) und im Prüfen, ob eine vorgegebene Linie eine Gerade ist, sind unverzichtbar. Dabei werden Begriffe „Punkt" und „Gerade" gemeinsam gefestigt.

- Beschreiben, welche Punkte auf welcher Geraden liegen (Zeichnung vorgegeben)
- Ermitteln der mindestens und höchstens entstehenden Anzahl an Schnittpunkten, wenn 2, 3, 4 … gerade Linien gezeichnet werden.

---

[64] Der Begriff der Geraden ist wegen der „Unbegrenztheit" für Kinder schwer zu erfassen und im wahrsten Sinne des Wortes können Geraden nicht gezeichnet werden, sondern immer nur Teile, weshalb es sich oft anbietet im Unterricht von geraden Linien zu sprechen. Alle angeführten Aufgaben können auch unter Zugrundelegung dieses Begriffs bearbeitet werden. Die Formulierung „Geraden kann man beliebig lang zeichnen" sollte unbedingt vermieden werden, denn in ihm kommt die Unbegrenztheit nicht zum Ausdruck, hier wird eine subjektive Sicht befördert.

Begriffe festigen

Identifizieren: *Körper und ebene Figuren in der Umwelt wieder erkennen*

Eine wesentliche Form der Festigung von Begriffen sind Identifizierungsübungen. Hier suchen die Kinder anhand der Merkmale des Begriffs Repräsentanten, die zum Begriff gehören. Die folgenden Beispiele zeigen, wie gut Identifizierungsübungen mit anderen Anforderungen wie beispielsweise Übungen zur Figur-Grund-Wahrnehmung oder auch mit arithmetischen Betrachtungen verbunden werden können.

Ein quadratisches Blatt Papier wird zweimal so gefaltet, so dass dabei vier kleine Quadrate entstehen. Wie viele Rechtecke sind nun zu sehen?

Wie viele Quadrate sind in einem 2 x 2 – Quadrat zu sehen? Wie viele in einem 3 x 3 – Quadrat, einem 4 x 4 – Quadrat oder in einem Hunderterfeld?

Aufgaben wie die folgende fördern zugleich die Konzentrationsfähigkeit der Kinder.

In diesen drei Bildern sind insgesamt 52 Trapeze versteckt. Entdeckst Du sie alle?

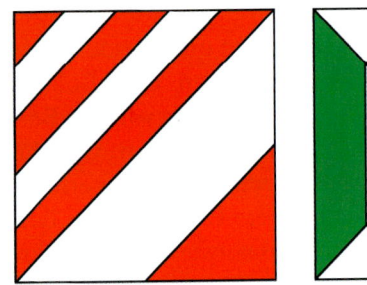  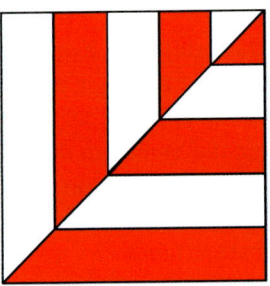

Im linken Bild sind es 11, im mittleren Bild ___ und im rechten Bild ___ Trapeze.

Realisieren: *Modelle von Körpern und ebenen Figuren herstellen und untersuchen*

Eine weitere wichtige Form der Begriffsfestigung sind Realisierungsübungen. Hierbei werden auf der Grundlage der Kenntnis der Merkmale des Begriffs Repräsentanten hergestellt.

Entsprechende Aufgaben sind beispielsweise

Zeichne ein Rechteck.

Skizziere eine Pyramide.

Falte ein Quadrat. (vorgegeben ist beispielsweise ein Rechteck oder ein Blatt Papier ohne glatten Rand)

Ergänze zum Parallelogramm. (Vorgegeben sind zwei Strecken, die einen gemeinsamen Begrenzungspunkt haben)

Derartige Aufgaben gehören zum einfachsten Anforderungsniveau. Für diffe-renzierendes Arbeiten sollten die Anforderungen variiert werden. Von den vie-len möglichen Beispielen sei hier nur eines angeführt.

Zeichne verschiedene Rechtecke mit einem Umfang von 20 cm. Welches von ihnen hat die größte Fläche?

Systematisieren: *Modelle von Körpern und ebenen Figuren untersuchen und Beziehungen zwischen Begriffen finden, insbesondere Ober- und Unterbegriffe erkennen*

Bereits beim Erarbeiten von Begriffen sollten deren Spezialfälle betrachtet und als solche hervorgehoben werden: Das Quadrat als „ganz besonderes" Recht-eck, als „ganz besonderes" Parallelogramm, der Würfel als „ganz besonderer" Quader. Hier muss auf fachliche Korrektheit geachtet werden, um nicht aus dem Alltag resultierende Fehlvorstellungen zu verfestigen. So ist es einfach inkorrekt wenn – wie in vielen Lehrwerken immer noch anzutreffen – beispielsweise Kör-per nach Würfel, Quader, Kugel usw. sortiert werden und dabei der Eindruck einer Klassifizierung erweckt weckt. Man kann die Körper sortieren und *unter den Quadern* – als Teilmenge – dann die Würfel besonders hervorheben. Erfolgt das nicht, meinen Kinder immer wieder, dass alle Quader verschieden große Flä-chen haben, weil sie sonst Würfel sind. Ähnlich ist es beim Sortieren von Vier-ecken: Oft meinen Kinder, dass alle Parallelogramme „schief" sein müssen (also keine rechten Winkel besitzen). Gerade deshalb müssen in der Phase der Erar-beitung – so wie oben im Beispiel mit der Tabelle dargestellt – von vornherein auch spezielle Parallelogramme betrachtet werden. Werden Rechtecke und Qua-drate auf die Existenz zueinander paralleler Seiten untersucht, erfassen die Kin-der, dass auch sie zwei Paar parallele Seiten haben, also Parallelogramme sind. Die Frage nach dem Besonderen schließt sich an:

Quadrate sind ganz besondere Parallelogramme. Erkläre, was das Besondere an ihnen ist.

Zur Systematisierung aller Vierecke sollten die Kinder an Aufgaben wie der fol-genden arbeiten, ihre Ergebnisse beschreiben, begründen und daraus auf Bezie-hungen zwischen den Begriffen schließen.

*Trage in alle Trapeze ein **T** ein. Markiere dann alle Parallelogramme mit einem **P**, alle Rechtecke mit einem **R** und alle Quadrate mit einem **Q**.*

In einigen Figuren stehen jetzt mehrere Buchstaben. Erkläre und begründe.

- *Stimmt das? Begründe mit den Eigenschaften der Figuren oder zeige ein Gegenbeispiel.*
- *Jedes Viereck ist ein Parallelogramm.*
- *Jedes Rechteck ist ein Parallelogramm.*
- *Jedes Parallelogramm ist ein Rechteck.*
- *Es gibt Trapeze, die kein Parallelogramm sind.*
- *Es gibt Parallelogramme, die kein Trapez sind.*

Dabei können Übersichten wie die folgende entstehen[65]:

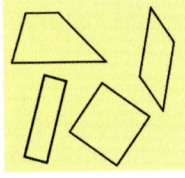  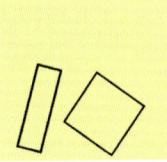 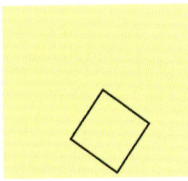

Trapeze sind Vierecke mit 2 parallelen Seiten.

Parallelogramme sind Vierecke mit 2 Paar parallelen Seiten.

Rechtecke sind Vierecke mit vier rechten Winkeln.

Quadrate sind Rechtecke mit vier gleichlangen Seiten.

Fazit:

Die Arbeit an geometrischen Begriffen befähigt die Kinder zur Auseinandersetzung mit der Umwelt. Ein geeignetes Arbeiten mit Aufgaben führt nicht nur zum Begriffserwerb, sondern vermag darüber hinaus zugleich die Entwicklung von allgemeinen geistigen Fähigkeiten, sprachlichen Fähigkeiten, Fähigkeiten im Wahrnehmen, handwerklich-praktischen Fähigkeiten usw. zu fördern. Gerade in der Arbeit mit Begriffen gibt es sehr gute Möglichkeiten zur Entwicklung allgemeiner mathematischer Kompetenzen. Beim Arbeiten mit Aufgaben auf die hier skizzierte Weise werden diese Potenzen genutzt. Abermals wird deutlich, was bereits im Kapitel 1 betont wurde: Nicht der Stoff als solcher ist entscheidend, sondern die Art und Weise, wie mit ihm gearbeitet wird, um die Entwicklung aller Kinder zu ermöglichen.

3.3.3.4 Einfache geometrische Abbildungen erkennen, benennen und darstellen

Ebene Figuren in Gitternetzen verkleinert oder vergrößert abbilden

Bereits in Klasse 1 sammeln die Kinder beim Abzeichnen Erfahrungen zu Abbildungen: Jedem Originalpunkt wird eindeutig ein Bildpunkt zugeordnet. Hier können Aufgaben zur Schulung der Wahrnehmung sehr gut genutzt werden, abbildungsgeometrische Erfahrungen zu sammeln. Dazu bieten sich Vergrößerungen und Verkleinerungen ebenso an wie Experimente auf anderen grafischen

---

[65] Aus: Eichler, K.-P.(Hrsg.) et al.: Denken und Rechnen – A. Klasse 4. – Braunschweig: Westermann 2006

Lorenz, J. H. (Hrsg.) et al.: Mathematikus Klasse 4. – Braunschweig: Westermann 2008

Rastern beispielsweise mit Linien, die nicht gerade sind. Dies passt zu Erfahrungen in der Wirklichkeit – etwa beim Spiegeln in einem Zerrspiegel, einer Weihnachtsbaumkugel, der Außenseite eines polierten Löffels oder beim Blick durch eine Glaskugel. Nur dadurch, dass auch Abbildungen einbezogen werden, welche vergrößern bzw. verkleinern oder verzerren, erfassen die Kinder Kongruenzabbildungen als etwas Besonderes. Folgende Beispiele – in denen die Lösung bereits eingezeichnet ist – verdeutlichen das.

Zeichne das Männlein in jedes der drei Raster. Vergleiche und Beschreibe.

Zeichne das Männlein nun in diese Raster. Beschreibe.

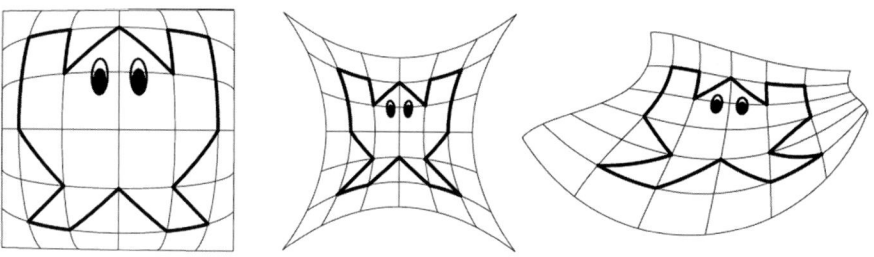

Figuren spiegeln, verschieben, drehen

Ausgehend von Betrachtungen der Lebenswirklichkeit sollten Achsenspiegelungen bereits in Klasse 1 thematisiert werden. So ist eine gute Verbindung zur Arithmetik – dem Verdoppeln und Halbieren – möglich ist. Zur Spiegelung gibt

es unterschiedliche Zugänge.[66] Ein möglicher ist die Wahrnehmung der Spiegelung im Wasser. Handlungserfahrungen erwerben die Kinder, wenn sie selbst
Figuren spiegeln und die Beziehungen (Form, Lage) zwischen Original und Bild
bewusst erfassen. Vertiefende Einsichten werden bereits dadurch herausgefordert, dass die Kinder das Bild einer Figur in einer bestimmten Lage zu erzeugen
versuchen. Es ist zu beobachten, zu vermuten und zu beschreiben, wie sich die
Veränderung der Lage des Spiegels/der Spiegelachse auf die Lage des Bildes
auswirkt.

Bereits an relativ einfachen Abbildungen, wie sie oft in Kinderzeitschriften zu
finden sind, können Kinder entscheiden, ob eine Figur Spiegelbild einer vorgegebenen Figur ist bzw. wo in einem Spiegelbild Fehler „versteckt" sind. Dass das
Spiegelbild des Hundes keine Katze sein kann, ist unmittelbar einsichtig. Wird
den Kindern statt des Spielbildes einer Figur diese Figur um 180° gedreht vorgegeben, fällt ihnen die Feststellung, dass es sich hier nicht um das Spiegelbild handelt, oft schwer. Sie müssen vermuten und die Gelegenheit haben, mit dem Spiegel ihre Vermutung zu überprüfen.

Ein aus unserer Sicht wichtiger Zugang zur Spiegelung ist das Zeichnen und spiegelbildliche Ergänzen von Figuren sowie das Fortsetzen von Ornamenten. Dazu
haben sich halbdurchlässige Plexiglasspiegel, so genannte „Miraspiegel",
bewährt. Der Vorteil ist hier der, dass die Kinder viel unmittelbarer als beim Falten und Schneiden ganz bewusst *den Prozess* des Spiegelns erleben und dabei das
Spiegelbild als Bild des Originals sehen und zeichnen können. Spiegelbild und
Original sind stets beide zu sehen, weshalb sich der Miraspiegel[67] auch zum
Überprüfen von Symmetrien besser eignet, als ein „normaler" Spiegel.

*Zeichne die Ausgangsfiguren und spiegle sie dann an zueinander parallelen
Geraden.*[68]

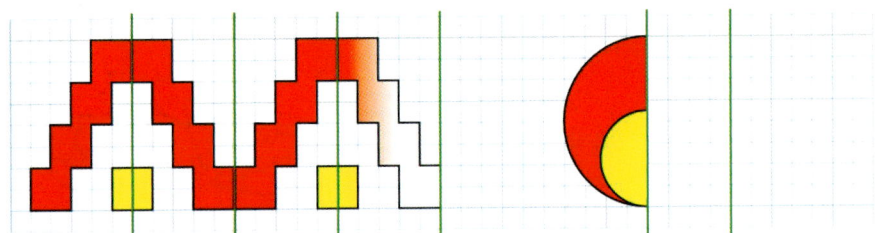

Ein weiterer Zugang zur Spiegelung, den unter anderem Radatz und Rickmeyer[69] (1991) als ersten Zugang empfehlen, ist der über das Falten bzw. das

---

[66] Vgl. z.B. Franke (2000) und Kosinski (2005)
[67] Hat man keine professionell hergestellten Miraspiegel, kann man auch farbige CD-Hüllen verwenden.
[68] Aus: Eichler, K.-P.(Hrsg.) et al. (2006): Denken und Rechnen – A. Klasse 4. – Braunschweig:
   Westerman
[69] Vgl. Radatz, H.; Rickmeyer, K (1991)

Falten und Schneiden von Papier. Weitere Zugänge bestehen im spiegelbildlichen Ergänzen durch Legen, Zeichnen[70] oder am Geobrett. Obwohl es eine Fülle recht gut geeigneter Aufgaben gibt, findet in der Praxis oftmals von Schuljahr zu Schuljahr nahezu keine Steigerung des Schwierigkeitsgrades der Aufgaben statt. Nicht selten sind sogar in Lehrwerken der Klasse 5 Aufgaben zu finden, die bereits in Klasse 2 bearbeitet wurden: Buchstaben mit Spiegelachsen werden gesucht, Faltschnitte werden angefertigt usw. Dabei ist es gerade hier gut möglich, spiralförmig vorzugehen und Vertrautes aus anderer, erweiterter Perspektive zu betrachten. Das heißt konkret, nicht nur zu spiegeln oder zu untersuchen, ob eine Figur Spiegelachsen besitzt. Zweckmäßig sind Aufgaben, die zugleich das Vorstellungsvermögen der Kinder fördern: Wie wird das Resultat der Spiegelung an einer Achse aussehen?

Welche Figuren rechts kannst du herstellen, wenn du einen Spiegel auf die linke Figur setzt?[71]

Wenn so wie in der folgenden Aufgabe in Partnerarbeit zueinander spiegelbildliche Streckenzüge gezeichnet und dann die einzelnen Teilstrecken und ihre Entstehung verglichen werden, können die Kinder sehr gut das Wesen der Spiegelung als ungleichsinnige Abbildung erfahren. Wie sehr diese Aufgabe die Kommunikation über die Sache fördert, erlebt jeder, der sie einsetzt.

---

[70] Vgl. Senftleben (1998)
[71] Aus: Al-Dahoodi, A; Eichler, K.-P. et. al.: Felix und Felicitas – Arbeitsheft Geometrie Klasse 1/2

Zeichne. Dein Partner zeichnet gleichzeitig spiegelbildlich. Versucht es mit schräger Achse[72].

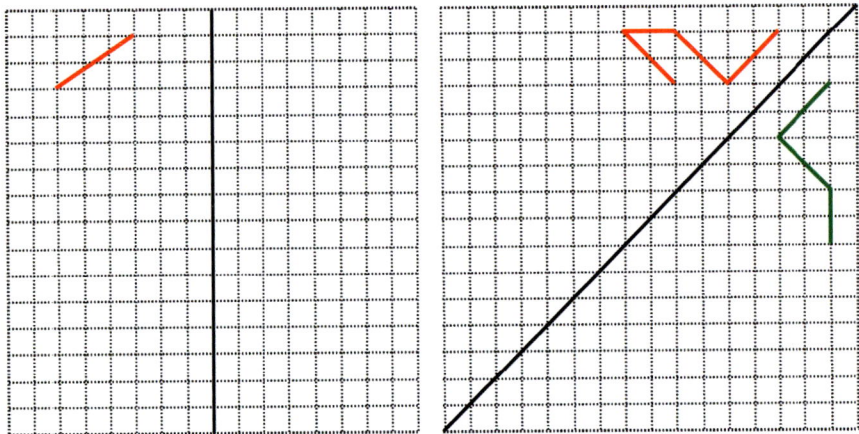

Wird nacheinander an zwei Spiegelachsen gespiegelt, erwerben die Kinder Vorerfahrungen zur Nacheinanderausführung von Spiegelungen: Die resultierende Abbildung ist eine Drehung bzw. eine Verschiebung. Primärerfahrungen gewinnen die Kinder beim Arbeiten mit zwei Spiegeln. Darauf aufbauend kann gezeichnet werden.

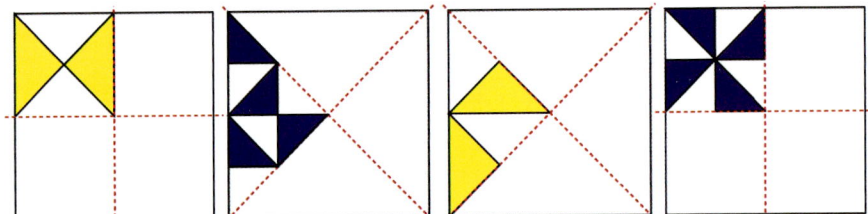

Erfahrungen zur Drehung und zur Verschiebung sammeln die Kinder in der Lebenswirklichkeit beispielsweise in Verbindung mit der Arbeit an Bandornamenten und Parketten, aber auch ausgehend von der Betrachtung von Prozessen und Objekten. Sei es das Muster eines Bandornaments, sei es das Grundmuster (die so genannte translative Zelle) eines Parketts, sei es das Segelschiff, welches sich bewegt: All das ist mit der Verschiebung beschreibbar.

Wie eine Untersuchung von Peters[73] zeigt, haben Kinder zu Beginn der Klasse 1 beim Arbeiten mit Bandornamenten eher Statisches, also die Wiederholung eines Objektes im Blick. Zugleich assoziieren sie häufig mit dem Teilen des Bandornaments ein bekanntes Objekt und stellen sich Bewegungen dann vor,

---

[72] Aus: Al-Dahoodi, A; Eichler, K.-P. et. al.: Felix und Felicitas – Arbeitsheft Geometrie Klasse 3/4
[73] Vgl. Peters (2009). Neben dem Prozess ist mit Blick auf das weitere Mathematiklernen auch wichtig, dass beim „Verschieben" zur Originalfigur Bildfiguren entstehen.

wenn ihnen die Bewegung dieses bekannten Objektes vertraut ist. Um die Verschiebung als Prozess herauszuarbeiten, ist deshalb die Arbeit an Ornamenten wie dem folgenden sinnvoll. Hier assoziieren die Kinder mit dem Bild eher das Bewegen des Schiffes als eine Anzahl gleicher Schiffe[74].

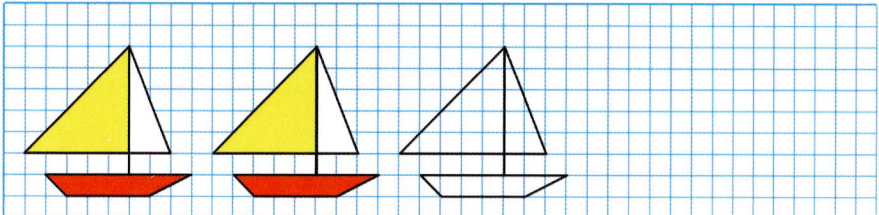

Zweckmäßig ist auch das Herstellen eines Bandornamentes durch Zeichnen mit einer Schablone und fortgesetztes Verschieben dieser Schablone. Hier erfahren die Kinder in der Tätigkeit das Wesen der Verschiebung.

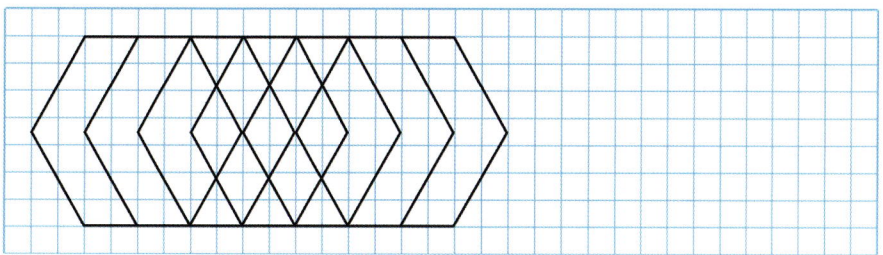

Die Drehung begegnet den Kindern beim Betrachten von Propellern, Windmühlen, Autorädern oder auch bei Herstellen von Bandornamenten oder Parketten, wenn das Motiv bzw. der Ausgangsstein gedreht wird. Auch hier ist es wichtig, zunächst Muster herzustellen und dabei ein Ausgangsobjekt real zu drehen. Erst dann sollten Figuren auf Drehsymmetrie untersucht werden. Das fördert die Fähigkeit, beim Betrachten einer Figur den Prozess der Drehung vorzustellen. Aufgaben wie die folgenden sind derzeit in der Schulpraxis kaum anzutreffen. Gerade sie aber sollten eingesetzt werden, weil sie den Kindern wertvolle Handlungserfahrung zu Abbildungen ermöglichen und Voraussetzung für tragfähige Vorstellungen zum Begriff Drehsymmetrie sind z. B.

Drehe den Halbkreis und die Vierecke im rechten Winkel um den rot markierten Punkt.

---

[74] Aufgaben aus: Eichler, K.-P. (Hrsg.) et al.: Denken und Rechnen – A. Klasse 4. – Braunschweig: Westermann 2006

Den Punkt, um den gedreht wird, nennt man **Drehzentrum**[75].

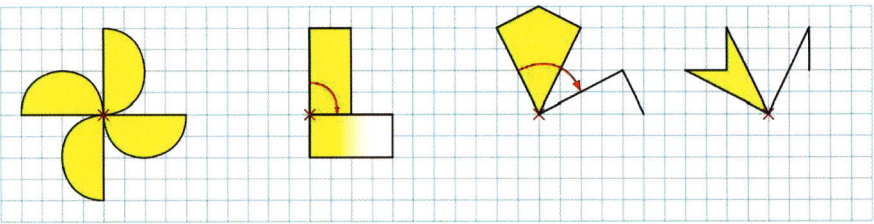

Experimentiere mit dem Quadrat. Drehe es immer wieder im rechten Winkel.
Verändere das Drehzentrum und beobachte, welche Figuren entstehen.

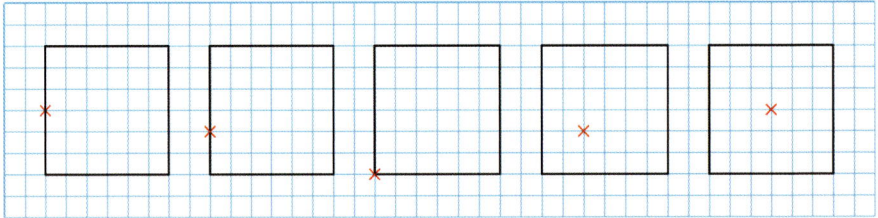

Symmetrien und deren Eigenschaften erkennen, beschreiben und nutzen

Die Symmetrie ist ein Phänomen, das viele Bereiche der Wirklichkeit betrifft.
Kinder kennen achsensymmetrische Figuren bereits aus der Vorschulzeit, etwa
vom Falten eines Sternes, eines Papierfliegers oder vom Bauen eines Drachens.
Die Arbeit im Unterricht darf sich hier nicht auf die Frage beschränken, ob eine
Figur symmetrisch ist oder nicht. Es ist vielmehr – mit Blick auf die in Kapitel 1
dargestellte Verbindung von Mathematik und Umwelt – insbesondere danach zu
fragen, warum die eine oder andere Figur (bzw. der eine oder andere Körper)
symmetrisch ist und welche Funktion die Symmetrie hat. Das heißt beispielsweise konkret einmal mit einem asymmetrischen Flieger zu experimentieren und
zu erleben, dass dieser (bei geeigneter Wahl der Asymmetrie) im Zimmer Kreise
fliegt. Das heißt auch, beispielsweise Tische mit rechteckiger Fläche mit so
genannten „Trapeztischen" zu vergleichen. Welche Tische können wie zusammengestellt werden? Wann ist welche Form vorteilhaft? Dabei sollte die Arbeit
von Klasse 1 an nicht nur auf die Axialsymmetrie beschränkt bleiben. Auch wenn
zunächst die Spiegelung betrachtet wird, sollten beispielsweise gerade auch solche Bandornamente fortgesetzt werden, in denen die Punktspiegelung (also die
Drehung um 180°) eine Rolle spielt. Dies ist sowohl im Interesse der Entwicklung allgemeiner geistiger Fähigkeiten (Analyse des Ornaments, Abstraktion
und Konkretisierung) sowie der Förderung handwerklich-praktischen Könnens.

---

[75] Aufgaben aus: Eichler, K.-P.(Hrsg.) et al.: Denken und Rechnen – A. Klasse 4. – Braunschweig:
    Westermann 2006

3.3.3.5 Handwerklich-praktische und gedanklich-theoretische Aspekte der Tätigkeit

Entdeckendes Lernen zu gestalten bedeutet, den Kindern Handlungserfahrungen zu ermöglichen, diese Handlungserfahrungen weiterzuentwickeln und darauf aufzubauen. Im Geometrieunterricht spielen deshalb Tätigkeiten wie Bauen, Legen, Zerlegen, Zusammensetzen, Parkettieren, Falten, Schneiden, Zeichnen und Skizzieren eine entscheidende Rolle. Diese praktisch-gegenständliche Tätigkeiten ermöglichen den Kindern nicht nur Handlungserfahrungen. Sie sind immer wieder Anlass zu geistiger Aktivität und damit Quelle für vielfältige Einsichten und Kenntnisse. Im Mittelpunkt stehen beispielsweise folgende Überlegungen und Fragen:

- Wie können Parkettsteine oder gefaltete Figuren klassifiziert werden?
- Parkettiert eine bestimmte Figuren allein oder in Kombination mit anderen Figuren?
- Wie kann eine Figur aus einem Blatt Papier ohne glatten Rand gefaltet werden?
- Welche Vierecke können mit einer vorgegebenen Anzahl quadratischer Plättchen [76] ausgelegt werden?
- Wie viele Möglichkeiten der Färbung eines Parketts gibt es?
- Überlegungen zum Vergleichen und Messen von Längen, Winkelgrößen und Flächen beim Falten oder beim Parkettieren,
- Überlegungen zu den geometrischen Abbildungen Spiegelung, Drehung, Verschiebung und Schubspiegelung bei der Herstellung eines Parketts oder beim ein und mehrfachen Falten eines Blattes Papier (was die Kongruenzbetrachtungen anbahnt),
- Überlegungen zu den entsprechenden Symmetrieeigenschaften von gelegten Parketten, gezeichneten Ornamenten, oder gefalteten Figuren.

Für den Einsatz praktisch-gegenständlicher Tätigkeiten spricht auch ihre Bedeutung für die Förderung der Sprache, die großen Einfluss auf die intellektuelle Entwicklung hat. Vielen Kindern fällt es leichter, parallel zur Tätigkeit oder auch nach vollzogener Handlung zu ihrem fertigen Produkt zu sprechen. An der Sache lernen die Kinder zu demonstrieren, zu beschreiben, zu begründen usw. Sprachliche Äußerungen werden beispielsweise notwendig, wenn gemeinsam gebaut wird und dabei ein Kind den erforderlichen Baustein oder dessen Lage beschreibt, wenn Faltanleitungen gemeinsam „gelesen" werden, wenn über die Fortsetzung eines Bandornaments diskutiert wird. Kinder erklären einander Beobachtungen, begründen Handlungen („Das muss man so falten, weil . . ."). Sie werfen Fragen auf, stellen Vermutungen an, prüfen diese handelnd und diskutieren ihre Überlegungen mit anderen Kindern.

---

[76] Wenn nur die „Grundfläche" betrachtet wird, können auch Würfel zum Auslegen verwendet werden.

Der mit der **äußeren Handlung** mögliche Lerneffekt tritt prinzipiell nur dann ein, wenn die Kinder dabei zu einer **auf den Aneignungsgegenstand gerichteten geistigen Tätigkeit** veranlasst werden.[77] Gelingt diese Verbindung nicht, dann tritt trotz der in den meisten Fällen in jeder Hinsicht aufwändiger Vorbereitung und trotz der vorhandenen materiellen Arbeitsergebnisse der Kinder kein Erfolg im Hinblick auf die Lernziele aus mathematischer Sicht ein. Die Aktivitäten der Kinder verpuffen in geschäftigem Hantieren – es wird eben „nur" gebastelt, geschnitten, angemalt, beklebt. Beispielsweise ist es verständlich, dass Kinder, die aus einem A4-Blatt Papier ein Himmel-und-Hölle-Spiel falten, dies um des Ergebnisses willen tun. Sie haben das Himmel-Hölle-Spiel als Ziel vor Augen und werden kaum über das nach dem ersten Schritt entstandene Quadrat und dessen Eigenschaften nachdenken. Sie werden auch beim weiteren Falten nach einer Faltanleitung kaum die Schritt für Schritt sichtbaren Figuren und deren Eigenschaften und Zerlegungen durch die Faltlinien bewusst wahrnehmen. Nur wenn die Lehrerin beispielsweise fragt,

- wie und warum gerade so aus dem Rechteck ein Quadrat gefaltet werden kann,
- wie viele kleine Quadrate nach dem Falten sichtbar sind usw.

werden die Kinder geistig aktiv und reaktivieren die Merkmale des Begriffs „Quadrat".

Prinzipiell können alle Tätigkeiten wie Falten, Zeichnen, Bauen usw. unter zwei Aspekten gesehen werden, dem ***handwerklich-praktischen Aspekt*** und dem ***gedanklich-theoretischen Aspekt***[78]:

Der ***handwerklich-praktische Aspekt*** bezieht sich auf die praktische Ausführung der Tätigkeiten und umfasst unter anderem Fragen

- der Sicherheit und Schnelligkeit der Handlungsausführung unter Beachtung etwaiger Konventionen (etwa beim Lesen von Faltanleitungen der Symbole für Berg- und Talfalte),
- der angemessenen Nutzung von Geräten und Material (insbesondere der Zeichengeräte),
- der Genauigkeit,
- der Sauberkeit insbesondere beim Skizzieren, Zeichnen, Falten (hier spielen neben Fertigkeiten insbesondere auch Gewohnheiten eine Rolle) und
- der Übersichtlichkeit.

Praktisch-gegenständliche Tätigkeiten benötigen in der Regel viel Zeit. Sie sollten deshalb immer wieder wohlüberlegt und vor allem systematisch eingesetzt werden, damit die Kinder langfristig grundlegende Fertigkeiten und Gewohnheiten beim Falten, Zeichnen usw. erwerben können.

---

[77] Vgl. Eichler, K.-P. (2004)
[78] speziell zum Zeichnen vgl. Geometrie, Teil 1 – Material des DIFF, Abteilung Mathematik Freiburg.-Weinheim: Beltz, 1978

Diese Fertigkeiten sind nicht nur aus zeitökonomischen Gründen wichtig. Sie sind für den Erhalt der Lernmotivation unverzichtbar, denn Freude an der Arbeit und an guten Ergebnissen werden auf Dauer nur jene Kinder haben, denen brauchbare und optisch ansprechende Ergebnisse (etwa beim Falten, beim Zeichnen eines Ornaments, beim Legen oder Kleben eines Parketts) gelingen.

Auch im Hinblick auf die inhaltliche Seite des Lernens sind handwerklich-praktische Fertigkeiten wichtig. Je mehr sich der Lernende auf das eigentliche Problem konzentrieren und darüber nachdenken kann, desto eher vermag er es zu lösen. Dazu ist es wichtig, dass die Ausführung der gewissermaßen als Basis genutzten Arbeitstechniken (etwa beim Falten von Papier, beim Bauen mit Würfeln, beim Schneiden, beim Skizzieren) in den Hintergrund tritt, eher unbewusst erfolgt. Konsequenterweise sollten die Kinder schon in Klasse 1 (ja besser bereits im Kindergarten und hier insbesondere im Vorschulbereich) systematisch an diese praktisch-gegenständlichen Arbeiten herangeführt werden. Arbeitstechniken wie das Falten eines geraden Bruches, das halbierende Falten eines Blattes Papier, das Schneiden auf dem Riss, der Umgang mit Zeichenschablonen oder auch das Bauen mit Holz- oder Steckwürfeln sind zu erlernen und systematisch zu perfektionieren. Das ist sowohl eine Herausforderung zu fächerübergreifendem Arbeiten als auch eine Anforderung an den Mathematikunterricht selbst. Zweifellos erfordert der Erwerb von Fertigkeiten *zunächst* Zeit, weil nur der wiederholte Vollzug von gleichartigen Handlungen die erforderlichen Fertigkeiten sichert. Was aber im Sport oder beim Erlernen eines Musikinstruments als selbstverständlich akzeptiert wird, darf im Fach Mathematik nicht zur Disposition gestellt werden, denn gelungene, optisch ansprechende und mit vertretbarem zeitlichen Aufwand hergestellte Ergebnisse sind in hohem Maße von entwickelter Fertigkeiten abhängig.

Der **gedanklich-theoretische Aspekt** der Tätigkeiten bezieht sich auf Fragen der Realisierbarkeit sowie der Existenz und der Anzahl von Lösungen einer Aufgabe. Er bezieht sich darüber hinaus auf Fragen der Rechtfertigung eines Lösungsweges.

- Warum wurde gerade so bzw. gerade in dieser Reihenfolge gefaltet?
- Warum wurde in dieser Reihenfolge gezeichnet? usw..

Unter gedanklich-theoretischem Aspekt sind Tätigkeiten wie Falten, Zeichnen, Skizzieren, Bauen Mittel zum Erkenntnisgewinn, zum Auffinden gesetzmäßiger Zusammenhänge. Sie besitzen damit eine heuristische Funktion und können helfen, die Wahrheit einer Aussage zu erkennen: Beispielsweise können Kinder beim Falten feststellen, dass alle Faltwinkel deckungsgleich sind. Sie können durch Falten beweisen, dass nicht jedes Parallelogramm eine Symmetrieachse hat und beim Zeichnen erkennen, dass es kein rechtwinkliges Dreieck mit drei gleich langen Seiten gibt.

Äußere Handlungen können zugleich helfen, Begriffe zu veranschaulichen: Wer die Bestimmung eines geometrischen Begriffes erfasst und vorher niemals einen Repräsentanten dieses Begriffes bewusst wahrgenommen hat, kann sich durch Zeichnen, Falten oder Bauen einen Repräsentanten herstellen. So kann die erste Arbeit an einem deduktiv eingeführten Begriff die Begriffsrealisierung beispielsweise durch Zeichen sein. Gerade zeichnerisch können sehr gut Spezialfälle von Begriffen betrachtet werden: Was sind beispielsweise Parallelogramme mit einem rechten Winkel?

Spezielle Anmerkungen zum Skizzieren und Zeichnen

Skizzieren ist ein hilfsmittelfreies Darstellen von (geometrischen) Objekten, eben ein Darstellen „frei Hand". Diesbezüglich Können zu entwickeln ist allein schon deshalb sinnvoll, weil die Anfertigung einer Skizze der Schnelligkeit des Denkens oft viel besser zu folgen vermag, als das Erstellen einer Zeichnung unter Nutzung von Hilfsmitteln. Zudem ist es bei vielen Aufgaben nicht notwendig, eine exakte, eventuell sogar maßstäbliche Zeichnung anzufertigen. Vielmehr kommt es lediglich darauf an, *wesentliche Seiten* eines Sachverhaltes mit angemessener Genauigkeit wiederzugeben. Skizzieren ist damit immer ein von Analyse und Abstraktion sowie vom *Vorstellen* des Sachverhaltes begleiteter Prozess. Jede Skizze ist deshalb viel mehr als nur das getreuliche Abbild eines Sachverhaltes. Sie ist eine subjektive Darstellung des Sachverhaltes aus der Sicht des Kindes, in die es all sein Wissen um den Sachverhalt einfließen lassen kann. Zugleich ist die Skizze – gerade bei Sachaufgaben – ein erster Schritt bei der Lösung eines Problems. Hier ergeben sich Verbindungen von Skizzieren und Modellieren und auch von Skizzieren und Darstellen von Mathematik. *Zwei Konsequenzen* daraus werden sofort deutlich. Es ist *erstens* unverzichtbar, das Skizzieren vom ersten Schultag in Klasse 1 an zu fördern. Die Fähigkeit und auch der Mut, aus subjektiver Sicht Unwesentliches in einer Skizze wegzulassen, können bei den Kindern ebenso wenig vorausgesetzt werden, wie hinreichendes motorisches Geschick. Bei einer zu raschen Arbeit nur an vom Lehrer vorgegebenen prototypischen und normierenden Skizzen besteht die Gefahr, dass bei den Kindern eben dieses Abstrahieren und das eigenständige Entscheiden über das Wesentliche nicht hinreichend gefördert werden. *Zweitens* sind die Skizzen der Kinder Produkte, die Auskunft darüber geben können, inwieweit das objektiv Wesentliche dem Kind auch subjektiv bedeutsam und bewusst ist. Dabei ist ein kurzschlüssiges lineares Schließen von einer Skizze auf einen Lernstand wenig hilfreich. Interessanter ist es, wenn das Kind seine Skizze erklärt, begründet, sie in einen Bezug zur jeweiligen Aufgabe stellt. Das gilt für Aufgaben aus der Geometrie ebenso wie für Skizzen zu Sachverhalten oder auch für die Darstellung von Rechenwegen am leeren Zahlenstrahl. Abermals wird deutlich, wie wichtig die Verbindung inhaltsbezogener Kompetenzen mit allgemeinen Kompetenzen – hier mit Blick auf das Argumentieren und Kommunizieren – ist.

Im Unterschied zum Skizzieren ist **Zeichnen**[79] ein Darstellen geometrischer Objekte unter Nutzung von Zeichengeräten wie Lineal, Dreieck, Zeichenschablone, Geodreieck, Zirkel, …. Zeichnen ist einerseits eine Realisierungstätigkeit hinsichtlich geometrischer Begriffe (z. B. bei der Aufgabe „Zeichne ein Rechteck.") und andererseits eingebettet in das Lösen komplexerer Aufgaben (beispielsweise beim Veranschaulichen arithmetischer Sachverhalte).

Das Zeichnen hat oft eine motivierende Wirkung und ist durchaus geeignet, die Kinder für das Fach Mathematik aufzuschließen. Dazu bedarf es geeigneter Aufgaben des Zeichnens und zugleich gewisser Grundfertigkeiten, die das erfolgreiche Arbeiten (gerade bei komplexeren Anforderungen) überhaupt erst ermöglichen.

Ebenso bedarf es grundlegender Gewohnheiten, beginnend mit der Verwendung wirklich spitzer Bleistifte und sauberen Papiers bis hin zur Nutzung von Kontrollmethoden und Kontrollkriterien beim Beurteilen der eigenen Zeichnung. Beim Herstellen vieler Zeichnungen können die Kinder in der Tätigkeit erleben, dass es zweckmäßig und den Erfolg begünstigend ist, wenn sauber und exakt gezeichnet wird. Dabei wird zugleich der Sinn für Schönheit, Ordnung und Sauberkeit angesprochen. Das alles trägt zur Entwicklung entsprechender Gewohnheiten bei. Diese Notwendigkeiten entdeckt das Kind aus der Sache heraus, ohne äußere Appelle an Ordnung usw.

Hier sollen einige geeignete Aufgaben und das Arbeiten mit ihnen vorgestellt werden. Fertigkeiten im Zeichnen der Parallelen zu einer geraden Linie durch einen vorgegebenen Punkt können gewiss dadurch entwickelt werden, dass zu einer geraden Linie und vielen Punkten die Parallelen gezeichnet werden. Das Bearbeiten dieser Aufgabe ist allerdings wenig motivierend, eine Kontrolle für die Lehrerin aufwändig und die zeitlich

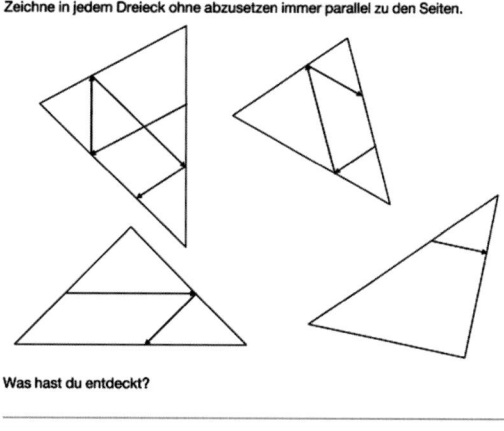

Zeichne in jedem Dreieck ohne abzusetzen immer parallel zu den Seiten.

Was hast du entdeckt?

_____

_____

_____

[79] Im Vergleich dazu ist das **Konstruieren** ein Darstellen geometrischer Objekte nur unter Nutzung der Hilfsmittel **Zirkel** und **Lineal** im streng axiomatischen Sinne. Das heißt, dass mit einem **Lineal** Geraden, insbesondere *die* Verbindungsgerade zweier verschiedener Punkte, gezeichnet werden können. (Hingegen ist ein Lineal in diesem Sinne kein Messgerät.) Ein **Zirkel** ist ein Hilfsmittel, mit dem Kreise, insbesondere *der* Kreis um einen vorgegebenen Punkt durch einen anderen vorgegebenen Punkt gezeichnet werden kann.

unmittelbare Rückkopplung für die Kinder kaum möglich. Wesentlich sinnvoller ist das in der folgenden Abbildung dargestellte Zeichnen von Parallelen zu einer Dreiecksseite durch einen Punkt[80]. Erfahrungsgemäß entdecken die Kinder hier bei sorgfältigem Arbeiten rasch das Besondere: Nach 6 Zügen kommt man am Ausgangspunkt an. Halbiert der Startpunkt die Dreiecksseite, ist das bereits nach 3 Zügen der Fall. In der Regel wollen die Kinder dann an anderen Dreiecken prüfen, ob ihre Entdeckung Zufall war. Sie wählen dann oft ihrer Ansicht nach „besonders unregelmäßige" Dreiecke und prüfen an ihnen erneut.

Fertigkeiten im Zeichnen und Messen können in Verbindung mit grafischem Gestalten entwickelt werden. So können die Seiten regelmäßiger Vielecke halbiert und die einbeschriebenen Figuren gezeichnet werden. Bei diesen Figuren werden die Seiten erneut halbiert. Das kann beliebig oft fortgesetzt werden. Anschließend werden Teilflächen gefärbt.[81]

Eine Möglichkeit zur Selbstkontrolle resultiert hierbei daraus, dass die Punkte, welche die Seiten halbieren, auf gemeinsamen Geraden liegen.

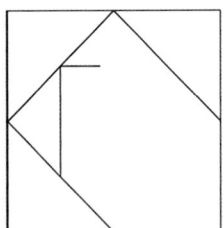  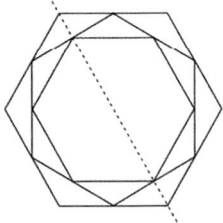

Eine weitere Aufgabenstellung:

Zeichnet mehrere Vierecke. Markiert die Mittelpunkte ihrer Seiten und verbindet sie jeweils zu einem Viereck. Untersucht diese Vierecke. Beschreibt, was ihr entdeckt.

Beim Zeichnen und Untersuchen der „Mittenvierecke" erkennen die Kinder, dass es sich hierbei stets um Parallelogramme handelt. Auch hier untersuchen die Kinder in der Regel von sich aus schnell weitere, ihrer Ansicht nach „besonders unregelmäßige" Vierecke, um zu prüfen, ob das auch bei diesen der Fall ist.

Viele Kinder erleben es als reizvoll, beim Zeichnen grafisch zu gestalten. Eine Möglichkeit dazu ist das Zeichnen und Färben von Gittern. Indem sie sich selbst ein Gitter mit mehr oder weniger feiner Einteilung vorgeben, können sich die Kinder ihrem individuellen Leistungsstand entsprechend passende Aufgaben

---

[80] aus: Lorenz, J. H. (Herausgeber): Mathematikus. – Arbeitsheft Klasse 3. – Braunschweig: Westermann 2007

[81] Aufgaben aus: Eichler, K.-P.(Hrsg.) et al.: Denken und Rechnen – A. Klasse 3. – Braunschweig: Westermann 2005

Al-Dahoodi, A; Eichler, K.-P. et. al.: Felix und Felicitas – Arbeitsheft Geometrie Klasse 3/4

mit mehr oder weniger großen Anforderungen an die Feinmotorik sowie die Konzentration stellen und diese bearbeiten.[82]

Zeichne zuerst ein Quadrat mit 8 cm langen Seiten. Markiere auf den Seiten im Abstand von 2 cm Punkte. Suche dir auf zwei gegenüberliegenden Seiten je einen Punkt aus. Verbinde die beiden Punkte mit allen anderen Punkten. Erfindet verschiedene Muster.

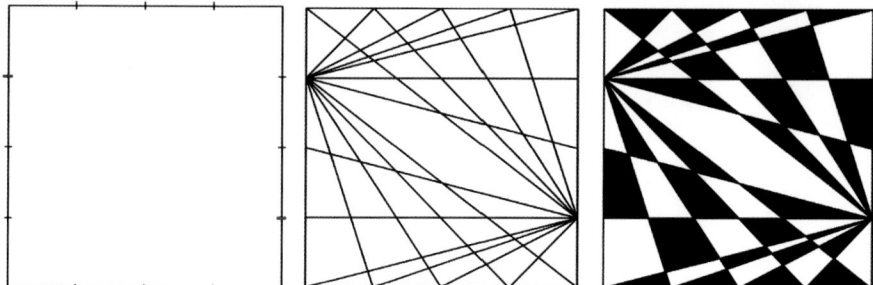

Die folgenden Abbildungen zeigen drei von vielen möglichen Gittern.

Derartige Zeichnungen können – im Werksinn – etwa der Anfertigung eines Schmuckblattes dienen. Raum für Kreativität gibt es dabei genügend. Die Anzahl der Punkte und die Lage der beiden „besonderen Punkte" können variiert, die Färbungen können unterschiedlich gestaltet werden und die Kinder finden sicher noch weitere Variationsmöglichkeiten.

Zugleich kann die Frage nach Symmetrien in den Abbildungen aufgeworfen werden. Die unteren drei Muster enthalten Symmetrieachsen, während das vierte Muster zwar nicht achsensymmetrisch, dafür aber punktsymmetrisch – das Symmetriezentrum ist der Mittelpunkt des Quadrates – ist. Aufgaben zum Zeichnen sollten wo immer es möglich ist mit der Arbeit an anderen Bereichen, wie etwa hier der Spiegelung, verbunden werden.

Spiegele das Muster an beiden Achsen. Zeichne und kontrolliere dann mit einem Spiegel.

---

[82] Aufgaben aus: Eichler, K.-P.(Hrsg.) et al.: Denken und Rechnen – A. Klasse 3. – Braunschweig: Westermann 2005

Al-Dahoodi, A; Eichler, K.-P. et. al.: Felix und Felicitas – Arbeitsheft Geometrie Klasse 3/4

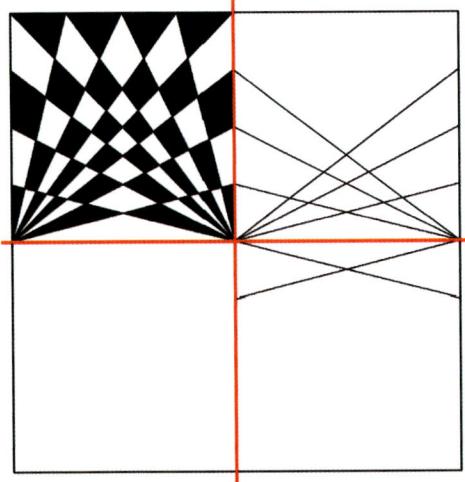

Auch die folgende Aufgabe fördert nicht nur Zeichenfertigkeiten schlechthin. Sie dient zugleich der Entwicklung der Fähigkeit im Analysieren einer Zeichnung, im Planen der notwendigen Schritte zu ihrer Reproduktion und der Arbeit am Themenkreis Symmetrie.

Zeichne die Kreismuster ins Heft. Überlege, was du zuerst zeichnen kannst und wie du die Mittelpunkte der Kreise findest. Insgesamt findest du 10 Symmetrieachsen. Zeichne sie ein.[83]

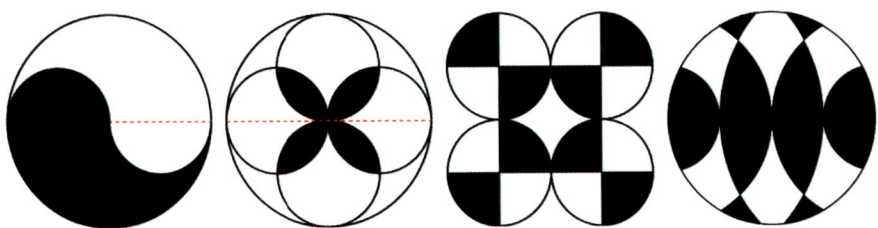

Nicht zuletzt bietet das Zeichnen vielfältige Möglichkeiten zur Verbindung von Arithmetik und Geometrie: Geometrische Erscheinungen sind Anlass zu arithmetischen Fragestellungen. Umgekehrt können arithmetische Probleme zeichnerisch dargestellt und gelöst werden.

Wenn du auf einem Ziffernblatt mit Minuteneinteilung passende Punkte verbindest, entsteht ein Dreieck mit drei gleich langen Seiten oder ein Viereck mit vier gleich langen Seiten. Welche anderen Vielecke mit gleich langen Seiten kannst du auf diese Weise noch zeichnen? Probiere es aus und erkläre.

---

[83] Aufgaben aus: Eichler, K.-P.(Hrsg.) et al.: Denken und Rechnen – A. Klasse 3. – Braunschweig: Westermann 2005
Al-Dahoodi, A; Eichler, K.-P. et. al.: Felix und Felicitas – Arbeitsheft Geometrie Klasse 3/4

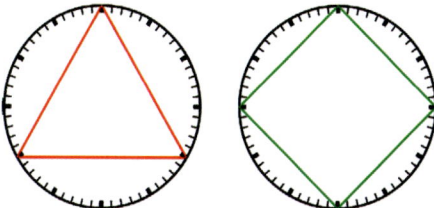

Hier werden nicht nur Fertigkeiten im Zeichnen der Verbindungsstrecke zweier gegebener Punkte entwickelt. Im Kontext des Zeichnens werden das Wissen um Vielfache und Teiler vertieft und allgemeine mathematische Kompetenzen – insbesondere im Argumentieren – gefördert. Ob die Potenzen dieser Aufgabe genutzt werden oder ob die Kinder nur mehr oder weniger wahllos versuchend und irrend regelmäßige Vielecke zeichnen, hängt davon ab, wie die Lehrerin mit dieser Aufgabe arbeitet.

Ähnliche Überlegungen können beim Zeichnen am Zehnerkreis und am Zwölferkreis (einer Uhr nur mit Stundeneinteilung) durchgeführt werden.

Muster am Zehnerkreis: Beginne stets bei Null und gehe dann immer 2 (3, 4, . . .) Schritte weiter. Zeichne die Streckenzüge und vergleiche die Muster. Beschreibe, was du entdeckst.

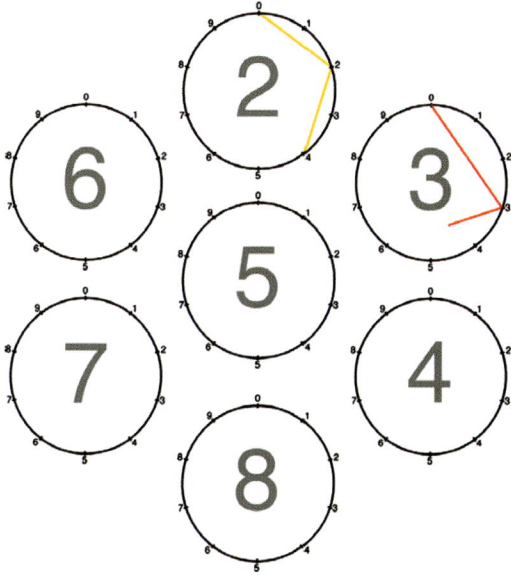

Bereits die Aufgabenstellung verbindet äußere Handlungen mit geistiger Tätigkeit. Sie regt die Kinder an, nicht nur zu zeichnen, sondern zu vergleichen und zu verallgemeinern. Die Kinder können dann vermuten und argumentieren, warum beispielsweise das Muster der 3 am Zehnerkreis ebenso alle Zahlen berührt wie das Muster der 5 am Zwölferkreis oder das Muster der 7 am oben dargestellten Sechzigerkreis. Weitere Fragen rund um diese Zeichenübungen könnten sein:

- Die 3 ergibt am Zehnerkreis ein interessantes Muster. Welche Zahlen ergeben am Zwölferkreis und welche ergeben am Sechzigerkreis interessante Muster. Warum ist das so?

- Am Zehnerkreis ist das Muster der 3 das gleiche wie das Muster der 7, das Muster der 8 ist das gleiche Muster wie das der 2. Wie ist es am Zwölferkreis, wie am Sechzigerkreis? Warum ist das so?

Werden in einem n-Eck alle Diagonalen gezeichnet, kann ihre Anzahl bestimmt werden. Für das Viereck, das Fünfeck und das Sechseck ist das unproblematisch, hier kann gezählt werden. Im Sinne differenzierenden Arbeitens bietet sich dann die Frage an, wie viele Diagonalen ein 100 Eck hat. Erst beim Beantworten einer solchen Frage lösen sich die Kinder vom Zeichnen und Zählen. Sie könnten beispielsweise den Zuwachs der Diagonalenanzahl bestimmen und die Frage aufwerfen, wie viele Diagonalen es beispielsweise beim Sechseck mehr sind als beim Fünfeck. Aus dem Zeichnen heraus wird klar, woher dieser Zuwachs kommt. Einen anderen Zugang zur Lösung bietet die Frage, wie viele Diagonalen an jeder Ecke des 100-Ecks zusammentreffen. In der Arbeit und ohne darüber abgehoben zu theoretisieren können leistungsstärkere Kinder die prinzipielle strukturelle Gleichheit dieses Problems etwa mit der Frage nach der Anzahl der Händedrücke bei 100 einander begrüßenden Personen erfassen.[84]

In der folgenden Abbildung wird das Grundmuster durch zwei einander schneidende Parallelenscharen gebildet. Hier sind etwa die Fragen nach der Anzahl der entstehenden Schnittpunkte sowie der Anzahl der entstehenden Parallelogramme von Interesse.

Zeichne das Muster. Wie viele Parallelogramme siehst du?

Beim Bearbeiten dieses Problems ist ein systematisches Vergrößern der Anzahl der Parallelen möglich. Es erlaubt Einblicke in Gesetzmäßigkeiten hilft das funktionale Denken zu entwickeln. Die Kinder erleben beim Zeichnen:

---

[84] Hier ergibt sich eine Beziehung zu den im Kapitel 2.3.4 auf Seite 35 dargestellten Lösungen kombinatorischer Aufgabenstellungen.

- Wenn man eine weitere Parallele zeichnet, entstehen ... neue Schnittpunkte
- Wenn man eine weitere Parallele zeichnet, entstehen ... neue Parallelogramme.
- Wenn man in jeder der Parallelenscharen eine weitere Parallele zeichnet, entstehen ... neue Schnittpunkte.
- Wenn man in jeder der Parallelenscharen eine weitere Parallele zeichnet, entstehen ... neue Parallelogramme.

Dabei kann die Frage nach der Anzahl der Parallelogramme einmal so gestellt werden, dass nur die kleinen Parallelogramme, also die „Einer" gemeint sind. Wesentlich komplizierter wird es, wenn alle jene Parallelogramme mit gezählt werden müssen, die durch Zusammensetzung dieser Einer entstehen.

Auch beim Spezialfall „Quadrate aus Quadraten" wird die Suche nach Regelmäßigkeiten durch größere Anzahlen herausgefordert wird:

Wie viele Quadrate sind in einem aus Platten gelegten 2 × 2 Quadrat zu sehen? Wie viele sind es in einem 3 × 3, in einem 4 × 4 und in einem 5 × 5 Quadrat? Wie viele sind es in einem Hunderterfeld?

Zwischenfazit

Zeichnen und Skizzieren sind unverzichtbare Tätigkeiten nicht nur im und nicht nur für den Geometrieunterricht. Auf die systematische Entwicklung von entsprechendem Können, darunter insbesondere von Fertigkeiten kann nicht verzichtet werden. Es ist wenig zweckmäßig und letztlich auch ineffizient, viele isolierte Übungen oder einen „Zeichenkurs" im Sinne eines reinen Fertigkeitstrainings einzusetzen. Wesentlich effektiver und für die Kinder motivierender ist es, solche Aufgaben einzusetzen, bei denen neben dem handwerklich-praktischen Aspekt zugleich auch den gedanklich-theoretischen Aspekt eine Rolle spielt, in denen Verbindungen zu arithmetischen Fragestellungen hergestellt werden oder mit denen fächerübergreifend – etwa mit Bezug zum Kunstunterricht – gearbeitet wird. Stets sollte die Entwicklung allgemeiner Kompetenzen im Auge behalten werden. Die Beispiele zeigen, dass dies bei geeigneten Arbeiten mit Aufgaben gut möglich ist. Es sind Aufgaben mit entsprechendem Potenzial auszuwählen und geeignet zu „adressieren". Dabei ist es vorteilhaft, wenn schon das Wesen der Aufgabe oder zumindest die Aufgabenstellung zum Kommunizieren, Beschreiben, Begründen, Darstellen anregen. In der Phase der Rückbesinnung auf den Lösungsweg und die Lösung beispielsweise beim Präsentieren oder in der klassenöffentlichen Diskussion sollten immer wieder geduldig Beschreibungen und Begründungen eingefordert werden.

Effektivität ist wesentlich, sollte aber nicht das alleinige Kriterium bei der Auswahl von Aufgaben sein. Notwendig sind motivierende Aufgaben, bei deren Bearbeitung die Kinder aus der Sache heraus Lust zum Weiterarbeiten auch außerhalb der Schule bekommen. Derartige Aufgaben benötigen zuweilen ganz einfach Zeit und Gelegenheit, sich in die Sache zu vertiefen. Diese Zeit muss den Kindern im Unterricht gegeben werden, denn nur so können Arbeitsweisen entwickelt werden. Alle hier genannten Beispiele können nur eine Anregung sein. Auch beim Zeichnen ist es sinnvoll, vielfältige Aufgaben um ein zentrales Thema herum zu gruppieren, zu variieren, zu vertiefen, im Laufe der Zeit immer wieder im Sinne des spiralförmigen Arbeitens aufzugreifen und weiterzuentwickeln. Auf diese Weise können sich alle Kinder in unterschiedlicher Tiefe mit dem Thema beschäftigen, wird eine innere Differenzierung praktikabel.

Abschließend sei zuerst der Lehrerin allein und danach ihr und den Kindern ihrer Klasse Mut zur Mühe und viel Phantasie beim Zeichnen gewünscht, denn: „Der erfolgreiche Umgang mit Zirkel, Lineal und Tusche gelingt jedermann mit brauchbarem Gerät, etwas Geduld und Übung."[85]

Kompetenzen in Bezug auf den Schwerpunkt „Raum und Form" – eine Zusammenfassung

Fortschritte hinsichtlich der Gestaltung des Geometrieunterrichtes und seiner Ergebnisse wird es nur dann geben, wenn

- die Arbeit an der Entwicklung inhaltsbezogener Kompetenzen planmäßig so gestaltet wird, dass dabei die Entwicklung allgemeiner mathematischer Kompetenzen möglich ist,
- in breiter Front praktisch-gegenständliche Tätigkeiten *lernzielorientiert* und mit Forderungen zur geistigen Tätigkeit verbunden eingesetzt werden,
- geometrische Aktivitäten gezielt als Ausgangspunkt für arithmetische Fragestellungen und Erkenntnisse genutzt werden,
- umgekehrt arithmetische Fragestellungen als Ausgangspunkt für geometrische Aktivitäten genutzt werden,
- dazu Grundfertigkeiten auch im handwerklich-praktischen Sinne von Klasse 1 bis 4 systematisch entwickelt werden und nicht zuletzt
- auch der Geometrieteil von Klasse 1 bis 4 systematischer aufgebaut und als Bestandteil des Geometrieunterrichts von Klasse 1 bis 12 insgesamt angesehen wird. Hier sind unseres Erachtens Konsequenzen für den Unterricht ab Klasse 5 unerlässlich.[86]

3.4 Leitidee „Größen und Messen"

Neben Arithmetik, Geometrie und (propädeutischer) Stochastik sind auch Größen und Sachrechnen[87] zentrale Inhalte des Mathematikunterrichts der Grundschule.

---

[85] Vgl. Hermann Paulsen

[86] Es ist ein unbefriedigender Zustand, dass von den Lehrplanforderungen her in vielen Bundesländern die veränderten Voraussetzungen nicht berücksichtigt werden. Hinsichtlich der Unterrichtsgestaltung ist es wünschenswert, wenn in den vorhergehenden Schuljahren entwickelte Arbeitsweisen wie etwa experimentelles Arbeiten aufgegriffen werden.

[87] Auch wenn das Sachrechnen nicht explizit in den Bildungsstandards genannt wird, ist es aus unserer Sicht nach wie vor ein wichtiger Bestandteil des Mathematikunterrichts der Grundschule (vgl. Abschnitt 3.6)

Das Arbeiten mit Größen lässt Kindern sehr früh schon die Anwendbarkeit der Mathematik in ihrer unmittelbaren Auseinandersetzung mit der Welt besonders deutlich werden. Kaum ein Vorschulkind kennt nicht die Messlatte aus dem Kinderzimmer oder hat nicht zum eigenen Geburtstag oder zum Weihnachtsfest beim Plätzchenbacken mit der Küchenwaage oder dem Messbecher hantiert. Sie bringen hier ein Mehr an direkten Erfahrungen als zu anderen Inhalten des Mathematikunterrichts mit in die Schulstube. Im täglichen Umfeld eines Kindes wird es häufig mit den eigenen Körpermaßen, mit Angaben zum Gewicht (zur Masse) von Gegenständen, mit Zeitangaben bzw. mit Angaben zu Flüssigkeitsmengen im täglichen Leben konfrontiert, bevor dies im Unterricht thematisiert wurde.

Fächerverbindende Aspekte, wie sie beim Messen im Sportunterricht, beim Beobachten von Naturereignissen, beim kritischen Betrachten von Daten, wie sie beim Experimentieren im Sachunterricht auftreten, fordern die intensive Auseinandersetzung mit physikalischen Größen. Aber auch bei der Bewältigung von Problemstellungen anderer Themenfelder des Mathematikunterrichts in der Grundschule wie „Raum und Form", „Daten, Häufigkeit, Wahrscheinlichkeit" oder „Zahlen und Operationen" erleben die Kinder die Notwendigkeit, Wissen über Größenbereiche, über Methoden des Schätzens und Messens sowie vorhandene Größenvorstellungen einzusetzen. Kurzum, Größen sind überall und mit Größen muss man in allen Lebensbereichen umgehen können.

Deshalb ist es besonders wichtig, dass Kinder in diesem Kompetenzbereich ihre bisherigen Erfahrungen nutzen und erweitern bzw. zunehmend ausreichende Sach- und Methodenkompetenzen beim Messen mit unterschiedlichsten Messgeräten sowie aber auch soziale Kompetenzen beim gemeinsamen Reflektieren darüber und personale Kompetenzen durch das Einschätzen der eigenen Leistungen im Tätigkeitsfeld erwerben. Dies kann besonders beim Erwerb von Größenvorstellungen und beim Einsatz von Stützpunktvorstellungen durch Schätz- und Messübungen geschehen.

Wie bei allen anderen Leitideen sind auch hier Betrachtungen zur Sache „Größen" von Bedeutung.

3.4.1 Zur Sache

Größen und Größenbereiche

Als erstes stellt sich die Frage: Was ist eigentlich eine Größe?

Wir wissen, dass Gegenstände, Zustände oder Vorgänge Eigenschaften aufweisen, die sowohl qualitativ als auch quantitativ vergleichbar und damit auch messbar sind. Solche Eigenschaften können u. a. die Dauer eines Vorganges, die Masse eines Körpers, die Länge einer Strecke, das Fassungsvermögen eines Gefäßes usw. sein. Ausgehend von real existierenden Objekten können diese Eigenschaften mittels eines Messverfahrens den Repräsentanten zugeordnet und durch einen Abstraktionsprozess eine Klassenbildung vorgenommen werden.

Beispiel:

Gegeben sei eine Menge von Gegenständen, die sich darin unterscheiden, dass sie leichter oder schwerer sind als (Ordnungsrelation) ein anderer Gegenstand (z. B. das Wägestück von 1 kg). Aufgrund der Eigenschaft „gleich schwer" (Äquivalenzrelation) kann eine Klassenbildung vorgenommen werden. Damit wird die Größe der Art Masse gebildet. Ein einzelner Gegenstand ist dann beispielsweise ein Repräsentant der Masse mit einer Angabe von einem (zwei, fünf, …) Kilogramm.

Das Ergebnis eines solchen Vergleiches kann mit Relationsbegriffen wie z. B. „… dauert so lange wie …", „… ist so schwer wie …", „… ist so lang wie …" usw. beschrieben werden. Alle die Repräsentanten, die durch das gleiche Messverfahren der gleichen Klasse (Äquivalenzklasse) zugeordnet sind, gehören damit auch zur gleichen Größe. Anders gesagt: Jede Klasse, die genau die Elemente enthält, die bei Anwendung des gleichen Messverfahrens das gleiche Ergebnis aufweisen, heißt *Größe*.

Alle Größen, die zur gleichen Qualität gehören, bilden einen *Größenbereich*. Ein Größenbereich umfasst alle Größen gleicher Art. In älterer didaktischer Literatur[88] wird die Gesamtheit aller möglichen Größen eines Merkmals von Gegenständen, Zuständen oder Vorgängen auch als *Größenart* oder Größe einer bestimmten Qualität bezeichnet.

In einem Größenbereich kann man addieren und es gelten die Rechengesetze wie bei den natürlichen Zahlen. Allerdings gibt es keine Nullgrößen.[89] Größen können vervielfacht werden, man kann Größen innerhalb eines Größenbereiches aber nicht multiplizieren.[90]

Zur Bezeichnung von Größen nutzt man Zahlenwert und Einheit. Eine **Größenangabe** ist somit das Produkt aus Zahlenwert und Einheit. Fünf Kilogramm sind daher mit 5 mal 1 kg (5 ist dabei der Zahlenwert und kg ist die Einheit) beschrieben. Dabei sind die *Einheiten* willkürlich aus einer Menge gleichartiger Größen ausgewählte zum Zwecke des Meinungsaustausches vereinbarte eindeutig definierte Größen (z. B.: 1 cm, 1 kg, 1 h).[91]

Ein und dieselbe Größe kann unterschiedlich angegeben werden:

– Größenangaben in einer Einheit (5300 g)
– Größenangaben in zwei Einheiten (5 kg 300 g)
– Größenangaben in dezimaler Schreibweise (5,3 kg)

---

[88] Lehrmaterial zur Ausbildung an Instituten für Lehrerbildung, MATHEMATIK, Beiträge zur Methodik des Mathematikunterrichts der unteren Klassen, Teil 2, 1987.

[89] Zu weiteren Informationen vgl. Kirsch, A. (1970)

[90] Aus physikalischer Sicht ist es durchaus möglich und sinnvoll, Größen miteinander zu multiplizieren. Dabei entstehen allerdings Größen einer neuen Art, das Ergebnis der Multiplikation ist nicht mehr Element des ursprünglichen Größenbereiches; multipliziert man z. B. zwei Größen des Größenbereichs der Längen, erhält man ein Element des Größenbereiches der Flächen(größen).

[91] Als Einheiten könnten auch nicht standardisierte Einheiten gewählt werden.

Größenangaben in zwei Einheiten werden anfangs in der Regel in Verbindung
z. B. mit dem Legen von Geldbeträgen (es werden Euro- und Centmünzen verwendet), dem Messen von Längen (erst ganze Meter…) usw. behandelt. Dabei
erfahren die Kinder, dass zwar zwei Zahlenwerte auftreten, aber es sich hier nur
um eine Größe handelt. Es empfiehlt sich für das Darstellen von Größenangaben in dezimaler Schreibweise folgendes Vorgehen, das am Beispiel der Größe
Geldwerte illustriert wird:

- 7 € 15 ct

- in einer Tabelle

€	ct
7	15

- 7,15 €

Durch die letzte Darstellung erkennen Kinder, dass die Größenangabe in dezimaler Schreibweise als eine Art der Verkürzung der Angabe mit zwei Einheiten
gesehen werden kann. Nicht günstig ist es, das Komma als sogenanntes Sorten-
trennungszeichen zu verwenden. Die Lehrkraft wird deshalb sicherlich in dieser
Phase mit zweistelligen Zahlenwerten bei der Angabe der kleineren Einheit
arbeiten. Für Kinder stellen sich dann recht schnell die Größenangaben 7,5 m
und 7 m 5 cm als gleiche Größe dar.

In vielen Rahmenlehrplänen des Mathematikunterrichts wird bei Größenangaben in dezimaler Schreibweise auf eine normierte Sprechweise verwiesen.

Beispiel: Geschrieben wird 7,15 € (Euro); aber gesprochen wird: „7 Euro 15"
oder „7 Euro, 15 Cent."

Wichtig ist die richtige Zuordnung zu den Stellenwerten, die Einsicht, dass bei
nicht besetzten Stellen Nullen zu notieren sind. Treten z. B. keine Vielfachen von
10-Cent auf, muss an der ersten Stelle nach dem Komma eine Null erscheinen,
4 € und 7 ct wird also als 4,07 € geschrieben. Treten keine „ganzen" Euro, sondern nur Cent auf, wird eine Null vor dem Komma geschrieben, also z. B. für
99 ct wird 0,99 € geschrieben. Bewährt hat sich an dieser Stelle die Verwendung
von Stellentafeln, um Fehler wie 7 Euro und 5 Cent als 7,5 € zu schreiben, zu vermeiden. Unter dem Aspekt der Stellenwertschreibweise ist auch die Verwendung der Einheit dm im Größenbereich der Längen sinnvoll, treten keine dm
auf, ist an der ersten Stelle nach dem Komma eine Null zu schreiben 3 m und 4 cm
sind also als 3,04 m und nicht als 3,4 m[92] zu schreiben.

Wird eine Größenangabe durch eine andere ersetzt, so sprechen wir vom
Umwandeln (Umrechnen) oder vom Verfeinern bzw. vom Vergröbern der Maß-
einheiten. Hier werden folgende Fälle unterschieden:

---

[92] Die Sprechweise „das Komma trennt die Einheiten" ist nicht günstig und führt häufig zu Fehlern,
wie das Notieren von 3 km und 5 m als 3,5 km.

– Umwandeln einer Größenangabe mit einer Einheit in eine Größenangabe mit einer kleineren bzw. mit einer größeren Einheit
  (5 cm = 50 mm, 200 ct = 2 €)
– Umwandeln einer Größenangabe mit einer Einheit in eine Größenangabe mit zwei Einheiten und umgekehrt
  (120 cm = 1 m 20 cm, 5 € 30 ct = 530 ct)
– Umwandeln einer Größenangabe mit einer Einheit in eine Größenangabe in dezimaler Schreibweise und umgekehrt
  (120 cm = 1,20 m, 5,30 € = 530 ct)
– Umwandeln einer Größenangabe mit zwei Einheiten in eine Größenangabe in dezimaler Schreibweise und umgekehrt
  (5 kg 234 g = 5,234 kg, 7500 m = 7,5 km)

Mit Ausnahme des Größenbereiches Geldwerte handelt es sich bei den in der Grundschule behandelten Größen um physikalische Größen. Die Größenbereiche Längen, Flächeninhalt und Rauminhalt werden in der Literatur sowohl den physikalischen als auch den geometrischen Größen zugeordnet.

Beim Arbeiten mit Größen bietet es sich an, historische Aspekte, wie z. B. die Entstehung von Einheitsnamen in unserem und in anderen Ländern zu thematisieren.

Um im Handel international verständlich mit Einheiten und Maßen umgehen zu können, schlossen sich viele Staaten dem Internationalen Einheitssystem (SI-System) an.

Dieses SI-System unterscheidet die Größenarten nach 7 **Basisgrößenarten** mit den dazu gehörenden **Basiseinheiten**[93], von denen in der Grundschulmathematik folgende genutzt werden:

Länge (Meter/m), Masse (Kilogramm/kg)[94], Zeit (Sekunde/s).

Weitere Basisgrößenarten und Basiseinheiten sind: Temperatur (Kelvin/K), Stoffmenge (Mol/mol) und Lichtstärke (Candela/cd). Die Auswahl der Basiseinheiten hat weitgehend historische und pragmatische Gründe, aber dennoch wurde dabei die Ableitung der übrigen Einheiten beachtet. Das bedeutet, dass das SI-System neben den Basiseinheiten abgeleitete und ergänzende Einheiten umfasst.

Außerdem wurden neben den Basiseinheiten systemfremde Einheiten zu gesetzlichen Einheiten erklärt. Das betrifft folgende Größen: das Volumen (Liter/l), die Zeit(spannen) (Minute/min, Stunde/h, Tag/d), die Masse (Tonne/t,

---

[93] Im BGBl.I.S.2272, Teil 1, Ausgabe Dezember 1985 wurden eine Reihe SI-systemfremde Einheiten zu gesetzlichen Einheiten erklärt.
[94] Im Grundschulunterricht wird zwischen Masse und Gewicht(skraft) in der Regel nicht unterschieden, obwohl das Gewicht keine Basisgrößenart ist und nicht in kg, sondern in Newton angegeben wird. Die Masse eines Körpers ändert sich z. B. auch in der Schwerelosigkeit nicht, sehr wohl aber sein Gewicht.

Gramm/g), die Temperatur (Grad Celsius/°C). Einheiten außerhalb des SI-Systems mit beschränktem Anwendungsbereich, die aber in den ersten vier Jahren der Grundschulzeit nicht explizit behandelt werden, sind u. a. die Flächenmaße von Grund- bzw. Flurstücken wie Ar/a oder Hektar/ha.

In manchen Rahmenlehrplänen wird auch auf die Behandlung alter Maße und damit auf nicht mehr verwendete Einheiten hingewiesen, wie z. B. Pfund, Zentner u. a. m., um auch Grundschulkindern historische Hintergründe zur Entwicklung des Maßsystems nicht zu verschließen.

Ebenso werden den SI-Einheiten dezimale Vorsätze, wie z. B. Kilo-[95], Hekto-, Dezi-, Zenti-, Milli- usw. zugeordnet, die ein Vergröbern oder Verfeinern der Basiseinheiten ermöglichen. Grundschulkinder sollten auch die Bedeutung dieser Vorsätze kennen lernen, um sich so u. a. auch Umrechnungszahlen zu erschließen.[96]

In den Rahmenplänen der Grundschule werden die Größenbereiche Geldwerte, Länge, Masse, Zeit sowie Flächen- und Rauminhalt thematisiert. Radatz/Schipper (1983), Franke (2002) und Peter-Koop/Nührenbörger (2007) stellten jeweils in einer Übersicht grundlegende Begrifflichkeiten der zu behandelnden Größenbereiche dar.

Größenbereich	Repräsentanten	Einheiten	Ordnungsrelation	Äquivalenzrelation
Geldwerte	Münzen und Scheine (in verschiedenen Währungseinheiten und Sorten)	1 €, 1 ct	„ ... ist mehr wert als ...“ „ ... ist weniger wert als ...“	„ ... ist wertgleich ...“ „ ... sind genauso viel wert wie ...“
Länge	Strecken, Stäbe, Kanten, Weglängen/ Straßenlängen	*standardisiert:* **1 m**, 1 cm, 1 dm, 1 mm, 1 km nicht standardisiert: Handbreite, Fingerbreite, Fußlänge alte Maße: Elle (50 cm), Seemeile (1,852 km), Fuß (33,3 cm), ...	„ ... ist länger als ...“ „ ... ist kürzer als ...“ „ ... ist so lang wie ...“	gleiche Länge „ ... ist gleich lang“

---

[95] Die Basisgröße der Masse hat aus historischen Gründen bereits den Vorsatz „Kilo“ (Urkilogramm)

[96] Ausführliche Hinweise zum SI-System können z. B. aus Trapp (1992) entnommen werden.

Zeit/ Zeitspannen	Vorgänge, Handlungsabläufe (Dauer einer Zugfahrt)	standardisiert: **1 s**, 1 min. 1 h, 1 d, eine Woche, ein Monat, ein Jahr nicht standardisiert: zählen bis . . ., n-mal ist der Sand/ das Wasser durchgelaufen	„. . . dauert länger als . . .", „. . . dauert kürzer als . . ."	„. . . dauert genauso lange wie . . ."
Masse/ Gewicht	Personen, Gegenstände, Wagestücke	standardisiert: **1 kg**, 1 g, 1 mg, 1 t, 1 dt nicht standardisiert: Murmeln, Klammern alte Maßeinheiten; 1 Pfund (1 Pfd = 500 g), 1 Zentner (1 Ztr = 50 kg)	„. . . ist schwerer als . . .", „ist leichter als . . ."	„gleichschwer" „. . . ist genauso schwer wie . . ."
Flächeninhalt	Schulhoffläche, Klassenraumfläche, Spielflächen und Flächen ebener Figuren	standardisiert: $1 mm^2$, $1 cm^2$, $1 m^2$, 1 a, 1 ha, $1 km^2$ nicht standardisiert: Meterquadrat, Plättchen	„. . . hat weniger Fläche als . . ." „. . . hat mehr Fläche als . . ."	„zerlegungsgleich" „. . . hat die gleiche Fläche wie . . ."
Rauminhalt (Hohlmaße, Volumen)	Töpfe, Gläser, Flaschen Körper (Würfel, Quader, . . .)	standardisiert: 1 l, 1 ml, 1 hl $1 mm^3$, $1 cm^3$, $1 m^3$ nicht standardisiert: Meterwürfel, Zentimeterwürfel	„. . . hat mehr Inhalt . . .", „. . . hat weniger Inhalt . . ." „. . . passt mehr/weniger hinein . . ."	„inhaltsgleich" „ hat genau so viel Inhalt wie . . ."

3.4.2 Anregung zur Entwicklung inhaltlicher Kompetenzen

Laut Bildungsstandards sollen die Kinder bis zum Ende der Klasse 4 folgende Kompetenzen bezogen auf die Leitidee „Größen und Messen" erworben haben.

Wissen über die Größenbereiche und ihre Repräsentanten, Bezeichnungen und ihre Relationen	subjektive Erfahrungsbereiche aus Sach- und Spielsituationen nutzen direktes Vergleichen von Repräsentanten einer Größe unter Verwendung von Relationsbegriffen indirektes Vergleichen von Repräsentanten mit nicht standardisierten Einheiten unter Verwendung von Relationsbegriffen indirektes Vergleichen mit standardisierten Einheiten (Äquivalenzrelationen), Aneignen von Wissen über typische Einheiten zu spezifischen Größenbereichen und deren Benennungen, Beziehungen der Einheiten innerhalb eines Größenbereiches, Sprech- und Schreibweisen der Größenangaben, mögliche Fälle des Angebens von Größen Kenntnisse über Einheiten systematisieren Bedeutung von Vorsilben erkunden historische Aspekte erkunden
Fähigkeiten in Bezug auf das Messen und Schätzen von und Rechnen mit Größen sowie die Klassifizierung von Messinstrumenten	Messen als ein Vergleichen, wie oft ein Repräsentant einer (als Einheit dienenden) Größe in einem zu messenden Repräsentanten einer anderen Größe gleicher Art enthalten ist Messen an und mit unterschiedlichen Messinstrumenten verstehen Schätzen als ein gedankliches Vergleichen, wie oft in einem zu schätzenden Repräsentanten einer Größe ein Repräsentant einer Größe gleicher Art, von dem man genauer Stützpunktvorstellungen hat, enthalten sein könnte (Prozess vom naiven Raten einer Maßzahl bis zum Verwenden eigener Stützpunktvorstellungen) Mess- und Schätzstrategien erwerben Erkennen der Notwendigkeit und Bedeutung des Schätzens Aneignen von Strategien (oder Regeln) zum Umrechnen von Größenangaben und Aneignen von Strategien für das Rechnen mit Größen unter Nutzung aller möglicher Fälle Messen mit Messgeräten unter Angabe von nicht standardisierten Einheiten (Körpermaße, Sanduhren, selbst gebastelte Balkenwaagen u. a. m.) und Messen mit Messgeräten unter Nutzung standardisierter Einheiten (Lineal, Analoguhr, Waagen mit genormten Wägestücken) Erkunden der Funktionen von Messgeräten und Bauen von Messgeräten
Vorstellungen über Größen im Sinne von Stützpunktvorstellungen	über Schätz- und Messübungen individuelle Festwerte (Stützpunktvorstellungen) erwerben geschätzte Werte im Hinblick auf „Sinn oder Unsinn" hinterfragen zu Sachproblemen mit Größenangaben Vermutungen zu Lösungsergebnissen unter Nutzung von Größenvorstellungen äußern

Die Entwicklung inhaltlicher Kompetenzen schließt unwillkürlich die Entwicklung allgemeiner Kompetenzen mit ein, wie in den folgenden Beispielen deutlich werden wird.

So müssen die Kinder beim Arbeiten mit Problemaufgaben, deren Informationen Größenangaben beinhalten, natürlich ihr Wissen über Größen und vor allem ihre Größenvorstellungen einbeziehen, Modellierungsprozesse bewältigen, die dabei ermittelten Ergebnisse hinterfragen und ihren Wahrheitswert (Kann das stimmen?) überprüfen können. Methoden beim Schätzen und Messen müssen erkundet und für andere verständlich beschrieben werden. Ebenso ist ein gemeinsames Arbeiten und Verständigen gerade beim Experimentieren, einer besonderen Möglichkeit beim Arbeiten mit Größen, angeraten und notwendig. Häufiger als in anderen Themenbereichen müssen die Kinder Informationen zu Größenangaben in Tabellen, Streckendiagrammen, in Skizzen, in Schaubildern usw. darstellen, vergleichen und bewerten. Kurzum kann festgestellt werden, dass das Arbeiten mit Größen nicht nur die Entwicklung allgemeiner Kompetenzen umfasst, sondern auch die spezifisch inhaltlichen Aspekte für die Entwicklung von Kompetenzen anderer Themenbereiche des Mathematikunterrichts dienlich sind.

Welche Aspekte halten wir nun mit Blick auf die Kompetenzentwicklung für besonders bedeutsam?

Exemplarisch werden wir Beispielaufgaben und Anregungen zu folgenden Punkten geben:

(1) Kinder kommen auch bezogen auf die Leitlinie „Größen und Messen" nicht als „unbeschriebene Blätter" zur Schule
an vorhandene Erfahrungen der Kinder anknüpfen
(Vor)Erfahrungen erkunden

(2) Größenvorstellungen entwickeln

(3) Messen nicht nur mit fertigen Messinstrumenten
Instrumente zum vergleichenden Messen bauen

(4) Experimentieren im Mathematikunterricht
ein Beispiel zur Verbindung der Leitideen „Raum und Form" und „Größen und Messen"

(5) Für und wider: Berücksichtigung einer didaktischen Stufenfolge?
den Einsatz bei der Behandlung von Größen kritisch beleuchten

(1) Kinder kommen auch bezogen auf die Leitlinie „Größen und Messen" nicht als „unbeschriebene Blätter" zur Schule

Bevor die Kinder zur Schule kommen, haben sie bereits im außerschulischen Kontext **unterschiedliche Erfahrungen** zum Größenbegriff, zu Bezeichnungen und zum Messen von Größen erworben[97]. Die Kinder haben erlebt, wie Erwachsene eine Länge (in der Wohnung, im Garten, . . .) mit einem Maßband bestimmen, wie im Supermarkt Gemüse ausgewogen wird, dass es im Sommer heiß

---

[97] vgl. Grüßing/Peter-Koop (Hrsg.) (2006): Die Entwicklung mathematischen Denkens in Kindergarten und Grundschule

(heute sind mehr als 30°) im Winter kalt (heute sind − 6°) ist, bis zur Lieblingssendung im Fernsehen sind noch 20 min und vieles andere mehr. Vielleicht wird ja auch die Größe der Kinder regelmäßig ermittelt, die Kinder können anhand der „Strichliste" im Kinderzimmer sehen, in welchen Zeiträumen sie viel und in welchen Zeiträumen sie wenig gewachsen sind. Auch das eigene Gewicht (Masse) kennen sie vielleicht und haben erlebt, dass Mama viel schwerer ist, weil man nicht so richtig mit ihr wippen kann. Diese Erfahrungen dürfen auf keinen Fall ungenutzt bleiben und neues Wissen sollte darauf aufgebaut werden.

Bereits in der Aufzählung ist deutlich geworden, wie wichtig Anregungen im Elternhaus sind. Das bedeutet, dass Sie auch bei den Erfahrungen, die Kinder zum Umgang mit Größen und Messinstrumenten in den Unterricht mitbringen, mit einer enormen Heterogenität rechnen müssen. Umso wichtiger ist es, detailliert das Vorwissen der Kinder zu erkunden und den Kindern Gelegenheiten zu geben, Erfahrungen zu sammeln und vorhandene Erfahrungen zu systematisieren.

Auf einige Untersuchungen zum Vorwissen von Schulanfängern, die diese Unterschiedlichkeit zeigen, sei hier hingewiesen.

Lafrenz und Eichler[98] haben Schulanfängern u. a. folgende Aufgaben zum Vergleich von Längen und Flächen vorgelegt.

(1) Welcher Käfer hat den kürzeren Weg zur Himbeere?
Die im Bild dargestellten „Wege" waren mithilfe von Drähten gegeben.

Abb. 3.4.1 Längenvergleich

(2) Der größere Frosch wohnt im größeren Teich. Setze ihn dorthin.
Die Teiche wurden vor die Kinder gelegt und konnten so bei Bedarf nebeneinander oder übereinander gelegt werden. Die Frösche lagen ausgeschnitten vor.

---

[98] Vgl. Lafrenz, H. / Eichler, K. P. (2004)

Abb. 3.4.2 Flächenvergleich 1

(3) Wer hat den größeren Drachen?
Auf dem Tische lagen passende Quadrate und rechtwinklige Dreiecke, die zum
Auslegen der Flächen hätten genutzt werden können. Eine entsprechende Auf-
forderung wurde aber nicht gegeben.

Abb. 3.4.3 Flächenvergleich Drachen

Das unterschiedliche Anforderungsniveau der Aufgaben ist offensichtlich und
wiederspiegelt sich auch in den Ergebnissen.

Die Hälfte der befragten Kinder zeigten sich in der Lage, die ersten beiden Aufgaben zu lösen, sie hatten Konzepte, die es ihnen ermöglichten, einen korrekten
Längen- bzw. Flächenvergleich vorzunehmen.

Dabei waren ganz unterschiedliche Vorgehensweisen zu beobachten, die unterschiedlichen Niveaustufen des Vergleiches zugeordnet werden können. Es gab Kinder, die „gesehen" haben, welcher Weg länger ist, die durch einen Blick festgestellt haben, welcher Teich größer ist. Dann gab es Kinder, die die durch das Material gegebenen Möglichkeiten des direkten Vergleichs (aneinander- bzw. aufeinanderlegen) nutzten und auf diese Weise zum korrekten Ergebnis kamen. Und schließlich gab es Kinder, die mit einer selbst gewählten Einheit (Fingerbreite) den Längenvergleich der Aufgabe 1 vornahmen.

Es zeigten sich aber auch bei der Bearbeitung dieser beiden Aufgaben eine Reihe von Fehlkonzepten, z. B. konnte beobachtet werden, dass der wahrgenommene Abstand der Käfer zur Himbeere als Entscheidungsgrundlage genommen wurde und die „Luftlinie" ist für den Marienkäfer ja auch kürzer.

Die Aufgabe zum Flächenvergleich der Drachen konnte dagegen nur ca. ein Drittel der befragten Kinder lösen, was nicht verwunderlich ist, da kein direkter Vergleich möglich war und auch der Begriff Flächengröße bei Schulanfängern nicht vorausgesetzt werden kann. Bei der Bearbeitung dieser Aufgaben argumentierten die Kinder mit der Form der Drachen: Vierecke sind größer als Dreiecke; mit der Position der Drachen auf dem Bild: Drachen, die weiter oben sind, sind größer; aber auch der Anzahl der Teilfiguren, aus denen ein Drachen besteht. Es gab wenige Kinder, die von sich aus zu den bereit liegenden Plättchen griffen und diese für einen Größenvergleich nutzten.

Auch wenn die Kinder, wie in dieser Untersuchung, einen Längenvergleich recht gut bewältigen, bedeutet das noch nicht, dass sie auch Vorstellungen zu Standardmaßen der Länge haben. Wir haben Kindergartenkindern im April/Mai vor ihrer Einschulung u. a. drei Schnüre (25 cm, 1 m und 1,75 m) vorgelegt mit der Frage, welche dieser drei Schnüre wohl 1 m lang ist. Ganz deutlich wurde, dass die Kinder geraten haben, in der Mehrzahl wurde die längste Schnur herausgesucht. Auch, wenn die Kinder (was nicht häufig der Fall war) ihre Körpergröße benennen konnten, half dies selten bei der Antwortfindung, eine Beziehung zwischen dieser Größe und der Länge der vor ihnen liegenden Schnur konnte meist nicht hergestellt werden.

Größen, insbesondere die Größe Geld werden auch im Arithmetikunterricht verwendet, um den Kindern den Zugang zum Rechnen zu erleichtern, „stell Dir das doch mit Geld vor" ist ein nicht selten zu findender Hinweis.

Wir haben allerdings feststellen müssen[99], dass Kinder nicht das notwendige Wissen und Können im Umgang mit Geld in den Unterricht mitbringen, um dies zur Unterstützung im Arithmetikunterricht zu nutzen. So haben wenige Kinder (38 % der Jungen und 19 % der Mädchen, die wir befragt haben) eigene Einkaufserfahrungen, die ganz wesentlich für die Entwicklung von Wertvorstellungen, von Erfahrungen zum Um- und Einwechseln sind. So war die Mehrheit der

---

[99] Vgl. Grassmann, M. u. a. (2005)

Kinder auch nicht in der Lage herauszufinden, wie viel Geld vor ihnen lag, wobei die Lösungshäufigkeit weiter abnahm, wenn sowohl Euro- als auch Centmünzen vor den Kindern lagen. Das Sortieren nach dem Wert gelang der Mehrzahl der Kinder nur, wenn Münzen einer Einheit vor ihnen lagen. Bei der Entscheidung, welches von zwei Kindern 5 € richtig gewechselt hat, war für die Mehrzahl der Kinder die Anzahl der Münzen und nicht der Gesamtwert entscheidend.

Es zeigt sich also immer wieder, dass wir uns auf pauschale Aussagen „Kinder können dies und jenes, ...“; „Kinder sind noch nicht in der Lage, ...“ nicht verlassen können, dass stets wieder genau hinzuschauen ist, dass Vorwissen und Erfahrungen der Kinder auch zur Leitidee „Größen und Messen“ detailliert zu erkunden sind, um im Unterricht daran anknüpfen zu können.

Die Kinder müssen Gelegenheiten erhalten, ihre Erfahrungen zu zeigen, zu erläutern, wie sie zu Ergebnissen gekommen sind, welche Gedanken sie sich bei der Lösung der Aufgaben gemacht haben. Besonders in der Kommunikation mit den Kindern, beim geduldigen Zuhören und Nachfragen können wir viel über die Gedanken der Kinder erfahren. Dabei werden dann auch die allgemeinen (prozessbezogenen) Kompetenzen weiterentwickelt.

Wichtig ist also bei der Einführung jedes neuen Größenbereiches die Erfahrungen der Kinder herauszufordern, den Kindern die Möglichkeiten zu geben, Erfahrungen zu artikulieren und zu systematisieren.

(2) Größenvorstellungen entwickeln

Bei der Behandlung von Größen im Unterricht stehen noch immer das Messen und das Rechnen mit Größen im Vordergrund. In den Bildungsstandards wird von **„Vorstellungen über Größen im Sinne von Stützpunktvorstellungen“** als einem wichtigen Schwerpunkt gesprochen.

Was ist mit Größenvorstellungen gemeint und warum sollte man Größen, Anzahlen und damit auch Ergebnisse insbesondere von (Sach-) Aufgaben abschätzen können, warum sind Größenvorstellungen so wichtig?

Schon Adam Ries hat festgestellt „Ein jedermann soll rechnen lernen, damit er nicht betrogen werde“. Und diese Feststellung sollte nicht zu eng auf das Rechnen bezogen werden, es ist anzustreben, einen kritischen Blick auf Zahlen, die uns präsentiert werden und die wir errechnet haben, zu behalten bzw. zu erwerben[100].

Schrillen bei Ihnen die Alarmglocken, wenn Sie lesen, dass viertausend Araber eifrig gestikulierend neben Kamelen herlaufen und ihre 600000 weißen Zähne in der Sonne blitzen; wenn die Deutschen nun schon 18 Millionen Eier im Jahr essen und das 226 Stück pro Person sind, wenn ein Hühnerei 12 kg, ein Tischtennisball dagegen 2 mg wiegen soll? Wie viele Zähne hätte dann jeder Araber, wie viele Deutsche gibt es ungefähr? – das sind Fragen, die uns helfen zu erkennen,

---

[100] Man denke hier an Freudenthals „Mathematik als Geistesverfassung“ – vgl. Kapitel 2

dass diese Zahlen nicht stimmen können. Machen wir z. B. aus den 18 Millionen 18 Milliarden Eier, kann jeder der fast 80 Millionen Deutschen wirklich 226 Eier im Jahr essen. Auch Mütter, die 4,50 m groß sind oder nach einer Diät nur noch 25 kg wiegen, sollten von Kindern nicht akzeptiert werden. Größenvorstellungen sind also u. a. dafür notwendig, dass Ergebnisse von Sachaufgaben kritisch überprüft werden, dass nicht alle Zahlenangaben, die uns täglich überfluten, hingenommen werden.

Was bedeuten nun Stützpunktvorstellungen und wie können Kinder diese erwerben.

Bezogen auf den Mathematikunterricht bedeutet das, dass Kinder beim Messen und Schätzen in jedem Größenbereich zu selbst ausgewählten Repräsentanten individuelle Festwerte ermitteln, diese beim Schätzen, Vermuten und auch Kontrollieren von Ergebnissen nutzen und sich einprägen. Sukzessive sollten sich daraus Stützpunktvorstellungen als ein Instrumentarium entwickeln, welches beim Ermitteln von Näherungswerten (Schätzwerte) bedeutsam und notwendig ist. Dieses muss natürlich an Aufgaben erfolgen, deren Inhalte den Kindern für einen Schätzvorgang sinnvoll erscheinen und motivierend sind.

Stützpunktwissen kann sich also nur im Zusammenhang mit dem Messen entwickeln.

Kinder können Beispiele für Repräsentanten bestimmter (Einheits-) Größen zusammentragen, die ihnen dann beim Schätzen und Überprüfen hilfreich sein können. Nicht in jedem Fall ist eine unmittelbare Größenerfahrung möglich. Es gibt viele Größen, die man sich nur mittelbar „vorstellen" kann. Besonders bei Massen/Gewichten wird das deutlich. Wie können sich Kinder die Masse einer Tonne vorstellen? Dies geht nur mittelbar, indem z. B. die Frage gestellt und beantwortet wird, wie viele Kinder auf eine Waage gestellt werden müssten, um einen Kleinwagen von 1t Gewicht aufzuwiegen. Reichen da die Kinder unserer Klasse? Müssen wir die Lehrerin noch dazu nehmen, oder Kinder aus der Parallelklasse? In diesem Zusammenhang ist auch darauf hinzuweisen, dass Aufgaben mit Größen, die wir den Kindern vorlegen, realistische Größenangaben enthalten sollten, dass eben ein Eisenbahnwagen[101] nicht eine Masse von 50 kg haben darf, nur weil die Kinder mit dieser Zahl gut rechnen können. Natürlich können und sollen auch „unsinnige" Größenangaben auftreten, aber dann mit dem Ziel, Kinder zu sensibilisieren, die Frage zu diskutieren, was kann hier nicht stimmen, was müsste geändert werden, um so an die Erfahrungen der Kinder anzuknüpfen.

Es könnten den Kindern also Texte wie der folgende vorgelegt werden, mit der Aufgabenstellung:

Hier stimmt manches nicht, kannst du es herausfinden und durch richtige Größenangaben ersetzen?

---

[101] Vgl. Grassmann (1995)

Die Kinder unserer Klasse wurden gemessen und gewogen. Der größte Schüler unserer Klasse ist 157 cm groß und wiegt 360 g. Peter ist nur 136 dm groß und wiegt aber schon 46 kg. Ulrike hat ein Brüderchen bekommen, das bei der Geburt 5,2 cm groß und 3250 kg schwer war.

Peter hat aus einem 2 Pfund-Brot 25 Scheiben geschnitten, Tanja meint, dass dann ja eine Scheibe Brot 400 mg wiegt.

Alex hat seinen Koffer am Flughafen aufgegeben, er wog 200 kg und er musste keine zusätzlichen Gebühren bezahlen.

Stützpunktvorstellungen und Fähigkeiten zum Schätzen können sich nur in Verbindung mit dem Messen entwickeln, sonst bleibt es beim Raten der Kinder. Wichtig ist, dass im Unterricht vielfältige Möglichkeiten zum Schätzen geboten werden. Im Rahmen eines Arbeitens an Stationen können ganz unterschiedliche Schätzstationen aufgebaut werden. Derartige Stationen zum Schätzen können auch in einer „Schätzecke" im Klassenraum aufgebaut und immer wieder ergänzt werden.

So könnte z. B. eine Schätzstation zur Masse von Kindern selbst gestaltet aussehen.

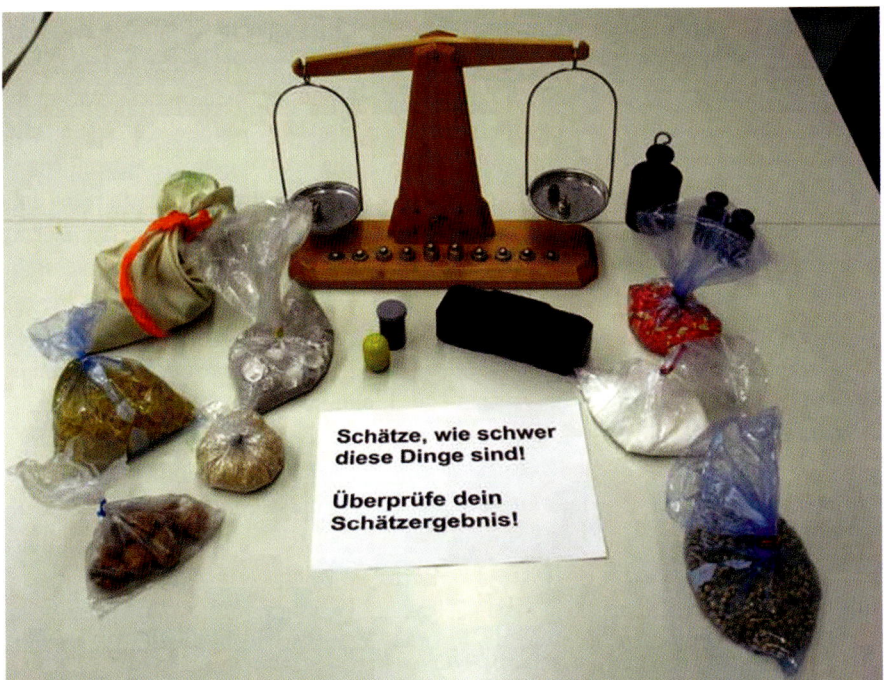

Abb. 3.4.4 Station zum Schätzen

Mit dem Schätzen eng verbunden ist das Vergleichen von Größen, insbesondere bei der Masse. So können in die Arbeit an Stationen auch Vergleiche von Gewichten (Massen) einbezogen werden und Aufgaben wie z. B. die folgende gestellt werden.

Abb. 3.4.5 Station zum Vergleichen von Massen

Wichtig ist hierbei, dass die durch Fühlen zu vergleichenden Gegenstände die gleiche Form und Größe haben, dass nur der Inhalt unterschiedlich ist, da dann die Kinder eine Chance haben, einen korrekten Vergleich vorzunehmen.

Legt man auf eine Hand ein 1-Ct-Stück und auf die andere 1 DINA 4 Blatt, wird in der Regel das Centstück als schwerer empfunden, obwohl es leichter ist, beim Fühlen spielt der Druck und damit die Größe der Auflagefläche der zu vergleichenden Gegenstände eine entscheidende Rolle, probieren Sie es selbst aus.

All diese Aufgabenstellungen dienen der der Ausbildung von Stützpunktvorstellungen.

Bedeutsam werden solche Stützpunktvorstellungen erst dann, wenn die Kinder die Daten dafür aus ihrem persönlichen Umfeld entnehmen können und diese auch für sie einen hohen Authentizitätswert haben. So ist es zwar interessant, dass die Brandenburger Straße in Potsdam vom Brandenburger Tor bis zur Kirche Peter und Paul genau einen Kilometer lang ist [102], aber wichtiger ist, dass die Kinder Strecken der Länge 500 m, 1 km in ihrem Heimatort finden. In diesem Zusammenhang bietet es sich an, die Größenbereiche Zeit und Länge miteinander zu verknüpfen, wie lange benötige ich zu Fuß, mit einem Fahrrad, um einen Weg von 1 km zurückzulegen.

---

[102] Vgl. Primo Mathematik Schülerbuch Klasse 3 S. 54–55, Schroedel 2009

So bietet sich das Gestalten eines Größenmuseums an. Dieses Größenmuseum soll nicht nur eine einfache und starre Materialsammlung sein, sondern sollte immer im Sinne des Spiralprinzips weiter entwickelt und für ein operatives Arbeiten im Mathematikunterricht genutzt werden. Während der Behandlung der entsprechenden Größenbereiche bauen die Kinder im Klassenraum dazu z. B. ein Meter- oder Kilogrammmuseum auf.

Sie erstellen oder sammeln dazu Repräsentanten der jeweiligen Größenbereiche, beschreiben diese mithilfe entsprechender Größenangaben, formulieren dazu Eigenproduktionen (Aufgaben dazu erfinden), stellen eventuell dazu Erkundungsaufgaben und deren Lösungen vor und ordnen diese Arbeiten dann in die vorgegebene Struktur ein. Hier ergeben sich Möglichkeiten, Formen des Darstellens zu entwickeln sowie die Darstellungen der Mitschüler miteinander zu vergleichen und zu bewerten.

Wichtig ist dabei, dass die Kinder erleben, wie ihnen die eigenen Stützpunkvorstellungen bei Schätzen von Größenangaben bzw. beim Entwickeln von Vermutungen oder beim Hinterfragen und Überprüfen ermittelter Lösungen z. B. bei Problemaufgaben mit Größen hilfreich und auch notwendig sind. Eingeschlossen darin ist ein Reflektieren zu den dabei genutzten Schätzstrategien, wie z. B. indirektes Vergleichen, indirektes mentales Vergleichen oder das Anwenden von Rechenstrategien[103].

Sie werden in Ihrer Lehrtätigkeit auch immer wieder beobachten, dass das Entwickeln von Größenvorstellungen von Größenart zu Größenart unterschiedlich ist. Das hat viel mit den Erfahrungen der Kinder im Umgang mit den jeweiligen Größenarten zu tun, aber diese Unterschiede liegen auch in der Sache selbst begründet. So ist es bei der Größe „Länge" weniger schwierig, Vorstellungen zu entwickeln, aber schon bei der Masse erleben die Kinder, dass große Gegenstände nicht unbedingt schwer sein müssen und dies gilt auch in umgekehrter Weise. Ein Kopfkissen mit 500 g Federn gefüllt ist genauso schwer wie die wesentlich kleinere 500 g Packung Margarine. Noch schwieriger wird es, wenn Größenvorstellungen zur Zeitdauer entwickelt werden sollen. Hier zeigt sich der subjektive Faktor für das Zeitgefühl im besonderen Maße: 10 min mit Freunden spielen vergehen im Fluge im Gegensatz zu den 10 min, die man beim Zahnarzt warten muss.

In einem Zeitmuseum können z. B. auch Perlenketten (eine Perle steht für ein Jahr) oder ein Papierstreifen (1 cm Länge steht für ein Jahr) ausgelegt werden, die Kinder z. B. zu Daten ihrer Familie (Alter der Mutter, des Vaters, der Geschwister, …) erstellt haben. Zu diesen Ketten können dann vielfältige Rechengeschichte erfunden bzw. formuliert werden (vgl. Abb. 3.4.6)

---

[103] vgl. Grassmann (2006), S. 31

Abb. 3.4.6 Lebensketten

Um eine Vorstellung von Zeitspannen, ein Zeitgefühl zu entwickeln müssen die
Kinder die Möglichkeit erhalten, festzustellen, wie viel Zeit sie für bestimmte
Vorgänge, Handlungen benötigen. Dazu können z.B. Aufgaben gestellt
werden, wie:

Kann das stimmen? Kreuze an!

Tätigkeit	Zeitdauer	ja	nein
Vor- und Nachnamen schreiben	5 min		
Einmaleins der 3 aufsagen	60 s		
Das ABC aufschreiben	30 min		
Das Obst aufessen, das ich mitgebracht habe.	20 s		
Die Mappe zum Ende des Schultages einpacken.	5 min		
Eine Seite im Lesebuch lesen.	5 min		
Einmal um den Schulhof laufen.	2 min		
Einen Kreis ausschneiden.	60 s		
Zehnmal einen Ball hochwerfen und wieder fangen.	120 s		

Überprüfe diese Angaben! Sprich über deine Schätzergebnisse!

Im Anschluss an die Bearbeitung dieser Aufgabe ist es unbedingt erforderlich, dass die Kinder die Dauer der jeweiligen Tätigkeiten messen. Denn ein Zeitgefühl kann sich nur entwickeln, wenn immer wieder Zeitspannen gemessen werden, damit Kinder Vergleichsgrößen erwerben können.

Bei der Größe Zeit kommen noch einige weitere Besonderheiten hinzu. Es gibt sich periodisch wiederholende Abläufe: z. B. Jahreszeiten, Schuljahre, ... und auf der anderen Seite sind Zeitabläufe linear und einmalig, was einmal abgelaufen ist, kann nicht wiederholt werden, es sei denn der Vorgang wurde z. B. auf Video aufgezeichnet. Will man also mit den Kindern entscheiden, welcher Vorgang z. B. das Aufschreiben des Namens oder das Aufsagen einer Einmaleinsreihe länger dauert, müssen diese Vorgänge zum gleichen Zeitpunkt beginnen und parallel ablaufen.

Vorstellungen zu sehr langen Zeitspannen können wiederum nur mittelbar erworben werden. Eine Möglichkeit bietet der von uns mehrfach erprobte Einsatz einer „Zeitdose".

Abb. 3.4.7 Zeitdose

Hier können vorgegebene oder von den Kindern selbst gewählte Ereignisse erkundet und auf einem „Zeitstrahl"[104] angeordnet werden. Dabei geht es vor allem um Relationen zwischen unterschiedlichen Zeitpunkten, die bei der An-

---

[104] Dieser „Zeitstrahl" beginnt der Geburt des Kindes und geht „rückwärts", so kann jedes Kind seine individuelle Zeitdose anfertigen.

ordnung der Ereignisse zu beachten sind (Länge der Abstände zwischen den Ereigniskarten). Häufig setzen die Kinder von sich aus Zeitpunkte von Ereignissen bzw. den Abstand zwischen zwei Ereignissen mit dem eigenen Lebensalter in Beziehung. Wenn sie dies nicht tun, sollte man sie dazu anregen. Kinder können dann selbst Aufgaben erfinden, wie:

– *Oma und Opa sind zusammen . . . Jahre alt*
– *Oma ist . . . .mal älter als ich*
– *Meine Schwester ist . . . mal jünger als mein Opa.*
– *Das erste Telefon wurde . . . Jahre vor meiner Geburt erfunden.*
– *Was ist 100 Jahre vor meiner Geburt passiert?*
– $3 \cdot 6 \cdot 100 + 43 \cdot 2 = \square$ *Was ist in diesem Jahr erfunden worden?*
– *MCLLLDXXVI   Was wurde in diesem Jahr erfunden?*

Der Kreativität der Kinder sind keine Grenzen gesetzt.

Weitere Möglichkeiten zum Festhalten von Stützpunktwissen und damit zur Entwicklung von Größenvorstellungen kann auch das Gestalten eines Größenbuches („Mein Größenbuch") sein. In diesem Büchlein werden alle Informationen zu den Größenbegriffen, Stützpunktvorstellungen, Aufgaben zum Umrechnen und Rechnen, Bilder zu entsprechenden Messgeräten, Eigenproduktionen zu selbst formulierten Aufgaben, Informationen zu erfassten Daten, die z. B. beim Messen ermittelt wurden, selbst erkundete Schätz-, Rechen- und Umrechnungsstrategien u. a. m. eingetragen. Darüber hinaus können in diesem oder einem weiteren Größenbüchlein persönliche Maße eingetragen werden. Dabei kann dann auch die Entwicklung seit der Geburt (was habe ich gewogen, wie groß war ich, wie sieht das heute aus) festgehalten werden.

Bei all diesen Aufgabenstellungen ergeben sich vielfältige Möglichkeiten zum Kommunizieren und Argumentieren, aber auch zum Darstellen und Problemlösen.

Zum Schätzen ist noch zu bemerken, dass dies nicht mit Raten verwechselt wird, dass zum Schätzen Erfahrungen mit Größen vorliegen müssen. Fragt man ein Kind, was meinst du, wie schwer ist ein Fahrrad, kann ein Kind, das noch nie eine Masse bestimmt hat, nicht weiß, wie schwer es selbst ist, noch nie ein Fahrrad versucht hat hochzuheben, nur raten.

Schätzen bedeutet, die Größe eines Gegenstandes durch Vergleich mit bekannten Größen, annähernd zu bestimmen. Also z. B. mein Fahrrad ist sicher schwerer als meine Schulmappe (5 kg) aber bestimmt auch leichter als ich (25 kg); und auf diese Weise können Kinder z. B. Größenordnungen bestimmen und erkennen, wenn eine Größenangabe z. B. 100 kg für ein Kinderfahrrad nicht stimmen können.

Gerade beim Schätzen von Größen ergeben sich vielfältige Kommunikations- und Argumentationsanlässe: wie hast du geschätzt, mit welcher Größe hast du verglichen, woher weißt du, wie schwer ein Buch ist, sind nur einige Kommunikationsanlässe, die zu Begründungen herausfordern.

(3) Messen nicht nur mit fertigen Messinstrumenten

Jede Lehrerin weiß, dass die Arbeit mit Größen auf der Idee des Messens basiert, praktisches und wie oben beschrieben gedankliches Messen werden dabei thematisiert. Den Begriff, die Grundidee des Messens – das Bestimmen eines Näherungswertes[105] unter Verwendung von Messgeräten durch den Vergleich mit einer festgelegten Einheit – verstehen Kinder nur durch den praktischen Vollzug der Handlung des Vergleichens. In vielen Messinstrumenten, z. B. in Waagen, ist dieses Vergleichen nicht mehr nachvollziehbar, wird nur noch eine, meist digital angezeigte, „Maßzahl" abgelesen. Nicht wenige Rahmenpläne stellen die Anforderung, mit **selbst gefertigten Messgeräten** zu arbeiten. Das kann bereits mit dem Erstellen eines eigenen Lineals beginnen, um Messskala und Funktionsweise dieses Messgerätes besser zu verstehen. Zahlreiche Lehrbücher bieten Bauanleitungen zum Bau eigener Messgeräte sowie dafür geeignete Aufgabenstellungen an.

Wichtig erscheint uns allerdings, dass die Ideen der Kinder herausgefordert werden, dass nicht nur Bauanleitungen abgearbeitet werden. Beim Bau eigener Messinstrumente müssen die Kinder z. B. entscheiden, was die Einheitsgröße sein soll, mit der die Größe anderer Objekte dann verglichen wird.

Wir konnten z. B. beobachten, wie Kinder einer zweiten Klasse unterschiedliche Uhren bauten. Vorangegangen war ein Messen der Zeitdauer zu bestimmten Vorgängen. Danach bauten einige Kinder die verwendeten Modelle nach, andere Kinder nutzten die angebotenen Materialien und bauten ähnliche Zeitmesser. Nur vier Jungen der Klassen wollten unbedingt eine neue Uhr – eine Feueruhr – erfinden. Sie zeichneten dazu einen Plan, um ihr Vorgehen der Lehrkraft verständlich zu machen. Dann suchten sie dazu passendes Material (ein Küchensieb und kleine Papierstückchen). Sie wollten die Papierstückchen im Sieb verbrennen und glaubten, dass dann die Asche wie bei der Sanduhr durch das Sieb rieseln würde. Für die Lehrkraft war das eine Herausforderung, dieses Experiment trotz seiner Gefährlichkeit (Umgang mit offenem Feuer) zuzulassen. (Die Kinder führten ihr Experiment am Waschbecken durch und die Lehrkraft sicherte auch die Umgebung entsprechend ab.) Aber beim Vollzug und Beobachten der Handlungen mussten die Kinder erkennen, dass auch das dabei verwendete Material bedeutsam für den erfolgreichen Ausgang des Experiments ist. Die Erkenntnis, dass die Asche zu leicht und von der Form her nicht geeignet ist, um durch das Sieb wie der Sand in der Sanduhr zu rieseln, war für sie bedeutsamer als das Vorweisen eines selbst gebauten Messgerätes. Nachdem alle Kinder ihre Uhren vorstellten, präsentierten diese vier Jungen recht selbstbewusst, welchen kognitiven Konflikt sie erlebten und wie sie diesen lösten. Diese Schüler haben die Messidee konstruktiv erlebt. Es wurde dabei deutlich, dass für sie

---

[105] Bei jedem Messvorgang wird „nur" ein Näherungswert ermittelt, Messwerkzeuge haben nur eine bestimmte Genauigkeit, z. B. kann mit einer Mikrometerschraube zwar genauer gemessen werden als mit einer Schiebelehre, trotzdem erhalten wir in beiden Fällen Näherungswerte.

nicht das Messinstrument, sondern die dabei vollzogenen Handlungen sowie das Festlegen einer eigenen Einheit („Durchfallen der Papierasche") wichtig waren.

Beim Bau einer Waage können die Kinder z. B. an ihre Erfahrungen beim Wippen auf dem Spielplatz anknüpfen, wenn die Wippe im Gleichgewicht ist, sind wir gleich schwer.

Das Bauen einer Uhr, einer Waage oder eines anderen Messgerätes haben neben einer feinmotorischen Zielstellungen aber vor allem den Sinn, dass Kinder die Messidee als ein Vergleichen eines festgelegten Vorganges (Durchlaufen des Sandes oder Bewegung des Zeigers) mit einem anderen Vorgang, dessen Zeitdauer ich bestimmen will, durch den Vollzug der eigenen Handlungen erleben. Verstärkt wird diese Erkenntnis noch durch ein so genanntes „Eichen" des eigenen Messgerätes, eine Handlung, die dem Festlegen einer Einheitsgröße dient. Ebenso trifft das beim Bestimmen der Masse mit der selbst angefertigten Waage zu. Nicht nur die Wirksamkeit des Hebelgesetzes wird beobachtet, sondern vielmehr, dass sie einen ausgewählten Gegenstand (z. B. Murmeln) zum Vergleichen und damit zum Messen eines anderen Repräsentanten nutzen müssen, um festzustellen, wie schwer dieser ist. Es kann konstatiert werden, dass das Bauen eigener Messgeräte eindeutig ein fachübergreifender Aspekt und eine komplexe Aufgabenstellung ist, die der didaktischen Funktion des Sachrechnens „Sachrechnen als Lernziel" nach Heinrich Winter sehr nahe steht.

(4) *Experimentieren im Mathematikunterricht*

Ein Beispiel zur Verbindung der Leitideen „Raum und Form" und „Größen und Messen"

Ebenso wie das Arbeiten mit selbst gefertigten Messgeräten spielt auch das **Experimentieren** im Mathematikunterricht eine noch untergeordnete Rolle und das außer Acht lassen dieser bedeutsamen Tätigkeit wird oft mit fehlender Zeit und dafür nicht „geeigneten Kindern" begründet. Es ist richtig, dass für diese Arbeiten viel Zeit, häufig entsprechende Feinmotorik und Interesse vorhanden sein muss. Aber ist es nicht gerade in der heutigen Kindheit notwendig, in der Wissen und Können oft aus zweiter Hand (Fernsehen, Computer) angeboten wird, dass wir den Kindern für diese Handlungen genügend Zeit einräumen?

Während das Experimentieren im Sachunterricht schon eher seinen Platz gefunden hat, trifft man diese komplexe Methode wissenschaftlichen Arbeitens im Mathematikunterricht der Grundschule seltener an. Wiebel[106] unterscheidet in einem Artikel der Grundschulzeitschrift zwischen den Begriffen „Experimentieren" und „Laborieren". Er vertritt die Meinung, dass das „Laborieren" ein vorstrukturiertes Experimentieren ist, verweist dabei auf die ungeklärte Begrifflichkeit des „vorstrukturierten" und klärt auch selbst den Begriff nicht, sondern konstatiert, dass das Experimentieren als ein Überprüfen einer theoretischen

---

[106] vgl. K.-D. Wiebel: «Laborieren als Weg zum Experimentieren im Sachunterricht. In: Die Grundschulzeitschrift, Heft 139, November 2000, 14. Jahrgang, S. 44 bis 45.

Hypothese im Grundschulunterricht nur angebahnt werden kann. Wir werden
uns an dieser Auseinandersetzung und Unterscheidung zwischen Experimentieren und Laborieren nicht beteiligen. Wir sprechen weiterhin vom Experimentieren und sind uns bewusst, dass wir es in der Grundschule, wie auch bei der Fähigkeit des Beweisens, mit der Art eines propädeutischen Zugangs zur echten wissenschaftlichen Methode zu tun haben. Akzeptabel ist die von Wiebel aufge-
stellte Liste zur didaktischen Gestaltung des Experimentierens. Hier verweist er
u. a. auf anfängliche Erfolgsgarantie, auf individuelle Hilfestellungen, auf ein
richtiges Maß im Hinblick auf Über- und Unterforderung, auf individuelle Aufgabenstellungen, auf individuelle Zugänge u. a. m.

Wir meinen, dass Tätigkeiten wie das Aufstellen einer Vermutung zum Ausgang
des Experiments, das Suchen und Finden einer Lösungsstrategie und vor allem
dann das Vergleichen der Vermutung mit dem tatsächlich eingetretenen Ergebnis
– habe ich richtig vermutet? – beim Experimentieren besonders gefordert werden. Im Sinne einer natürlichen Differenzierung ist es folgerichtig, wenn die
Kinder nach dem Überprüfen ihrer Vermutung angeregt werden zu ergründen,
warum das erwartete Ergebnis eingetreten oder nicht eingetreten ist. Dazu können Fragen gestellt werden wie: Was hast du entdeckt? Warum ist das so? u. a.
Wie das nachfolgende Beispiel zeigt, sind das Anwenden mathematischer
Begriffe, das Beschreiben der eigenen Vorgehensweisen, das Nachvollziehen
und Verstehen aber auch das Verstehen und Akzeptieren der Lösungsideen
anderer Kinder, das gemeinsame Reflektieren und Hinterfragen – Wer von uns
hat denn nun Recht? – sowie das Entdecken mathematischer Zusammenhänge –
im Beispiel das Erkennen geometrischer Beziehungen – Fähigkeiten, die besonders das Problemlösen, Kommunizieren und Argumentieren entsprechend der
Bildungsstandards fördern können.

Die Lehrkraft kann in Absprache mit den Kindern entscheiden, ob dieses Experiment in seiner Komplexität oder in einzelnen Teilen von jedem Schüler durchgeführt wird. Auf jeden Fall bietet sich hier ein Arbeiten in Gruppen an, um eben
die oben genannten Potenzen der Kompetenzentwicklung voll auszuschöpfen.
Während in dem vorgestellten Beispiel der Würfel die dominierende Figur ist,
können in Fortsetzung weiterer Experimente auch andere Figuren [107] genutzt
werden. Das Aufwerfen neuer Fragen am Ende eines Experiments und damit die
Anregung zum Entwickeln eigener Experimente (Ist das nur bei einem Würfel
so? Wie sieht das bei einem Quader aus?) kann damit in Gang gesetzt und unbedingt gefördert werden.

---

[107] Keßler, R. (1989) Räumliche Gebilde im Mathematikunterricht der Primarstufe – eine Auswahl,
       in: Beiträge zum Mathematikunterricht, Franzbecker, Hildesheim, Berlin

Nun zum Beispiel, der „Experimentierauftrag" könnte in etwa lauten:
Beispiel: [108]

Experimentieren mit Faltfiguren

1. Was für ein Körper entsteht, wenn du
   – ein Quadrat zweimal zu einem Tuch faltest,
   – eine Faltlinie bis zur Mitte aufschneidest
   – und so faltest, dass zwei Dreiecke übereinander liegen?

   Überlege erst und schreibe deine Vermutung auf.

   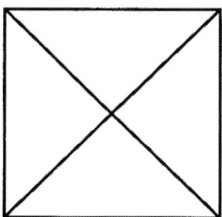

   Vermutung: _____

   Falte dann und klebe die beiden Dreiecke übereinander. Stimmt deine
   Vermutung?

2. Wie viele der Faltfiguren benötigt man, um einen Würfel zusammenzusetzen?

   Schreibe wieder zunächst deine Vermutung auf.

   Vermutung: _____

   Baut gemeinsam einen Würfel zusammen und überprüft Eure
   Vermutung.

3. Wie viele Faltfiguren mit Sand passen in den Würfel?
   Wir wollen jetzt den Würfel mit Sand füllen. Wie viele der Faltfiguren mit
   Sand kann man in den Würfel füllen?

   Schreibe zuerst deine Vermutung auf.

   Vermutung: _____

   Überprüfe deine Vermutung. Was stellst du fest?

   Kannst du deine Beobachtung erklären?

---

[108] Gibt man als Länge der Quadratseite 14,14 cm (ungefähr √2) vor, erhält man am Ende einen
Würfel mit einer Kantenlänge von 10 cm, was den handelsüblichen Modellen entspricht.

In allen Teilen dieses Experiments[109] sind räumliche Vorstellungen zum Erkennen des Problems notwendig. Die Aufgabenstellung, die selbstgebastelten Faltfiguren (Aufgabe 3) als nicht standardisierte Einheiten für das Angeben des Volumens in einem Würfel einzusetzen, stellt eine nicht geringe Anforderung an Grundschüler dar. Oft vermuten Kinder und auch Studierende bzw. Lehrerinnen, die dieses Experiment durchführen, dass genauso viele Figuren voll Sand zum Füllen notwendig sind, wie man sie zur Herstellung eines Würfels als Hohlmodell benötigt. Sie erleben dann einen echten kognitiven Konflikt, wenn sie beim Füllen feststellen, es sind mehr als 4 Faltfiguren voll Sand, so viel Sand wie in 6 Faltfiguren passen. Oft motiviert Kinder dieser Konflikt, das Problem erneut zu betrachten und Denkfehler aufzudecken. Hier muss die Lehrkraft ein besonderes Feingefühl für die „Entdeckung der Langsamkeit"[110] haben, um den Kindern genügend Zeit zur Lösung des Problems zu geben. In Auswertung der Ergebnisse könnten Kinder, die sich bis zum Schluss die innere Figur gedanklich nicht vorstellen können, diese mit den fehlenden Grundflächen der Begrenzungspyramiden nachbasteln bzw. einen Würfel aus Knete herstellen und diese vier Begrenzungsfiguren abschneiden (reversible Handlungen), so dass die innere Pyramide, ein Tetraeder, die ein doppelt so großes Volumen wie die äußeren Pyramiden[111] hat, sichtbar wird. Dies können die Kinder z. B. mit Hilfe einer Waage feststellen, wenn das Gewicht des Sandes, den man zum Füllen des Würfels benötigt und das Gewicht der Füllung einer Faltfigur ermittelt und beide Gewichte miteinander verglichen werden.

Es kann Ihnen aber auch passieren, dass es in Ihrer Klasse Kinder gibt, die den Körper, der im Inneren der Pyramide entsteht, genau beschreiben können.

„Der muss vier Seiten haben und jede Seite ist so groß wie die Grundfläche der Pyramiden.", stellte ein Viertklässler[112] nach dem Zusammenbauen des Würfels aus vier Pyramiden fest, er „sah" auch, dass in diesen Restkörper mehr Sand als in eine Pyramide passen muss, dass das genaue Größenverhältnis erkannt wird, ist nicht zu erwarten.

An diesem Beispiel wird die zu Beginn des Abschnittes 3.4 (vgl. Themenfelder verbinden: Form und Veränderung und Größen und Messen) beschriebene Besonderheit der Leitlinie „Größen und Messen" deutlich. Erst bei der dritten Teilaufgabe und Hauptaufgabe des Experiments sind Tätigkeiten wie das genaue

---

[109] Man kann die Kinder auch gemeinsam mit den Faltfiguren weiter Experimentieren und andere (Phantasie) Figuren herstellen lassen, dabei wird kreatives Potenzial deutlich; vgl. Grassmann (1996).

[110] vgl. Selter/Spiegel (1997), S. 108.

[111] Wenn der Würfel die Kantenlänge a hat, hat er ein Volumen von a^3; im Inneren ergibt sich ein Tetraeder mit der Kantenlänge $a\sqrt{2}$, der nicht durch die vier Eckpyramiden erfasst wird. Dieses Tetraeder hat ein Volumen von $a^3/3$, es bleibt also ein „Rest" von $2\,a^3/3$, der durch die 4 Pyramiden gefüllt wird, damit muss jede der Pyramiden ein Volumen von $a^3/6$ haben und damit ist klar, dass zwei Pyramiden zusammen das gleiche Volumen haben wie das Tetraeder und damit 6 Faltfiguren voll Sand benötigt werden, um den Würfel zu füllen.

[112] Vgl. Grassmann (1996) S. 4

Messen mit der Waage oder dem Messbecher und das Vergleichen der Messergebnisse sowie die Verwendung der für die Grundschule typischen nicht standardisierten Einheit „Faltfigur"[113] explizite Inhalte der beschriebenen Leitlinie. Hier zeigt sich, dass eigentlich die Inhalte der Leitlinie „Größen und Messen" kaum von einem Sachverhalt – in dem Falle ein geometrischer Sachverhalt – losgelöst betrachtet werden können.

Methodenkompetenz, wie sie in vielen Rahmenlehrplänen gefordert wird, ist also nicht als eine isolierte Schulung von Methoden zu verstehen. Sie sollte wie hier beim Experimentieren so ausgebildet werden, dass Fähigkeiten entwickelt werden, den eigenen Lernprozess zur Gewinnung von Erkenntnissen zu nutzen und der Erwerb einer hohen und dennoch individuell ausgerichteten Handlungskompetenz im Vordergrund steht. Nur ein Kind, das die Chance der Entwicklung von Methodenkompetenz hatte, wird diese auch als eine Art nützliches und sinnvolles Werkzeug bei entsprechenden Anforderungen abrufen können. Deshalb sollten die durch die Lehrkraft vorbereiteten Lernumgebungen im Mathematikunterricht den Kindern immer wieder Gelegenheit zum Experimentieren bzw. „Laborieren" geben.

Das hier beschriebene Experiment wird durch das anleitende Arbeitsblatt relativ stark durch die Lehrkraft vorstrukturiert. Ein offenerer Zugang ergibt sich z. B. aus der Aufgabenstellung, einen eigenen Messbecher herzustellen. Eine einleitende Diskussion zum Einsatz eines Messbechers kann vorangestellt werden. Die Problemlösung kann innerhalb einer Gruppe diskutiert oder allein bearbeitet, das Material dazu selbst gesucht oder zur Verfügung gestellt werden.

(5) Für und wider: Berücksichtigung einer didaktischen Stufenfolge?
– den Einsatz bei der Behandlung von Größen kritisch beleuchten

Im Mathematikunterricht der Grundschule wird der Einsatz der **didaktischen Stufenfolge zur Erarbeitung eines Größenbereiches**[114] oft als sinnvoll angesehen. Stichwortartig sei eine derartige Stufenfolge[115] angegeben:

- Erfahrungen in Sach- und Spielsituationen sammeln,
- Direkter Vergleich von Repräsentanten einer Größe,
- Indirekter Vergleich mit Hilfe willkürlicher (selbstgewählter) Einheiten,
- Erkennen der Invarianz,
- Indirekter Vergleich mit standardisierten Einheiten,
- Entwicklung von Vorstellungen zu den standardisierten Einheiten,
- Messen mit technischen Hilfsmitteln,
- Verfeinern und Vergröbern der Einheiten (Umrechnen),
- Rechnen mit Größen.

---

[113] Erst ab Klasse 5 lernen die Kinder in der Regel die Bezeichnungen für die standardisierten Einheiten des Volumens kennen.
[114] vgl. Radatz / Schipper (1983)
[115] Vgl. Radatz / Schipper (1983) S. 125, Franke (2003) S. 201

Dies sind die Stufen, die bei Radatz/ Schipper zu finden sind, Franke verzichtet in ihrer Stufenfolge auf das explizite Ausweisen der Invarianz und der Entwicklung von Größenvorstellungen zu den standardisierten Einheiten.

Auch wenn Nührenbörger [116] in einer kritischen Reflexion diese didaktische Stufenfolge als kleinschrittig, formalisiert und Schwierigkeiten isolierend betrachtet, wird es Kinder geben, denen aufgrund fehlender Vorerfahrungen ein systematischer Aufbau des Größenbereiches dienlich sein kann. Für den Größenbereich Länge ist es tatsächlich dienlich, aufgrund früher und langfristig erworbenen Erfahrungen vieler Kinder, den Einsatz dieser Stufenfolgen zu überdenken. Anders sieht das aber beim Arbeiten in Größenbereichen aus, die doch einen mehr oder weniger hohen subjektiven Faktor im Hinblick auf Wahrnehmungsprozesse (z.B. beim Betrachten von Zeitspannen, beim Entdecken der Beziehungen Volumen/Oberfläche/Masse) beinhalten. Dennoch sollten jedem Kind individuelle Zugänge zu den einzelnen Größenbereichen ermöglicht werden. Es ist in jedem Falle überlegenswert, ob das Messen mit nicht standardisierten Einheiten zur Betrachtung historischer Aspekte in der Festigungsphase z.B. in einem Projekt: „Wie im alten Ägypten oder wie im Mittelalter gemessen wurde" oder ob diese Phase tatsächlich vor der Behandlung des Messens mit standardisierten Einheiten zur besseren Entwicklung des Messbegriffes genutzt wird. Entscheidend für den Einsatz der einzelnen Phasen der didaktischen Stufenfolge sind immer die Voraussetzungen der Kinder. Das Ziel sollte dabei die Entwicklung von Größenvorstellungen und nicht ein formales und um jeden Preis abzuarbeitendes Stufenkonzept sein. Es geht nicht um ein Nacheinander der einzelnen Stufen, sondern um ein Aufmerksam machen darauf, was alles zum verständigen Umgang mit Größen gehört. Deshalb ist für uns auch der Hinweis auf die Einsicht in die Invarianz der Größen wichtig, denn wenn ein Kind nicht „begriffen"/erlebt hat, dass eine Knetkugel ihr Gewicht nicht verändert, wenn sie in eine lange Rolle verformt wird, kann es keine Vorstellungen von der Größe Gewicht erwerben, wird es immer wieder unsicher sein, ob ein ermitteltes Gewicht, denn stimmen kann und sich nicht wundern, wenn „Gegenstände ihr Gewicht verändern".

Schon bei der Behandlung der in der Regel ersten Größe „Geld" wird der Einsatz der didaktischen Stufenfolge kaum möglich sein, aber bei der Einführung anderer Größenarten kann eine Orientierung daran für den einen oder anderen Schüler mit fehlendem Vorwissen hilfreich sein.

Der Größenbereich Geldwert hat in der Didaktik des Lernbereiches Mathematik einen besonderen Stellenwert. Er gehört weder zu den physikalischen noch zu den geometrischen Größen und ist außerdem noch ökonomisch determiniert. Die Repräsentanten dieser Größe können zum einen als ein wichtiges Anschauungs- und Veranschaulichungsmittel im Arithmetikunterricht bei der Ent-

---

[116] vgl. Nührenbörger, M. (2002)

wicklung eines Zahl- und Operationsverständnisses sinnvoll sein, was leider im Mathematikunterricht nach wie vor zu wenig Beachtung findet. Zum anderen wird, wie bei allen anderen Größenbereichen im Mathematikunterricht, mit der Größe „Geld" gearbeitet, allerdings unter Beachtung ihrer Spezifik. So spielen bei der Entwicklung von Größenvorstellungen zwei Aspekte eine Rolle. Die Kinder müssen Vorstellungen zu Geldbeträgen über vorliegende Schein- und Münzkollektionen und außerdem über Preise erwerben. Weiterhin sollen sie sich auch Kenntnisse über die sich im Umlauf befindenden Scheine und Münzen aneignen. Wie bei allen Größenbereichen sind auch bei dieser Größenart wichtige Schülertätigkeiten wie das Messen, Schätzen, das Vergleichen von Geldbeträgen, das Rechnen und Umrechnen zu vollziehen.

Um Wissen über typische Repräsentanten – Geldscheine und Münzen in verschiedenen Währungseinheiten bzw. Sorten – aufzubauen, erleben die Kinder das Zuordnen einer Zahl zu einer Kollektion von Münzen und Scheinen, um deren Wert anzugeben.

Für Übungen zum Umwandeln, und das gilt für alle Größenbereiche, sollten die unterschiedliche Fälle in den Aufgabenstellungen (vgl. zur Sache zu diesem Abschnitt) berücksichtigt, Betrachtungen zur Null einbezogen sowie das Vorgehen dabei beschrieben werden. Bereits von Beginn des Arbeitens mit Umwandlungsaufgaben sollte das unbedingt an authentischen Sachsituationen und unter Nutzung bereits erworbener Größenvorstellungen erfolgen. Formales und sinnentleertes Umwandeln ist oft wenig motivierend und trägt kaum zu einer angestrebten Methodenkompetenz bei, sondern sollte eher als Grundlage beim Rechnen mit Größen und zur weiteren Ausbildung von Größenvorstellungen genutzt werden.

Haben Kinder Größenvorstellungen entwickelt, kann auch das Erlernen einer Regel (Algorithmus) sinnvoll sein, ein striktes Einhalten sollte auf keinen Fall verlangt werden.

Eine Orientierung zur Umwandlung von Größen könnte z. B. folgende „Regel" sein:

1. Ich überlege, ob ich von einer größeren in eine kleinere Einheit umwandeln will.
2. Ich überlege, wie die Umrechnungszahl heißt.
3. Ich überlege, ob ich multipliziere oder dividiere.
4. Ich rechne.
5. Ich überprüfe und setze die geforderte Einheit ein.

Lösen die Kinder beispielsweise komplexe Sach- oder Problemaufgaben, in denen ein Umwandeln von Größenangaben notwendig ist, kann das Anwenden der Regel dann als angewandte Fertigkeit eine Hilfe zur rechnerischen Lösung der Aufgabenstellung sein, ersetzt aber nicht die Überlegungen zur Sinnhaftigkeit der erhaltenen Lösung.[117]

Fazit:

Will man Kinder kompetent auch im Umgang mit Größen machen, muss der Schwerpunkt auf der Entwicklung von Größenvorstellungen, dem aktiven Umgang mit Größen, das Lösen von (echten) Anwendungsaufgaben im Vordergrund stehen. Formales Abarbeiten von Regeln z. B. zum Umrechnen von Einheiten oder das Bearbeiten von Aufgabenpäckchen zum Rechnen mit Größen, die keine anderen Anforderungen als „normale" Aufgaben mit natürlichen Zahlen stellen, bei denen die Einheiten am Ende nur „anzuhängen" sind, werden dem Ziel der Kompetenzentwicklung der Kinder nicht gerecht.

Dagegen ist es notwendig, die Kinder mit herausfordernde Situationen zu konfrontieren, die zum Vermuten, Fragen oder Erkunden Anlass bieten. Wichtig sind auch Aufforderungen zum Beschreiben, Reflektieren und Begründen des gewählten Vorgehens durch die Kinder, um auch die Entwicklung der allgemeinen Kompetenzen im Blick zu behalten.

3.5 Leitidee „Daten, Zufall und Wahrscheinlichkeiten"

Die Beschäftigung mit Daten und die Durchführung von Zufallsexperimenten sowie die Auseinandersetzung mit Wahrscheinlichkeiten ab der ersten Klasse sind häufig umstritten. Manchmal wird davor gewarnt, dass der Mathematikunterricht in der Grundschule durch diese Neuerung in den Rahmenlehrplänen überfrachtet wird und die Kinder mit diesen Themen überfordert sind.

Andererseits bietet die frühzeitige Beschäftigung mit Aufgabenstellungen zu diesem Thema vielfältige Lernchancen für die Entwicklung fachlicher und allgemeiner Kompetenzen im Sinne der Bildungsstandards und ist mit den inhaltlichen Leitlinien der Bildungsstandards als verbindlicher Inhalt festgelegt.

Im Folgenden sind einige Anknüpfungspunkte und Gründe dafür, dass es sinnvoll ist, dieses Gebiet im Mathematikunterricht der Grundschule aufzunehmen, angegeben.

- Bereits vor Schuleintritt sammeln Kinder Erfahrungen mit zufälligen Erscheinungen, zum Beispiel indem sie Spiele spielen, die auf Zufallsprinzipien beruhen. Die Erfahrungen mit dem „Zufälligem" sollten jedoch nicht dem Selbstlauf überlassen werden, damit die Kinder frühzeitig lernen, dass der Zufall kalkulierbar ist. Bei einer Nichtbeachtung besteht aus entwicklungspsychologischer Sicht die Gefahr der Verfestigung von Fehlvorstellungen[118].

---

[117] Aufgabenbeispiel: Eisenbahnwaggon ist nach richtiger Rechnung 50 kg schwer.
[118] Beispiele für Fehlvorstellungen bei Kindern:
- „Die Sechs werde ich nicht würfeln, denn die gibt es nur ganz selten."
- „Rot wird gezogen, denn das ist meine Lieblingsfarbe."
  Untersuchungen von Heitele (1976) zeigen, dass auch bei vielen Erwachsenen Fehlvorstellungen auftreten.
  Beispielsweise sprechen Erwachsene beim Ankreuzen der Lottozahlen den Zahlen 1 bis 6 nicht die gleichen Chancen zu wie anderen Zahlen.

- Kinder können zufällige Ereignisse im Alltag schon umgangssprachlich beschreiben, wie beispielsweise Anzahl der Mädchen und Jungen in der Lerngruppe, den Milchzahnausfall im August oder September, die Lieblingstiere in der Klasse oder die Gewinnchancen bei Würfelspielen.

- Schüler können Ergebnisse zufälliger Ereignisse spielerisch ermitteln und umgangssprachlich beschreiben, aber nicht immer übersichtlich und strukturiert darstellen. Hierzu kann eine frühzeitige Behandlung der Thematik im Unterricht einen entscheidenden Beitrag leisten.

- Oft weicht der umgangssprachliche Gebrauch von Begriffen jedoch von der mathematischen Bedeutung ab und den Schülern fehlt ein entsprechendes Fachvokabular.

- Im spielerischen Zugang zum Thema „Wahrscheinlichkeit" liegt ein hoher Motivationswert. Die Kinder können durch ein konkretes Handeln mit Material (z. B. beim Würfeln, Perlen ziehen, Glückskreisel drehen) Lösungen finden und müssen dabei vorgegebene „Spielregeln" einhalten. Meine eigenen Beobachtungen im Schuljahr 2007/08[119] zeigten deutlich, dass gerade leistungsschwächere Schüler sehr engagiert beim Lösen dieser Aufgaben waren.

- Kinder können ein verändertes Verständnis von Mathematik erlangen und lernen in „Möglichkeiten" zu denken. Bei der Beschäftigung mit dieser Thematik wird deutlich, dass es in der Mathematik nicht immer nur um das Berechnen von exakten Ergebnissen geht und dass es durchaus auch Aufgabenstellungen gibt, die keine oder mehr als eine Lösung haben.

- Das Experimentieren im Mathematikunterricht kann gefördert werden. Diese Tätigkeit ist im Mathematikunterricht unterrepräsentiert und den Kindern eher aus dem Sachunterricht bekannt. Mit dem Experimentieren eng verbunden sind auch das Argumentieren, Kommunizieren sowie die erhöhte Bereitschaft über Beobachtungen zu sprechen. Es ergeben sich also Möglichkeiten Fähigkeiten zu fördern, deren Entwicklung mit den Bildungsstandards als ganz wichtiges Anliegen des Mathematikunterrichts sind.

- Bereits frühzeitig können spielerisch Grundvorstellungen zum Thema „Wahrscheinlichkeit" aufgebaut und im Laufe der gesamten Schulzeit ausgebaut werden (Spiralprinzip), so dass später beispielsweise Formeln zur Berechnung der Wahrscheinlichkeit nicht nur „abgearbeitet" werden.

- Das Arbeiten an fächerübergreifenden Themen ist im Themenfeld „Daten und Zufall" besonders gut möglich. Verbindungen zum Sach- oder Deutschunterricht (Datenerhebungen zu Themen wie „Meine Familie", „Lieblingstiere", „Lieblingsessen", Buchstabenhäufigkeiten auf einer Seite unseres Lesebuchs usw.) bieten sich oft an und können aufgegriffen werden.

Schauen wir uns zunächst auch diese Leitidee aus fachlicher Perspektive an und klären, was man unter „Daten" versteht, welche Möglichkeiten es für ihre Darstellung geben kann und welche Begriffe für das Experimentieren mit Wahrscheinlichkeiten von Bedeutung sind.

---

[119] Bianca Nitsch, die diesen Abschnitt verfasst hat, arbeitet als Grundschullehrerin in Berlin.

3.5.1 Zur Sache

Möglichkeiten der Datenerfassung

Die „Statistik ist die Wissenschaft von der zahlenmäßigen Erfassung und Untersuchung von Massenerscheinungen[120] in Natur und Gesellschaft, bei denen Zufallseinflüsse wirken." (Raudies 2000: 47) Hierbei wird die Verbindung zur Stochastik deutlich. Man unterscheidet zwei Teilgebiete, die beschreibende und die beurteilende Statistik. Bei der beurteilenden Statistik, auch Prüfstatistik genannt, werden Aussagen über den Zufallsmechanismus getroffen, der für die Entstehung von Daten von Bedeutung ist. Es werden Hypothesen aufgestellt und geprüft sowie unbekannte Parameter geschätzt. Bei der *beschreibenden Statistik* hingegen werden Methoden zur übersichtlichen *Erfassung*[121], *Aufbereitung*[122] und *Darstellung*[123] *von statistischen Daten* entwickelt. Für den Mathematikunterricht in der Grundschule ist die beschreibende Statistik von besonderer Bedeutung.

Was sind nun aber statistische Daten? Daten begegnen uns im Alltag überall und unterschiedlichen Formen, wie die folgende Tabelle an Beispielen zeigt.

Anzahlen	Kinderanzahl in einer Klasse, Anzahl der Stühle oder Tische in der Klasse, Einwohnerzahlen der Heimatstadt, Besucheranzahlen im Zoo, Verkehrszählungen usw.
Größenangaben	Längen-, Gewichts- oder Preisangaben in Katalogen von Kauf- oder Autohäusern, Inhaltsangaben auf Verpackungen, Wachstum von Pflanzen, Tageshöchsttemperaturen, Ergebnisse sportlicher Wettkämpfe usw.
technische Angaben	bei Elektrogeräten, bei Autos usw.
Ergebnisse von Umfragen oder Wahlen	
Ergebnisse von Experimenten	Werfen eines Würfels, Stabilitätstest selbst gebauter Brücken durch das Auflegen von Gewichtsstücken usw.
„persönliche Daten"	Name, Adresse, Geburtsdatum, Telefonnummer usw.

---

[120] Unter „Massenerscheinungen" werden Tatbestände verstanden, die sich wiederholen oder mehrfach vorkommen. Daraus folgt, dass es in der Statistik niemals um Einzelerscheinungen geht. Bei umfangreicheren statistischen Untersuchungen wird eine repräsentative Stichprobe zur Untersuchung ausgewählt.

[121] Durch die Datenerfassung werden Informationen in Form von Zahlen, Buchstaben oder Wörtern zur späteren Auswertung gewonnen.

[122] Unter Datenaufbereitung wird das Ordnen und Verdichten von Daten verstanden, die in Tabellen dargestellt werden können (vgl. Lohse 1983:29).

[123] Bei einer geordneten Darstellung in tabellarischer Form können bereits viele Aussagen über die gewonnenen Daten getroffen werden. Die Besonderheiten der Verteilung werden hingegen bei einer graphischen Darstellungsweise deutlicher.

Was unterscheidet statische Daten von anderen Zahldarstellungen, wie wir sie bei der Leitidee „Zahlen und Operationen" bereits kennen gelernt haben? Besonders wichtig zur Unterscheidung ist der Blickwinkel, aus dem Daten betrachtet werden. Beispielsweise muss vor dem Erfassen von Daten geklärt werden, welche Merkmale beobachtet werden sollen. Unter Merkmalen werden bestimmte Charakteristika des Zufallsobjekts verstanden, und man kann dabei zwischen qualitativen Merkmalen (wie beispielsweise dem Geschlecht, der Zugehörigkeit zu einer Schulklasse oder der Augenfarbe) und quantitativen Merkmalen (wie beispielsweise dem Lebensalter oder der Körpergröße) unterscheiden. Darüber hinaus wird nach Rangmerkmalen unterschieden, bei denen die einzelnen Merkmalsausprägungen[124] in eine Reihenfolge gebracht werden.

Möglichkeiten der Darstellung von Daten

Bei einer Untersuchung, Befragung oder einem Experiment können die erfassten Original- oder Urdaten zunächst so notiert werden, wie sie anfallen. Die ermittelten Daten können entweder in der Reihenfolge der Erhebung oder schon nach weiteren Kriterien geordnet festgehalten werden. Dabei wird die Aufstellung aller ermittelten Daten *Urliste* genannt; sie kann unter anderem ein Versuchsprotokoll, ein Fragebogen oder eine Strichliste sein. Da die Darstellung von Daten in einer *Strichliste*[125] in Lehrbüchern der Grundschule besonders häufig verwendet wird, soll diese im Folgenden näher erläutert werden.

Abbildung 3.5.1 zeigt die Ergebnisse eines Zufallsexperiments mit einem Spielwürfel. Die Strichliste ist in Tabellenform angelegt, die nach der Wertigkeit der Würfelaugenzahlen geordnet ist. Es gibt dreißig Beobachtungswerte, da 30-mal gewürfelt wurde.

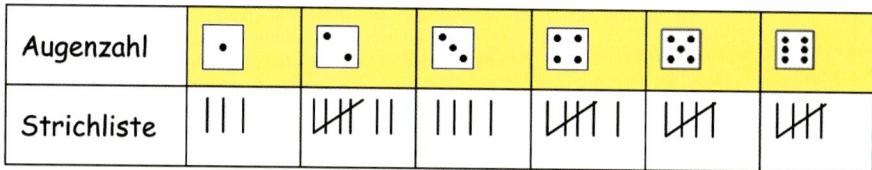

Abb. 3.5.1 Strichliste

Hier sind zum Beispiel die Merkmalsausprägungen „Augenzahl 6" und „Augenzahl 5" jeweils fünfmal vorhanden. Erweitert man die Tabelle um eine Zeile nach

---

[124] *Merkmalsausprägungen* sind die überhaupt möglichen (voneinander verschiedenen) Merkmalswerte. Bei den Augenfarben der Kinder einer Klasse ist das untersuchte *Merkmal* die „Augenfarbe"; *Merkmalsausprägungen* sind zum Beispiel „grüne Augen", „blaue Augen," „braune Augen" und „grünblaue Augen".

[125] Unter einer *Strichliste* wird die geordnete Folge der Merkmalsausprägungen einer Untersuchung mit Angabe der jeweils vorhandenen Anzahl der Beobachtungswerte als Striche verstanden. Es findet eine Fünferbündelung statt, bei der jeder Wert durch einen senkrechten Strich repräsentiert und zur besseren Lesbarkeit jeder fünfte Strich waagerecht durch die vier bereits vorhandenen Striche gezogen wird.

unten und notiert dort die Häufigkeit in Ziffern, bezeichnet man diese Darstellungsform als *Häufigkeitstabelle*[126].

Eine weitere häufig verwendete Darstellungsform ist das *Schaubild*.

Abb. 3.5.2 Milchbestellung der Klasse 2b

Hierbei werden in der Regel zeichnerische Elemente genutzt, um Anzahlen einzelner Merkmale zu repräsentieren. Im nebenstehenden Schaubild steht pro Kind ein Piktogramm in Form eines Gesichts.

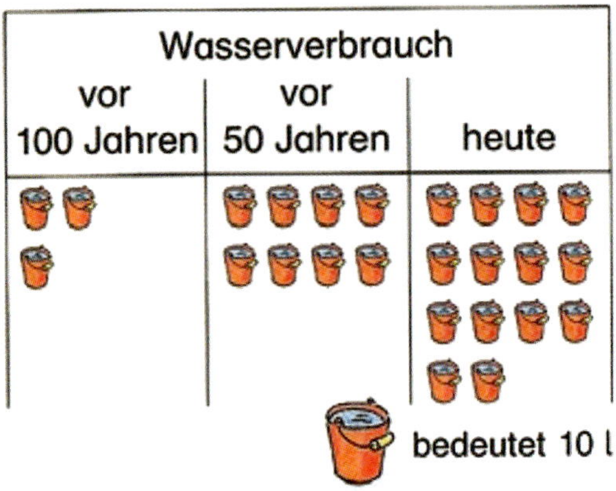

Abb. 3.5.3 Wasserverbrauch, Primo 4 Arbeitsheft, S. 78 (2003)

Das nebenstehende Schaubild zeigt den Wasserverbrauch für eine Person pro Tag in Deutschland im Wandel der Zeit. Ein Wasserverbrauch von 10 Litern wird durch die Abbildung eines 10-Liter-Wassereimers repräsentiert.

---

[126] In einer Häufigkeitstabelle ist die *absolute Häufigkeit* ablesbar, mit der ein Ereignis bei einer Stichprobe oder einem Zufallsexperiment vorgekommen ist. Die Summe aller absoluten Häufigkeiten ist gleich dem Umfang der Stichprobe.

Die Darstellung von Daten in Tabellen und Strichlisten eignet sich gut, wenn es um die Ermittlung von Anzahlen geht. Die graphische Darstellung[127] in Diagrammen zeigt darüber hinaus auch besonders anschaulich die Unterschiede zwischen einzelnen Anzahlen der jeweiligen Merkmalsausprägungen, wodurch das Interpretieren der Daten erleichtert wird.

Im Folgenden werden anhand von Abbildungen aus Lehrbüchern häufig verwendete *graphische Darstellungsformen* vorgestellt und kommentiert.

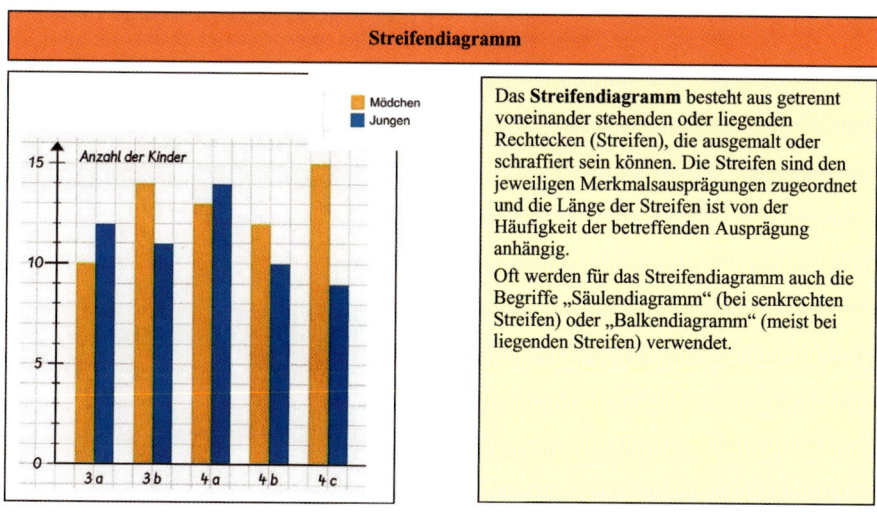

Abb. 3.5.4 Streifendiagramm für die Anzahl der Jungen und Mädchen pro Klasse, Primo 4, S. 74 (2003)

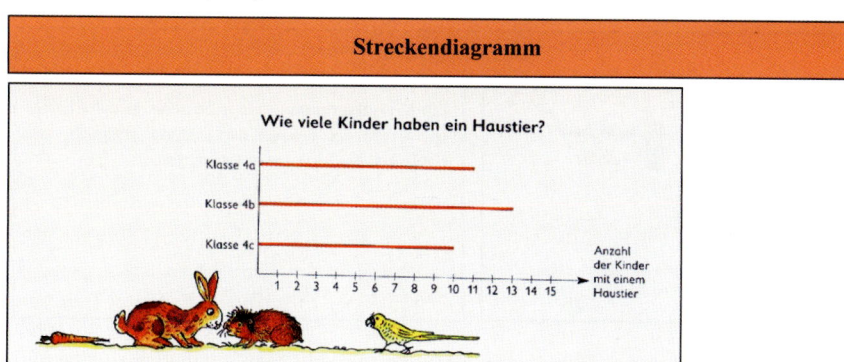

Abb. 3.5.5 Streckendiagramm für die Anzahl der Haustiere in einer Klasse, Rechenwege 4, S. 29 (2005)

---

[127] Lohse (1983: 35) definiert eine graphische Darstellung als eine „Zeichnung, in der Zahlen, Paare oder Tripel von Zahlen, Mess- oder Beobachtungswerten eindeutig durch Punkte, Strecken, Flächen oder Körper wiedergegeben werden."

Ein **Streckendiagramm** besteht aus einzelnen, senkrecht zur Merkmalsachse stehenden Strecken, die in den Merkmalsausprägungen errichtet werden und deren Länge durch die Häufigkeit der zugehörigen Ausprägungen bestimmt ist.

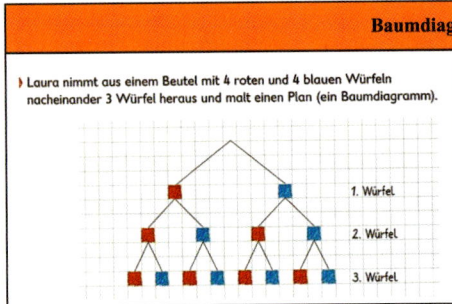

Baumdiagramm

▸ Laura nimmt aus einem Beutel mit 4 roten und 4 blauen Würfeln nacheinander 3 Würfel heraus und malt einen Plan (ein Baumdiagramm).

1. Würfel
2. Würfel
3. Würfel

Ein **Baumdiagramm** eignet sich besonders zur Darstellung kombinatorischer Sachverhalte oder Experimentverläufe, bei denen die Anzahl der Möglichkeiten und mehrstufige Vorgänge deutlich gemacht werden können. Die „Äste" eines Baumdiagramms bezeichnet man als „Pfade" und die Verzweigungen als „Knoten". Ein Baumdiagramm wird von oben nach unten gelesen. Das bedeutet, dass der oberste Knoten die „Wurzel" des Baumes darstellt.

Abb. 3.5.6

Auch das Kreisdiagramm ist häufig in Lehrbüchern der Grundschule zu finden. Hierbei geht es jedoch nicht darum, dass die Schüler selbst ein Kreisdiagramm erstellen. Vielmehr sollen dem Diagramm Daten entnommen, Kreissektoren nach Vorgaben beschriftet oder erste Aussagen zu Daten getroffen werden. Beim folgenden Schulbuchbeispiel wäre beispielsweise die Aussage „Es gibt mehr Mädchen als Jungen in der vierten Klasse" möglich. Da zum tieferen Verständnis eines Kreisdiagramms Vorstellungen von Bruchzahlen und Kenntnisse über Winkel hilfreich sind, werden sie meist erst in höheren Klassenstufen genauer untersucht.

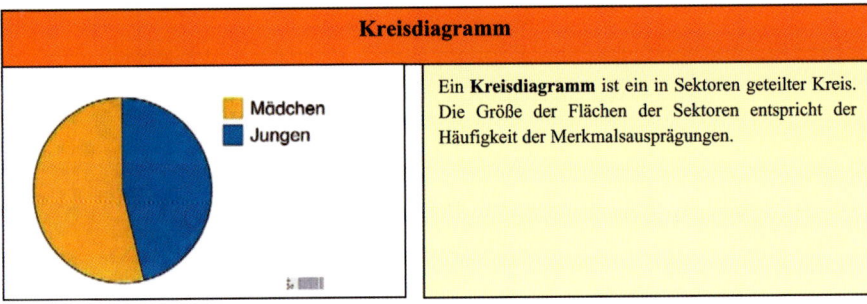

Kreisdiagramm

Mädchen
Jungen

Ein **Kreisdiagramm** ist ein in Sektoren geteilter Kreis. Die Größe der Flächen der Sektoren entspricht der Häufigkeit der Merkmalsausprägungen.

Abb. 3.5.7 Kreisdiagramm: Gibt es mehr Jungen oder Mädchen in den vierten Klassen? Primo 4, S. 74 (2003)

Etwas seltener findet man die folgenden beiden Darstellungsformen in den Lehrbüchern, die jedoch in enger Verwandtschaft zum Streifendiagramm stehen und deshalb hier erwähnt werden sollen:

Histogramm

Ein **Histogramm** besteht aus unmittelbar nebeneinander stehenden Rechtecken, deren Fläche die Häufigkeit des jeweiligen Messwertes repräsentiert: Die Breite eines Rechtecks zeigt den Merkmalswert und die Höhe die dazugehörige Häufigkeit.

Staffelbild

Ein **Staffelbild** ist ein Rechteck, das aus so vielen Teilrechtecken besteht, wie Merkmalsausprägungen vorhanden sind. Die Größe der Teilrechtecke entspricht der Häufigkeit der jeweiligen Teilausprägung. Damit man die einzelnen Teilrechtecke besser unterscheiden kann, sind sie farbig oder durch Schraffuren gekennzeichnet.

Im Rahmen der beschreibenden Statistik stehen das Ermitteln, Darstellen und Auswerten von Daten im Mittelpunkt des Unterrichts. Gleichzeitig können durch adressaten- und erfahrungsorientierte Problemstellungen („Anzahlen in der Klasse oder Familie" oder „Vergleichen von Körpergrößen, Altersangaben, Hobbys usw.") die Themenfelder „Größen und Messen" und „Zahlen und Operationen" mitbearbeitet werden. Durch eine vertiefende Sacherschließung über den mathematischen Kern hinaus oder durch eine besondere Betonung sprachlicher Aspekte kann zusätzlich eine Verknüpfung zum Sach- bzw. Deutschunterricht hergestellt werden.

Zufall und Wahrscheinlichkeiten

Grundschulkinder benutzen in ihrem täglichen Sprachgebrauch Begriffe wie beispielsweise „sicher", „möglich", „wahrscheinlich", „unmöglich" oder „Zufall". Häufig weicht die umgangssprachliche Verwendung von der mathematischen Bedeutung weit ab, wie die folgenden Beispiele aus einer ersten Klasse zeigen.

„Ich finde das T-Shirt unmöglich, wenn es mir nicht gefällt."
„Es ist möglich, dass es heute regnet. Da bin ich mir ziemlich sicher."
„Unser Haus ist sicher, weil da kein Räuber rein kann."
„Ich kann die Aufgabe 1 + 1 = 2 sicher rechnen, weil ich dabei keinen Fehler mache und keine Hilfe brauche."

Manchmal liegen die umgangssprachliche Verwendung und die mathematische Bedeutung aber auch näher beieinander. Auch hierzu einige Aussagen von Schulanfängern.

„Unmöglich heißt, das geht nicht."
„Unmöglich ist etwas, das nicht passiert."
„Möglich ist, wenn man glaubt, dass etwas passieren könnte, es aber nicht genau weiß."
„Möglich ist, wenn etwas sein kann oder aber nicht."
„Sicher ist etwas, was ganz bestimmt passiert."

Kinder bringen oft intuitives Wissen über zufällige Ereignisse mit, das auf ihren individuellen Erfahrungen und subjektiven Empfindungen – zum Beispiel bei

Würfelspielen oder dem Loseziehen – basiert. Diese Erfahrungen sind häufig emotional geprägt.

> „Jetzt habe ich schon zwei Nieten gezogen! Beim nächsten Mal muss ich einfach ein Gewinnlos ziehen, weil die Drei meine Glückszahl ist."
> „Wenn ich den Würfel anpuste, dann würfle ich schneller eine Sechs."

Das Eintreten des Würfelns einer „Sechs" wird oft als unwahrscheinlicher angesehen als das Würfeln anderer Augenzahlen. Dies lässt sich damit erklären, dass der „Sechs" bei vielen Würfelspielen eine besondere Bedeutung zukommt und dadurch besonders in den Fokus der Spieler rückt.

Ziel des Unterrichts ist es, diese intuitiv und emotional geprägten Empfindungen zufälliger Ereignisse im Laufe der Grundschulzeit zunehmend in realistischere Einschätzungen von Wahrscheinlichkeiten zu überführen. Zufallsexperimente, die genau beobachtet, deren Ergebnisse sorgfältig notiert und ausgewertet werden, können dazu beitragen, dass die Schüler Gewinnchancen realistisch einschätzen lernen und erkennen, dass es bei Zufallsexperimenten durchaus „Regelmäßigkeiten" gibt. Dabei sollen die mathematischen Fachbegriffe „sicher", „wahrscheinlich" und „unmöglich" benutzt und inhaltlich verstanden werden, um Wahrscheinlichkeiten zu vergleichen und den „Grad der Sicherheit" des Eintretens eines zufälligen Ergebnisses zu beschreiben.

In der Grundschule werden diese Fachbegriffe nicht mathematisch definiert. Die Schüler müssen jedoch inhaltlich mit ihnen umgehen und sie beschreiben können. Die folgende Abbildung erläutert wesentliche Fachbegriffe des Gebiets „Zufall und Wahrscheinlichkeit".

Für das mathematische Erfassen von Wahrscheinlichkeiten bei Zufallsexperimenten sind zwei mathematische Modelle als Zugänge zu unterscheiden:

Der geometrische Zugang

Beim geometrischen Zugang im Sinne des klassischen Wahrscheinlichkeitsbegriffs nach Laplace (vgl. Laplace-Experiment) wird davon ausgegangen, dass eine Gleichwahrscheinlichkeit für das Eintreten eines Ereignisses vorliegt. Die Gleichwahrscheinlichkeit ergibt sich beispielsweise beim Würfeln mit einem („gerechten") Spielwürfel mit sechs verschiedenen Augenzahlen aufgrund dessen geometrischer Struktur.

Der Zugang über relative Häufigkeiten

Beim Vergleich des Eintretens von Ereignissen bei Zufallsexperimenten spielt auch der Begriff der *Häufigkeit* eine Rolle. Wenn man die Häufigkeit eines Ereignisses auf experimentelle Weise ermittelt und beispielsweise in einer Strichliste festhält, kann man genau sagen, wie oft ein Ereignis eingetreten ist. Setzt man diese Häufigkeit ins Verhältnis zur Zahl der durchgeführten Versuche, so bestimmt man die *relative Häufigkeit*[128]. Führt man den gleichen Zufallsversuch sehr häufig durch, stabilisiert sich die relative Häufigkeit. Das bedeutet, dass sich mit wachsender Anzahl an Versuchen die relative Häufigkeit eines Ereignisses seiner theoretischen Eintrittswahrscheinlichkeit annähert. Die Ermittlung von Wahrscheinlichkeiten über relative Häufigkeiten wird auch als *„Gesetz der großen Zahlen"*[129] bezeichnet.

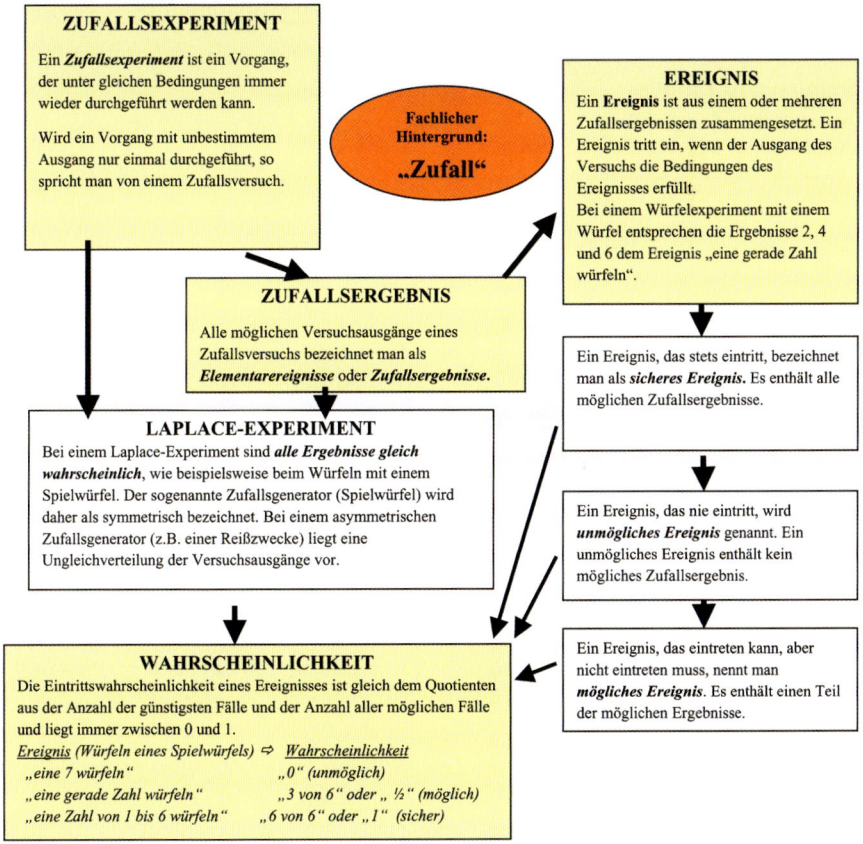

Abb. 3.5.8 Überblick über zentrale Fachbegriffe des Gebiets „Zufall und Wahrscheinlichkeit"

3.5.2 Anregung zur Entwicklung inhaltlicher Kompetenzen

Laut den Bildungsstandards sollen die Kinder bis zum Ende der Klasse 4 zur Leitidee „Daten, Zufall und Wahrscheinlichkeiten" die folgenden Kompetenzen erwerben:

---

[128] Wenn beim dreißigmaligen Würfeln zehnmal die Fünf fällt, dann beträgt die relative Häufigkeit für das Ereignis „5" genau ein Drittel oder „10 von 30".

[129] Je häufiger ich mit einem Spielwürfel würfle, desto näher wird der Anteil der Würfe, bei denen eine Fünf fällt, beim Wert von einem Sechstel liegen.

Daten erfassen und darstellen	in Beobachtungen, Untersuchungen und einfachen Experimenten Daten sammeln, strukturieren und in Tabellen, Schaubildern und Diagrammen darstellen
	aus Tabellen, Schaubildern und Diagrammen Informationen entnehmen
Wahrscheinlichkeiten von Ereignissen in Zufalls-experimenten vergleichen	Grundbegriffe kennen (z. B. sicher, unmöglich, wahrscheinlich)
	Gewinnchancen bei einfachen Zufallsexperimenten (z. B. bei Würfelspielen) einschätzen

Im Folgenden werden wir der Frage nachgehen, wie ein Mathematikunterricht gestaltet werden kann, der den Kindern die Chance bietet, kompetent im Umgang mit Daten und Wahrscheinlichkeiten zu werden. Dies soll an ausgewählten Beispielen aus der Unterrichtspraxis – sowohl an Aufgabenbeispielen als auch an der Darstellung möglicher Arbeitsmittel – konkretisiert werden. Hierbei werden auch inhaltliche und allgemeine Kompetenzen der Bildungsstandards betrachtet.

Im Einzelnen wollen wir bezogen auf die Leitidee „Daten, Zufall und Wahrscheinlichkeiten" auf Folgendes eingehen:

(1) Daten erfassen und darstellen
- *Das Erfassen und Darstellen von Daten in der Jahrgangsstufe 1/2*
- *Das Erfassen und Darstellen von Daten in der Jahrgangsstufe 3/4*

(2) Wahrscheinlichkeiten von Ereignissen in Zufallsexperimenten vergleichen
- *Das Kennenlernen der Grundbegriffe „sicher", „unmöglich" und „wahrscheinlich"*
- *Mögliche Arbeitsmittel für die Durchführung von Zufallsexperimenten*
- *Einfache Zufallsexperimente in den Jahrgangsstufen 1/2 und 3/4*
- *Einschätzen von Gewinnchancen bei der Durchführung einfacher Zufallsexprcrimente*

(1) Daten erfassen und darstellen

Das Erfassen und Darstellen von Daten in der Jahrgangsstufe 1/2

Beim Umgang mit Daten sollen die Schüler erkennen, dass Untersuchungsergebnisse vergleichbar gemacht werden können und unter welchen Voraussetzungen dies geschehen kann. Das Lesen und Erstellen von graphischen Darstellungen ist hierbei von zentraler Bedeutung. Die Schüler sollen lernen, wie man Daten über Dinge, Personen oder Ereignisse erfasst und übersichtlich dokumentiert. Das Dokumentieren ist insbesondere dann von Bedeutung, wenn die Daten vergänglich sind, wie beispielsweise bei der Durchführung von Zufallsexperimenten oder der Darstellung von Daten für Dritte. Darüber hinaus geht es um die Frage, wie man aus Darstellungen von Daten Informationen entnehmen und diese weiter nutzen kann. Die Schüler interpretieren graphische Darstellungen und können dabei erfahren, dass es unterschiedliche Interpretationsmöglichkeiten gibt und mehrere Schlussfolgerungen denkbar sind.

In der Jahrgangsstufe 1/2 lernen die Schüler zunächst das „Lesen" von Daten in Tabellen, Strichlisten, einfachen Diagrammen, Texten oder Schaubildern kennen. Das folgende Beispiel zeigt den „Wackelzahnkalender" meiner Klasse. In diesem Schaubild dokumentieren die Kinder seit Schulbeginn, in welchem Monat ihnen ein Wackelzahn ausgefallen ist, indem sie eine Zahnabbildung zu dem entsprechenden Monat auf das Plakat kleben.

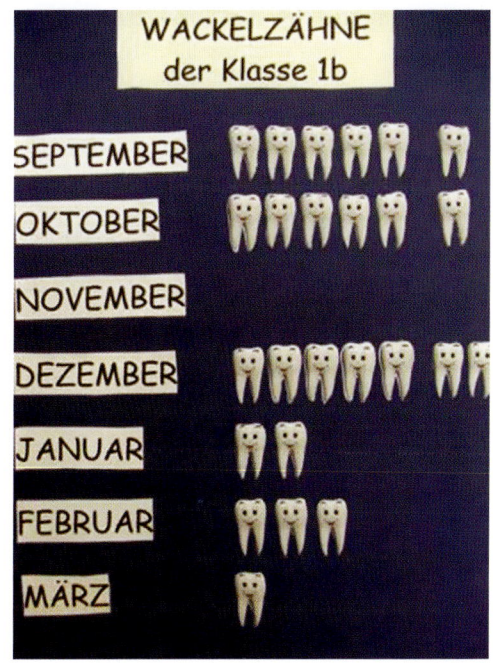

Inzwischen können die Kinder anhand des Plakats schon einige Aussagen treffen, wie beispielsweise:

> „Im November hat keiner aus der Klasse einen Zahn verloren."
> „Im Dezember sind bis jetzt die meisten Zähne ausgefallen."
> „Im Januar sind besonders wenig Zähne ausgefallen."
> „Im September und Oktober haben wir jeweils sechs Zähne verloren.
> Außerdem weiß ich noch, dass Shiva drei Zähne im Oktober ausgefallen sind!
> So viele Zähne hat bisher noch kein Kind in der Klasse in einem Monat verloren!"

Die Schüler entnehmen die Informationen zu bestimmten Merkmalen (z.B. „Zahnausfall im Monat Dezember" oder „Zahnausfall im Monat November") und interpretieren diese, indem sie Aussagen dazu treffen. Dabei fällt den Schülern eine Interpretation von selbst ermittelten Daten leichter als die Interpretation von fremden Daten, in die sich die Schüler erst „hineindenken" müssen. Daher erscheint es sinnvoll, dass sich Schüler anfangs mit realistischen Daten aus ihrem Alltag beschäftigen, sie selbst ermitteln, zusammenstellen und auswerten. Der Mathematikunterricht kann dadurch einen Beitrag zur Umwelterschließung leisten und es ergeben sich vielfältige Möglichkeiten für ein fächerübergreifendes Arbeiten.

Die folgenden Beispiele zeigen weitere Aufgabenformate, bei denen bereits Schulanfänger Daten in ihrer Lernumgebung ermitteln und darstellen können. Das Sammeln und Darstellen von Daten kann zunächst über Handlungen erfolgen:

Zur Frage „Wie alt sind die Kinder in unserer Klasse?", können die Kinder Perlen oder Muggelsteine in vorbereitete Gefäße füllen oder auf vorbereitete Stäbe stecken[130]. Eine weitere Darstellungsmöglichkeit besteht darin Bausteine, Steckwürfel oder Legesteine aufeinander zu setzen.

Abb. 3.5.10 Darstellungen zum Thema „Alter in unserer Klasse"

Hierbei können die Kinder erfahren, dass die losen Perlen in den Gefäßen (Abb. 1) meist weniger übersichtlich sind als beispielsweise die Perlen auf den Stäben (Abb. 2). Bei der zweiten Darstellungsvariante lassen sich Anzahlen leichter vergleichen.

Gleichzeitig können diese Darstellungsformen als Vorstufen für einfache Streifendiagramme betrachtet werden, bei denen Klebepunkte übereinander geklebt werden oder bei denen die Datendarstellung über das Ausmalen von Rechenkästchen erfolgt.

---

[130] Weitere Anregungen finden sich: Senatsverwaltung für Bildung, Wissenschaft und Forschung (Hrsg.): Anregungsmaterialien zur Lerndokumentation Mathematik. Berlin, S. 123

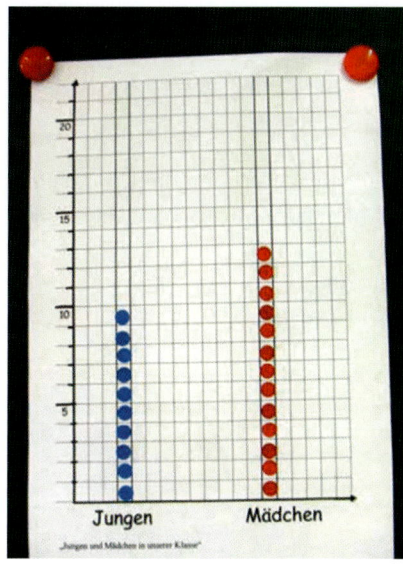
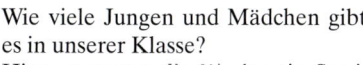
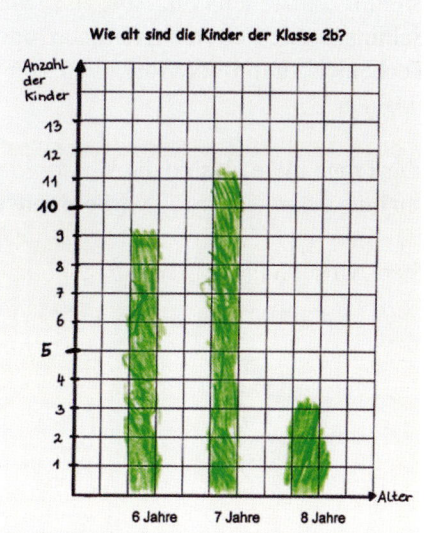

Wie viele Jungen und Mädchen gibt es in unserer Klasse? Hier erzeugten die Kinder ein Streifendiagramm durch das Anbringen von Klebepunkten in einem entsprechend vorbereiteten Diagramm.

Wie alt sind die Kinder unserer Klasse? Hier erzeugten die Kinder ein Streifendiagramm durch das Ausmalen von Rechenkästchen in einem entsprechend vorbereiteten Diagramm.

Abb. 3.5.11 Diagramm Jungen – Mädchen

Abb. 3.5.12 Diagramm Alter

Meine persönlichen Erfahrungen zeigen, dass das Bekleben bzw. Ausmalen der Rechenkästchen unterschiedlich gut gelingt. Einige Kinder haben Schwierigkeiten mit dem exakten Zeichnen und halten nicht genau die Begrenzungslinien der Kästchen ein, wodurch sich anschließend Unsicherheiten beim Entnehmen der Daten aus dem Diagramm ergeben können. Dies kann durch starkes Vergrößern der Rechenkästchen erleichtert werden. Außerdem muss darauf geachtet werden, dass die Schüler die Aufkleber genau übereinander kleben und dass keine großen Lücken entstehen. All diese möglichen Probleme können bei einem gemeinsames Vergleichen und Besprechen der Ergebnisse gut thematisiert werden.

Weiterhin können zur schriftlichen Darstellung von Daten auch vorbereitete Strichlisten, Schaubilder oder Tabellen hergestellt oder ergänzt werden.

Als Schaubilder können die Schüler beispielsweise Karten[131] übereinander legen oder an die Tafel hängen und dadurch einzelne Merkmale durch „Karten-

---

[131] Die Karten können je nach Aufgabenstellung beispielsweise Bilder von Lieblingshaustieren, Namen von Mitschülern oder Farbkreise zur Symbolisierung von Augenfarben enthalten, die dann an der Tafel geordnet werden.

streifen" darstellen (vgl. Abb. 3.5.13). Auf der ikonischen Ebene kann die Herstellung von Streifendiagrammen oder Staffelbildern durch das Färben von Rechenkästchen oder Aufkleben von Rechtecken oder Quadraten aus Papier erfolgen.

Abb. 3.5.13 Schaubild zu Bellas Familienmitgliedern (Rechenwege 1, S. 130)

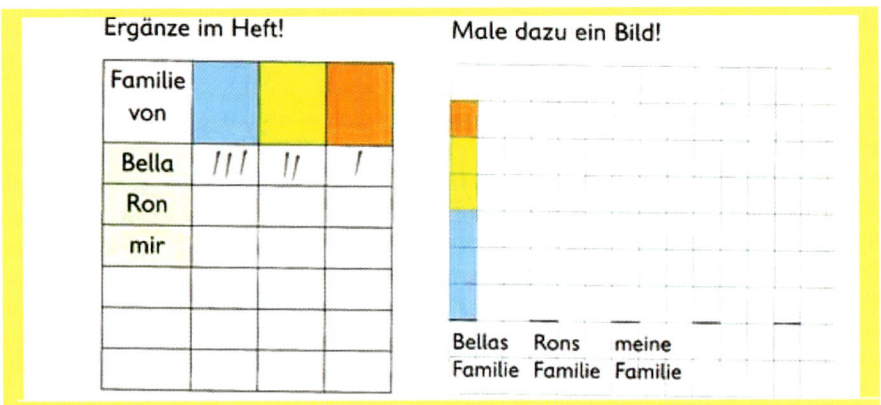

Abb. 3.5.14 Übertragung der „Familiendaten" aus dem Schaubild in eine Strichliste bzw. ein Staffelbild (Rechenwege 1, S. 130)

Angeregt durch das Lehrbuchbeispiel können die Kinder Plakate mit Schaubildern zu ihrer Familie herstellen. Dabei sollen die Erwachsenen, die Kinder und die Haustiere der Familie erfasst werden. Durch die Vorgabe von Papierstreifen (3 × 5 cm) und ein Zeichenblatt im Format DIN A3 für alle Kinder können die Ergebnisse übersichtlich und gut vergleichbar dargestellt werden. Es bieten sich bei dieser Aufgabenstellung vielfältige Lernchancen in Bezug auf das Kommunizieren, Problemlösen und Argumentieren. Beispielsweise müssen Überlegungen darüber angestellt werden, ob es sinnvoll ist, alle Familienmitglieder zu erfassen (inklusive aller Tanten, Onkel, Cousins und Cousinen usw.) oder ob nur die Familienmitglieder dargestellt werden, die zur engeren Familie gehören. Darüber hinaus muss auch das Erfassen der Haustiere problematisiert werden. Bei der Durchführung des Miniprojektes in meiner Klasse ergaben sich unter anderem rege Diskussionen darüber, wie alle Fische des Aquariums erfasst und darstellt werden können. Letztlich einigten sich die Kinder darauf, dass für die Fische mehrere Plakate übereinander geklebt werden müssen.

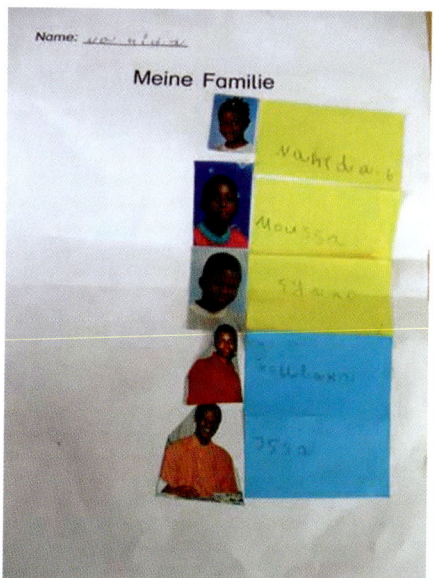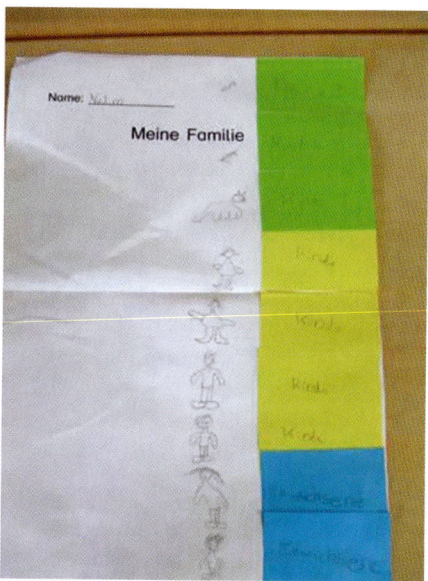

Abb. 3.5.15 Klassenplakate zu Familien

Die erstellten Plakate waren in meiner Klasse noch lange der Anlass für Gespräche über die eigene Familie und verschiedene Familienkonstellationen. Es wurden dabei immer wieder Informationen zu Merkmalen entnommen und Aussagen dazu getroffen, wie die folgenden Beispiele zeigen:

> *„Ich habe zwei Geschwister und du hast drei Geschwisterkinder."*

> *„Martin hat mit seinen 20 Fischen die meisten Haustiere der Klasse."*

> *„Weil Caroline eine Woche bei Mama und ihrem Stiefvater und eine Woche bei Papa und seiner Freundin wohnt, gibt es in ihrer Familie doppelt so viele Erwachsene wie in Pauls Familie."*

Zum Erfassen und anschließendem Darstellen von Daten auf unterschiedliche Art und Weise (z. B. in Schaubildern, Strichlisten oder Diagrammen) lässt sich eine Vielzahl weiterer Fragestellungen finden, wie die folgenden Beispiele zeigen.

- Wie viele Jungen und Mädchen gibt es in unserer Klasse?

- Wie viele Kinder haben braune, blaue oder grüne Augen?

- Wie kommen die Kinder zur Schule (z. B. zu Fuß, mit dem Roller oder Fahrrad, mit dem Bus oder der Straßenbahn, mit dem Auto)?

- Wie viele Fenster (Stühle, Tische, Schränke, Regale, Bücher usw.) gibt es in unserer Klasse?

- Welche Lieblingsspeisen haben die Kinder?

- In welchem Monat (in welcher Jahreszeit) haben die Kinder Geburtstag?

- Welches sind unsere Lieblingsfarben (Lieblingszahlen, Lieblingsfernsehserien, Lieblingsgetränke usw.)?

- Welche Sportarten treiben die Kinder am liebsten?

- Wie viele Links- bzw. Rechtshänder gibt es in der Klasse? Und wie viele gibt es in der Parallelklasse?

- Wie sieht unsere Schulmilchbestellung aus? Wer trinkt lieber Vollmilch, Vanille- oder Erdbeermilch oder Kakao?

Es ist besonders sinnvoll, immer wieder Aufgabenformate anzubieten, bei denen die Kinder angeregt werden, unterschiedliche Darstellungsmöglichkeiten zu finden, auszuprobieren und zu vergleichen. Hierbei können die Kinder erfahren, welche Vor- und Nachteile (z. B. bezogen auf die Übersichtlichkeit) einzelne Darstellungsformen haben können.

Nachdem Kinder verschiedene Möglichkeiten der Datendarstellung kennengelernt haben, ist es möglich, dass sie zum Lösen von Aufgaben unterschiedliche Lösungswege nutzen. Beim folgenden Experiment fanden die Kinder unter anderem diese Lösungswege und Darstellungsmöglichkeiten.

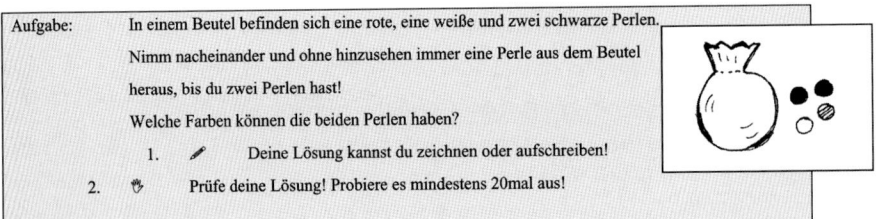

Aufgabe: In einem Beutel befinden sich eine rote, eine weiße und zwei schwarze Perlen.
Nimm nacheinander und ohne hinzusehen immer eine Perle aus dem Beutel
heraus, bis du zwei Perlen hast!
Welche Farben können die beiden Perlen haben?
1.   ✏   Deine Lösung kannst du zeichnen oder aufschreiben!
2.   ✌   Prüfe deine Lösung! Probiere es mindestens 20mal aus!

Lösungen von Kindern am Ende eines 2. Schuljahres:

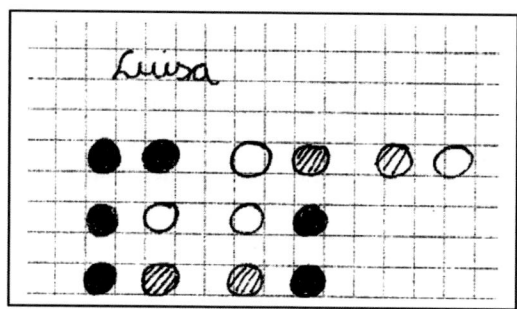

Luise hat die Aufgabe zeichnerisch gelöst und ist dabei sehr strukturiert vorgegangen.

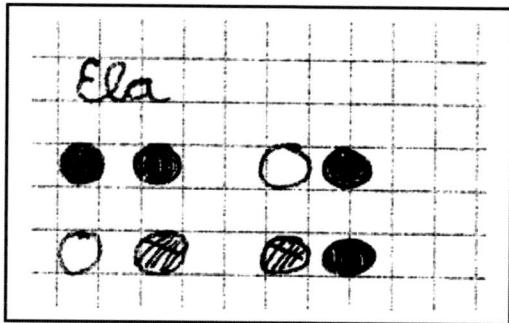

Elena hat die Lösung der Aufgabe ebenfalls zeichnerisch dargestellt. Sie hat dabei jedoch nicht berücksichtigt, dass die Reihenfolge des Ziehens der Perlen von Bedeutung ist. Nach einem anschließenden Vergleichen der Lösungen konnte sie ihre Ergebnisse noch ergänzen.

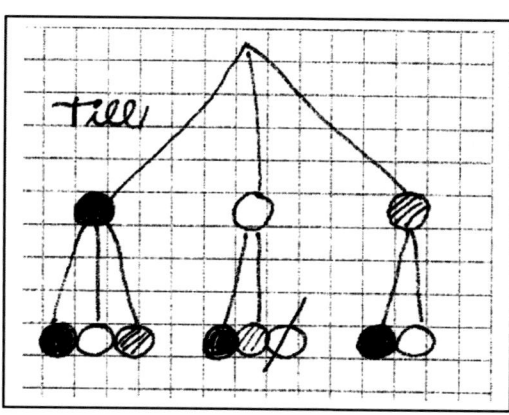

Till hat ein Baumdiagramm gezeichnet. Beim Überprüfen stellte er fest, dass die Kombination „weiß/weiß" nicht möglich ist, weil nur eine weiße Perle im Beutel ist. Anschließend notierte er folgendes:

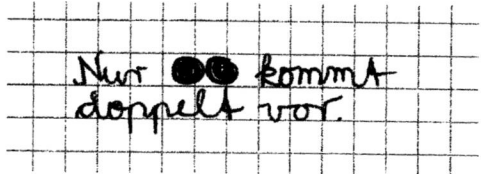

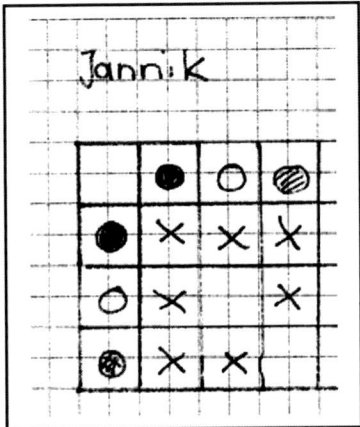

Jannik erstellte eine Tabelle und kreuzte mögliche Kombinationen an.

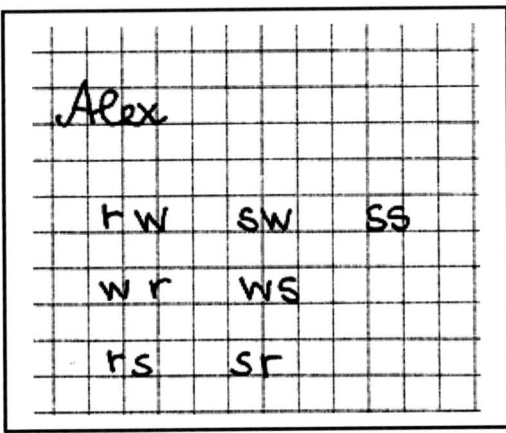

Alex notierte nur die Anfangsbuchstaben der Farbkombinationen. Er ging dabei ebenfalls sehr strukturiert vor und hat alle Möglichkeiten gefunden.

Abb. 3.5.16 Kinderlösungen zu einer „Urnenaufgabe"

Die Beispiele zeigen, wie unterschiedlich die einzelnen Kinder vorgehen. Daraus ergeben sich viele Anlässe für das Kommunizieren über Lösungswege in der Klasse. Auch lassen sich – beispielsweise bei Tills Vorgehensweise – einzelne Rückschlüsse auf Wege des Problemlösens ziehen.

Das Erfassen und Darstellen von Daten in der Jahrgangsstufe 3/4

In der Jahrgangsstufe 3/4 kommt die Darstellungsform des Baumdiagramms hinzu, die bereits in den ersten beiden Schulbesuchsjahren angebahnt werden kann. Nach der Datenentnahme und der Beschäftigung mit dem Aufbau und der

Leserichtung des Diagramms werden häufig unvollständige Diagramme ergänzt. Anschließend können eigene Diagramme mit Hilfe von vorgegebenen „Ästen" gelegt oder gezeichnet werden. Im folgenden Schulbuchbeispiel soll zunächst ein vorgegebenes Baumdiagramm zu einer kombinatorischen Aufgabenstellung interpretiert werden. Anschließend soll ein ähnliches kombinatorisches Problem mit Hilfe eines selbst erstellten Baumdiagramms gelöst werden.

3 Die Fußballmannschaft der Waldschule hat für ihre Spiele Trikots, Sporthosen und Stutzen in verschiedenen Farben. Sie wollen aus Spaß wissen, ob sich jeder Spieler anders anziehen kann. Als Lösungsweg haben sie dieses Baumdiagramm gezeichnet. Was kannst du daraus ablesen?

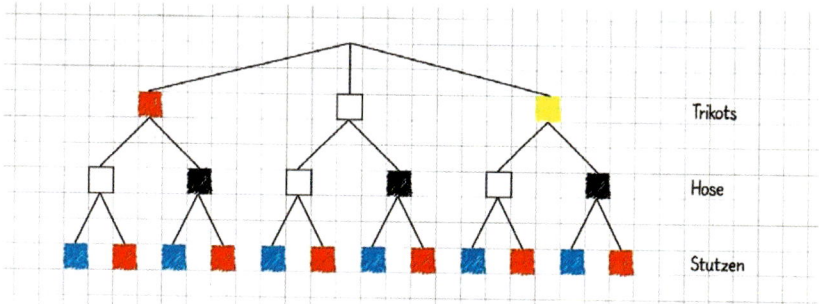

4 Fertige selbst ein Baumdiagramm an, wenn du vier T-Shirts (rot, blau, weiß, grün) und zwei Sporthosen (gelb, schwarz) hast. Wie viele Kombinationsmöglichkeiten gibt es?

Abb. 3.5.17 Primo, Klasse 3, S. 109

In dieser Doppeljahrgangsstufe geht es außerdem verstärkt darum, verschiedene Darstellungen des gleichen Sachverhaltes zu vergleichen und kritisch zu hinterfragen. Dabei kann beispielsweise über die Eignung von Darstellungsformen für die jeweils ermittelten Daten diskutiert oder über sinnvolle Skalierungen bei Diagrammen nachgedacht werden.

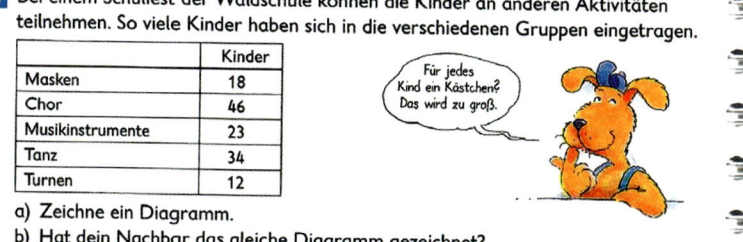

2 Bei einem Schulfest der Waldschule können die Kinder an anderen Aktivitäten teilnehmen. So viele Kinder haben sich in die verschiedenen Gruppen eingetragen.

	Kinder
Masken	18
Chor	46
Musikinstrumente	23
Tanz	34
Turnen	12

Für jedes Kind ein Kästchen? Das wird zu groß.

a) Zeichne ein Diagramm.
b) Hat dein Nachbar das gleiche Diagramm gezeichnet?
c) Was kannst du alles aus der Tabelle (aus dem Diagramm) ablesen?
d) Was ist anschaulicher, das Diagramm oder die Tabelle?

Abb. 3.5.18 Primo, Klasse 3, S. 110

Auch die verschiedenen Formen des Ermittelns von Daten über Befragungen, Beobachtungen oder die Recherche in verschiedenen Medien (wie Sachbüchern, Zeitungen oder dem Internet) sollen laut Rahmenlehrplan besonders beachtet werden.

(2) Wahrscheinlichkeiten von Ereignissen in Zufallsexperimenten vergleichen

<u>Das Kennenlernen der Grundbegriffe „sicher", „unmöglich" und „wahrscheinlich"</u>

Wie bereits angesprochen, bringen die Kinder bereits Erfahrungen und Vorstellungen in Bezug auf die Grundbegriffe „sicher", „unmöglich" und „wahrscheinlich" mit in den Unterricht, die manchmal von der mathematischen Bedeutung abweichen. Durch die Durchführung und Betrachtung zufälliger Vorgänge können die Kinder die mathematische Bedeutung dieser Grundbegriffe praktisch erfahren.

Dabei ist es möglich, verständliche Formulierungen für Grundschüler zu verwenden, wie das folgende Beispiel für das Werfen eines Spielwürfels zeigt:

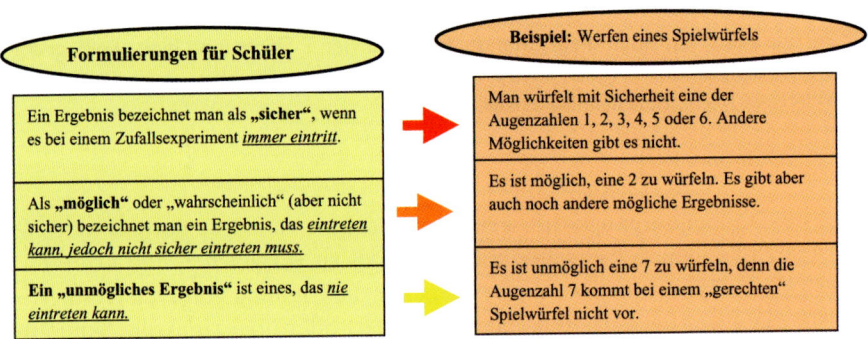

Basierend auf eigenen Zufallsexperimenten können Aussagen zu Wahrscheinlichkeiten eingeschätzt und eigene Aussagen getroffen werden, wie das folgende Beispiel aus einem Lehrbuch der 2. Klasse verdeutlicht.

Abb. 3.5.19 Primo, Klasse 2, S. 95

Kinder erklärten ihre Lösungen der obigen Aufgabe folgendermaßen:

> *„Es ist unmöglich, dass der erste Würfel rot ist, denn es ist ja gar kein roter Würfel in der Schachtel. Das kann also nicht sein."*

> *„Es sind blaue und gelbe Würfel in der Schachtel, also kann der erste Würfel blau oder gelb sein. Es könnte auch sein, dass beide Würfel blau sind."*

> *„Weil nur blaue und gelbe Würfel in der Schachtel sind, könnte der erste Würfel blau sein. Es könnte aber auch ein gelber Würfel sein. Es ist also möglich, aber sicher ist es nicht."*

In ähnlicher Form können Zufallsexperimente mit unterschiedlichen Zufallsgeneratoren durchgeführt und die Wahrscheinlichkeit des Eintreffens der Ereignisse eingeschätzt werden.

An dieser Stelle sollen nur einige Beispiele angeführt werden:

Formen greifen

In Fatimas Briefumschlag stecken vier Notizzettel mit geometrischen Formen. Ein Kreis, zwei Dreiecke, ein Quadrat. Sie greift ohne hinzusehen in den Umschlag und holt immer einen Zettel heraus. Anschließend legt sie die gezogenen Zettel neben den Umschlag.

- *Kann es sein, dass Fatima einen Zettel mit einem Stern greift?*
- *Fatima zieht beim ersten Mal einen Zettel mit einem Dreieck. Ist das sicher, möglich oder unmöglich?*
- *Fatima zieht beim ersten Mal einen Zettel mit einem Dreieck oder einem Kreis oder mit einem Quadrat. Ist das sicher, möglich oder unmöglich?*
- *Wie oft muss Fatima ziehen, um mit Sicherheit das Quadrat aus dem Umschlag zu holen?*

Fische angeln

In Antons Angelspiel sind drei Seepferdchen, zwei Fische und ein alter Stiefel. Er angelt ohne hinzusehen immer eine Figur und legt sie dann neben sich ab.

- *Ist es möglich, dass er beim ersten Mal ein Seepferdchen an der Angel hat?*
- *Wie oft muss er angeln, damit er mit Sicherheit ein Seepferdchen an der Angel hat?*
- *Kann es sein, dass er einen Hai an der Angel hat?*

Würfeln

Ole würfelt einmal mit zwei normalen Spielwürfeln (Augenwürfel).

- *Ist es möglich, dass die Summe beider Würfelaugen zwei ist?*
- *Ole würfelt mit beiden Würfeln eine gerade Augenzahl? Ist das immer so?*
- *Ole würfelt insgesamt die Augenzahl „sieben". Ist das möglich?*

Nach der Durchführung von verschiedenen Zufallsexperimenten können auch weitere Aussagen aus der Erfahrungswelt der Kinder gesammelt und den Begriffen „sicher", „unmöglich" und „wahrscheinlich" zugeordnet werden, wie das folgende Beispiel zeigt.

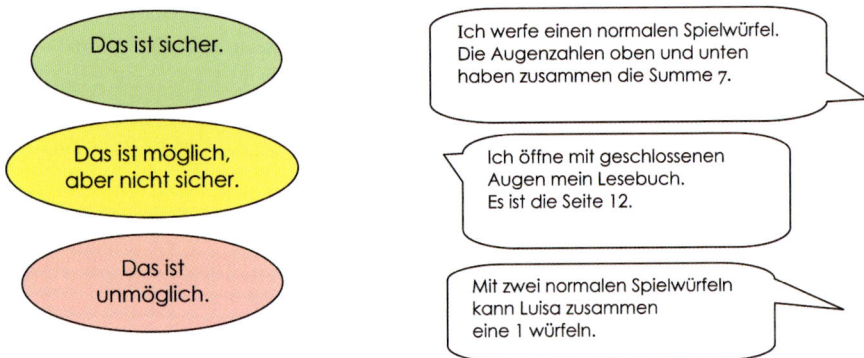

Mögliche Arbeitsmittel für die Durchführung von Zufallsexperimenten

Die Arbeitsmittel für die Durchführung von Zufallsexperimenten sind vielfältig und meist sehr ansprechend für die Kinder. Außerdem fordern sie zum Tätigsein heraus und eignen sich in der Regel gut für den Einsatz in einer Partner- oder Gruppenarbeit, so dass zusätzlich soziale Kompetenzen gefördert werden können.

Man kann bei den Arbeitsmitteln zwischen Urnen- und Würfelmodellen unterscheiden.

Bei den *Urnenmodellen* werden Gegenstände (farbige Kugeln, Spielsteine, Kärtchen, geometrische Figuren, Fische usw.) aus einem Gefäß („Urne") gezogen.

Das Ziehen kann auf zwei verschiedene Arten erfolgen:

a) Ein Gegenstand wird gezogen und wieder zurückgelegt.

b) Nach dem Ziehen wird der Gegenstand nicht wieder zurückgelegt.

Außerdem kann auch noch die Reihenfolge des Ziehens eine Rolle spielen.

Bei den *Würfelmodellen* werden beispielsweise Münzen, Kronkorken, Reißzwecken, Verschlussdeckel, verschiedene Würfel (Hexaeder, Tetraeder, Dodekaeder, Oktaeder usw.) geworfen.

Darüber hinaus bieten Glückskreisel, Drehscheiben und Roulettspiele verschiedene Möglichkeiten für Zufallsexperimente. Es können auch eigene Glückskreisel oder Würfelnetze entsprechend vorgegebener Chancen selbst erstellt oder eingefärbt werden, wie die folgenden Beispiele zeigen.

Färben von Glücksrädern

Färbe die Glücksräder mit den Farben Rot, Gelb und Blau so, dass

a) *alle Farben die gleiche Chance haben zu gewinnen!*

b) *die Farbe Rot die Größte Chance hat zu gewinnen!*
    Begründe dein Vorgehen und tausche dich mit einem anderem Kind aus!

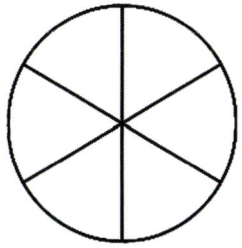 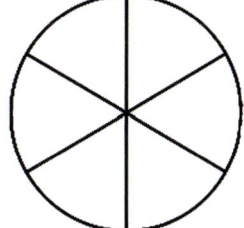

Abb. 13.5.20 Glücksräder

Färben von Würfelnetzen

 Experiment: Würfel

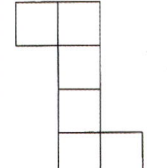

a) Stell dir vor: Du bastelst aus dem Würfelnetz einen Würfel.
Überlege nun:
Wie kannst du jede Fläche des Würfelnetzes entweder rot oder blau färben, damit beim Würfeln
– eine rote Fläche oben wahrscheinlicher ist als eine blaue,
– eine blaue Fläche oben wahrscheinlicher ist als eine rote,
– eine rote oder blaue Fläche mit gleichen Chancen oben liegt?

b) Lars behauptet: Für jeden der 3 Fälle gibt es verschiedene Lösungen.
Hat Lars Recht? Begründe!

c) Prüfe deine Vermutung!
Färbe dazu mehrere Würfelnetze auf verschiedene Weise und bastle aus den Netzen Würfel! Dann würfle mit jedem Würfel 20-mal!
Was stellst du fest? Vergleiche mit den Ergebnissen anderer Kinder!

Abb. 3.5.21 Rechenwege 4 (2005, S. 130)

Herstellen von Glückskreiseln

Zufallsexperimente

Experiment: Glückskreisel

a) Bastelt aus Pappkarton und einem
Stäbchen einen 8-eckigen Glückskreisel!
Bezeichnet die Kreisteile wie im neben
stehenden Bild mit den Zahlen von 1 bis 8!

b) Stellt euch vor:
Ihr dreht 30-mal den Kreisel.
Vermutet, welches von den folgenden
Ergebnissen ihr

– immer,   – selten,
– sehr häufig,   – gar nicht
– häufig,   erhaltet!

A eine gerade Zahl	B eine ungerade Zahl	C die Zahl 4	D eine Zahl, die größer als 2 ist

Abb. 3.5.22 Rechenwege 4 (2005, S. 130)

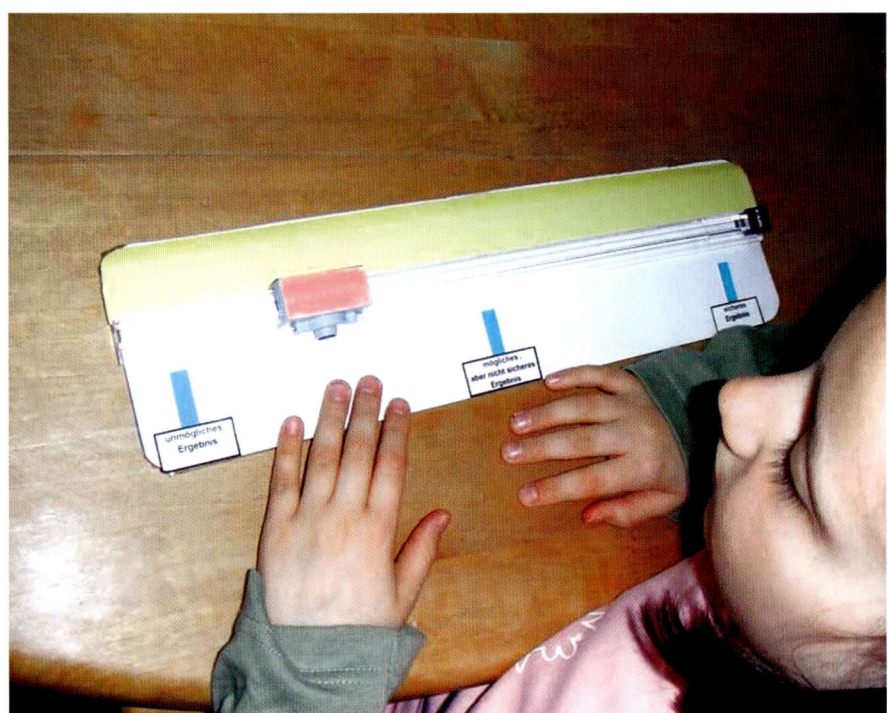

Abb. 3.5.23 Wahrscheinlichkeitsskala

Darstellen von Wahrscheinlichkeiten mit der Wahrscheinlichkeitsskala

Um Wahrscheinlichkeiten genauer zu betrachten und auf einer Rangsskala darzustellen, ohne dass Zahlenwerte notwendig sind, eignet sich eine selbst hergestellte Wahrscheinlichkeitsskala. Durch das Verschieben des Läufers können Aussagen zum Eintreten von zufälligen Ereignissen auf der Skala angezeigt werden. Neben der Verwendung von Formulierungen wie „unmögliches Ereignis", „mögliches Ereignis" oder „sicheres Ereignis" (qualitative Aussagen) können auch vergleichende Aussagen getroffen werden („Es ist weniger wahrscheinlich, dass …" oder „Es ist wahrscheinlicher, dass …").

Einschätzen von Gewinnchancen bei der Durchführung einfacher Zufallsexperimente

In der Jahrgangsstufe 3/4 geht es verstärkt darum, Versuchsreihen zu planen, durchzuführen und zu dokumentieren. Hierbei sollen die Versuchsreihen zunehmend dazu genutzt werden, um Eintrittswahrscheinlichkeit von Ereignissen einzuschätzen und dazu nicht nur qualitative, sondern auch quantitative Aussagen zu treffen. Das folgende Beispiel zeigt, wie mit Hilfe einer gezeichneten Wahrscheinlichkeitsskala eine vergleichende Einschätzung von Ereignissen möglich ist.

Aufgabenbeispiel:

Stell dir vor, du würfelst mit einem Würfel.

a) Wie viele verschiedene Augenzahlen können beim Würfeln eintreten? ☐

b) Welches Ergebnis kann eintreten? Ordne die Aussagen zu und schreibe die Buchstaben in die passenden Kästchen! Begründe dein Vorgehen!

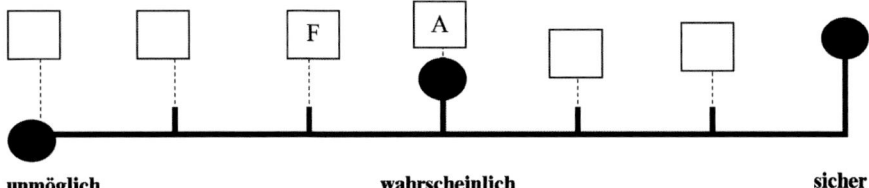

Es tritt …

A) … eine gerade Zahl auf.   D) … die 2 auf.
B) … eine Zahl auf, die größer als 1   E) … die 7 auf.
   und kleiner als 6 ist.   F) … eine durch 3 teilbare Zahl auf.
C) … eine Zahl von 1 bis 6 auf.   G) … eine Zahl auf, die kleiner als 6 ist.

Äußerungen von Kindern:

„Die Aussage A ist möglich, denn ich kann eine 2,4 oder 6 würfeln. In drei von 6 Fällen trifft das zu."

„Die Aussage B stimmt in 4 Fällen, nämlich, wenn ich eine 2, 3, 4 oder 5 würfle."

„Die Aussage C stimmt immer, denn immer wenn ich würfle, muss es eine Zahl von 1 bis 6 sein. Es stimmt also in allen sechs Fällen."

„Die Aussage D trifft nur zu, wenn ich eine 2 würfle. Das ist in einem von sechs möglichen Fällen."

„Die Aussage E kann nicht eintreffen, denn es ist unmöglich, dass ich mit einem normalen Würfel eine 7 würfle!"

„Die Aussage F stimmt, für die Würfelergebnisse 3 und 6, als in zwei von sechs Fällen."

„Die Aussage G stimmt, wenn ich eine 1, 2, 3, 4 oder 5 würfle, also in 5 von 6 Fällen."

In der Jahrgangsstufe 5/6 können die Eintrittwahrscheinlichkeiten dann mit Hilfe der Bruchrechnung dargestellt werden. Das Ereignis D würde hier mit einer Eintrittswahrscheinlichkeit von 1/6 eintreten.

Verbindungen zu allgemeinen Standards

Der Umgang mit Daten und Häufigkeiten im Unterricht der Grundschule ist geeignet zur Förderung allgemeiner Mathematischer Kompetenzen, wie die folgende Übersicht zeigt:

Allgemeine mathematische Kompetenzen und inhaltsbezogene Kompetenzen

Problemlösen

* mathematische Kenntnisse, Fertigkeiten und Fähigkeiten bei der Bearbeitung problemhaltiger Aufgaben anwenden
* Lösungsstrategien entwickeln und nutzen (z. B. systematisches Probieren)
* Zusammenhänge erkennen, nutzen und auf ähnliche Sachverhalte anwenden

Argumentieren
* Aussagen hinterfragen und prüfen
* Zusammenhänge erkennen und Vermutungen äußern
* Begründen

Darstellen
* geeignete Darstellungen entwickeln, auswählen, nutzen

Inhaltbezogene math. Kompetenzen

zu Daten, Häufigkeiten, und Wahrscheinlichkeit

Kommunizieren
* Vorgehensweisen beschreiben
* Fachbegriffe verwenden
* gemeinsam Aufgaben. bearbeiten

Modellieren
* Sachprobleme in Sprache der Mathematik übersetzen

Das **Kommunizieren** kann besonders gefördert werden, z. B.

- beim Beschreiben von Vorgehensweisen,
- beim Verstehen der Lösungswege anderer verstehen und dem darüber Reflektieren,
- bei der sukzessiven Anwendung von Fachbegriffen,
- beim Treffen von Verabredungen (z. B. Welche Regel gilt für dich und welche für mich?).

Das **Argumentieren** kann besonders gefördert werden, z. B.

- beim Hinterfragen mathematischer Aussagen hinterfragen (Kann das sein? Ist das immer so?),
- beim Erkennen von Zusammenhänge und Äußern von Vermutungen,
- beim Suchen von Begründungen.

Das **Darstellen** kann besonders gefördert werden, z. B.

- beim Nutzen geeigneter Darstellungsweisen wie malen, aufschreiben, Tabellieren, Diagramm erstellen usw.

Bei der Umsetzung dieser inhaltlichen Leitlinie ergeben sich also vielfältige Möglichkeiten zur Entwicklung allgemeiner Kompetenzen und es wird deutlich, dass Aufgabenstellungen auf allen Anforderungsniveaus, vom Reproduzieren bis zum Verallgemeinern möglich sind.

Mit der inhaltlichen Leitlinie „Daten, Zufall und Wahrscheinlichkeiten" ist ein Teil dessen erfasst, was häufig unter Sachrechnen zusammengefasst wird. Der Frage, ob Sachrechnen auf diese Leitlinie beschränkt werden soll, wollen wir im nächsten Kapitel nachgehen.

3.6 Sachrechnen nicht mehr aktuell?

Vor der Formulierung der Bildungsstandards, in den älteren Rahmenplänen wird häufig davon gesprochen, dass es drei Säulen des Mathematikunterrichts der Grundschule gibt: nämlich die Arithmetik, die Geometrie und das Sachrechnen.

Arithmetik und Geometrie findet man in den Leitideen „Zahlen und Operationen" bzw. „Raum und Form" wieder. Das Sachrechnen ist nicht so ohne weiteres als gesonderter Inhaltsbereich zu finden. Da gibt es zwar bei „Zahlen und Operationen" den Punkt „Rechnen in Kontexten", bei Größen und Messen tritt das „Rechnen mit Größen in Sachzusammenhängen" auf und schließlich beinhaltet die Leitidee „Daten, Häufigkeit und Wahrscheinlichkeit" im Unterricht bisher vernachlässigte Bestandteile des Sachrechnens[132].

Ein systematischer Sachrechenlehrgang ist aus den inhaltlichen Leitideen der Bildungsstandards nicht abzuleiten und so meinte eine Kollegin „Sachrechnen

---

[132] Zur Klärung des Begriffs Sachrechnen sei auf das immer noch aktuelle und lesenswerte Bändchen zu den Funktionen des Sachrechnens von Heinrich Winter (1985) verwiesen.

fiel den Kindern immer schwer, jetzt muss ich im Unterricht also keinen Schwerpunkt mehr darauf legen." Allenfalls sind bei den einzelnen Rechenoperationen und den einzelnen Größen eingekleidete Aufgaben zu berücksichtigen. Und die Kinder rechnen sowieso lieber „richtige" Aufgaben. Mit Schwierigkeiten kann man aber nur fertig werden, wenn man sich ihnen stellt, dazu müssen die Schwierigkeiten dann aber so „attraktiv" sein, dass sie zur Auseinandersetzung verleiten.

Berücksichtigt man unsere Ausführungen im Kapitel 1, wo der so wichtige Zusammenhang von Umwelt und Mathematik, den die Kinder im Unterricht erleben müssen, und die allgemeinen Kompetenzen, speziell Modellierungs- und Problemlösekompetenz betont wurden, so wird deutlich, dass es auch weiterhin eine zielgerichtete Entwicklung sachrechnerischer Kompetenzen geben muss, die sich nicht so nebenbei einstellen, indem dann zum Abschluss der Behandlung einer Rechenoperation auch noch in „Kontexten gerechnet wird", wobei ganz klar ist, um das Üben welcher Rechenoperation es jeweils geht.

Bei PISA und TIMSS wird aber gerade betont, dass es darum gehen muss, mathematisches Wissen funktional, flexibel und mit Einsicht zur Bearbeitung vielfältiger kontextbezogener Probleme einzusetzen. Kompetenzen zeigen sich, wie wir betont haben, eben nicht im Aufsagen von Einmaleinsreihen, sondern z. B. in der Fähigkeit, mathematische Begriffe als Werkzeuge in einer Vielfalt von Kontexten einzusetzen.

Das Lösen von Sachproblemen ist ein komplexer Prozess und die Modellierungskompetenz entwickelt sich nicht nebenbei, so dass wir weiter für einen „Sachrechenlehrgang" plädieren, der die zielgerichtete und langfristige Entwicklung dieser bedeutsamen Kompetenz bei allen Kindern zum Ziel hat – also Sachrechnen vom ersten Schultag an.

3.6.1 Zur Sache

Anders als bei den Kapiteln 3.2. bis 3.5. beziehen sich die folgenden Ausführungen nicht auf mathematische Inhalte. Das Sachrechnen bezieht sich auf alle inhaltlichen Bereiche das Mathematikunterrichts der Grundschule, so dass hier eher didaktische Aspekte im Mittelpunkt stehen.

Was ist Sachrechnen eigentlich? Wie ordnet sich hier der Modellierungs- bzw. Modellbildungsprozess, der im Folgenden im Mittelpunkt stehen soll, ein?

Sachrechnen ist viel mehr als das Lösen von Sachaufgaben (auch dieser Begriff ist noch zu klären), nach wie vor ist die Beschreibung des Sachrechnens durch seine drei Funktionen von Winter [133] treffend.

Folgende drei Funktionen unterscheidet er:

---

[133] Vgl. Winter (1985)

Sachrechnen als Lernstoff

Bei dieser Funktion geht es um das Gewinnen, Darstellen und Auswerten von Daten, also z. B. um die Behandlung der Größenbereiche. Auf diese Funktion sind wir bereits in den Abschnitten 3.3. und 3.4 eingegangen.

Sachrechnen als Lernprinzip

Diese Funktion beinhaltet, dass Sachsituationen in vielfältigen Zusammenhängen zum Lernen von Mathematik genutzt werden. Sie können als Ausgangspunkt (Motivation, Einstieg in ein Thema, Mathematik aus Sachsituationen „herausfiltern") mathematischer Lernprozesse oder zur Veranschaulichung/Verlebendigung mathematischen Begriffe, Verfahren und Zusammenhänge genutzt werden sowie ein Feld der Anwendung und Einübungen mathematischer Begriffe und Verfahren sein.

Sachrechnen als Lernziel

Hier betont Winter, dass die Kinder lernen sollen, umweltliche Phänomene durch mathematisches Modellieren besser zu verstehen, bewusster zu erleben und kritischer zu sehen.

Beim Sachrechnen, so wie wir es hier verstehen, steht der Anwendungscharakter der Mathematik im Vordergrund, muss es darum gehen, realitätsnahe Situationen zu verstehen, mithilfe mathematischer Mittel zu modellieren, um sich aus der Situation ergebende Fragen zu beantworten. Dabei ist der Rückbezug vom mathematisch ermittelten Ergebnis auf die Situation ganz wichtig. Gewohnheitsmäßig sollten die Kinder danach fragen, was das Ergebnis bezogen auf die Ausgangssituation bedeutet. Die Kinder müssen die Sinnhaftigkeit von Modellierungen erleben: etwa die Übersichtlichkeit und die Vergleichbarkeit. Immer wieder ist darauf hinzuweisen, dass eingekleidete Aufgaben **keine** Sachaufgaben sind, da es bei ihrer Bearbeitung um die Festigung von arithmetischen Kenntnissen und Verfahren geht, der Kontext ist in der Regel austauschbar.

Der Modellierungsprozess kann folgendermaßen veranschaulicht werden. (vgl. Kapitel 2 Seite 33)

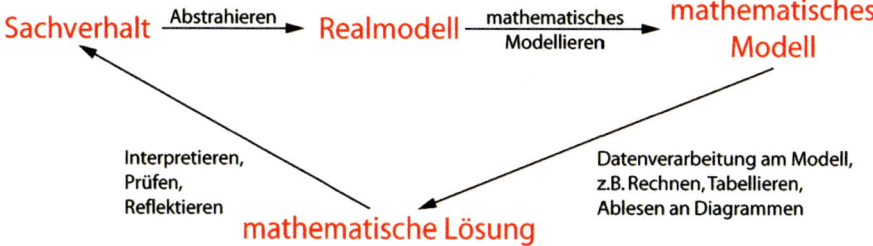

Hierbei handelt es sich offensichtlich um einen komplexen Prozess, der in allen Phasen hohe Anforderungen an die Kinder stellt. Da wird zunächst einmal sinn-

entnehmendes Lesen, Textverständnis vorausgesetzt. Hier können Formulierungen sicher einfach gewählt werden, aber eine inhaltliche Auseinandersetzung
kann und darf den Kindern nicht abgenommen werden. Ein Real- oder Situationsmodell können die Kinder nur aufbauen, wenn es sich um eine ihnen ver-
traute Situation handelt, wenn ein Kind z.B. noch nie mit einem Zug gefahren
ist, wird es sich schwerlich in eine Situation, in der Züge abfahren – und dann
noch in entgegengesetzte Richtungen – hineinversetzen können. Ist die Situation
den Kindern bekannt, können sie also ein Situationsmodell aufbauen, bleibt die
Frage, welche mathematische Operation kann zur Beschreibung de Situation
genutzt werden, welche Hilfsmittel helfen die Lösung zu finden. Wichtig ist, dass
die Kinder sich selbständig mit der Situation auseinandersetzen, dass nicht die
Haltung entsteht, ich warte mal ab, bis Max sagt, welche Aufgabe zu rechnen ist,
bzw. einfach Verknüpfungen von Zahlen gewählt werden, die naheliegend
erscheinen. Immer wieder stellen die Kinder die Frage, „was das ganze Gemache
und Getue denn soll, wenn es letztendlich doch nur darum geht, eine Matheauf-
gabe zu lösen". Derart komplexe Fähigkeiten entwickeln sich nicht von selbst
und „so nebenbei", sie müssen kontinuierlich und bewusst entwickelt werden.
Wir plädieren für einen „Sachrechenlehrgang", zu dem im Folgenden – wiederum exemplarisch – einige Anregungen gegeben werden sollen.

3.6.2 Anregungen zur Gestaltung eines Sachrechenlehrgangs

*Sachrechenkompetenzen langfristig entwickeln – den Modellierungsprozess
bewusst thematisieren*

Soll man erst warten, bis die Kinder Rechenfähigkeiten erlangt haben und dann
mit dem Sachrechnen beginnen, immer eng an die jeweils behandelte Rechenoperation angelehnt? Ist das Ziel, die Modellierungskompetenz bei allen Kindern zu entwickeln, ist diese Frage sicher zu verneinen, auch wenn man sich die
Funktionen des Sachrechnens vor Augen führt, kann es kein „erst und dann"
geben. Von Anfang an müssen die Alltagserfahrungen der Kinder und die Welt
des Mathematikunterrichts in Verbindungen gebracht werden, darf keine Kluft
entstehen, die dazu führt, dass Kinder sagen können „eigentlich geht das nicht,
aber das ist doch nur Mathematik", wie wir es immer wieder erleben. Winter[134]
schreibt „Wenn das Sachrechnen (. . ., d. Vf.) Stiftung eines rationalen Verständnisses von Erscheinungen der Welt durch Bildung von mathematischen Modellen mehr als bisher gerecht werden soll, dann muss das didaktische Hauptbemü-
hen entschieden darauf gerichtet werden, die für das **Verstehen von Sachverhalten** (symbolisiert durch Sachaufgaben) erforderlichen Fähigkeiten zu entwickeln, zu fördern und zu kultivieren. Weder das imitierende Üben (Musterauf-
gabe mit Musterlösung in leicht abgewandelten Beispielen wiederholen), noch
die Sequentierung nach Rechenoperationen . . ., noch die bedachte Zurichtung

---

[134] Vgl. Winter, H. (2003)

der Aufgabentexte zur Erleichterung ihrer Entschlüsselung (Widerspiegelung der geforderten Rechensequenz im Textaufbau), noch gar die Verpflichtung zu Bearbeitungsschritten wie das Ritual Frage-Rechnung-Antwort können die Misere des Sachrechnens wesentlich beheben." Und dann „Auch der gegenwärtige didaktische Hit, die Suche nach 'guten Aufgaben', greift zu kurz, wenn man glaubt, 'gute Aufgaben' seien pädagogische Selbstläufer und man könne die Güte von Aufgaben unabhängig von Vorstellungen über unterrichtliche Realisierungsmöglichkeiten bewerten." Was eine „gute Aufgabe" ist, hängt also ganz wesentlich von den Bedingungen, die in der jeweiligen Klasse zu finden sind und davon ab, was aus einer Aufgabe im Unterricht „gemacht" wird, wie sich die Kinder mit dieser Aufgabe auseinandersetzen. Um die notwendigen Fähigkeiten langfristig zu entwickeln, muss den Kindern bewusst werden, was alles dazu gehört, um sich mit einem Sachproblem auseinanderzusetzen. Das bedeutet, dass auch der Prozess der Modellierung, der Prozess des Lösens von Sachaufgaben mit den Kindern thematisiert wird, ihnen soll also bewusst werden, welche Schritte zu gehen sind, um eine Sachaufgabe zu lösen. All dies spricht dafür, Sachrechnerische Kompetenzen langfristig zu entwickeln und mit den Kindern, den Modellierungsprozess bewusst zu thematisieren.

Den oben dargestellten Modellierungsprozess findet man z. B. in der folgenden Abbildung[135] wieder (vgl. S. 220).

Ob in dieser oder einer anderen Form wichtig ist, dass den Kindern bewusst wird, dass man sich intensiv mit der Aufgabenstellung auseinandersetzen, die zur Lösung anzuwendende Rechenoperation nicht erraten muss, dass auch Probieren ein legitimes und wichtiges Mittel ist, um Sachaufgaben zu lösen, dass man seine Ergebnisse auch überprüfen muss. Mit dieser Darstellung werden auch Teilfähigkeiten angedeutet, die beim Lösen von Sachaufgaben eine ganz wesentliche Rolle spielen und die gesonderte Schwerpunkte des Unterrichts sein können, um am Ende zur Ausbildung einer komplexen Fähigkeit beizutragen, um die Kinder kompetent im Lösen von Sachaufgaben zu machen.

Das Lösen von Sachaufgaben ist noch immer ein sowohl von Kindern als auch von Lehrerinnen ungeliebter Inhalt des Mathematikunterrichts der Grundschule. Um dies zu überwinden, sind u. a. folgende Aspekte zu berücksichtigen: Die Interessen der Kinder sind stärker zu berücksichtigen und Sachaufgaben dürfen nicht nur auf symbolischer Ebenen präsentiert und bearbeitet werden.

---

[135] Vgl. Primo Mathematik Klasse 2 , Schroedel, Hannover, 2009, S. 49; im Schülerbuch der Klasse 1 ist eine ähnliche Übersicht zu finden

Sachaufgaben lösen

Max hat 22 Kastanien. Lea hat 8 Kastanien.
Wie viele Kastanien muss Max abgeben, damit beide gleich viele haben?

Lesen und überlegen

Was muss ich rechnen?

Beide sollen gleich viel haben.

Max hat 22. Lea 8.

Wir wollen noch einmal genau lesen und überlegen.

- Was suchen wir?
- Was wissen wir?

Probieren, malen oder rechnen

Ich rechne.

Ich probiere.

Man kann auch nachspielen.

Ich male es.

- Probieren
- Malen
- Mit Material nachspielen
- Rechnen

Kontrollieren und antworten

Stimmt das Ergebnis?

Ja, du hast gerechnet und ich habe gemalt.

- Kontrollieren
- Antworten

Max muss 7 Kastanien abgeben.

1 Wie würdest du die Aufgabe lösen?

Interessen von Kindern berücksichtigen – Rechengeschichten nutzen und schreiben lassen

Soll die häufig anzutreffende Künstlichkeit bei Sachaufgaben vermieden werden, sollten die Interessen der Kinder berücksichtigt werden und sollten die Kinder die Gelegenheit erhalten, Rechengeschichten/-Aufgaben selbst zu schreiben. Dabei werden neben den inhaltlichen Interessen der Kinder auch ihre Vorstellungen zu einzelnen Rechenoperationen sichtbar. Dabei können auch Geschichten entstehen, die wir nicht erwartet haben, wie im folgenden Beispiel. Die Aufgabe, die den Kindern gestellt wurde, bestand darin, eine Rechengeschichte zur Aufgabe 40 : 5 zu schreiben.

> Rechengeschichte
>
> Martina war zu Hause sie will Hausaufgaben machen aber ihr müsst wisen das Martina immer mit dem Taschen Rechner Rechnete aber dis mal hate sie bech den der Taschenrechner war ja kabut und es war doch so eine schwere aufgabe demlich 40 : 5 = ? und das wuste sie ja ni nicht, was mach sie nuhn? Aber auf ein mal sagt ihre Schwester 40 : 5 = 8 und nun wuste sie es ja.

Eine schöne Geschichte? Was allerdings nicht zum Ausdruck kommt, ist eine inhaltliche Vorstellung, die dieses Kind mit der Division verbindet (vgl. Abschnitt 3.1 Seite 58/59)

Interessen der Kinder berücksichtigen bedeutet aber nicht, dass zu lösende Sachaufgaben ausschließlich aus der realen Umwelt der Kinder erwachsen müssen, Fantasiegeschichten, Rekorde, ungewöhnliche Nachrichten und Ereignisse u. v. a. können und sollen Anregungen für Sachprobleme, für Situationen, in denen mathematische Mittel zur Aufklärung dienen können Anlass sein.[136] Die Umwelt, das, was wir sehen, lesen, hören immer wieder mit „mathematischen Augen" betrachtet, liefert vielfältige Anregungen für „Geschichten zu Rechnen".

Damit wird auch sofort deutlich, dass Sachprobleme nicht nur auf symbolischer Ebene präsentiert und bearbeitet werden können, im Gegenteil:

Alle Repräsentationsformen von Wissen nutzen

Wenn wir dafür plädieren, dass ein Sachrechenlehrgang in Klasse 1 bzw. im ersten Schulbesuchsjahr beginnt, ist es selbst verständlich, dass auch Handlungen und Bilder zur Präsentation, aber auch zur Lösung von Sachaufgaben genutzt werden müssen. Schauen wir uns den Zusammenhang zwischen den Ebenen noch einmal an.

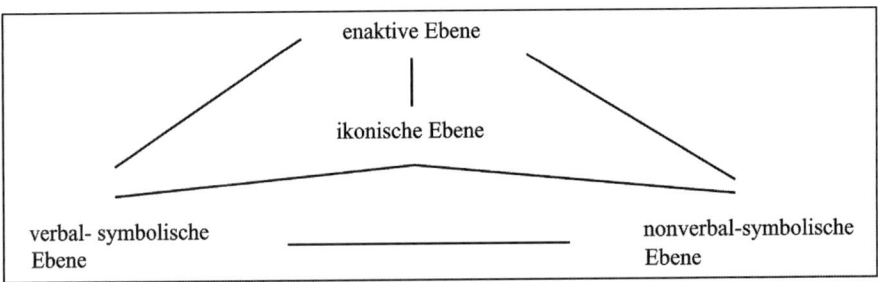

Auf der **enaktiven Ebene** werden gestellte Probleme durch äußere Handlungen probierend, forschend und unter Zuhilfenahme von Materialien gelöst.

Die **ikonische Ebene** der bildhaften Darstellung und Vorstellung stellt eine erste Stufe der Verinnerlichung und Abstraktion dar. Die äußere Handlung wird – zunächst sehr realitätsnah, dann mehr und mehr mit vereinfachenden Symbolen – ins Bildhafte übertragen. Kinder können links zwei Kastanien zeichnen und rechts drei weitere und sie erfassen, dass es insgesamt 5 Kastanien sind. Dabei ist das Zeichnen eine Tätigkeit, die sich an der Handlung mit dem Material orientiert, die daran erinnert. Sich die Situation mit den Kastanien dann ohne ein Bild vorzustellen, ist eine höhere Anforderung.

Die Handlungen und die Bilder können schließlich symbolisch beschrieben werden. Auf der **verbal-symbolischen** Ebene ist das eine Geschichte (Wir haben

---

[136] Interessante Anregungen findet man in Erichson (1992) Von Lichtjahren, Pyramiden und einem regen Wurm, erstaunliche Geschichten, mit denen man rechnen muss und Erichson (2003) Von Giganten, Medaillen und einem regen Wurm. Geschichtchen, mit denen man rechnen muss, Verlag für pädagogische Medien, Hamburg

Kastanien gesammelt und ich habe zuerst zwei und dann noch drei Kastanien auf den Tisch gelegt) und auf der **nonverbal-symbolischen Ebene** ist es eine Zeichen-reihe, hier die Gleichung $2 + 3 = 5$.

Dabei sind enaktive und ikonische Ebene keine „flüchtigen Durchgangsstadien" auf dem Weg zur symbolischen Ebene, sondern grundlegend für deren Verständnis. Bei Schwierigkeiten oder bei Verständnisproblemen in der symbolischen Ebene müssen die Kinder immer wieder auf die enaktive oder die ikonische Ebene zurückgreifen können. Dabei ist zu beachten, dass nicht bei jedem Lern-gegenstand, eine lineare Abfolge enaktiv – ikonisch – symbolisch notwendig und günstig ist, manchmal ist z. B. ein direkter Übergang von der enaktiven auf die symbolische Ebene sinnvoll.

Dies gilt für jegliches Mathematiklernen, ist aber gerade beim Lösen von Sach-aufgaben besonders wichtig und betont noch einmal, wie wichtig Handlungser-fahrungen als Grundlage des Modellierungsprozesses sind. Haben Kinder bei einer verbalsymbolisch präsentierten Sachaufgabe Schwierigkeiten, muss – wenn möglich – der Text auch dadurch erschlossen werden, dass die Situation nachgespielt oder zeichnerisch veranschaulicht wird.

Handlungen sind allerdings nicht immer möglich, wie z. B. bei der Lösung der folgenden Aufgabe, die offensichtlich probierend (12 in zwei Summanden zer-legt und die Bedingungen der Aufgabenstellung überprüft) gelöst wurde (vgl. S. 224).

Bei der Komplexität des oben beschriebenen Modellierungsprozesses ist es hilf-reich und legitim, im Rahmen eine Sachrechenlehrgangs zeitweise die Ausbil-dung von Teilhandlungen, die im Rahmen dieses Prozesses zu bewältigen bzw. hilfreich sind, in den Mittelpunkt zu stellen. Das bedeutet, dass nicht der gesamte Prozess durchlaufen wird, dass der Fokus auf einem wichtigen Aspekt liegt. Das kann z. B. bedeuten, dass die Entnahme von Informationen, also die Textanalyse in den Mittelpunkt gestellt wird. Das kann dadurch geschehen, dass Fragen an den Text gestellt werden, z. B. herausgefunden wird, welche Angaben wichtig, welche unwichtig zur Beantwortung der gestellten oder selbst gestellter Fragen sind, dass zu Abbildungen bzw. verbal formulierten Aufgaben passende Fragen zugeordnet werden, also Aufgaben wie die folgenden bearbeitet werden.[137]

---

[137] Grassmann, M. (Hrsg.) Primo – Mathematik, 3. Schuljahr Schroedel, 2003, S. 774

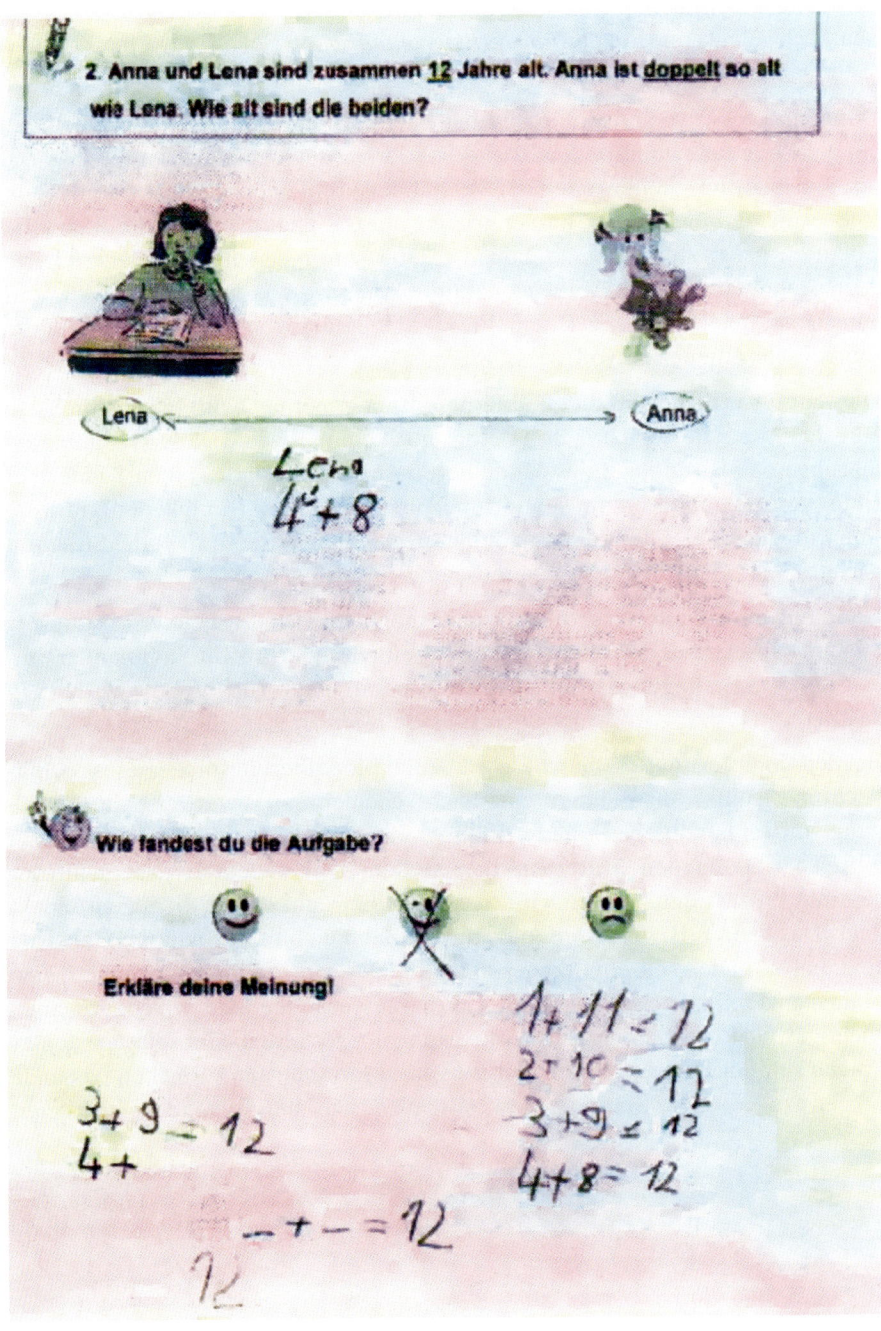

2. Anna und Lena sind zusammen <u>12</u> Jahre alt. Anna ist <u>doppelt</u> so alt
wie Lena. Wie alt sind die beiden?

Lena   Anna

Lena
4+8

Wie fandest du die Aufgabe?

Erkläre deine Meinung!

1+11=12
2+10=12
3+9=12
3+9=12
4+8=12

3+9=12
4+

—+—=12
12

Derartige Aufgaben stellen einen hilfreichen Schritt auf dem Weg zu einer selbstständigen Auseinandersetzung mit in Textform gegebenen Sachverhalten dar, wenn darüber gesprochen wird, warum die eine Frage passt und die andere nicht. Wichtig auch hier das eigenständige Formulieren von Fragen an den Sachverhalt.

Analoge Aufgabenstellungen können durch die Forderung ergänzt werden, passende Terme zu finden bzw. zu Texten und Fragen aus gegebenen Termen passende auszusuchen, was das Bilden eines mathematischen Modells vorbereitet. Auch hier ist wieder die Kommunikation über die Vorschläge der Kinder, die Begründung, warum der eine Term passend ist, der andere als nicht passend verworfen wird, wichtig. Es werden auf diese Weise neben der Entwicklung der Modellierungskompetenz auch ganz wesentliche Beiträge zur Ausbildung der allgemeinen Kompetenzen Kommunizieren, Argumentieren und Darstellen geleistet.

Mit drei wichtigen „Teilhandlungen" (Auseinandersetzung mit der Sache, Skizzieren, Rückbesinnung/Kontrolle) wollen wir uns im Folgenden etwas näher beschäftigen.

Am Anfang steht die Sache.

Sich mit der Sache auseinandersetzen – Bedeutungen aushandeln

Aus den bisherigen Ausführungen ist deutlich geworden, wie wichtig die Auseinandersetzung mit der Aufgabenstellung ist, wie wichtig es ist, der Frage nachzugehen, worum es zunächst von der Sache her geht. Wie wichtig diese Auseinandersetzung mit der Sache ist, machen Untersuchungsergebnisse von E. Stern[138] deutlich, die gezeigt hat, dass der Sachkontext größeren Einfluss auf das korrekte Lösen von Sachaufgaben hat als die mathematische Struktur. Ziel der Auseinandersetzung mit der Sache ist der Aufbau eines Situationsmodells. Das bedeutet, dass zunächst der Text oder auch das Bild/die Bildfolge analysiert wird. Worum geht es? Habe ich eine solche oder ähnliche Situation schon einmal erlebt? Was ist in solch einer Situation wichtig? Was bedeuten die gegebenen Zahlen in dem Sachkontext? Welche Fragen können in dem gegebenen Kontext gestellt werden. Beachtet man diese Fragen, die durchaus auch den Kindern bewusst gemacht werden sollten, wird deutlich, dass es neben dem objektiven, von uns in den Mittelpunkt gestellten, Aspekt des jeweiligen Sachkontextes auch einen subjektiven, durch die Erfahrungen und Emotionen der Kinder bestimmten Aspekt gibt, und dieser ist nicht zu unterschätzen. Für jedes Kind können andere Aspekte wichtig und bedeutsam sein und so können sie auch zu anderen Fragen und Realmodellen gelangen. Wenn wir uns dessen bewusst sind, können wir einiges beim Stellen von Sachaufgaben beachten, was der Auseinandersetzung mit der Sache nicht dienlich ist. Gekünstelte Situationen sollten vermieden werden, die von den Kindern erlebte Realität darf nicht von vornherein zum Störfaktor werden. Überlegen Sie doch einmal, wie real eine Aufgabe wie die folgende ist: „Hans will einen Kuchen backen. Im Kühlschrank sind noch 7 Eier, Hans benötigt 3 weniger. Wie viele Eier benötigt Hans für den Kuchen?"[139] Muss man da nicht lernen, dass Einkleidungen überflüssig sind, keinen Sinn haben? Denn wenn man anfängt zu backen, weiß man ja wie viele Eier man benötigt. Zum anderen ist auch zu beachten, dass gegebene Sachverhalte ganz unterschiedlich interpretiert werden können. Dazu ein ganz einfaches Beispiel[140]: Welche Aufgabe(n) sehen Sie in dem folgenden Bild?

---

[138] Vgl. Stern, E. (1998)
[139] Ein ähnliches und weitere Beispiele dafür wie sehr die Realität Sachaufgaben im Wege stehen kann, findet man in Erichson, Ch. (2008)
[140] Vgl. Klunter, M. und Raudies, M. (2008)

Dass es eine Vielzahl von Interpretationsmöglichkeiten gibt, haben die Aufgaben gezeigt, die die Kinder, denen dieses Bild vorgelegt wurde, geschrieben und gelöst haben.

Denkbar sind z. B.:

Addition

- $2 + 2 = 4$ (2 Jungen und 2 Mädchen)
- $3 + 1 = 4$ (3 Schalen plus 1 Schale)
- $4 + 4 + 4 + 4 = 16$ (Plättchen)
- $3 + 3 + 3 + 3 = 12$ (Plättchen liegen auf dem Tisch)

Subtraktion

- $16 - 4 = 12$ (12 Plättchen von den 16 liegen noch auf dem Tisch)
- $4 - 1 = 3$ (eine der 4 Schalen ist schon gefüllt)
- $4 - 2 = 2$ (4 Kinder, wie viele Jungen?)

Multiplikation

- $4 \cdot 4 = 16$ (immer vier Plättchen in eine Schale)
- $3 \cdot 4 = 12$ oder $4 \cdot 3 = 12$ (3 Reihen mit 4 Plättchen bzw. 4 Reihen mit 3 Plättchen liegen auf dem Tisch)

Division

- 16 : 4 = 4 (immer 4 Plättchen in eine Schale)
- 12 : 4 = 3 (12 Plättchen an die 4 Kinder verteilt)

Und sicher gibt es noch mehr Möglichkeiten, ein vorgegebenes Bild enthält also offensichtlich nicht genau eine Aufgabenstellung, Bedeutungen müssen ausgehandelt werden, was sieht jedes Kind in dem Bild, welche Aufgabe wird herausgelesen, welche Aufgabe wollen wir rechnen, oder wir lassen uns überraschen und der Fantasie der Kinder freien Lauf und sprechen dann über die Aufgaben und Geschichten, die die Kinder gefunden haben, gestalten ein Plakat mit den Aufgaben zum Bild.

Dass die Kinder noch ganz andere „Aufgaben" sehen, machen die folgenden Antworten deutlich:

Auf dem Tisch liegen 12 Bonebongs und in der Schüssel liegen 4 Bonebongs. Wie viele Bomboneys sind er insgesamt?

Frage Auf dem Tisch sind Steine. Die Kinder R versuchen die 12 Steine aufzuteilen. Wie sollen sie $\frac{1}{2}$ die zwölf Steine aufteilen? Rechnung: 12 : 12 : 4 = 3 Antwort: Jedes Kind ka bekommt 3 Steine.

4 Kinder der Klasse 2b Die Kinder Klasse 2b machen ein Kochprojeckt Die Kinder der Klasse 2b machen ein Kochprojeckt. Sie backen P Eine der gruppe backen Plätzchen. Im In der Klasse 2b sind 24 Kinder und in einer gruppe sind 4 Kinder. Wie viele Gruppen gibt es?

Der oben angesprochene subjektive Aspekt spielt offensichtlich auch bei diesen Kindern eine ganz entscheidende Rolle.

Skizzieren lernen

Skizzieren kann eine wertvolle Hilfe bei der Lösung von Sachaufgaben sein, und zwar sowohl bei der Auseinandersetzung mit der Situation, beim Aufbau eines Realmodells aber auch bei der Lösungsfindung, manchmal kann die mathematische Lösung aus einer Skizze direkt entnommen werden. Aber: Skizzieren will gelernt sein, die wohlgemeinte Aufforderung „mal doch ein Bild" hilft häufig nicht, wie die Beispiele im Abschnitt 2.3.4 Seite 37/38 verdeutlichen. Wie kann ein erfolgreiches Arbeiten mit Skizzen entwickelt werden, was ist alles erforderlich, um Skizzen sinnvoll einsetzen zu können? Skizzieren bedeutet immer Konzentration auf Wesentliches, Abstraktion von unwesentlichen Merkmalen. Das bedeutet, bevor eine sinnvolle und hilfreiche Skizze gemacht werden kann, muss das Wesentliche einer Aufgabe erfasst werden.

Die Drittklässlerin Vera hat erfolgreich eine Skizze zur Lösung einer Sachaufgabe genutzt.

2. Der Opa Murks ist Kaninchenzüchter. Er besitzt Ställe für ein und für zwei Kaninchen. Insgesamt sind es 25 Ställe. Er kann darin 40 Tiere unterbringen. Wie viele Ställe sind es für ein Kaninchen? Wie viele Ställe sind es für zwei Kaninchen?

Wie fandest du die Aufgabe?

Erkläre deine Meinung!

Ich hab 25 Stelen gemalt. Dann habe ich in jede ein Punkt gemalt. Dann hab ich den zweiten Punk gemalt bis ich zu 40 am gekomen bin.

Sie hat zusätzlich genau beschrieben, wie sie beim Skizzieren vorgegangen ist. Offensichtlich ist sie in der Lage, das Wesentliche der Aufgabenstellung zu erfassen und abstrakt (Kringel für Ställe, Punkte für Kaninchen) zu veranschaulichen und dabei die Bedingungen der Aufgabe zu berücksichtigen. Für sie war die Skizze eine Möglichkeit, die gestellte Aufgabe zu lösen, eine rein arithmetische Lösung war ihr nicht möglich, was kein Mangel ist. Ausgehend von dieser Lösung kann gut abgeleitet werden, was zu berücksichtigen ist, wenn Fähigkeiten zum Skizzieren langfristig entwickelt werden sollen.

Zunächst einmal muss die Nützlichkeit von Skizzen erlebt werde, muss deutlich werden, dass Skizzen helfen können, Irrtümer zu vermeiden und Lösungen zu finden.

Dazu einige wenige Beispiele, bei denen die Kinder ohne Skizzen häufig zu schnellen, fehlerhaften Lösungen kommen:

- An einer 72 m langen Straße werden Bäume gepflanzt. Der Abstand zwischen zwei Bäumen beträgt 8 m. Wie viele Bäume werden gepflanzt?
- Felix überholt beim 100-Meter-Lauf kurz vor dem Ziel Alex, der an zweiter Stelle liegt. An wievielter Stelle liegt Felix nun?
- Immer fünf Kinder in einer Mannschaft. Die Kinder haben sich deshalb in Fünferreihen aufgestellt. Pia steht genau in der Mitte. In der dritten Reihe von vor und in der dritten Reihe von hinten. Wie viele Mannschaften und wie viele Kinder sind es?

Die häufig auftretenden Fehllösungen sind: 9 Bäume (wenn am Anfang begonnen wird, benötigt man 10), Felix ist Erster (aber er hat ja nur den Zweiten überholt) und es sind natürlich nur 5 (und nicht 6) Mannschaften und 25 (nicht 30) Kinder, da die dritte Reihe von vorn mit der dritten Reihe von hinten identisch ist.

Diese „Fehler" werden vermieden, fertigt man eine Skizze an.

Neben zeichnerischen Fähigkeiten, ist u. a. folgendes zu überlegen, wenn man zu einer hilfreichen Skizze gelangen will.

- Was muss in der Skizze dargestellt werden?
- Welche Art von Skizze ist günstig?
- Wie exakt und genau muss das im Text Gegebene dargestellt werden?
- Welche Zusammenhänge bestehen zwischen Gegebenem und Gesuchtem?
- Wo wird der Zusammenhang zwischen Gegebenem und Gesuchtem an der Skizze deutlich?

Auch diese Fragen sollten implizit und explizit thematisiert werden. So können, wie in der folgenden Abbildung, mehrere Skizzen zu ein und demselben Sachverhalt angeboten werden. Welche ist einfacher anzufertigen, wird in allen Skizzen die Aufgabenstellung, der Zusammenhang zwischen Gegebenen und Gesuchtem korrekt erfasst?

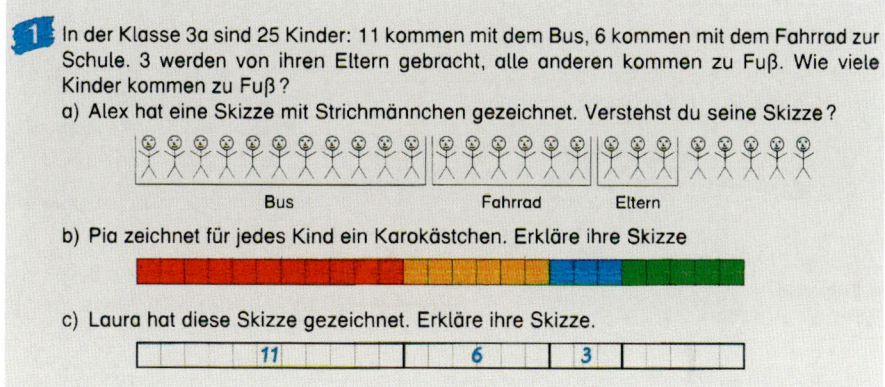

Hier wird angedeutet, dass Darstellungen in Skizzen sehr abstrakt sein können, dass es beim Skizzieren nicht um ein möglichst genaues Darstellen von Objekten gehen muss, wie ja auch in der Skizze von Vera deutlich wird.

Um Fähigkeiten im Skizzieren auszubilden, sind u. a. folgende Aufgabenstellungen sinnvoll und hilfreich:

- Welche Skizze passt zum Text? Eine passende Skizze zum Sachverhalt zuordnen.[141]

- Angefangene Skizzen passend zum Text vervollständigen.

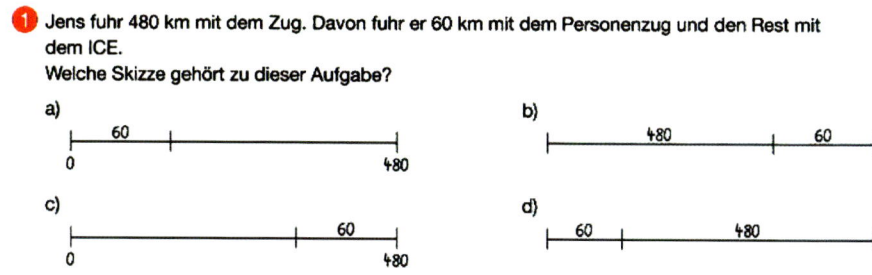

Familie Eichler fährt in den Urlaub. In den ersten 3 Stunden fährt die Familie ohne Pause 360 km. Nach 5 Stunden will die Familie eine Pause machen. Wie viele Kilometer ist sie bis dahin gefahren, wenn die Geschwindigkeit beibehalten wird? Vervollständige die von Alex begonnene Skizze.

---

[141] Denken und Rechnen – Ausgabe A, Klasse 3, S. 65)

- Eine passende Aufgabe, einen passenden Text zu einer gegebenen Skizze schreiben.[142]

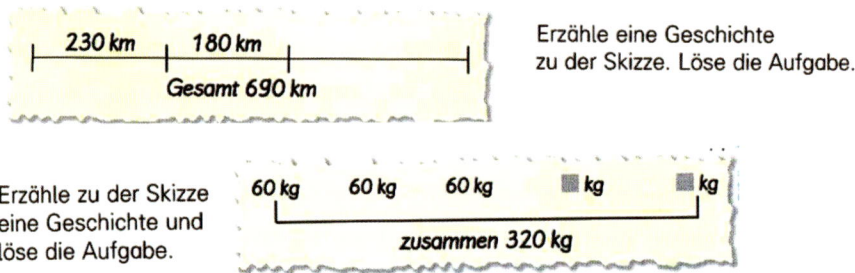

- Eine Skizze zu einem Text anfertigen.

  Zwei Züge fahren von zwei Städten aus einander entgegen. Der Zug von Mathestadt fährt 80 km der von Geostadt 60 km in der Stunde. Sie treffen sich nach zwei Stunden. Wie lang ist die Eisenbahnstrecke zwischen den beiden Orten? Fertige eine passende Skizze an.

- Zuordnen von gegebenen Termen und Skizzen; Begründen, warum Skizzen passen oder nicht passen.

  Welche Skizzen passen zu 4 · 3? Begründe? Kannst du auch eine passende Geschichte erzählen?

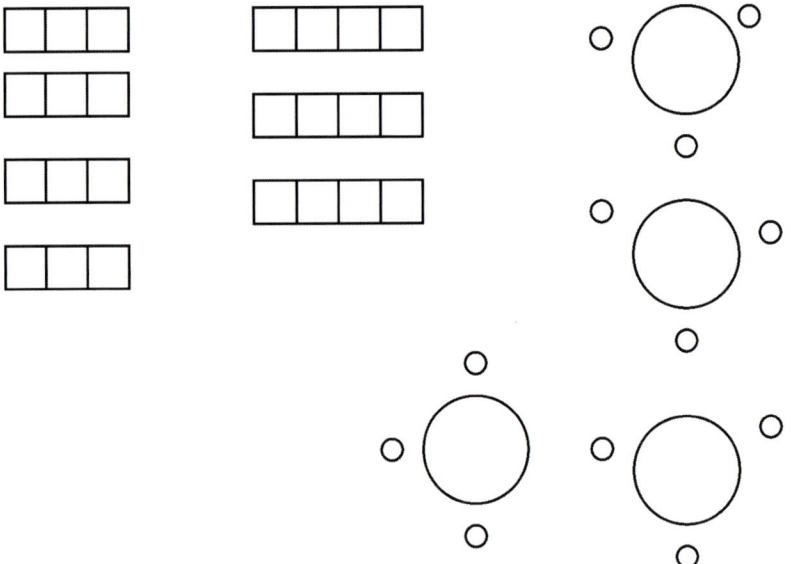

---

[142] Grassmann, M. (Hrsg.) (2004) Primo Mathematik 4. Schuljahr, Baden Württemberg, Schroedel S. 40–41

- Skizzen so abändern, dass sie zu gegebenen Termen passen.
  Die Skizze soll zur Aufgabe 4 · 5 passen. Was muss geändert werden?

- Zu einer Skizze einen passenden Term zuordnen.
  Welcher Term passt zu welcher Skizze?[143]

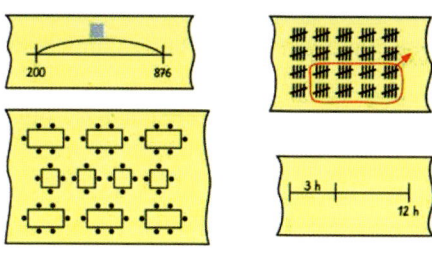

| 200 + ___ = 876 |
| 12h - 3h |
| 3h + 12h |
| 200 + 876 |
| 6 · 6 + 4 · 4 |
| 20 – 8 |
| 876 – 200 |
| 100 – 40 |
| 6 + 4 |
| 3h + ___ = 12h |

Skizzen können beim Lösen von Sachaufgaben sehr hilfreich sein, aber dazu müssen die Kinder skizzieren langfristig lernen, reicht ein einfacher Hinweis „mal doch mal ein Bild" nicht aus. Methoden zum Lösen von Sachaufgaben – hier am Beispiel des Skizzierens etwas erläutert – müssen gezielt und langfristig entwickelt werden. Denn nur, wenn Kinder unterschiedliche Arten von Skizzen kennen, wenn sie die Übergänge von einer Gleichung (Rechenaufgabe) zu einer Skizze, vom Text zur Aufgabe und zur Skizze in allen Richtungen gehen können, wenn es zur Gewohnheit geworden ist, zu skizzieren und an den Skizzen probierend eine Lösung zu finden, werden die Kinder Skizzen als hilfreich erleben können.

Dabei wird ein ganz entscheidender Beitrag zur Ausbildung der in den Bildungsstandards geforderten allgemeinen mathematischen Kompetenzen geleistet. Bei allen oben aufgeführten Beispielaufgaben sind Problemlöse-, Kommunikations- und Argumentationskompetenzen gefordert. Dass beim Skizzieren die Kompetenz, mathematische Zusammenhänge darzustellen, gefordert und gefördert wird, ist evident.

Rückbesinnung – mehr als Kontrolle des Rechenergebnisses

Dass der letzte Schritt des Modellierungsprozesses, das Interpretieren des mathematischen Ergebnisses im Sachzusammenhang ganz wichtig ist, wurde schon mehrfach betont und damit ist nicht gemeint, dass das mathematische

---

[143] Vgl. Denken und Rechnen Ausgabe A, Klasse 3, S. 65

Ergebnis in einen Antwortsatz gekleidet wird. Dass gleiche mathematische Ergebnisse zu ganz unterschiedlichen Ergebnissen bezogen auf den Sachverhalt führen können, sei an einem ganz einfachen Beispiel demonstriert.

- *10 Personen wollen einen Ausflug machen. Immer vier passen in ein Auto. Wie viele Autos werden benötigt.*
- *Vier Kinder teilen sich 10 Äpfel. Wie viele Äpfel bekommt jedes Kind?*
- *Lars benötigt 4 m lange Seile. Er hat ein 10 m langes Stück. Wie viele 4 m-Stücke kann er daraus machen?*

In jedem Fall ist die zugehörige mathematische Aufgabe $10 : 4 = 2$ Rest 2. Deren Lösung ist aber in Bezug auf die jeweilige Ausgangssituation anders zu interpretieren:

- Es werden 3 Autos benötigt, auch wenn eines dann nicht voll beladen ist, oder die Fahrgäste anders verteilt werden.
- Jedes Kind bekommt 2 Äpfel und noch einen halben, denn dass Äpfel halbiert werden, gehört zu den Erfahrungen, die jedes Grundschulkind hat.
- Lars kann zwei 4m-Stücke herstellen und behält einen Rest übrig. In diesem Ergebnis ist die mathematische Aufgabe am ehesten zu erkennen.

Bei der Interpretation des Ergebnisses sind mathematische Kenntnisse nicht ausreichend, hier werden die Alltagserfahrungen und Erfahrungen aus anderen Wissensbereichen benötigt, um zu erkennen, wie ein mathematisches Ergebnis zu interpretieren ist bzw. dass das mathematisch ermittelte Ergebnis nicht „sein kann", dass es dem Wissen und den Erfahrungen aus anderen Domänen widerspricht. Das ist besonders wichtig bei unrealistischen Aufgaben (ein Typ der Kapitänsaufgaben). Wir haben festgestellt[144], dass ganz wenige Kinder ein Ergebnis kritisch hinterfragen, auf ihr Erfahrungswissen zurückgreifen. Als Beispiel sei die „Diätaufgabe" angeführt.

Ullis Mutter macht eine Diät. Am Anfang der Diät wog sie 87 kg. In der ersten Woche nahm sie 1 kg ab. Wie schwer ist Ullis Mutter nach 57 Wochen?

Die Subtraktion ist zwar ein geeignetes mathematisches Modell, um das Abnehmen darzustellen, aber aus dem Erfahrungswissen der Kinder müssten sich einige Fragen ergeben, die an dem von fast allen Kindern ermittelten Ergebnis Zweifel aufkommen lassen. Z. B. kann man 57 Wochen (mehr als 1 Jahr lang) wöchentlich 1 kg abnehmen? Wie realistisch ist ein Gewicht für 30 kg für die Mutter eines Dritt- oder Viertklässlers, wenn sie zum Vergleich ihr eigenes Gewicht hinzuziehen. Dies taten allerdings sehr wenige Kinder. Ein Junge, der erkannte, dass es sich um eine unrealistische Aufgabe handelt, schrieb:

Ullis Mutter würde dan ja wenige als ich wigen.

---

[144] Grassmann, M. (1995b)

Es reicht also nicht aus, ein mathematisches Modell zu finden, das ermittelte Ergebnis auf rechnerische Richtigkeit zu prüfen, sondern es ist unabdingbar, das Ergebnis zu interpretieren mit dem Alltagswissen, mit den erworbenen Größenvorstellungen in Beziehung zu setzen, sich also die Frage vorzulegen, „was bedeutet das Ergebnis, kann das überhaupt sein?" Auch diese ganz wesentliche Teilhandlung bei Lösen von Sachaufgaben ist langfristig und gezielt zu entwickeln, auch das Kontrollieren und Antworten kann und soll also gesondert im Unterricht thematisiert werden.

Man kann sich auch die Frage stellen, ob solche unrealistischen Aufgaben überhaupt in den Unterricht gehören. Wir sind der Auffassung, dass auch diese Aufgaben und vor allem auch Fermiaufgaben ihren Platz in einem Sachrechenlehrgang haben müssen.

Alle Aufgabentypen berücksichtigen – auch Fermi- und Kapitänsaufgaben haben ihren Platz im Mathematikunterricht

Gerade unter dem Aspekt der Entwicklung von Modellierungskompetenzen haben die folgenden beiden Aufgabentypen, auf die noch kurz einzugehen ist ihre Berechtigung. Zum einen **Kapitänsaufgaben,** zu denen die eben angeführten unrealistischen Aufgaben gehören und zum anderen auch **Fermiaufgaben.** Zu den Kapitänsaufgaben gehören neben dem oben aufgeführten Typ auch Aufgaben, bei denen die gegebenen Informationen in keinem Zusammenhang stehen mit der gestellten Frage, wie z. B. eine Aufgabe des folgenden Typs, die zur Namensgebung geführt hat.

Auf einem Schiff sind 12 Schafe und 25 Ziegen. Wie alt ist der Kapitän?

Derartige, offensichtlich nicht lösbare Aufgaben sind nicht gedacht, um Kinder herein zu legen, sondern sollen mit dazu beitragen, die Kinder zur kritischen Auseinandersetzung mit gegebenen Sachverhalten zu befähigen und sollten deshalb in bescheidenem Maße eingesetzt werden. Natürlich muss den Kindern bewusst sein, dass es auch Aufgaben/Texte gibt, bei denen es nichts zu rechnen gibt.

Fermiaufgaben, benannt nach dem italienischen Physiker Enrico Fermi, sind Aufgaben ohne Zahlen, also Aufgaben/Probleme/Fragestellungen, zu deren Beantwortung notwendige Informationen erst zu beschaffen sind. Auch dazu Beispiele:

- *Wie viele Kinder sind so schwer wie ein ausgewachsener Eisbär?*
- *Wie viele Menschen haben wohl auf einem Fußballfeld Platz?*
- *Wie viele Autos stehen im Stau zwischen dem Dreieck Potsdam und der Raststätte Michendorf?*
- *Wie viele Kinder müsste man übereinander stellen, um die Höhe des Berliner Fernsehturms zu erreichen?*
- *Wie oft dreht sich das Vorderrad meines Fahrrades, wenn ich von zu Hause bis zur Schule fahre?*

- *Wie viel Zeit hat ein Drittklässler in seinem Leben schon „verschlafen"?*
- *Wie viele aufgeblasene Luftballons passen in unser Klassenzimmer?*

Die Liste lässt sich beliebig weiterführen und sicher gibt es Dinge, die auch ihre Kinder interessieren und aus denen sie Aufgaben machen können.

Bei diesen Aufgaben wird die Beziehung zwischen Mathematik und Umwelt besonders deutlich. Die Kinder müssen sich zunächst intensiv mit der Aufgabenstellung auseinandersetzen.

- Welche Informationen werden benötigt?
- Wo findet man die Informationen?
- Was können wir zur Informationsbeschaffung nutzen? (Internet, Lexika, Erwachsene fragen, selbst Messen, …)
- Wie zuverlässig und genau sind die Informationen?

Das sind nur einige der Fragen, mit denen sich die Kinder auseinandersetzen müssen. An vielen Stellen kommen die Kinder darauf, dass Durchschnittswerte benötigt werden. (Was wiegt denn ein durchschnittliches Kind? Wie lang ist denn ein durchschnittliches Auto? …) Dabei erleben die Kinder dann, dass es unterschiedliche Ergebnisse geben kann und dass alle diese Ergebnisse „richtig" sein können, dass „ganz genaue" Lösungen gar nicht möglich sind, was für die Einsicht in Möglichkeiten und Grenzen der Nutzung von Mathematik zur Aufklärung sehr wichtig ist.

In der folgenden Lösung zur „Eisbären-Aufgabe" sehen sie, dass die Kinder zunächst das Durchschnittsgewicht der vier beteiligten Jungen ausgerechnet haben, um dann schrittweise zu ihrer Lösung, dass ein Eisbär so schwer ist, wie 15 Kinder mit ihrem Durchschnittsgewicht und dann nehmen sie noch einen Erstklässler dazu, der sicher 25 kg wiegt.

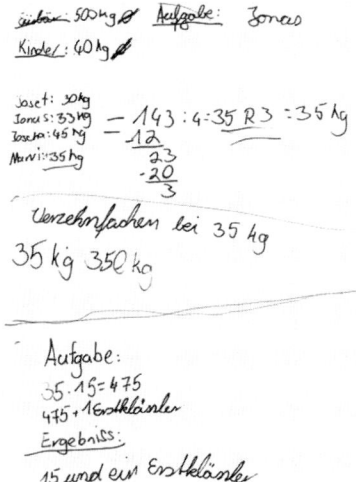

Abb. 3.6.11 Lösung Fermiaufgabe 1

Andere Kinder haben herausgefunden, dass Männchen und Weibchen bei Eisbären unterschiedlich schwer sind und haben auf dieser Grundlage dann zwei Berechnungen angestellt und ihre Ergebnisse überzeugend dargeboten. Wichtig ist, dass die Kinder erkennen, dass stets Bedingungen mit angegeben werden, unter denen eine bestimmte Lösung gefunden wurde, und so konnten die Kinder auch die Lösungswege der anderen Kinder nachvollziehen.

Zum Abschluss möchte ich noch ein Plakat aufführen, das eine Gruppe Kinder zur „Fußballfeld – Aufgabe" angefertigt hat. Der Lösungsweg, den die Kinder beschritten haben, ist hier sehr gut zu erkennen.

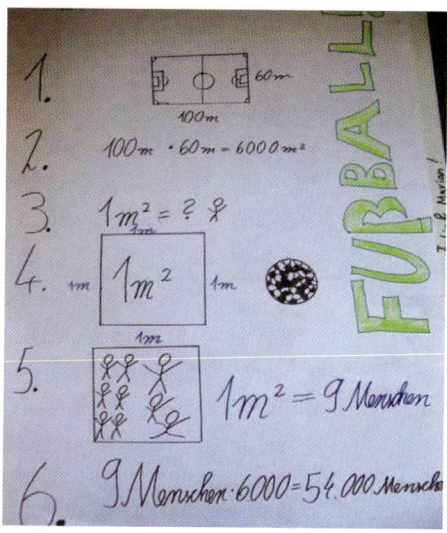

Abb. 3.6.12 Lösung Fermiaufgabe 2

Eine andere Gruppe von Kindern ist auf den Sportplatz gegangen und hat ausprobiert, wie viele Kinder in einer Reihe auf dem Sportplatz stehen können und dann gezählt, wie viele Reihen mit Kindern wohl auf den Sportplatz passen. Die Kinder erleben also auch, dass es ganz unterschiedliche Wege zu einer Lösung geben kann, dass jeder seinen Weg finden und gehen kann und wie hilfreich es ist, in einer Gruppe zu arbeiten.

Bei der Bearbeitung derartiger Fragestellungen werden Kompetenzen beim Umgang mit Zahlen und Größen, aber ebenso allgemeine mathematische Kompetenzen, wie das Problemlösen (selbständig Lösungsweg finden), das Kommunizieren (was benötigen wir, woher bekommen wir Informationen), das Argumentieren (wie können wir unseren Lösungsweg erklären, so dass alle ihn verstehen? Ist ein anderer Weg besser?), das Darstellen (zumindest bei der Präsentation er Lösung, aber auch bei der Lösungsfindung) und schließlich auch das Modellieren herausgefordert und weiterentwickelt. Die bei der Bearbeitung derartiger Aufgabenstellungen investierte Zeit lohnt sich vor allem mit Blick auf die Entwicklung mathematischer Kompetenzen.

Ein weiteres Zwischenfazit:

Ein so verstandener Sachrechenlehrgang zeichnet sich durch einen Beitrag zur Entwicklung der arithmetischen Kompetenzen, von im Bereich „Größen und Messen" zu entwickelnden Kompetenzen aus und leistet einen ganz entscheidenden Beitrag zur Ausbildung aller in den Bildungsstandards formulierten allgemeinen mathematischen Kompetenzen. Schwierigkeiten beim Sachrechnen sind häufig ein Problem der Unterrichtskultur insgesamt. Anwendungen, die Verbindung von Kind und Umwelt, müssen in jeder Phase des Unterrichts eine wichtige Rolle spielen. Es geht nicht darum, erst Rechenfertigkeiten zu entwickeln und diese dann anzuwenden, beides muss Hand in Hand geschehen.

3.7 Muster und Strukturen

3.7.1 Zur Sache

Muster und Strukturen begegnen uns überall.

Woran denken Sie, wenn von Mustern die Rede ist?

Meist wird an visuell wahrnehmbare geometrische Muster, an Ornamente oder Parkette, vielleicht noch an Muster, die man an gestalteten Gartenflächen, an historischen Gebäuden finden kann, gedacht. Diese Muster sind nur ein kleiner Teil dessen, was mit dem Begriff „Muster" – nicht nur in der Mathematik – erfasst wird. Wenn wir wahrnehmen, suchen wir nach Regelhaftem und Gesetzmäßigem, denn die Orientierung an Regelhaftem, Wiederkehrendem erlaubt uns die effektive Auseinandersetzung mit der Umwelt. Das betrifft nahezu alle Gebiete unseres Lebens. Es gibt Design- und Entwurfsmuster in der Architektur ebenso wie in der Informatik, es gibt menschliche Handlungsmuster (etwa beim Problemlösen), welche unter anderem von der Psychologie oder auch der Mathematikdidaktik untersucht und für den Unterricht und seine Gestaltung auch in diesem Buch hier dargestellt werden. Bei der Planung und Gestaltung von Unterricht ist es doch letztlich gerade das Regelhafte, welches die Arbeit erleichtert. So gibt es allgemeine, bewährte und die konkreten Stoffe übergreifende Handlungsstrategien beispielsweise für die Arbeit an Begriffen oder die Gestaltung von Übungen. Letztlich ist das vorliegende Buch überhaupt nur deshalb möglich, weil das Wesen des hier Dargestellten von der Leserin auf viele andere Situationen übertragen werden kann, welche sich zwar im Einzelnen durch ihre Besonderheiten auszeichnen, aber doch ein gemeinsames Wesen haben: das gleiche Muster.

So kann man wie der Informatiker Hong Yan [145] sagen: „Während die Menschen die Probleme in ihren Situationen finden und die Lösungen dafür suchen, erscheinen einige Probleme und ihre Lösungen immer wieder, nur mit verschiedenen Formen. Aber oft haben solche verschiedenen Formen einen gleichen

---

[145] Hong Yan: (2006). Für die Aufbereitung der Quelle gilt unser Dank Herrn Li Xiang, Leipzig.

Grundsatz, dieser Grundsatz heißt Muster." Ähnlich äußert sich der Mathematiker, Architekt und Designer Christopher Alexander, wenn er hervorhebt „A pattern describes a **problem** which occurs over and over in our **environment**, and then describes the core of the **solution** to that problem."[146]

Das Wesen des Begriffs „Muster" wird deutlich in der Art und Weise, auf die Muster erzeugt werden können: Ein (unendliches) Muster entsteht dadurch, dass ein Objekt[147] wiederholt mit der gleichen – das Muster erzeugenden – Abbildung abgebildet wird. Wird diese das Muster erzeugende Abbildung auf das gesamte Muster angewandt, wird das Muster als Ganzes auf sich selbst abgebildet.

Folgende Beispiele veranschaulichen den Begriff „Muster" und dessen Bedeutung weit über die Geometrie und auch Mathematik hinaus:

- In der Folge der ungeraden Zahlen (bzw. in jeder arithmetischen Zahlenfolge) ist das erzeugende Objekt eine dieser Zahlen und die Abbildung die Addition beziehungsweise Subtraktion von 2 (bzw. einer beliebigen, aber festen, von Null verschiedenen Zahl).

- In einer geometrischen Zahlenfolge ist das erzeugende Objekt eine dieser Zahlen und die Abbildung die Multiplikation mit einer beliebigen Zahl bzw. die Division durch eine beliebige Zahl.

- Wird – wie beispielsweise bei den so genannten operativen Päckchen – eine Folge von Termen wie 14 + 3; 24 + 4; 34 + 5 ... betrachtet, ist das erzeugende Objekt einer dieser Terme und die Abbildung das Vergrößern bzw. Verkleinern eines bzw. beider Summanden um immer die gleiche Zahl.

- Im Bandornament ist das erzeugende Objekt das (Grund-)Muster und die Abbildung die Verschiebung.

- Bei Parketten ist das erzeugende Objekt die so genannte tanslative Zelle und die das Parkett erzeugende Operation ist die Verschiebung längs zweier nicht paralleler Geraden.

- Die von Hofstatter[148] (1991, S. 195ff.) beschriebenen Parkettverformungen sind ein Beispiel dafür, dass die Abbildung durchaus keine Kongruenz- oder Ähnlichkeitsabbildung sein muss.

- Neben den räumlich geometrischen Mustern spielen zeitliche Muster eine Rolle wie es beispielsweise der Rhythmus von Tag und Nacht, der Rhythmus der Jahreszeiten, der Rhythmus des schwingenden Pendels usw. sind.

---

[146] Ein Muster beschreibt ein Problem, das immer wieder in unserer Umgebung vorkommt, und beschreibt den Kern der Lösung zu diesem Problem. Aus: Alexander, Christopher (1977)
[147] Der Terminus Objekt wird hier im philosophischen Sinne benutzt. Ein Objekt kann also auch eine Relation, eine Operation, eine Klasse oder eine sonstige gedankliche Widerspiegelung etc. sein.
[148] Vgl. Hoffstatter (1991) S. 195ff.

- Ähnlich könnten Bewegungsabläufe (etwa im Tanz) als motorische Muster, könnte eine Folge von Tönen (eine Melodie) als auditives Muster[149], könnten elektromagnetische Impulse und noch vieles andere abgebildet werden und ein Muster ergeben.

- Auch der wiederholte Vollzug von Handlungen mit geringerer oder größerer Variation ergibt Muster.

Im Leben des Kindes spielen Muster von Geburt an eine Rolle. Vom Säuglingsalter an nehmen Kinder wahr, dass in vielen alltäglichen Gegebenheiten, in einfachsten Reiz-Reaktions-Schemata, in der Interaktion mit den Eltern, im Tagesablauf mit all seinen Ritualen, im Spiel aber auch in der Kunst und Musik Gesetzmäßigkeiten und Muster enthalten sind. Kinder versuchen Regeln wahrzunehmen, zu erkennen und diese Regeln zum Aufbau von Orientierungsgrundlagen ihrer Handlungen zu nutzen. Dramatisch zeigen das die Arbeiten rechenschwacher Kinder, bei denen Fehler oft auf Fehlvorstellungen und subjektiv erzeugten, aber objektiv nicht tragfähigen Regeln beruhen.

Im Vorschulalter stellen Kinder geometrische Muster beispielsweise in Form von Ornamenten oder Parkettierungen durch Legen, Kleben, Bauen oder Drucken her. Beim Erfassen, Fortsetzen und Erfinden von Mustern gewinnen sie erste Einsichten in geometrische Operationen wie Verschieben, Drehen oder Spiegeln. Durch unterschiedliche Farbgebungen und Bauprinzipien erfahren sie zugleich die ästhetische Wirkung von Mustern.

Hinsichtlich funktionaler Abhängigkeiten erleben Kinder bereits in der Vorschulzeit, dass die Dinge der Welt Qualitäten wie Farbe, Form, Größe, Länge, Masse, Geschmack usw. besitzen. Sie erfassen, dass man einige von diesen Eigenschaften quantifizieren kann: Ein Ding kann doppelt so lang oder doppelt so schwer wie ein anderes sein, nicht aber doppelt so gelb. Ebenso erfassen Kinder, dass es zwischen den Eigenschaften von Objekten der Realität vielfältige Beziehungen gibt. Sie erleben an *konkreten Beispielen*,

- dass einige Eigenschaften gleichmäßig mit anderen Eigenschaften wachsen. (Je mehr Eimer Wasser in das Aquarium gegossen werden, desto höher steigt dort der Wasserspiegel; der Anstieg ist bei jedem hinzugefügten Eimer Wasser der gleiche),

- dass zuweilen eine Eigenschaft größer wird, wenn die andere kleiner wird (wird z. B. etwas aufgeteilt, dann erhält jedes Kind umso mehr, je weniger Kinder es sind) und

- dass es auch andere Zusammenhänge zwischen Eigenschaften gibt, die zweifellos bestehen, aber nicht so einfach beschreibbar sind (etwa der Temperaturverlauf im Laufe eines Tages).

---

[149] Eines der vielen Beispiele liefert Chopins Etüde in C-Dur aus op 10. (In Hofstatter (1991), S. 181 f. als Notenbild dargestellt und beschrieben.)

3.7.2 Anregung zur Entwicklung inhaltlicher Kompetenzen

3.7.2.1 Im Hinblick auf die Leitidee „Muster und Strukturen" zu erwerbende Kompetenzen

Für die Gestaltung des Mathematikunterrichts ist hervorzuheben, dass zwischen Zahlen, Größen und geometrische Objekte sehr vielfältige Beziehungen bestehen, die sich in Gesetzmäßigkeiten und Mustern widerspiegeln und dass derartige Strukturen – und nicht etwa primär das „Zahlenrechnen" – der eigentliche Lerngegenstand der Mathematik sind. In diesem Sinne durchzieht die Arbeit an Mustern und Strukturen alle Bereiche des Mathematikunterrichts. Und die Leitidee „Muster und Strukturen" ist also den anderen Leitideen übergeordnet, mit ihr wird der Charakter der Mathematik als Wissenschaft von Strukturen betont. Fähigkeiten im Erkennen, Beschreiben und Darstellen von Mustern, Strukturen, Gesetzmäßigkeiten und funktionalen Abhängigkeiten sind grundlegende Kompetenzen, die in allen bisher genannten Inhaltsbereichen eine Rolle spielen. In vielen Beispielen, die in den einzelnen Abschnitten dargestellt wurden, spielen Muster und Strukturen eine entscheidende Rolle. So haben wir z. B. deutlich gemacht, dass das Erkennen und Nutzen von Strukturen, das Einprägen von 1 + 1- und 1 · 1-Aufgaben erleichtern kann. In diesem Abschnitt werden deshalb immer wieder Beziehungen zu den Inhaltsbereichen Zahl und Operation, Raum und Form oder Daten, Häufigkeit und Wahrscheinlichkeit hergestellt und einige weitere ergänzenden Aufgaben dargestellt, die deutlich machen sollen, welche Bedeutung Muster und Strukturen in den einzelnen Inhaltsbereichen haben.

In den Bildungsstandards sind zur Leitidee „Muster und Strukturen" im Einzelnen folgende bis zum Ende der Klasse 4 zu erwerben Kompetenzen ausgewiesen. Die links in der Tabelle stehenden übergeordneten Kompetenzen werden rechts mit Blick auf die Entwicklung allgemeiner mathematischer Kompetenzen weiter ausdifferenziert.

Gesetzmäßigkeiten erkennen, beschreiben und darstellen	• strukturierte Zahldarstellungen (z. B. Hunderter-Tafel) verstehen und nutzen, • Gesetzmäßigkeiten in geometrischen und arithmetischen Mustern (z. B. in Zahlenfolgen oder strukturierten Aufgabenfolgen) erkennen, beschreiben und fortsetzen, • arithmetische und geometrische Muster selbst entwickeln, systematisch verändern und beschreiben.
funktionale Beziehungen erkennen, beschreiben und darstellen	• funktionale Beziehungen in Sachsituationen erkennen, sprachlich beschreiben (z. B. Menge – Preis) und entsprechende Aufgaben lösen, • funktionale Beziehungen in Tabellen darstellen und untersuchen, • einfache Sachaufgaben zur Proportionalität lösen

Nachfolgend wird exemplarisch gezeigt, welche Schwerpunkte im Unterricht gesetzt werden sollten, damit Kinder im oben charakterisierten Umfang Kompetenzen im Hinblick auf die Leitidee „Muster und Strukturen" erwerben können. Abermals stehen Aufgaben, deren Potenzen sowie ein geeignetes Arbeiten mit diesen Aufgaben im Mittelpunkt. Insbesondere geht es um folgende Schwerpunkte:

(1) Gesetzmäßigkeiten erkennen, beschreiben und darstellen

- *strukturierte Zahldarstellungen verstehen und nutzen,*
  - *Strichlisten, Zwanzigerfeld, Hunderterfeld, Zahlenstrahl*
- *Gesetzmäßigkeiten in arithmetischen Mustern (z.B. in Zahlenfolgen oder strukturierten Aufgabenfolgen) erkennen, beschreiben und fortsetzen,*
  - *Arbeit mit Zahlenfolgen*
  - *Arbeit mit Folgen von Aufgaben*
  - *Muster in bestimmten Lösungswegen (wie etwa der Strategie „vor-zurück")*
  - *Übertragen bekannter Aufgaben*
- *geometrische Muster erfassen, beschreiben, fortsetzen und systematisch verändern*
  - *Bandornamente*
  - *Parkette*
  - *Folgen von geometrischen Konfigurationen*
  - *figurierte Zahlen (Dreieckszahlen, Quadratzahlen, Kubikzahlen, ...)*

(2) funktionale Beziehungen erkennen, beschreiben und darstellen

- *funktionale Beziehungen in Sachsituationen erkennen und inhaltlich beschreiben*
- *funktionale Beziehungen darstellen und untersuchen,*
  - *proportionale Beziehungen am doppelt geteilten Rechenstrich*
  - *proportionale Beziehungen geometrisch veranschaulichen*
- *einfache Sachaufgaben zur Proportionalität lösen*

3.7.2.2 Gesetzmäßigkeiten erkennen, beschreiben und darstellen

Zahldarstellungen

Vom ersten Schultag an erleben die Kinder Strukturierungen als nützliche Hilfe beim Erfassen größerer Anzahlen, wie bereits im Abschnitt 2 dieses Kapitels deutlich wurde. Das Zählen ist hier ineffizient und fehleranfällig, Darstellungen wie etwa **Strichlisten**, das **Zwanzigerfeld** oder das **Hunderterfeld**[150] helfen, An-

---

[150] Die Bezeichnungen „Hunderterfeld" und „Hundertertafel" werden nicht eindeutig genutzt. Wir nutzen hier „Hunderterfeld" für die Darstellung ohne eingetragene Ziffern und „Hundertertafel" für die Darstellung mit eingetragenen Ziffern.

zahlen schnell zu erfassen, wie wir bereits im Abschnitt 3.2 dieses Kapitels dargestellt haben.

Werden Zahlen im Hunderterfeld dargestellt, können die Kinder Gemeinsamkeiten von Zahldarstellungen von Zahlen wie 57, 67, 77 usw. erfassen.

 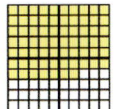 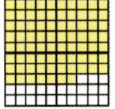 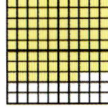 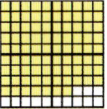 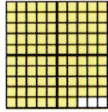

Die am Hunderterfeld gewonnenen Einsichten über die gleiche Strukturierung
der Intervalle von 0 bis 10, von 10 bis 20, von 20 bis 30, usw. können beim Arbeiten mit dem *leeren Zahlenstrahl* (vgl. 3.2) vertieft werden. Die Lage der Zahlen
mit gleichem Einer gehorcht einem ebenso einem Muster wie die Lage der Zahlen 7, 70, 700 usw. in den Intervallen von 0 bis 10, 0 bis 100, 0 bis 1000 usw. Das
können die Kinder erfassen, wenn sie diese Zahlen auf untereinander angeordneten Abschnitten des Zahlenstrahls verorten:

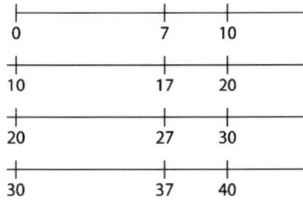 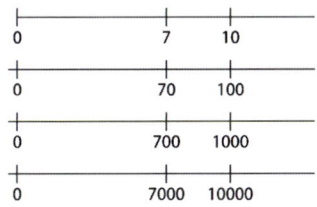

Kindern muss aber bei der rechten Darstellung deutlich werden, dass der Maßstab sich ändert, dass z. B. die 3 an jedem dieser „Zahlenstrahlen" einen anderen
Platz hat, beim 2. und 3. Zahlenstrahl kaum noch einzutragen ist.

Strukturen werden auch dann deutlich, wenn in der **Hundertertafel** Zahlen, wie
beispielsweise die Vielfachen von Zahlen (etwa 2, 3, 4), gefärbt werden.

– *Markiere in der Hundertertafel die Vielfachen von 2, von 3 und von 4.*
  Beschreibe.
– *Untersuche, wann die Muster wieder so wie in der ersten Zeile beginnen.*
– *Erkläre, warum beim Muster der 2 solche „Säulen" entstehen. Gibt es noch*
  andere Zahlen, bei denen die Vielfachen ein Säulenmuster bilden?
– *Vermute, wie die Muster bei den Vielfachen von 5, 6, 7, 8 und 9 aussehen.*
  Erkläre deine Vermutung. Prüft anschließend gemeinsam.

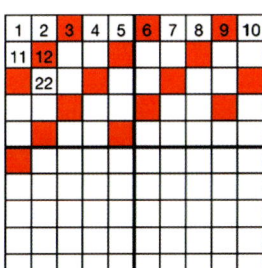 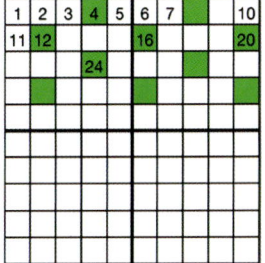

In der mittleren Tafel können die in ein und derselben rot markierten Linie ange-ordneten Zahlen untersucht werden: Alle Zahlen aus ein und derselben Linie haben die gleiche (durch 3 teilbare) Quersumme.

Die in den Mustern zum Ausdruck kommenden Zahlbeziehungen können die Kinder entdecken. Um das Augenmerk auf diese Zahlbeziehungen zu lenken, ist es sinnvoll, als Kontrast in gleicher Weise einen Monatskalender mit Wochen-struktur zu färben.

An Monatskalendern sind die Zahlen oft so angeordnet:

Welche Muster erhältst du, wenn du hier die Vielfachen von 2, 3, 4, 5 und 6 färbst? Zeichne auf Gitterpapier, färbe und vergleiche mit den Mustern an der Hundertertafel.

April, April, der weiss nicht was er will ...						
Mo	Di	Mi	Do	Fr	Sa	So
				1	2	3
4	5	6	7	8	9	10
11	12	13	14	15	16	17
18	19	20	21	22	23	24
25	26	27	28	29	30	

Gemeinsamkeiten und Unterschiede in den Anordnungen der Zahlen sind zu erfassen. Schritte in horizontaler Richtung bedeuten in beiden Tafeln eine Ver-änderung um ± 1. Unterschiedlich ist die Bedeutung vertikaler Schritte: An der Hundertertafel bedeuten sie ± 10, dagegen am Kalender ± 7. Um diese Einsicht zu unterstützen, können Ausschnitte der Hundertertafel, in die nur eine Zahl eingetragen ist, vorgegeben werden. Beim Ausfüllen müssen die Kinder das der Hundertertafel innewohnende Muster berücksichtigen:

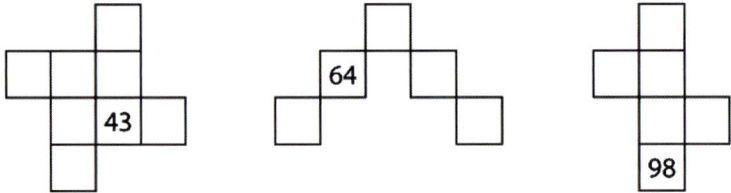

Die Vielfachen von 2, die im Hunderterfeld ein „Säulenmuster" ergeben, liefern im Kalender ein ganz anderes Bild. Die Vielfachen der 7 liefern am Kalender eine „Säule", an der Hundertertafel nicht. Folglich kommt es nicht auf die Zah-len „an sich", sondern auf die betreffenden ***Zahlbeziehungen*** an: 2 und 5 sind Teiler von 10 und in der Hundertertafel sind in jeder Reihe 10 Felder. Darum ergeben die Vielfachen von 2 und 5 im Hunderterfeld die bewussten Säulenmus-ter, im Kalender jedoch nicht.

Zahldarstellungen mittels **Strichlisten** oder **Tabellen** eignen sich sehr gut zur Auswertung von Zufallsexperimenten (vgl. Abschnitt 5 dieses Kapitels). Dabei werden wiederum Strukturen entdeckt, die dann einer Erklärung zugeführt werden können. Wird beispielsweise mit zwei Augen gewürfelt, kann die Augensumme bestimmt werden. Sie beträgt zwischen 2 und 12. Wird oft gewürfelt und wird dabei erfasst, wie oft welche Summe gefallen ist, zeigen die unterschiedlichen Häufigkeiten die Struktur dieses Zufallsexperiments: Das Ereignis „Augensumme 7" ist wahrscheinlicher als das Ereignis „Augensumme 5". Letzteres wiederum hat die gleiche Wahrscheinlichkeit wie das Ereignis „Augensumme 9".

Ähnliche Experimente und anschließende Überlegungen können für die Augendifferenz angestellt werden. Eine Strichliste der gewürfelten Differenzen gibt nach hinreichend vielen Versuchen einen Hinweis auf die Wahrscheinlichkeit der Ereignisse. Häufig vermuten Kinder, dass die 0 am häufigsten erscheint. Im Gegensatz zu dieser Vermutung ist es das Ereignis „Differenz 1" am häufigsten und die Tabelle offenbart die Struktur.

–	1	2	3	4	5	6
1	0	1	2	3	4	5
2	1	0	1	2	3	4
3	2	1	0	1	2	3
4	3	2	1	0	1	2
5	4	3	2	1	0	1
6	5	4	3	2	1	0

Gesetzmäßigkeiten in arithmetischen Mustern

Darstellung von Rechenwegen am Zahlenstrahl

Am Zahlenstrahl können nicht nur Zahlen verortet und die gleiche Struktur von Intervallen hervorgehoben werden. Der Zahlenstrahl eignet sich hervorragend, um das Übertragen von bekannten Aufgaben auf andere Zahlenräume zu illustrieren (vgl. Abschnitt 2 in diesem Kapitel).

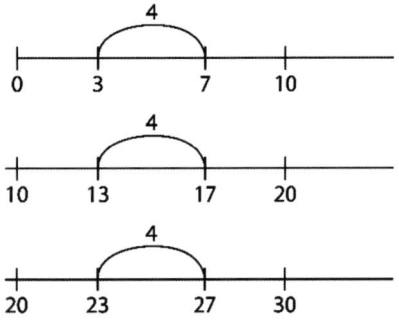
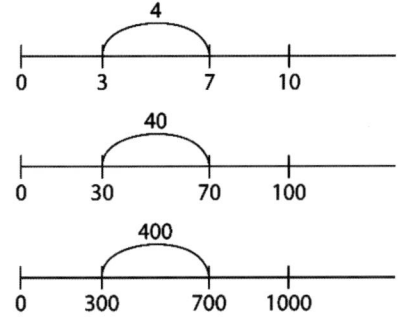

Hier kann den Kindern bewusst werden, dass alle diese Aufgaben wesensgleich sind. Dazu ist es unverzichtbar, dass alle Kinder vergleichen und Gemeinsames und Unterschiedliches erfassen und beschreiben.

Im Kapitel „Zahl und Operation" sind Formen des mündlichen Rechnens, insbesondere spezielle Rechenstrategien dargestellt, die bei ihrer Darstellungen am Zahlenstrahl auch als das thematisiert werden sollten, was sie sind: Muster zum Lösen ganzer Klassen von Aufgaben.

Die abgebildete Darstellung – oft als Strategie „vor – zurück" bezeichnet – passt zu Lösungswegen wie $64 + 29 = 64 + 30 - 1$ ebenso wie zu
$458 + 190 = 458 + 200 - 10$ oder zu $538 + 299$.

Eine Darstellung wie die folgende passt zu $37 + 48 = 37 + 40 + 8$ ebenso wie zu $5 + 8 = 5 + 5 + 3$ oder auch zu $37 + \underline{} = 65$, wenn schrittweise ergänzt wird. Sie eignet sich aber auch zur Beantwortung der Frage, wie viel Zeit von 9.15 Uhr bis 16.45 Uhr vergeht.

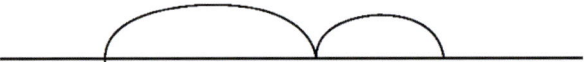

Einspluseins- und Einmaleinstafel

Die Arbeit an den Tafeln verdeutlicht den Kindern sowohl die Beziehung zwischen den Aufgaben als auch Beziehungen zwischen den Ergebnissen. Dazu ist es zweckmäßig, Tafeln sowohl mit dem Term als auch Tafeln mit dem Ergebnis einzusetzen.

•	0	1	2	3	4	5	6	7	8	9	10
0	0·0	0·1	0·2	0·3							
1	1·0	1·1	1·2	1·3							
2	2·0	2·1	2·2	2·3							
3	3·0	3·1	3·2	3·3							
4											
5											
6											
7											
8											
9											
10											

•	0	1	2	3	4	5	6	7	8	9	10
0	0	0	0	0	0	0	0	0	0	0	0
1	0	1	2	3	4	5	6	7	8	9	10
2	0	2	4	6	8	10	12	14	16	18	20
3	0	3	6	9	12				24		30
4	0	4	8	12	16	20	24	28	32	36	40
5	0	5	10		20				40		50
6	0	6	12		24				48		60
7	0	7	14		28				56		70
8	0	8	16		32				64		80
9	0	9	18		36				72		90
10	0	10	20	30	40	50	60	70	80	90	100

Die in der rechten Tafel vorgenommenen Markierungen sollten nicht vorgegeben, sondern von den Kindern selbst gefunden werden. Das geschieht in der

Regel dann, wenn Kindern die 1 × 1 Tafel mit der Bitte vorgelegt wird, alle Ergebnisse einzutragen. Hier beginnen die Kinder zwar in der Regel zu rechnen, suchen aber erfahrungsgemäß immer nach Wegen, Rechnungen einzusparen. Die oben hervorgehobenen Beziehungen helfen dabei ebenso wie Kommutativität, welche sich der Tafel derart äußern, dass die Ergebnisse symmetrisch zur Hauptdiagonalen[151] der Tafel angeordneter Aufgaben gleich sind.

Die entdeckten Muster helfen beim Vernetzen der Aufgaben und können – so sie vom Kind erkannt und genutzt werden – das Einprägen der Grundaufgaben wirkungsvoll unterstützen.

Summen am Hunderterfeld

Das Hunderterfeld selbst bietet Raum für vielfältige Entdeckungen von Mustern und Strukturen. Als Anregung seien hier nur einige Aufgaben genannt, die von Klasse 2 bis Klasse 4 immer wieder mit steigender Schwierigkeit eingesetzt werden können. Wesentlich ist, dass die Kinder bereits durch die Formulierung der Aufgaben angeregt werden, zu beschreiben, zu argumentieren, darzustellen. Um vergleichen zu können, ist es notwendig, zunächst viele Objekte zu haben, die verglichen werden können. Zu ihrer Anfertigung bietet sich Gruppenarbeit aus der Sache heraus an.

1	2	3	4	5	6	7	8	9	10
11	12	13	14	15	16	17	18	19	20
21	22	23	24	25	26	27	28	29	30
31	32	33	34	35	36	37	38	39	40
41	42	43	44	45					50
51									60
61									70
71									80
81									90
91									100

– *Untersuche die Summe zweier untereinander liegenden Felder. Was entdeckst Du?*

– *Wie kannst du, ohne zu probieren entscheiden, ob die Summe zweier nebeneinander liegender Felder 13, 14, 27, 28, 50 oder 100 sein kann? Erkläre.*

– *Begründe, dass die Summe zweier nebeneinander liegender Felder nicht 50 sein kann.*

– *Die Felder mit den Zahlen 27, 28, 37 und 38 ergeben ein* **Viererfenster***. Die Summe der vier Zahlen beträgt 130. Gib weitere* **Viererfenster** *an und bestimme deren Summe.*

---

[151] Die Hauptdiagonale der Tafel ist die Diagonale von links oben nach rechts unten.

– *Untersuche und beschreibe. Wenn man das **Viererfenster** um ein Feld nach unten verschiebt, dann wird die „Vierersumme"...*

– *Finde die Summe weiterer **Viererfenster**. Wie heißt die größte, wie die kleinste Vierersumme?*

– *Wo liegt das Viererfester mit der Summe 82?*

Denkbar ist auch die Abwandlung des Spiels „Ich sehe etwas, was du nicht siehst ...":

– *... und das sind zwei Felder nebeneinander. Ihre Summe ist 63.*
– *... zwei Felder untereinander. Ihre Summe ist 100.*
– *... ein Viererquadrat. Die Summe der 4 Zahlen beträgt 30.*
– *... das ist ein Viererquadrat. Seine Summe liegt zwischen 40 und 50.*

Weitere Aufgabenstellungen sind z. B.:

– *Untersucht bei mehreren Viererfenstern die beiden Summen der diagonal angeordneten Zahlen. Vergleicht.*
– *Das sind **Dreierstreifen**. Setze Zahlen in die **Dreierstreifen** ein und rechne die Summen aus. Vergleiche die Summen. Was fällt dir auf? Begründe.*

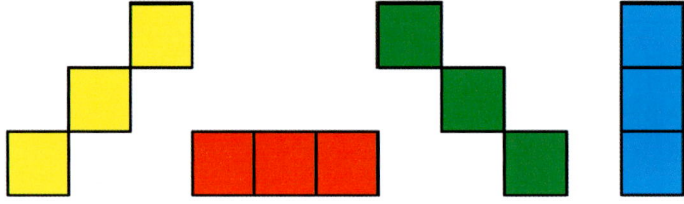

– *Suche Dreierstreifen mit den Summen 6, 27, 36, 40, 48 und 50.*
– *Finde alle Dreierstreifen mit der Summe 45. Vergleiche und beschreibe ihre Lage. Begründe.*
– *Gibt es Dreierstreifen mit der Summe 100? Begründe.*

Alle diese Aufgaben bieten gute Möglichkeiten zur Entwicklung des Rechnenkönnens, zur Förderung von Einsichten in Strukturen und zur Entwicklung allgemeiner mathematischer Kompetenzen. Dazu ist es unverzichtbar, die Arbeit an den Aufgaben nicht nur auf das Rechnen zu beschränken, sondern immer wieder gemeinsam zu diskutieren, wie Lösungen gefunden wurden, welche Eigenschaften die Lösungen haben, warum das Lösungen sind, wieso es keine weiteren oder gar keine Lösungen gibt usw. Hier wird der große Wert des Arbeitens mit **geeigneten**[152] Aufgaben deutlich, die unlösbar sind oder die mehrere Lösungen haben.

---

[152] Hier haben wir jene unlösbaren Aufgaben im Blick, die Kinder in besonderer Weise veranlassen, über das Wesen einer Sache nachzudenken. Beispielsweise zu erkunden, warum die Summe zweier in der Hundertertafel untereinander stehender Zahlen niemals ungerade sein kann.

Eine Weiterführung dieser Betrachtungen ist in den Klassen 3 und 4 an **„Buchstabenzahlen"** möglich:

In einen Hunderterfeld werden fünf Felder so gefärbt, dass sie ein T ergeben. Die Zahlen in diesen Feldern werden addiert. In der Abbildung ist die Summe der gefärbten Felder des T gleich 40. Die Zahl 40 ist deshalb eine T-Zahl. Alle Kinder können färben und weitere T-Zahlen finden. Beim Vergleich der gefundenen Zahlen werden die Kinder feststellen, dass alle T-Zahlen Vielfache von 5 sind. Dies kann begründet werden. Dabei werden Argumente ausgetauscht. Anregend kann die Aufforderung sein, jene Position des T zu finden, an der T=66 ist. Wenn die Kinder diese Stelle nicht finden, drängt sich die Vermutung auf, dass T nicht 66 sein kann. Die Vermutung muss begründet werden. Hilfreich ist die Überlegung, wie sich die T-Zahl verändert, wenn das T um ein Feld nach rechts bzw. nach unten verschoben wird. Wird die Aufgabe analog für ein L (bestehend aus 4 Quadraten) bearbeitet, können die Kinder Gemeinsamkeiten und Unterschiede finden. Systematisches Probieren hilft den Kindern, die Buchstaben T und L so im Hunderterfeld zu platzieren, dass L=T ist.

Erfahrungsgemäß werden die Kinder gern mit weiteren Buchstaben, insbesondere denen ihres Namens, arbeiten und dann ihre Entdeckungen beschreiben. Das Wort TOLL (ein O ist dabei ein 3 × 3 Quadrat mit einem Loch in der Mitte) so von links nach rechts lesbar in das Hunderterfeld einzutragen, dass TOLL = 1000, erfordert Rechenfertigkeit, sehr viel Zahlensinn, Einsicht in funktionale Abhängigkeiten und die Fähigkeit zu systematischem Probieren. Letztere Aufgabe ist lösbar, wobei allerdings nicht alle Buchstaben in der gleichen Höhe angeordnet werden können. Alles in allem sind Buchstabenzahlen ein Aufgabenformat, welches alle Kinder der Klasse auf unterschiedlichem Niveau bearbeiten können.

Die oben genannten Aufgaben gehören zu einem „substanzieller" Aufgabenformat, das differenziertes Arbeiten ermöglicht und sich dadurch auszeichnet,

- dass alle Kinder den Inhalt der Aufgabe erfassen und beschreiben können,

- dass bei der Bearbeitung alle Kinder Ergebnisse auf unterschiedlichen Kompetenzstufen erreichen können und

- dass Anregungen zum Weiterarbeiten auf höherem Niveaus angeboten werden, wobei dann die Kinder entsprechend ihres Leistungsvermögens unterschiedlich tief in die Aufgabe eindringen können.

Gerade das Erkunden von Strukturen und Mustern bietet **allen Kindern** neben der Entwicklung von Fähigkeiten und Fertigkeiten im Rechnen auch Möglichkeiten zu Entdeckungen, Anlässe zum Kommunizieren und zum Argumentieren. Es ist damit eine hervorragende Gelegenheit zu differenzierendem Arbeiten innerhalb eines Aufgabenformates. Damit bietet es eine Alternative zur viel zu oft vorherrschenden Praxis, dass Kinder ein- und derselben Klasse nicht miteinander lernen, sondern um der Differenzierung willen völlig verschiedene Aufgabenformate nebeneinander bearbeiten.

Es ist im Hinblick auf die Entwicklung aller Kinder nicht förderlich, wenn für leistungsstärkere Kinder attraktive Aufgaben bereitgestellt werden, während für weniger leistungsstarke Kinder lediglich Routineaufgaben vorgesehen sind. Derartige Termwertberechnungen werden dann oft möglichst „abwechslungsreich" verpackt: Nicht nur in „graue Päckchen" und „bunte Hunde" (Aufgaben, bei denen Figuren entsprechend auszurechnender Zahlen ausgemalt werden, vgl. Wittmann 1991), sondern in eine Flut von Rechenrädern, Rechentieren, Worträtseln. usw., kurz: in unzähligen Aufgabenformen, die von den Kindern immer wieder neu zu dekodieren sind. Abgesehen davon, dass der Vorbereitungsaufwand eines solchen Unterrichtes recht hoch ist, eröffnet er Kindern kaum Chancen, ihre Fähigkeiten zu entwickeln.

Zahlenfolgen

Von Klasse 1 an ist es möglich, Zahlenfolgen zu betrachten und zu veranschaulichen. Das beginnt bei der Folge der natürlichen Zahlen selbst, die ein Muster liefern: Gerade und ungerade Zahlen wechseln einander ab. Das können die Kinder unmittelbar erfassen, wenn sie mit Würfeln Zweiertürme bauen (vgl. Abschnitt 2 in diesem Kapitel):

Die Bemerkung, dass es ungerade und gerade Zahlen gibt und die Antwort auf die Frage, welche Zahlen wohl gerade sind, wird für die Kinder hier gut einsichtig. Einsichtig wird auch das Wesen gerader Zahlen: Sie sind darstellbar mit zwei gleich hohen Türmen, sind also Vielfache von 2, und das können die Kinder erkennen, bevor der Begriff Vielfache im Unterricht thematisiert wird.

Dass die Addition zweier gerader Zahlen stets wieder eine gerade Zahl liefert wie auch die Addition zweier ungerader Zahlen und dass die Addition einer geraden und einer ungeraden Zahl stets eine ungerade Zahl ergibt, sind Muster, welche beim Rechnen von den Kindern erfasst und dann geometrisch veranschaulicht werden können:

In den Abbildungen wird deutlich, dass es nicht auf die konkreten Anzahlen ankommt: Die Summe zweier ungerader Zahlen ist stets gerade, wie viele Würfel es auf jeder Seite sind, ist völlig unerheblich, in jedem Fall entsteht ein Rechteckmuster – eine gerade Zahl.

Zahlenfolgen sind eine sehr gute Aufgabenform, um in Einheit allgemeine und inhaltsbezogene Kompetenzen zu entwickeln. Zunächst steht das Erfassen und Darstellen von Gesetzmäßigkeiten im Mittelpunkt. Sie sind zu begründen und können klassenöffentlich dargestellt werden. Darüber hinaus müssen die Kinder beim Aufstellen von Hypothesen über die Bildungsvorschrift, bei deren Prüfung an weiteren Folgengliedern und schließlich auch beim Fortsetzen der Zahlenfolge immer wieder rechnen.

Strukturelle Einsichten werden möglich, wenn sich Kinder mit Fragen wie den folgenden auseinandersetzen:

- Welche Zahlen erreicht man mit Fünfersprüngen, wenn man bei 8 beginnt?
- Kann man in Fünfersprüngen bei Start an der 7 die Zahl 100 treffen?
- Kann man in Achtersprüngen bei Start an der 9 die Zahl 50 treffen?
- Welche Zahlenfolgen enthalten nur gerade (nur ungerade) Zahlen?

Hier sollten nicht nur arithmetische, sondern auch geometrische Zahlenfolgen[153] eine Rolle spielen. Bewusstes Arbeiten der Kinder wird gefördert, wenn nicht nur das Fortsetzen gegebener Zahlenfolgen, sondern auch explizit die Angabe der Regel verlangt wird.

Setze fort. Gib die Regel an.

	Regel		Regel
113, 117, 121,		4, 12, 36,	
299, 288, 277,		102, 203, 304,	
304, 404, 504,		888, 777, 666,	
250, 300, 350,		526, 637, 748,	
5, 10, 20,		1000, 850, 700,	
580, 670, 760,		32, 40, 48,	

---

[153] Das Wesen einer arithmetischen Zahlenfolge besteht darin, dass die Differenz zweier benachbarter Folgenglieder gleich ist. Das Wesen einer geometrischen Zahlenfolge besteht darin, dass der Quotient zweier benachbarter Folgenglieder gleich ist.

Zahlenfolgen, bei denen die Differenzen benachbarter Folgenglieder immer ein- und dieselbe Zahl oder abwechselnd zwei verschiedene Zahlen sind, können zur Vertiefung der Einsichten am Zahlenstrahl dargestellt werden. Dabei werden Muster deutlich, welche beim Rechnen in allen Zahlenräumen immer wieder eine Rolle spielen: Beispielsweise die Addition von 24 als schrittweise Addition von 20 und 4 oder die Subtraktion von 9 als Subtraktion von 10 und anschließende Addition von 1.

Zur Entwicklung von Fertigkeiten im Rechnen, von Einsichten in diese Muster und nicht zuletzt von Fertigkeiten im Skizzieren ist es günstig, wenn Kinder von Klasse 1 an immer wieder zum Anfertigen von „Hüpfbildern" am leeren Zahlenstrahl aufgefordert werden. Dazu benötigen sie lediglich ein weißes Blatt Papier im Querformat, auf welches in der ersten Zeit zur Orientierung lange Striche als Vorgabe der Zahlenstrahle gedruckt sein können.

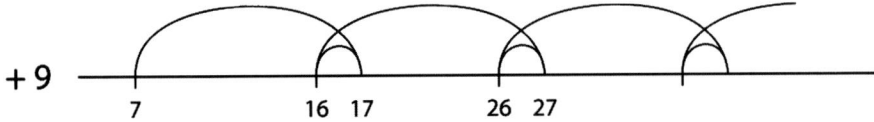

Weil Fertigkeiten automatisierte Komponenten des Handlungsvollzugs sind, die durch den wiederholten Handlungsvollzug entstehen, bedarf es einer hinreichen großen Anzahl derartiger Übungen. Erst dann werden Könnenszuwächse bei den Kindern sichtbar. Im Hinblick auf die Entwicklung feinmotorischen Geschicks bedarf es hier zweifellos einer gewissen Geduld gegenüber den Kindern, zugleich aber auch konsequenter Forderungen nach gewissenhaftem und sauberem Arbeiten sowie entsprechend häufigen Wiederholungen.

Folgen von Aufgaben – Strukturen in Aufgaben

Wie es in diesem Abschnitt bereits für das Hunderterfeld beschrieben wurde, ist es möglich, in jedem substanziellen Aufgabenformat nach den enthaltenen Strukturen zu fragen. Wenn Kinder wie im Abschnitt „Zahlen und Operationen" dargestellt Aufgaben sortieren, können sie daran Gesetzmäßigkeiten und Muster ebenso erkunden wie beim Arbeiten mit Rechentreppen, Rechendreiecken oder Zahlenmauern. Das folgende Beispiel ist nur eines von vielen und möge die Leserin anregen, gleiche Überlegungen auch zu anderen Aufgaben anzustellen. Mit Zahlenmauern arbeiten die Kinder von Klasse 1 an. Strukturelle Überlegungen werden dann möglich, wenn Folgen von Zahlenmauern betrachtet werden und wenn dann nach Gemeinsamkeiten und Unterschieden gesucht wird: Wie ändert sich der „Schlussstein", wenn der linke Eckstein um 1 vergrößert wird?

Wird eine Folge von Zahlenmauern bearbeitet, bei denen in der unteren Reihe stets drei aufeinander folgende Zahlen stehen, sind weitere Einsichten möglich. Sie können durch die Aufforderung provoziert werden, derartige Zahlenmauern zu finden, in denen die „Schlusssteine" 24, 50 oder 100 sind.

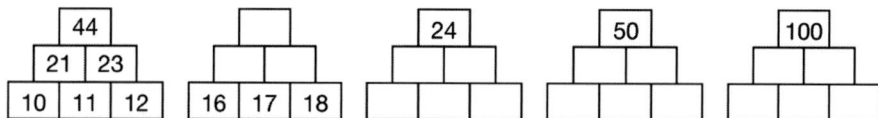

Wieder andere strukturelle Überlegungen können Kinder dann anstellen, wenn sie beispielsweise in der Zahlenmauer alle geraden Zahlen rot und alle ungeraden Zahlen blau färben. Wer kann die Mauer ohne Zahlen darin färben? Welche Färbungen sind überhaupt möglich?

Für die Entwicklung aller Kinder ist es förderlich, wenn immer wieder die im Unterricht vorkommenden Aufgabenformate auch strukturell untersucht werden, denn gerade derartige Untersuchungen sind es, die aus der Sache heraus die Entwicklung allgemeiner mathematischer Kompetenzen fördern.

Geometrische Muster erfassen, beschreiben, fortsetzen und systematisch verändern

Bandornamente

Die Begegnung mit Ornamenten kann vom ersten Tag an ausgehend von Beispielen aus der näheren und weiteren Umgebung der Kinder erfolgen. Die Frage nach der ästhetischen Wirkung des Ornaments sollte dabei nicht ausgeblendet werden.

Denkbar ist dabei die Anfertigung eines Posters mit Bildbeispielen. Eine Möglichkeit ist auch, anlässlich eines Unterrichtsganges Ornamente näher zu betrachten, um einige davon anschließend aus dem Gedächtnis zu zeichnen. Wer hat noch viele Details behalten, vermag sie zu reproduzieren? Hier kann jeder entsprechend seines Leistungsniveaus eines der gesehenen Ornamente reproduzieren.

Ausgehend von Abbildungen, welche die Kinder zusammentragen – und das kann durchaus über mehrere Jahre geschehen – können sich die Kinder immer wieder mit Ornamenten beschäftigen, neue Ornamente erfinden, gesehene Ornamente mehr oder weniger vereinfacht reproduzieren und auch – das drängt sich ja vielfach geradezu auf – die vielen Ornamente „irgendwie zu sortieren". Beim Sortieren ist es interessant, wonach die Kinder sortieren, was zu Kommunikation Anlass gibt, denn die „Sortierprinzipien" sollten den anderen Kindern erläutert werden.

Herstellen von Ornamenten

Kinder können zweckbetont – etwa beim Herstellen von Schmuckkarten – Ornamente erfinden, dabei Schablonen nutzen oder Gegenstände umfahren.

Möglich ist auch das Legen von Ornamenten mit Material wie beispielsweise roten und blauen Würfeln. Dann sollte allerdings das Resultat protokolliert werden, weil sonst mit jedem neuen Legen alles bisher gelegte verloren geht.

Fortsetzen von Ornamenten durch Legen mit Material

Im Rahmen einer 2003 von uns in den Großräumen Halle, Hamburg und Rostock durchgeführten Untersuchung zur Erfassung des geometrischen Könnens von Schulanfängern[154] wurden passend zu diesem Figurensatz (jede abgebildete Figur ist mehrfach vorhanden) Aufgaben zum Fortsetzen von Bandornamenten entwickelt.

Werden Bandornamente durch Legen fortgesetzt, ermöglicht das der Lehrerin diagnostische Einblicke, ohne dass die Ergebnisse der Kinder durch das oft noch geringe zeichnerische Können verfälscht werden.

Werden derartige Aufgabenkarten laminiert, können sie vom Kind auch abwaschbar beschrieben werden. Ein Übergang vom Legen zum Zeichnen ist dadurch möglich: Die Kinder legen erst, schauen ob es stimmt und zeichnen dann gewissermaßen als Protokoll.

Die Aufgabenkarten werden den Kindern mit der Bitte präsentiert, das Muster jeweils passend durch Legen fortzusetzen. Dabei ist es wichtig, den Kindern ausreichend Zeit zum Analysieren und zum Entscheiden zu geben. Zuweilen entscheiden Kinder auch erst zwischen zwei Varianten, *nachdem* sie die beide Variante „probeweise" legen und betrachten konnten.

Stets sollten die Kinder nach dem Legen um Erklärungen gebeten werden, warum die gelegten Figuren gerade diese und keine anderen sein müssen, warum die Lage der Figur die gewählte ist usw.

Bei auftretenden Unsicherheiten sollten die Kinder zunächst aufgefordert werden, das bereits vorhandene Stück des Bandornamentes genauer zu betrachten, es zu beschreiben, um so eine Regel zu finden, nach der die vorhandenen Teile angeordnet sind.

Die Schwierigkeit beim Fortsetzen eines Bandornamentes durch Legen nach unserer Beobachtung vor allem durch die folgenden Faktoren bestimmt:

• die Anzahl der zu berücksichtigenden Merkmale (Farbe, Form, Lage),

• die Art der zu berücksichtigenden Merkmale (Farbwechsel werden in der Regel leichter erfasst und reproduziert als Lageänderungen),

• die Form der verwendeten Figuren (Dreiecke verschiedener Form werden beispielsweise weniger gut unterschieden als Rechtecke verschiedener Form),

---

[154] Die Untersuchung erfolgte innerhalb der letzten 2 Monate vor der Einschulung.

- die Lage der Figuren (sind etwa die Seiten gelegter Quadrate ausschließlich parallel zu den Blattkanten oder sind Quadrate um 45° gedreht),
- die Länge der Periode,
- bei zwei oder drei zu berücksichtigenden Merkmalen spielt die Art der Überlagerung der Merkmale eine Rolle: Wechselt beispielsweise mit der Form auch die Farbe oder wechselt etwa die Farbe mit der Periodenlänge 2 und hingegen die Form mit der Periodenlänge 3?

Erfahrungen und Hinweise zur Arbeit mit dem Material

Einige Kinder erfassen vor allem die Form und beachten die Farbänderungen nicht, setzen also beispielsweise so fort (die Fortsetzungen sind jeweils dunkel umrandet):

Werden diese Kinder zum Betrachten der Folge der Farben aufgefordert, korrigieren sie in der Regel rasch.

In den Mustern mit Dreiecken werden von Kindern oft die rechtwinklig-gleichschenkligen Dreiecke nicht von den gleichseitigen Dreiecken unterschieden, sondern mit ihnen verwechselt. So kommt es dann zu Fortsetzungen wie diesen:

Hier ist es hilfreich, wenn die Kinder prüfen, wo die zu legende Figur schon einmal im Muster vorkommt, um dann die vermeintlich passende Figur auf diese schon vorhandene Figur aufzulegen.

Insbesondere bei den Dreiecken, aber auch bei Vierecken können Probleme auftreten, diese in der richtigen Lage anzuordnen. Oftmals wissen die Kinder genau, welche Figur jetzt zu legen

ist, nutzen die richtige Farbe und auch die richtige Form, legen aber nicht in der richtigen Lage ,sondern verdrehen die Figur.

Auch hier ist es sinnvoll, wenn die Kinder die zu legende Figur auf eine passende Figur im gezeichneten Muster legen, um ihre Lage zu erfassen und sie dann gegebenenfalls lediglich noch zu verschieben.

Zuweilen setzen Kinder ein Muster auch in dem Sinne fort, dass sie es unabhängig von der letzten Figur von Anfang an reproduzieren (was ja eine prinzipiell immer mögliche Fortsetzung ist!).

Der Impuls, zu prüfen, an welcher Stelle die Wiederholung beginnt, wo es „von neuem losgeht" genügt hier in der Regel.

Im folgenden Beispiel wurde vom Kind der Wechsel grün – gelb beobachtet und das letzte gelegte Plättchen als ein grünes erfasst. Dann wurde das Muster von Anfang an reproduziert, wobei vom Kind ganz bewusst die Farbe gewechselt wurde, weil „es ja mit Grün aufhört".

 ...

Damit sind nur einige Beispiele aus der Fülle des zu Beobachtenden genannt. Generell ist zu erwarten, dass die Kinder nahezu ausnahmslos regelhaft fortsetzen, ein absichtliches Legen in völliger Beliebigkeit zu den eher seltenen Ausnahmen gehört. Interessant ist dabei, was den Kindern wichtig ist, welche Regel sie erfassen und ihrem Fortsetzen zugrunde legen.

Während des Fortsetzens der Bandornamente sind oft rasche Lernfortschritte zu beobachten. Die Kinder werden schnell sicherer, brauchen weniger Zeit zum Überlegen und Fortsetzen, erklären besser und selbstbewußter, wie fortzusetzen ist. Die investierte Zeit und Geduld auf dem Weg dahin ist ein im Interesse der Kinder gut angelegtes Kapital.

Fortsetzen von Ornamenten durch Zeichnen

Im Interesse der Entwicklung der zeichnerischen Fähigkeiten sollten die Kinder Ornamente mit stetig steigendem Schwierigkeitsgrad zeichnerisch fortsetzen. Der Schwierigkeitsgrad resultiert hierbei zum einen aus der Anforderung an das zeichnerische Können und zum anderen aus der Anforderung beim Analysieren der dem Ornament zu Grunde liegenden Gesetzmäßigkeit.

Auch hier sind die Möglichkeiten für differenzierendes Arbeiten groß. Beginnend beim Fortsetzen von Ornamenten mit einfacher Struktur bis hin zum Zeichnen eines zu einem vorgegebenen Ornaments strukturgleichen anderen Ornaments, welches aus anderen Figuren besteht.

Beobachten und Sichern von Lernvoraussetzungen

Wenn die Kinder Bandornamente erfassen, dabei die ihrem Aufbau zugrunde liegende Gesetzmäßigkeit beschreiben und das Ornament entsprechend der erkannten Gesetzmäßigkeit fortsetzen, kann ein Beobachter sehr vieles erfassen:

- Inwieweit kann das Kind Anzahlen erfassen und wie macht es das?
- Welche Farben kennt das Kind?
- Ist das Kind in der Lage, Figuren vor dem Hintergrund zu erkennen?
- Nutzt das Kind Zahlen als Ordnungszahlen zum Beschreiben eines Bandornamentes?
- Welche der Begriffe Dreieck, Viereck, Quadrat und Kreis kennt das Kind?
- Erkennt das Kind verschiedenste Repräsentanten dieser Begriffe (also beispielsweise auch ungleichseitige Dreiecke als Dreiecke oder Vierecke, die keine Rechtecke sind als Vierecke)?

- Erkennt das Kind die Repräsentanten unabhängig von ihrer Farbe und ihrer Lage, insbesondere auch dann, wenn keine Seite des Dreiecks oder Vierecks parallel zur Blattkante liegt?

- Über welche sprachlichen Fähigkeiten zum Beschreiben des Ornaments und zum Begründen der von ihm gewählten Art und Weise des Fortsetzens verfügt das Kind?

- Erfasst das Kind die Lagebeziehungen (rechts, links, rechts von, links von, über, unter, oben, unten, zwischen, ...) und nutzt es diese zum Beschreiben des Ornamentes?

- Welche motorischen Fähigkeiten und Fertigkeiten zeigte das Kind beim Fortsetzen des Ornaments?

- Besitzt das Kind Fähigkeiten zum Vergleichen, Analysieren und Klassifizieren (hier jeweils hinsichtlich selbst gewählter Kriterien)?

Daran wird deutlich: Wesentliche Voraussetzungen für erfolgreiches Lernen (nicht nur) im Fach Mathematik können beim Arbeiten mit Bandornamenten analysiert und natürlich gefestigt werden. Darüber hinaus interessiert natürlich die Frage, *ob und wie* das Kind die im Ornament enthaltene Gesetzmäßigkeit findet. Zu beachten ist dabei allerdings, dass ein vorgegebenes Stück Bandornament in der Regel auf viele Arten und Weisen fortsetzbar ist. Es ist folglich vor allem danach zu fragen, was sich das Kind gedacht hat, als es das Ornament auf die von ihm gewählte Weise fortsetzte. Welche Eigenschaften des Ausgangsstückes waren dem Kind wichtig, wovon hat es abstrahiert, welche Eigenschaften hat das Kind also vernachlässigt. Eine für die weitere Arbeit mit dem Kind nützliche Analyse kann nicht darauf beschränkt werden, ob das Kind dieses oder jenes Ornament richtig fortsetzte, sondern muss sich der Frage zuwenden, auf warum es diese und keine andere Fortsetzung wählte. Verlauf und Resultat des Lernens sind auch hier in Einheit zu sehen.

Arbeit mit Parketten

Chance zur Aneignung mathematischer Inhalte

Die Auseinandersetzung mit Parketten ist geeignet, den Mathematikunterricht aus der Perspektive des Kindes zu gestalteten und dabei die Alltags- und Umwelterfahrungen der Kinder einzubeziehen. Die Arbeit an Parketten leistet nicht nur einen Beitrag zur Umwelterschließung. Spielerische Aktivitäten und äußere Handlungen wie Legen, Färben, Drucken usw. tragen dazu bei, dass die Kinder hier altersgerecht aneignen können. Parkette können den Kindern Anlass, Anschauung und Anwendungsfeld für sehr vielfältige mathematische Inhalte und Aktivitäten sein. Aus inhaltlicher Sicht betrifft das

- Überlegungen zur Form der Parkettsteine, ihre Untersuchung und Klassifizierung,

- Überlegungen, inwieweit bestimmte Figuren allein oder in Kombination mit anderen Figuren parkettieren,
- Überlegungen zum Messen von Längen, Flächen und Winkeln der mit Parkettsteinen auszulegenden Figur,
- Überlegungen zum Vergleichen und Messen bezogen auf den Parkettstein selbst, auf seine Seitenlänge, die Größe seiner Winkel und die Größe seiner Fläche,
- Überlegungen zu den geometrischen Abbildungen Spiegelung, Drehung, Verschiebung und Schubspiegelung bei der Herstellung eines Parketts (was die Kongruenzbetrachtungen anbahnt), also das Erkennen, Benennen und Darstellen dieser Abbildungen,
- Überlegungen zu den entsprechenden Symmetrieeigenschaften des Parketts,
- Überlegungen zur Längen- und Flächeninvarianz beim Abändern der Form eines Parkettsteins etwa durch die „Knabbertechnik",
- Kombinatorische Überlegungen beim Färben eines Parketts.

Beim ersten Betrachten ist es zunächst oft die Periodizität des Parketts, welche die Kinder fasziniert. Die Frage nach den sich wiederholenden Teilen führt zu Betrachtungen von ebenen Figuren, zu deren Klassifizierung und zu Überlegungen, ob die eine oder andere ebene Figur allein oder in Kombination mit anderen Figuren parkettiert. In engem Zusammenhang damit werden in der Regel zunächst die Translationssymmetrie, Achsensymmetrien und danach weitere Symmetrien des Parketts entdeckt.

Beim Parkettieren können die Seite eines Parkettsteins als Maß für die auszulegende Länge, die Fläche des Parkettsteins als Maß für die auszulegende Fläche und die Winkel des Parkettsteins als Maß für den auszulegenden Winkel dienen.

Entwicklung der Persönlichkeit des Kindes

In der Auseinandersetzung mit Parketten erwerben die Kinder also vielfältige Kenntnisse, Fähigkeiten, Fertigkeiten sowie Gewohnheiten und Einstellungen, die eine tragfähige Basis für erfolgreiches Lernen nicht nur im Fach Mathematik sichern. Diese Punkte sollen nachfolgend konkretisiert werden:

Neugier, Freude, Interesse, Fantasie und Kreativität wecken

Aus der Sache heraus sollten **Neugier, Interesse und Freude** an mathematischen Aktivitäten geweckt werden, denn nicht Belohnungen, gute Noten, Lob oder Tadel, sondern vielmehr das Erkenntnisinteresse ist das stärkste, das uneigennützigste Lernmotiv. Kinder sind neugierig, sie erkunden und legen bereits in der Vorschulzeit spielerisch Parkette. Nur herausfordernde und doch zugleich bewältigbare Aufgaben können Neugier und Freude im Umgang mit Parketten aufrecht erhalten und eine auf erlebten Erfolgen basierende positive Einstellung gegenüber mathematischen Aktivitäten, Fragestellungen und Anforderungen fördern.

Möglichkeiten dazu bieten sich viele: Das beginnt beim Sammeln, Sortieren und Ausstellen von Fotos und Skizzen einer Vielfalt von „Mustern auf unseren Wegen" beispielsweise im Rahmen eines Projektes.

Insbesondere herausfordernde, ungewöhnlichen Parkette, wie sie oft beim Wegebau eingesetzt werden, die nicht nur aus Rechtecken bestehen oder in denen die Rechtecke nicht wie in einer Mauerwand angeordnet sind, regen die Kinder an, Symmetrien zu finden sowie weitere ähnlich attraktive Parkette zu erfinden und zu zeichnen. Werden bei solchen Parketten die Ränder betrachtet, stellen die Kinder fest, dass beim Verlegen des Parketts am Rand fast immer gesägt werden muss. Die Frage, warum derartige Parkettsteine dennoch häufig eingesetzt werden, drängt sich auf. Ihre Beantwortung erfordert praktisches Tun, nämlich derartige Parkettsteine in die Hand zu nehmen und festzustellen, dass sie – im Gegensatz etwa zu quadratischen Kacheln – im Parkett nicht einfach gegeneinander verschoben werden können.

Beim Finden, Zeichnen und Färben ästhetisch anspruchsvoller Parkette werden Fantasie und Kreativität geweckt. Hier stehen beispielsweise folgende Fragen im Mittelpunkt:

- Welche Parkettierungen sind optisch attraktiv?
- Wie aufwändig mag das Anfertigen des Parketts sein?
- Welche Parkettierungen sind praktisch, welche sind weniger praktisch?
- Warum kommen in der Umwelt so häufig rechteckige, insbesondere auch quadratische Parkett vor?
- Kann man mit Dreiecken und Vierecken ganz beliebiger Form parkettieren?

- Mit welchen anderen Formen kann man lückenlos parkettieren?
- Parkettieren auch konkave Vierecke?

Motivation aus der Sache heraus

Bemerkenswert ist, dass die Arbeit mit Parketten zwar von den Kindern in hohem Maße Konzentration, Ausdauer und Geduld erfordert und diese zugleich fördert, dass die Kinder hier in der Regel aber dennoch sehr gern, ausdauernd und mit hoher Motivation arbeiten. Die Ursachen dafür sind vielfältig. Zum einen werden Kinder von der ästhetischen Wirkung der Parkette angesprochen und sind immer wieder insbesondere von recht anspruchsvollen Parketten fasziniert. Zum zweiten ist es die Wiederholung der Tätigkeit, auf die sich Kinder gern einlassen. Das, was sie erkannt haben und was ihnen gelingt, machen Kinder mit Freude wieder und wieder mit wachsender Perfektion und Schnelligkeit. Zum dritten übt das Erfinden von möglichst schönen, ungewöhnlichen oder komplizierten Parketten für viele Kinder einen hohen Reiz aus. Nicht zuletzt ist die Arbeit mit Parketten gerade für Kinder mit sprachlichen Problemen eine gute Möglichkeit, sich nonverbal auszudrücken und eine Leistung zu präsentieren, die nicht durch mangelnde Sprachbeherrschung abgewertet wird.

Parkettieren im Spiel vom Elementarbereich an

Parkette eignen sich sehr gut zur spielerischen Auseinandersetzung des Kindes mit der Umwelt und zugleich zur planmäßigen Sicherung von Voraussetzungen erfolgreichen Lernens. Entsprechend spielt die Arbeit mit Parketten bereits im Kleinkindalter eine Rolle. Einsiedler (1999) verweist darauf, wie wichtig es ist, dass das Kind einen Begleiter beim Spielen hat, der

- ihm bewusst, planmäßig und systematisch Anregungen gibt,
- das Spiel anreichert,
- ihm Arbeitstechniken vermittelt,
- sprachliche Äußerungen aus der Sache heraus fördert,
- dem Kind die Freude an der Auseinandersetzung mit dem Spiel ***vorlebt*** und
- mit dem Kind Erfolg und positive Emotionen teilt.

Andernfalls sind noch so schöne Parkettsteine wirkungslos und verlieren schnell ihren anfänglichen Reiz. Die verschiedenen Formen des Spiels sind in unterschiedlicher Weise anregend für die Entwicklung der Persönlichkeit des Kindes. Zugleich kann in diesen Spielformen recht gut beobachtet werden, inwieweit das Kind hier über Kompetenzen verfügt. Dabei muss allerdings beachtet werden, dass zwar der beobachtete Verlauf einer Tätigkeit Aufschluss darüber geben kann, dass das Kind beispielsweise divergent denken kann, aber aus dem Nichteintreten eines bestimmten Tätigkeitsverlaufs nicht ohne weiteres darauf geschlossen werden kann, dass das Kind dazu prinzipiell nicht in der Lage ist. Zu viele andere Faktoren können dafür verantwortlich sein.

Beim Parkettieren kommt es je nach Situation zum freien Objektspiel, zum Rollenspiel oder zum Konstruktionsspiel.

Große Mengen verschiedener
Parkettsteine regen Kinder zum
Legen regelmäßiger Muster an

Das *freie Objektspiel* mit verschiedenen Parkettsteinen fördert divergentes Denken, Kreativität und die Fähigkeit zu vorausschauendem Planen. Die Kinder können vielfältige Möglichkeiten sehen und unterschiedliche Parkette aus einem Satz von Parkettsteinen erzeugen.

Das **Rollenspiel**, bei dem ein Kind etwa die Rolle eines Parkettlegers oder Fliesenlegers einnimmt, welcher entsprechend eines bestimmten Auftrags beispielsweise einen Weg pflastern soll, fördert die allgemeinen geistigen Fähigkeiten sowie die sprachlichen Fähigkeiten des Kindes. Das vorgegebene Parkett ist zu analysieren, seine Gesetzmäßigkeit ist zu entdecken und beim Fortsetzen des Parketts entsprechend zu konkretisieren. Wenn Geber und Nehmer kooperieren, kommt es zu sprachlichen und sozialen Interaktionen. Sind die Rollen vereinbart, lernen die Kinder, einander zumutbare Aufgaben zu stellen, sich Tipps zu geben und sich gegenseitig beim Tun zu beobachten.

Das **Konstruktionsspiel,** welches beispielsweise dann zustande kommt, wenn Kinder nach einer Vorlage Parkette legen, fördert vor allem die Aufmerksamkeit und Konzentration der Kinder. Figuren sind vor dem Hintergrund zu erfassen, Parkettsteine sind in der richtigen Form, Farbe und Größe auszuwählen und schließlich entsprechend der Vorlage anzuordnen.

Beobachtungsschwerpunkte

Beim Arbeiten mit Parketten wird schnell deutlich,

- inwieweit das Kind feinmotorische Fähigkeiten zum Legen, Zeichnen, Schneiden besitzt,
- über welche sprachlichen Fähigkeiten das Kind verfügt,
- welche Begriffe (Farben, Formen, Lagebeziehungen) das Kind bereits beherrscht,
- ob das Kind beim Legen von Parketten das Parkett als Ganzes übersieht und legt oder Stein für Stein probierend arbeitet,
- ob das Kind beim Legen und Zeichnen nach dem Legen das gesamte Parkett erfasst und als Ganzes weitgehend unabhängig vom Gelegten fortsetzt oder ob

das Kind Parkettstein für Parkettstein legt, ihn zeichnet und sich jedes Mal erneut vergewissert,

- ob das Kind erst alle Unrisse malt und dann – das Parkett überschauend – immer gleich mehrere Parkettsteine einer Farbe einfärbt oder ob das Kind bei jedem Parkettstein den Stift wechselt und von neuem über die Farbe des Steins nachdenkt,

- ob das Kind beim Zeichnen auf einem Punktgitter die Form der Parkettsteine als Ganzes (z. B. als ein Haus, einen Pfeil, ein Fünfeck) erfasst hat und sie entsprechend als Ganzes zeichnet oder ob das Kind beim Zeichnen der Parkettsteine von Ecke zu Ecke zählt und sie Strich für Strich zeichnet,

- ob und wie das Kind die im Parkett enthaltenen Symmetrien beschreibt.

Die folgenden Abbildungen zeigen die beträchtlichen und in diesem Maße unbefriedigenden Niveauunterschiede beim Erfassen von Parkettierungen und beim Zeichnen im zweiten Halbjahr der Klasse 2. Die Vorgaben waren immer gelegte oder gezeichnete, recht komplexe Vorlagen, auf denen die Kinder nicht unmittelbar fortsetzen konnten. Schauen wir uns die Produkte der Kinder an, so können wir feststellen:

Irina hat mit T-Plättchen gelegt und das Muster anschließend protokolliert. Es fällt ihr aber offensichtlich noch schwer, die wahrgenommene Form korrekt wiederzugeben. Max setzt die mit gelben und roten L-Plättchen gelegte Ausgangsfigur nicht zu einer Parkettierung fort. Da er eine mit T-Plättchen gelegte Ausgangsfigur in eine Richtung richtig fortsetzt, war er möglicherweise bei den L-Plättchen stärker daran interessiert, ein größeres Rechteck zu legen. Auffallend ist auch, dass sein Rechteck – sieht man von den Farben ab – achsensymmetrisch ausgelegt ist. Lucia gelingt es bis auf einen kleinen Fehler recht gut eine recht komplexe, auf einem Blatt vorgegebene Ausgangsfigur – zwei rote und zwei blaue Fünfecke – in eine Richtung fortzusetzen.

Irina hatte 2 blaue und 3 gelbe T gelegt. Sie hat noch Mühe, die Plättchen korrekt wiederzugeben

Max gelingt es noch nicht, die Ausgangsfigur aus gelben und roten L-Plättchen zu einer Parkettierung fortzusetzen.

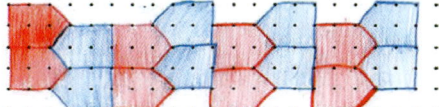

Max kann die angefangene Parkettierung in eine Richtung fortsetzen, seine motorische Leistung kann noch verbessert werden.

Lucia zeichnet recht genau, beim Fortsetzen in eine Richtung unterläuft ihr ein kleiner Fehler.

Dario hat eine angefangene Parkettierung aus zwei verschiedenen Quadraten nach Vorlage erfasst, abgezeichnet und richtig fortgesetzt. Auch Vanessa erfasst das Wesen der Parkettierung korrekt – zwei rote und zwei grüne Boote waren vorgegeben – und setzt passend fort. Unbefriedigend für das zweite Halbjahr der Klasse 2 ist bei einigen Arbeiten das zu gering entwickelte feinmotorische Können beim Zeichnen.

Dario setzt richtig fort, die Zeichengenauigkeit muss er noch verbessern

Vanessa setzt passend fort.

Möglichkeiten zur Förderung des Kindes

Kinder sollten vom Kindergartenalter an die Möglichkeit haben, Parkette zu legen, fortzusetzen und ihr Tun zu protokollieren. Dabei ist die Verwendung von quadratischem Punktraster, dreieckigem Punktraster und dreieckigem Linienraster empfehlenswert. Wichtig ist, dass zumindest anfangs die Größe des Gitters zur Größe der zu legenden Teile passt. So können die Kinder die Parkettsteine auf das Gitterpapier auflegen und gegebenenfalls zunächst auch umfahren. Während anfangs Parkette aus Quadraten gezeichnet und dazu mit Würfeln passende Parkettierungen gelegt werden, spielen später Parkettierungen mit verschieden großen Quadraten sowie mit Rechtecken eine Rolle.

Erfahrungsgemäß fallen den Kindern Parkettierungen leicht, bei denen die Parkettsteine einprägsame Figuren sind: Haus, Pfeil, Boot usw. werden von den Kindern schnell ganzheitlich erkannt und reproduziert. Kompliziertere Parkette mit höherem Schwierigkeitsgrad aus verschiedenen Figuren sollten sich anschließen.

Es bedarf umfangreicher Übungen, um die erforderlichen Fertigkeiten zu entwickeln. Nur eine planmäßige und systematische Arbeit kann dazu beitragen, die oft zu beobachtenden gravierenden Leistungsunterschiede im feinmotorischen Bereich und im Bereich der Wahrnehmung und Reproduktion der Formen zu vermeiden.

Fazit

Das Arbeiten mit Parketten ist ein äußerst vielfältiges Thema. Parkettierungen können sehr gut immer wieder erneut aufgegriffen und unter einem anderen Blickwinkel, aus anderer fachlicher Perspektive betrachtet werden. Die Arbeit mit ihnen eignet sich deshalb sehr gut für eine spiralförmige Anlage des Unterrichts.

Dabei ist es unverzichtbar, immer wieder die äußere Handlung – also das Legen und Zeichnen von Parketten – mit Anforderungen an die geistige Tätigkeit der Kinder zu verbinden: Vergleichen, Abstrahieren, Verallgemeinern. Der Begriff Quadrat beispielsweise wird von Kindern eben nicht dadurch erworben, dass sie mit Quadraten ohne Reflexion über deren Form parkettieren: Das Vergleichen von Seitenlängen und Winkeln ist unverzichtbar.

Es gilt also die Fachsystematik im Auge zu behalten, immer wieder zu prüfen, welche Lernziele bei der einen oder anderen Aktivität an Parketten realisierbar sind und welche fachlichen Inhalte auch der Sekundarstufe angebahnt werden können.

Der Erfolg wird dann nicht ausbleiben, wenn die Arbeit langfristig und planmäßig erfolgt und die Kinder

- an Parketten arbeiten, die ihnen subjektiv bedeutsam sind,
- zunächst an einfach zu erfassenden Parketten Arbeitstechniken erwerben,
- dabei geeignete Arbeitsmittel benutzen,
- genügend Anleitung und ausreichend Zeit zu sauberem Arbeiten erhalten,
- durch wiederholtes Ausführen der Tätigkeit handwerklich-praktische Fähigkeiten und Fertigkeiten erwerben,
- die Auswahl unter einer Vielzahl von interessanten, herausfordernden und ästhetisch schönen Parketten unterschiedlichen Schwierigkeitsgrades haben,
- immer wieder herausgefordert werden, ihre Arbeit darzustellen, zu beschreiben, zu begründen und nicht zuletzt
- von Anfang an viele Gelegenheiten erhalten, Parkette selbst zu erfinden.

3.7.2.3 Funktionale Beziehungen erkennen, beschreiben und darstellen

In vielen Sachsituationen der Lebenswirklichkeit spielen funktionale Beziehungen eine Rolle. Es geht hierbei hier zunächst darum, dass Kinder diese qualitativ erfassen. Sie sollen es in diesem Sinne als zunächst lernen, die Veränderung einer Größe in Abhängigkeit von einer anderen Größe qualitativ zu erfassen. Das heißt konkret erst einmal zu erfassen, ob sich eine Größe überhaupt in Abhängigkeit von einer anderen Größe befindet und erst dann darüber nachzudenken, ob eine Größe gemeinsam mit einer anderen Größe wächst, ob eine Größe kleiner wird, wenn die andere wächst, oder ob sich beide Größen (so wie Tageszeit und Temperatur) vielleicht in einem zwar nur schwer zu durchschauenden, aber doch existierenden Zusammenhang befinden.

Beziehungen wie die zwischen Stückzahl und Preis treten im Unterricht der Grundschule häufig auf. Hierbei handelt es sich um diskrete Stückzahlen (1 Packung, 2 Packungen, usw.). Zum Aufbau tragfähiger Vorstellungen ist die Arbeit am so genannten „doppelt geteilten Rechenstrich" hervorragend geeignet. Mit ihm können – im Gegensatz zu Tabellen – sehr gut Abhängigkeiten auch zwischen kontinuierlichen Quantitäten wie Länge, Zeit, Masse, Volumen beschrieben werden. Am Sachkontext[155], hier beispielsweise dem Streichen eines Zauns wird deutlich, welche Größen voneinander abhängen, zueinander proportional sind.

Anne streicht den Gartenzaun ...

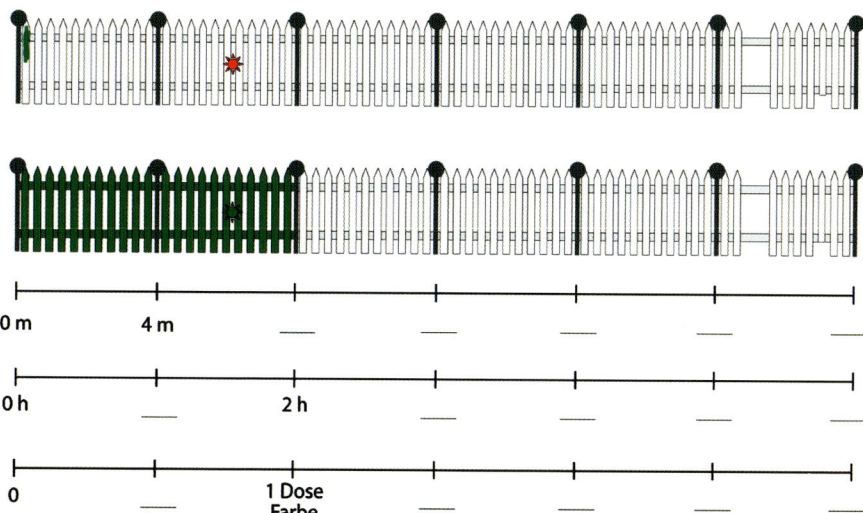

Alle hier genannten Größen – Länge, Zeit und Bedarf an Farbe – befinden sich in Abhängigkeit von der Anzahl der zu streichenden Zaunsfelder bzw. der Anzahl der zu streichenden Latten. An dieser Stelle sollte verdeutlicht werden, dass es sich um ein Modell der Wirklichkeit handelt, dass hier beispielsweise bei der Arbeitszeit oder auch beim Farbbedarf keine sichere Vorhersage möglich ist.

Beim Arbeiten an proportionalen Beziehungen geht es nicht darum, kalkülmäßig zu arbeiten. Es sollten Aufgaben eingesetzt werden, welche die Kinder inhaltlich und durch systematisches Probieren lösen können. Dabei wird zugleich immer wieder der jeweils zur Verfügung stehende Zahlenraum rechnerisch durchgearbeitet.

---

[155] Aus: Lorenz, J. H. (Hrsg.): Mathematikus. – Schulbuch Klasse 2. – Braunschweig: Westermann 2007

3 Ziegelsteine sind zusammen 81 cm lang. Wie lang sind 5 Ziegel?

Wir erlebten hier Kinder, die bei 10 begannen, mit 11, 12, 13 und 14 fortsetzten und jedes Mal rechneten. Erst dann bemerkten sie, dass die 10 viel zu klein ist, probierten mit 20, dann mit 30. Diese Erscheinung ist Normalität, denn es kann nicht davon ausgegangen werden, dass die Kinder von sich aus sofort proportionale Zusammenhänge erkennen, den Rückschluss von 81 cm für drei Ziegelsteine auf die Länge eines Ziegelsteins machen.

Derartige Aufgaben sollten im Zusammenhang mit der Festigung der Multiplikation immer wieder einbezogen werden.

Ein weiteres Zwischenfazit:

Muster begegnen uns überall, mathematischen Mustern liegen mathematische Strukturen zugrunde.

In allen Teilgebieten des Mathematikunterrichts können Kinder Muster und Strukturen finden, wichtig ist dabei dass mit Blick auf die allgemeinen mathematischen Kompetenzen begründet und argumentiert wird, dass auf ganz unterschiedlichen Ebene erklärt und begründet wird, wie es zu den Mustern kommt. Hier ergibt sich ein weites Feld für den Forscherdrang, die natürliche Neugier der Kinder.

Muster erleichtern allen Kindern auch denen, denen das Mathematiklernen nicht leicht fällt, das Einprägen z. B. von Grundaufgaben (vgl. Abschnitt 2 dieses Kapitels), auch deshalb ist es so wichtig in allen Inhaltsbereichen nach Mustern zu suchen.

Wenn Sie sich die Abschnitte zu den anderen inhaltlichen Leitideen noch einmal anschauen, werden Sie immer wieder Muster entdecken.

4. Kompetenzen und kein Ende – einige abschließende Gedanken

Mit den Bildungsstandards sind hohe Anforderungen an uns gestellt, aber das ist nicht neu. Schule und Unterricht werden seit jeher immer wieder mit neuen Anforderungen konfrontiert.

In unseren Ausführungen ist deutlich geworden, dass die Aufgabenauswahl ganz wesentlich ist, dass es aber „die gute Aufgabe", die in allen Klassen unter allen Bedingungen zu gewünschten Unterrichtsresultaten führt, nicht gibt. Wir haben Potenzen von Aufgaben aufgezeigt, versucht deutlich zu machen, wie mit einzelnen Aufgabenstellungen zur Entwicklung allgemeiner mathematischer Kompetenzen beigetragen werden kann und dabei die unterschiedlichen Anforderungsbereiche von Aufgaben (Reproduzieren, Zusammenhänge erkennen, Verallgemeinern) berücksichtigt werden können. Die Auswahl der Aufgaben allein reicht nicht, es muss um ein geeignetes „Arbeiten mit Aufgaben" unter Berücksichtigung der gegebenen Bedingungen gehen. Dazu ist eine genaue Kenntnis des Lern- und Entwicklungsstandes jedes Kindes erforderlich, um Aufgaben zu stellen und Lernumgebungen zu gestalten, die in der „Zone der nächsten Entwicklung" liegen. Dabei sind stets zwei Aspekte zu berücksichtigen:

- Zum einen muss eine Analyse der Sache, des mathematischen Hintergrunds erfolgen. Worum geht es eigentlich? Was ist relevant für die Schule, die mathematische Bildung der Kinder? Wo finden wir Anknüpfungspunkte in der Umwelt der Kinder? Dieser Aspekt spielte in den Abschnitten „zur Sache", die wir in jedes Kapitel aufgenommen haben, eine wesentliche Rolle.

- Zum anderen muss dann geschaut werden, was für Vorstellungen und Erfahrungen die Kinder zu diesen Inhalten mitbringen, welche Lösungsstrategien sie anwenden, um noch nicht im Unterricht thematisierte Aufgaben zu lösen.

Erst wenn auf diese Weise Kind und Fach „zusammengebracht" werden, können erfolgreiche Lernprozesse stattfinden.

Auch wenn man dies beachtet, bleibt die Frage, ob die Standards für alle Kinder erreichbar sind. Zweifelsfrei handelt es sich um Regel- nicht um Mindeststandards und so ist es nicht verwunderlich, dass eine Diskussion um Mindeststandards geführt wird. In einem Positionspapier der Gesellschaft für Fachdidaktik[1] wird festgestellt, dass es notwendig ist, Mindeststandards zu formulieren. Dabei sind „Mindeststandards nach Auffassung der GFD als normative Setzungen zu sehen, die das Recht des Einzelnen auf grundlegende Bildung fokussieren und den Anspruch der Gesellschaft an die Schule dies für jedermann zu gewährleisten:" Auch wenn mit dem Papier vorrangig die Diskussion um Mindest-

---

[1] Vgl. Mindeststandards am Ende der Pflichtschulzeit; Erwartungen des Einzelnen und der Gesellschaft – Anforderungen an die Schule. Ein Positionspapier der Gesellschaft für Fachdidaktik e. V. (GFD) In: Mitteilungen der GDM 87/2009, Berlin S. 10–15;

standards, die bis zum Ende der Regelschulzeit zu erreichen sind, forciert werden soll, bleibt die Diskussion um Mindeststandards für die Primarstufe davon nicht verschont, soll es doch nach Auffassung der GFD um die Definition von Basiskompetenzen, sowohl fachspezifischen als auch fachübergreifenden, gehen.

Auch oder gerade deshalb, weil hier eine Diskussion aktuell geführt wird, ist es aus unserer Sicht legitim, die Fragen zu stellen, ob die (Regel)Standards mit allen Kindern erreicht werden können, bzw. was zu tun ist, damit diese Standards von möglichst vielen Kindern erreicht werden.

Deshalb wollen wir einige Bemerkungen zur Kompetenzentwicklung bei leistungsschwachen Kindern machen.

4.1 Kompetenzentwicklung bei leistungsschwachen Kindern

Man kann und muss internationale Vergleichsuntersuchungen kritisch sehen, aber TIMSS 2007 hat bestätigt, was jeder Praktiker weiß, es gibt auch Kinder mit Lernschwierigkeiten in Mathematik.

Können auch diese Kinder mit den von uns im Kapitel 3 dargestellten Aufgaben in jedem Fall erreicht und gefördert werden? Reicht es aus, auch diesen Kindern „gute Aufgaben" zu stellen, damit sich Kompetenzen entwickeln? Können die Kinder mit Lernschwierigkeiten überhaupt die in den Standards formulierten Kompetenzen erreichen? Sollten wir bei ihnen mit der Kompetenzentwicklung nicht so lange warten, bis die oben angesprochenen Mindeststandards formuliert sind?

Wir möchten im Folgenden auf einige Dinge aufmerksam machen, die zu berücksichtigen sind, will man auch bei Kindern, denen das Mathematiklernen nicht leicht fällt, die in den Bildungsstandards geforderte Kompetenzentwicklung befördern. Wir konzentrieren uns hier bewusst auf arithmetische Inhalte, da hier die Probleme der Kinder am deutlichsten werden.

Dabei wollen wir keineswegs zurück zu einem kleinschrittigen Unterricht, bei dem das Eintrichtern (unverstandener) Algorithmen im Vordergrund steht. Aber die Frage, welche Voraussetzungen erfüllt sein müssen, bevor bestimmte Anforderungen gestellt werden können, muss immer wieder gestellt werden.

Hat ein Drittklässler beispielsweise das Stellenwertsystem noch nicht verstanden, verfügt er über zu wenige tragfähige Rechenstrategien oder hat gar Probleme beim Zählen, ist er nicht reif für schriftliche Rechenverfahren. Lehrpläne, Standards, Vergleichsarbeiten und der Erwartungsdruck von Eltern legen der Lehrkraft aber nahe, dass in Klasse 3 schriftliche Rechenverfahren behandelt werden müssen. So entsteht ein Konflikt, ob sich die Lehrkraft an den individuellen Lernbedürfnissen des Kindes oder an den Standards und Lehrplänen orientieren soll. Wir plädieren für die Berücksichtigung der individuellen Entwicklung.

Auf den Anfang kommt es an

In der Scholastikstudie[2] wurde nachgewiesen, dass in der Vorschulzeit bereits Grundlagen für spätere Leistungsunterschiede in Mathematik gelegt werden. Auch Krajewski[3] hat in ihrer Studie nachgewiesen, wie wichtig mengen- und zahlenbezogenes Wissen, das in der Vorschulzeit erworben wird, für den späteren Erfolg im Mathematikunterricht der Grundschule und damit für den gesamten Mathematikunterricht ist, da Grundschulkenntnisse Voraussetzung für das weitere erfolgreiche Lernen von Mathematik sind. Auch Moser Opitz macht in verschiedenen Studien und Veröffentlichungen deutlich, wie wichtig der Anfang ist. Sie hat z.B. rechenschwache Schüler der Klassen 5 und 8 untersucht. Dabei stellte sie fest, dass im 5.Schuljahr 68,8% der Varianz durch die Kenntnis des Basisstoffes aufgeklärt werden und im 8.Schuljahr immerhin noch 52,3%[4]. Schwierigkeiten beim Lernen von Mathematik, häufig als Rechenschwäche bezeichnet, lassen sich also bei weitem mehr auf den Basisstoff als auf die Intelligenz zurückführen. Elsbeth Stern drückte das drastisch folgendermaßen aus „Wissen schlägt IQ"[5].

Aus all dem und weiteren ähnlichen Befunden ergibt sich, „Wenn wir Rechenschwäche (..., d.Vf.) verhindern wollen, müssen wir ganz unten anfangen und abgestufte, hierarchisch organisierte Lernwege ausmachen."[6]

Es muss um Verstehen und nicht um „Durchnehmen von Inhalten", oder gar die Vorbereitung auf den nächsten Test gehen. Durch übertriebene Hoffnungen auf die Wirkungen des „Spiralprinzips" wird das Prinzip des „Durchnehmens von Inhalten" mathematikdidaktisch bisweilen auch noch abgesegnet. Allein das wiederholte Behandeln eines Inhalts bewirkt aber noch kein tragfähiges Verständnis. Lernlücken wachsen sich auch nicht von alleine aus. So stellt Moser Opitz[7] z.B. fest, dass sich in Hinblick auf das Dezimalsystem zwischen den Leistungen im 5. und 8.Schuljahr kaum ein Unterschied feststellen lässt. „Es darf im Mathematikunterricht nicht um ein Durcharbeiten oder 'Abarbeiten' von Schulbüchern gehen, sondern es gilt, zentrale Inhalte zu gewichten und sich immer wieder zu versichern, dass die Schülerinnen und Schüler diese auch verstanden haben."[8]

Das bedeutet für den Unterricht, der auch den leistungsschwachen Kindern die Möglichkeit bieten will, Kompetenzen zu entwickeln, dass wir uns immer wieder davon überzeugen müssen, dass die Kinder die Voraussetzungen zur Aneignung

---

[2] Vgl. Weinert/ Helmke (1997) Entwicklung im Grundschulalter, Weinheim
[3] Vgl. Krajewski, K. (2003) Vorhersage von Rechenschwäche, Verlag Dr. Kovač, Hamburg
[4] Moser Opitz, E. (2007) Zählen, Zahlbegriff, Rechnen. Bern: Haupt, S. 218).
[5] Zitat aus einem Vortrag im Mathematikdidaktikkolloquium der Humboldt- Universität zu Berlin am 15.12.2008.
[6] Vgl. Wember, F. (1996), S. 132
[7] Moser Opitz (2007) S. 208
[8] Moser-Opitz (2007, S. 279

des gerade zu behandelnden Stoffes haben, wir müssen uns an der Entwicklung der Kinder und nicht am nächsten anstehenden Test orientieren.

Genaue Ermittlung der Lernausgangslage, Förderung mathematischer Vorläuferfähigkeiten bereits im Vorschulalter sind notwendig, um tragfähige Grundlagen aufzubauen.

Grundlagen legen

Die Grundlegung mathematischen Wissens ist also ganz entscheidend.

Wer z. B. das Verfahren der schriftlichen Division nicht versteht, wird sicherlich dem Mathematikunterricht weiter folgen können und gut durchs Leben kommen. Wenn sich Lernlücken aber auf Inhalte der Klassen 1 und 2 beziehen, fehlt für alles Weitere die Basis. Es gilt also genauer zu betrachten, welche Inhalte des Mathematikunterrichts unabdingbar und welche nützlich, aber für das weitere Lernen entbehrlich sind. Für die Verständnisgrundlagen darf das Prinzip „durchnehmen" nicht gelten. Hier muss sichergestellt werden, dass sie von allen Kindern verstanden werden. Und wenn ein Schüler im Extremfall 10 Pflichtschuljahre benötigt, um die Grundlagen aus Klasse 1 und 2 zu lernen, hat er für die Anwendung „im Leben" mehr davon, als wenn er ein paar Bruchstücke von schriftlichen Rechenverfahren, Bruchrechnen und Dreisatz lernt, die er aufgrund mangelnder Flexibilität des gelernten Schemas in der Regel doch nicht anwenden kann.

Zu den unverzichtbaren Grundlagen für verständiges Rechnen und darauf aufbauend für das Erkennen von Zusammenhängen gehört Sicherheit sowohl in der kardinalen, der ordinalen aber auch in der relationalen Verwendung von Zahlen. Insbesondere ist es wichtig, dass Einsicht in das Teil-Ganzes-Schema gewonnen wird, wie insbesondere Untersuchungen von Jansen[9] zeigen. Gerade in der relationalen Zahlverwendung haben rechenschwache Kinder überproportional große Schwierigkeiten im Vergleich zu allen anderen Kindern. So ist diese Zahlverwendung ein Schwerpunkt in dem sehr erfolgreichen Förderprogram Matinko.[10]

Ganz wesentlich ist auch, dass Verständnis für und Vorstellungen von den Rechenoperationen erworben werden, damit Rechnen für diese Kinder nicht Operieren mit sinnleeren Zeichen bleibt.

Sehr sorgfältig und vielleicht auch über einen längeren Zeitraum sind mit diesen Kindern Aufgaben zur Entwicklung des Zahlverständnisses sowie zum Verstehen von Rechenoperationen, wie wir sie im Kapitel 3.2. beschrieben haben, zu bearbeiten. Bilder von Zahlen, Vorstellungen zu Rechenoperationen müssen gerade in den Köpfen der Kinder mit Schwierigkeiten beim Mathematiklernen entstehen.

---

[9]   Jansen, P. (2005) Basiskurs Mathematik. Aktionsforschung zur Prävention und Behandlung von Rechenschwäche, Heinsberg: Dieck

[10]   Jansen, P. (2008) Matinko, Lehrerband, Fachberatung für erfolgreiches Lernen, Coesfeld

Dem verfestigten zählenden Rechnen, einem der Hauptmerkmale von Rechen-schwäche[11] in der zweiten du dritten Jahrgangsstufe, muss der Kampf angesagt werden.

Lösungsstrategien anbieten und thematisieren

Es gibt Kinder, die von sich aus Rechenstrategien entwickeln, Zusammenhänge zwischen Aufgaben erkennen und sich so auch das Einprägen von Grundaufga-ben erleichtern. Ein beeindruckendes Beispiel haben wir in unseren Untersu-chungen zum Vorwissen von Schulanfängern erlebt. Schulanfängern wurde u. a. mündlich die Aufgabe 8 + 6 gestellt. Ein kleiner Junge schrieb (!!) sofort das Ergebnis 14 auf. Eine Nachfrage, wie er denn so schnell zu dem Ergebnis gelangt ist, antwortete er: „Das ist gar nicht so einfach. So zwei mehr sind zehn und dann noch vier sind 14. Verstehst du?"[12] Auch bei Gaidoschik[13] findet man Beispiele für Ableitungsstrategien bei der Lösung von Additions- und Subtraktionsaufga-ben, die Kinder bereits zu Beginn des Schulbesuchs zeigen. Es gibt also Kinder, die nicht darauf angewiesen sind, dass Zusammenhänge und Lösungsstrategien im Unterricht thematisiert werden.

Gleichzeitig gibt es Kinder, die irgendwie – meist durch zählendes Rechnen mit Hilfe der Finger – zu Ergebnissen gelangen, von sich aus keine Strategien entwi-ckeln, keine Zusammenhänge erkennen. Wir denken dann, dass gezeigte Leis-tungen, das Ermitteln eines Rechenergebnissen, auf ausgebildete Kompetenzen schließen lässt. Kinder, die mühsam zählend Ergebnisse ermitteln, für die auch z. B. der Übergang von einer Aufgabe zur Nachbaraufgabe eine völlig neue Anforderung ist, die wieder zählend bewältigt wird, sind nicht in der Lage, Zusammenhänge zu erkennen. In einer Untersuchung von Gaidoschik[14] ermit-telten am Ende der Klasse 1 noch 38 % der Kinder Additions- und Subtraktion-saufgaben im Zahlenraum bis 10 zählend.

Deshalb muss es von Anfang an darum gehen, diesen Kindern zu helfen, Strate-gien zu entwickeln, müssen Zusammenhänge zwischen Aufgaben, Beziehungen zwischen Zahlen thematisiert werden. Den Kindern muss also gezeigt werden, wie man effektiver rechnen kann, welche Zusammenhänge man zwischen Auf-gaben (dies sollte auf enaktiver Ebene beginnen) finden kann und wie diese Zusammenhänge das Rechnen und Einprägen erleichtern können. Kinder müs-sen zu der Einsicht gelangen, dass zählendes Rechnen viel zu mühsam ist. Dazu ist es auch legitim, dass Kinder vorgegebene Strategien reproduzieren, also Auf-gaben aus dem Anforderungsbereich I lösen, in dem z. B. Nachbaraufgaben anzugeben sind. Mit diesen Kindern sind intensiv Aufgaben zu behandeln, wie wir sie in 3.2.2 zum Punkt (2) „Rechenoperationen verstehen und beherrschen" vorgeschlagen haben. Dabei dürfen die Kinder nicht allein gelassen werden.

---

[11] Vgl. z. B. Schipper, W. (2002)
[12] Vgl. Grassmann u. a. (2002)
[13] Vgl. Gaidoschik, M. (2009a)
[14] Gaidoschik, M. (2009a) S. 17

Es ist also geboten,

vielfältige Anregungen zu geben, aber auch zu zeigen, wie beim Lösen, Argumentieren, Kommunizieren vorgegangen werden kann.

Es geht auch bei der Arbeit mit Kindern, die Lernschwierigkeiten haben, nicht um das Eintrainieren von Algorithmen um Nachvollziehen und Reproduzieren unverstandenen Wissens, um möglichst gut beim nächsten Test abzuschneiden. Auch diese Kinder sollen herausfordernde Aufgaben, orientiert an ihrem Entwicklungsstand, erhalten aber auch Anregungen dazu, wie Aufgaben gelöst werden können, wie Lösungswege erklärt werden können, was man so alles entdecken kann.

Ergänzend zu Aufgabenstellungen, wie wir sie im Kapitel 3.2.2 vorgestellt haben, sollen hier noch wenige Beispiele angegeben werden, die unser Anliegen verdeutlichen:

Aufgaben verändern

(1) *Verdopplungsaufgaben enaktiv, ikonisch und symbolisch lösen und dann Aufgaben anschließen wie:.*

Das kannst du   mache daraus
2 + 2   2 + 3
3 + 3   3 + 4

Am Zwanzigerfeld, erst legen, dann zeichnen, dann symbolisch.

(2) $7 + 1 =$ *Was hat die erste Aufgabe mit den nächsten*
    $8 - 1 =$ *zu tun?*
    $8 - 7 =$
    $8 + 1 =$
    $9 - 1 =$
    $9 - 8 =$

Auch derartige Aufgaben sollten zunächst handelnd am Zwanzigerfeld oder am Rechenrahmen bearbeitet werden.

Kinder sollen also selbst erleben / einschätzen, welche Rechnungen für die leicht sind und wie diese ihnen beim Lösen weiterer Aufgaben helfen können. Hier ist weniger mehr, nicht möglichst schnell möglichst viele Aufgaben bewältigen.

Kompetenzentwicklung ist also auch bei leistungsschwachen Kindern notwendig, wenn auch nicht auf dem Niveau, wie sie bei Kindern ohne Lernschwierigkeiten in Mathematik möglich ist. Insofern ist eine Diskussion um Mindeststandards notwendig und kann hilfreich sein. Standards sollten aber immer förderorientiert sein, das heißt es sind Unterstützungssysteme für Kinder und Lehrerinnen und Lehrer notwendig.

Schauen wir noch auf die andere „Extremgruppe" auf die leistungsstarken, interessierten und begabten Kinder – bei denen bilden sich doch Kompetenzen ohne unser Zutun aus?

4.2 Kompetenzentwicklung mathematisch talentierter Kinder

Wir haben oben Beispiele von Kindern angegeben, die bereits zu Schulbeginn über elaborierte Strategien zum Lösen von Additionsaufgaben verfügen, es gibt Kinder, die sich bereits zum Schulbeginn in großen Zahlenräumen sicher bewegen, die mit 4 Jahren in einem Buch das Erscheinungsjahr als Geburtsjahr der Mutter identifizieren (man überlege einmal, welche Anforderungen zu bewältigen sind, um dies zu erkennen) und viele weitere Beispiele [15], die deutlich machen, wie groß die Heterogenität ist, mit der wir es bereits zu Schulanfang zu tun haben.

Entwickeln diese Kinder Kompetenzen, wie in den Bildungsstandards formuliert von allein?

Auch hier können wir Sie nicht beruhigen, auch diese Kinder benötigen unsere Aufmerksamkeit und Förderung.

Zunächst einmal muss noch einmal betont werden, dass auch diese Kinder erkannt werden, dass wir ihre Interessen und Fähigkeiten erkennen und ernst nehmen. Unsere langjährigen Erfahrungen [16] in der Arbeit mit mathematisch talentierten Kindern zeigt, wie wichtig die Förderung auch dieser Kinder ist, um ihnen die Gelegenheit zu geben, ihre besonderen Fähigkeiten weiter auszubilden und auch um ihre Persönlichkeit zu stärken. Wir erleben immer wieder, dass diese Kinder möglichst schnell möglichst viele Aufgaben lösen wollen, dass sie es nicht gewohnt sind, sich anzustrengen, sich beharrlich und konzentriert mit einer Problemstellung auseinanderzusetzen. Hier wird deutlich, dass diese Kinder Herausforderungen benötigen, dass sie die Möglichkeit erhalten müssen, sich intensiv mit einem Gegenstand zu beschäftigen, tiefer in die Inhalte einzudringen. Das bedeutet nicht, dass sie den anderen Kindern vorauseilen müssen und z. B. in der Klasse 3 den Stoff der Klasse 4 erarbeiten müssen, sondern auch hier steht die Frage nach herausfordernden Aufgabenstellungen, die für diese Kinder in der „Zone der nächsten Entwicklung" liegen. Alle Kinder können an einem Aufgabenformat auf unterschiedlichem Niveau arbeiten, dieser Ansatz wird häufig als „natürliche Differenzierung" bezeichnet. Hier sind Aufgabenstellungen gefragt, die den Anforderungsbereich III (Vgl. Kapitel 2) bedienen.

Blickt man mit den Erfahrungen aus der Arbeit mit mathematisch interessierten und begabten Kindern auf die allgemeinen mathematischen Kompetenzen, so ist festzustellen, dass auch diese Kinder nicht von selbst all diese Kompetenzen erwerben, dass eine gezielte Förderung notwendig ist. Das betrifft z. B. Fähigkeiten im Kommunizieren und Argumentieren, denn auch bei diesen Kindern trifft man die Haltung an, „sag mir doch, ob es richtig ist", auch wenn sie dies selbst herausfinden und begründen könnten, warum ihre Lösung richtig sein

---

[15] Weitere Beispiele finden Sie z. B. in Grassmann, M./Heinze A. (2009)
[16] Vgl. Grassmann, M./Heinze, A. (2009)

muss. Es ist bezogen auf diese Kinder darauf zu achten, dass das „Prinzip der minimalen Hilfe" im Unterricht umgesetzt wird.

Im Kapitel 3 haben wir versucht deutlich zu machen, dass und wie Aufgabenstellungen ausbaubar und auf ganz unterschiedlichen Niveaustufen bearbeitet werden können.

Es geht also darum, ausgehend von der genauen Kenntnis des Lern- und Entwicklungsstandes der Kinder, herausfordernde Anforderungen an alle Kinder zu stellen, um möglichst vielen Kindern die Ausbildung der in den Bildungsstandards formulierten Kompetenzen zu ermöglichen. Dazu haben wir mit unseren Beispielen vielleicht einige Anregungen gegeben und würden uns über Reaktionen Ihrerseits freuen.

Literatur

Aebli, H. (1985): Zwölf Grundformen des Lehrens, 2. Auflage, Klett – Cotta, Stuttgart

Al-Dahoodi, A.; Eichler, K.-P. et al (1998): Felix und Felicitas. – Arbeitsheft Geometrie 1/ 2. – Braunschweig: Westermann

Al-Dahoodi, A.; Eichler, K.-P. et al (1996): Felix und Felicitas. – Arbeitsheft Geometrie 3/ 4. – Braunschweig: Westermann,

Alexander, Ch. (1977): A pattern language. – Towns, Buildings, Construction. – New York: Oxford University Press

Backe-Neuwald, D.(1998): Über den Geometrieunterricht in der Grundschule. – In: Mathematische Unterrichtspraxis 19I. – S. 1–12

Barnitzky, H. (2008): Kompetent im Unterricht der Grundschule – Deutschunterricht, Schneider Hohengehren

Bauersfeld, H. (1983): Subjektive Erfahrungsbereiche als Grundlage einer Interaktions-theorie des Mathematiklernens und -Lehrens, in Untersuchungen zum Mathematik-unterricht, DM-6, Köln, 1983, S. 1–56.

Bauersfeld, H. (1992): Drei Gründe Geometrisches Denken in der Grundschule zu fördern. – In: Beiträge zum Mathematikunterricht, Verlag Franzbecker, Hildesheim, S. 7–34

Baumert, J./Lehmann, R. et al (1997): TIMSS. Mathematisch-naturwissenschaftlicher Unterricht im internationalen Vergleich. Deskriptive Befunde. Opladen

Bender, Peter (2007): Was sagen uns PISA & Co, wenn wir uns auf sie einlassen? In: Jahnke,Th. ; Meyerhöfer, W. (Hrsg.): PISA&CO – Kritik eines Programms, 2. Auflage, Hildesheim et al., S. 281–338

Besuden, H. (1984): Knoten, Würfel, Ornamente – Stuttgart: Klett, Besuden, H.: Geo-metrie in der Grundschule. – In: Die Grundschulzeitschrift 18 (1988) S. 4f.

Besuden, H. (1988): Geometrie in der Grundschule. – In: Die Grundschulzeitschrift 18 S. 4f.

Besuden, H. (1994): Handbuch mit Handlungsanweisungen für die Verwendung von Arbeitsmitteln im Geometrieunterricht der Grundschule/Orientierungsstufe. – Olden-burg,

Bettner, Marco/Dinges, Erik (2006): Stochastik in der Grundschule. Bergedorfer Unter-richtsideen. Persen Verlag. Horneburg

Beutelspacher, A. (1996): „In Mathe war ich immer schlecht …". Braunschweig/Wies-baden

Blank, S.; Eichler, K.-P. (1999): Die Verbindung von Arithmetik und Geometrie – Chance für einen kindorientierten Unterricht. – In: Grundschulunterricht 46/ 4

Bloom, B.S.(1971): Stabilität und Veränderung menschlicher Merkmale. – Basel/Berlin/ Weinheim,

Blum, W. et al. (Hrsg.) (2006) : Bildungsstandards Mathematik: Konkret. Sekundarstufe I. Berlin

Blum, W. et al. (Hrsg.)(2008) : Bildungsstandards Mathematik: Konkret. Primarstufe. Berlin

Bohrisch, Gudrun/Mirwald, Elke (1988): Zu Möglichkeiten des Einbeziehens von elemen-taren Aufgabenstellungen kombinatorischen oder stochastischen Charakters in die mathematische Bildung und Erziehung der Schüler unterer Klassen. Dissertation A. Erfurt/Mühlhausen

Böning, Dagmar/ Ruwisch, Silke (2004): Daten gewinnen, darstellen, verarbeiten und interpretieren. In: Die Grundschulzeitschrift 172 (2004), S. 6–14

Bos, W. et al. (Hrsg.) (2003) : Erste Ergebnisse aus IGLU. Schülerleistungen am Ende der vierten Jahrgangsstufe im internationalen Vergleich. Münster et al.

Bos, W. et al. (Hrsg.) (2008) : TIMSS 2007: Mathematische und naturwissenschaftliche Kompetenzen von Grundschulkindern in Deutschland im internationalen Vergleich. Münster et al. 2008

Cooper, L.; Shepard, R. N. (1987): Rotationen in der räumlichen Vorstellung. – In: Wahrnehmung und visuelles System. – S. 122–129. – Heidelberg: Spektrum der Wissenschaft

De Bono, D. (1986): Denkschule. – Landsberg am Lech: mvg,

Downs, R. et. al. (2006): Learning to think spatially: GIS as a support system in the K-12 curriculum. – Washington D. C.: National Academies Press (U. S.),

Eichler, K.-P. & al: Felix und Felicitas. – Arbeitsheft Geometrie für die Klassen 1/2. – Braunschweig: Westermann

Eichler, K.-P. & al: Felix und Felicitas. – Arbeitsheft Geometrie für die Klassen 3/4. – Braunschweig: Westermann

Eichler, K.-P., Lüdtke, S.(2003): Zur Entwicklung des räumlichen Vorstellungsvermögens im Arithmetikunterricht der Klasse 1. – In: Grundschulunterricht 50/6

Eichler, K.-P. (2004): Geometrische Vorerfahrungen von Schulanfängern. – In: Praxis Grundschule 27/2

Eichler, K.-P.; Eipert, P. (2005): Zur Vorstellung von räumlichen Bewegungen. – In: Grundschulunterricht 52/11

Eichler, K.-P.; Reemer, A. (2005): Vorkenntnisse von Schulanfängern zu geometrischen Begriffen. – In: Grundschulunterricht 52/11

Eichler, K.-P. (2006): Räumliches Vorstellungsvermögen entwickeln. – In: Grundschule Mathematik Heft 10

Eichler, K.-P. (2007): Zum Geometrieunterricht in der Primarstufe. – In: Kinder fördern – Kinder fordern. – Festschrift für Jens Holger Lorenz zum 60. Geburtstag. – Hildesheim/ Berlin: Franzbecker

Eichler, K.-P. (2007): Geometrische Phänomene – Der Nutzen geometrischer Phänomene für die Unterrichtsgestaltung. – In: Grundschule 39/ 12. – S. 12–21

Eichler, K.-P. (2007): Ziele hinsichtlich vorschulischer geometrischer Erfahrungen. – In: Lorenz, Jens Holger; Schipper, Wilhelm (Hrsg.): Hendrik Radatz – Impulse für den Mathematikunterricht. – Braunschweig: Bildungshaus Schulbuchverlage, – S. 176–185

Eichler, K.-P. (2008): Skizzen als Hilfen beim Lösen Sachaufgaben. In: Praxis Grundschule 5, S. 29–32

Engel, Arthur/ Varga, Tamás/ Walser, Willi (1988): Zufall oder Strategie? Spiele zur Kombinatorik und Wahrscheinlichkeitsrechnung auf der Primarstufe. Ernst Klett Verlag. Stuttgart

Enzensberger, H.M. (1999): Der Zahlenteufel – Ein Kopfkissenbuch für alle, die Angst vor der Mathematik haben. München

Erichson, Ch. (2008) Aufgaben aus dem Ärmel, in Grundschule Heft 9 S. 16–19

Fanghänel, G. (2000): Arbeiten mit Aufgaben – ein wesentliches Mittel zur Gestaltung eines modernen Mathematikunterrichts. – In: Mathematikunterricht gestalten. – Berlin: Paetec

Flachsmeyer, J. u.a. (1990): Mathematik und ornamentale Kunstformen. – Leipzig: Teubner

Floer, J. (1990): Spielen und Üben mit dem Taschenrechner in der Grundschule. In: Die Grundschulzeitschrift, 4/31, S. 50–54

Fraedrich, A. (2001): Planung von Mathematikunterricht in der Grundschule. Heidelberg

Franke, M. (2003): Didaktik des Sachrechnens, Spektrum, Heidelberg, Berlin

Freudenthal, H. (1973): Mathematik als pädagogische Aufgabe. Band 1. Stuttgart

Freudenthal, H. (1979): Mathematik als pädagogische Aufgabe. Band 2. Stuttgart

Frostig, M. u. a. (1977): Visuelle Wahrnehmungsförderung – Übungs- und Beobachtungsfolge für den Elementar- und Primarbereich.

Freudenthal, H. (1982): Mathematik – eine Geistesverfassung, in: „Grundschule" Heft 4,

Gaidoschik, M. (2009a): Muster machen Mathe, in: Grundschule Heft 3 S. 16–18

Gaidoschik, M. (2009b): Zählendes Rechnen? Ist doch viel zu mühsam! In: Praxis Grundschule Heft 2, S. 7–12

Gallin, P./Ruf, U. (1990): Sprache und Mathematik in der Schule. Auf eigenen Wegen zur Fachkompetenz. Zürich

Gardner, H. (1994): Abschied vom IQ: Die Rahmentheorie der vielfachen Intelligenzen. Stuttgart: Klett-Cotta

Gesellschaft für Fachdidaktik (2009): Mindeststandards am Ende der Pflichtschulzeit; Erwartungen des Einzelnen und der Gesellschaft – Anforderungen an die Schule. Ein Positionspapier der Gesellschaft für Fachdidaktik e.V. (GFD) In: Mitteilungen der GDM 87/ 2009, Berlin S. 10–15

Grassmann, M. (1995a): „Da bin ich ja so schwer wie ein Eisenbahnwagen", in Mathematische Unterrichtspraxis I. Quartal 1995, S. 7–11

Grassmann, M. (1995b): „Na ich hätte auch durch rechnen können" – vom Umgang mit Kapitänsaufgaben in: Grundschulunterricht H. 11, S. 29–32

Grassmann, M. (1996): Wir haben „Krokodil, Zelt, Entenschnabel, UFO, ...gebaut" – was so alles beim Experimentieren im Geometrieunterricht zutage treten kann; in: Grundschulunterricht, Heft 11; S. 2–4

Grassmann, M. (1999): Kinder lösen eine Multiplikationsaufgabe in: Henning, H. (Hrsg.) Mathematiklernen durch Handeln und Erfahrung – Festschrift zum 75. Geburtstag von Heinrich Besuden, Bültmann & Gerris, Oldenburg

Grassmann, M. (1997): Einige Bemerkungen zum Fingerrechnen, in: Grundschulunterricht, H. 1 S. 25–29

Grassmann, M. (1999): Taschenrechner – ein Arbeitsmittel für die Grundschule. in: Grundschulunterricht 46/2, S. 8–11

Grassmann, M. (2001): „Fast jede Sache auf der Welt wiegt irgend etwas" – zum Umgang mit Gewichten, in: Grundschulzeitschrift Heft 141, S. 20–23

Grassmann, M. u. a. (2002): Mathematische Kompetenzen von Schulanfängern. 1. Kinderleistungen – Lehrererwartungen. Potsdamer Studien zur Grundschulforschung Band 30, Universitätsverlag Potsdam

Grassmann, M. u. a. (2005): Kinder wissen viel – auch über die Größe Geld? Teil 1 Potsdamer Studien zur Grundschulforschung Band 32, Universitätsverlag Potsdam

Grassmann, M. (Hrsg.) (2004–2009): PRIMO – Mathematik, Schulbücher für die Klassen 1–4, Braunschweig

Grassmann, M. (2008): Es geht auch ohne ... – Anregungen zum Einsatz von Fermi-Aufgaben; in: Grundschule Heft 9; S. 34–36

Grassmann, M. ; Heinze, A. (2009): Erkennen du Fördern mathematisch begabter Kinder; Westermann

Grötzinger, W. (1975): Kinder kritzeln, zeichnen, malen. Die Frühformen kindlichen Gestaltens. – München: Prestel

Grünbaum, B.; Sheperd, G. C. (1987): Tilings and patterns. – New York: Freemann & Co.

Grüßing, M. / Peter-Koop, A. (Hrsg) (2006): Die Entwicklung mathematischen Denkens in Kindergarten und Grundschule

Gudjons, H. (2004): Sieben Merkmale effektiven Unterrichts. In: Praxis Schule 5–10, Heft 3 S. 9

Hanke, P. (Hrsg.): Grundschule in Entwicklung. Herausforderungen und Perspektiven für die Grundschule heute, Münster et al. 2006

Härtig, K. (1974) : Zur Systematisierung des Inhalts von Mathematiklehrgängen. In: Wissenschaftliche Zeitschrift der Humboldt-Universität zu Berlin, Mathematik – Naturwissenschaftliche Reihe Heft 5, S. 459–462

Hasemann, K. (2003) : Anfangsunterricht Mathematik. Heidelberg

Heitele, Dietger (1976): Didaktische Ansätze zum Stochastikunterricht in Grundschule und Förderstufe. Dissertation, Dortmund.

Heymann, H. W. (2004): Besserer Unterricht durch Sicherung von „Standards"? In: Pädagogik 56 H. 6, S. 6–9

Hofstatter, (1991): D. R.: Metamagicum. – Fragen nach der Essenz von Geist und Struktur. – Stuttgart: Klett – Cotta

Hong Yan (2006): Java und Pattern, Beijing: Electronics industry Publishing House, 2006

Jahnke, Th. / Meyerhöfer, W. (Hrsg.) (2007): Pisa & Co. Kritik eines Programms, Hildesheim et al.

Jansen, P. (2008): Matinko, Lehrerband, Fachberatung für erfolgreiches Lernen, Coesfeld

Keßler, R. (1989): Räumliche Gebilde im Mathematikunterricht der Primarstufe – eine Auswahl, in: Beiträge zum Mathematikunterricht, Franzbecker, Hildesheim, Berlin

Kirsch, A. (1974): Elementare Zahlen- und Größenbereiche, Vandenhouk & Ruprecht, Göttingen

Klunter, M. und Raudies, M. (2008): 16 Bongbongs – Kinder erzählen und schreiben Rechengeschichten, in: Grundschule Heft 9 S. 20–21

Krajewski, K. (2003): Vorhersage von Rechenschwäche, Verlag Dr. Kovač, Hamburg

Kosinski, D. (2005): Schulanfänger entdecken die Spiegelsymmetrie, in: Grundschulunterricht Heft 11

Kühnel, J. (1916): Neubau des Rechenunterrichts, Leipzig

Kütting, Herbert (1999): Elementare Stochastik. Spektrum Akademischer Verlag. Heidelberg, Berlin.

Lafrenz, H. / Eichler, K. P. (2004): Vorerfahrungen von Schulanfängern zum Vergleichen und Messen von Längen und Flächen, in: Grundschulunterricht, Heft 7/8 S. 42–47

Leiber, L. (2008): Meine große Wimmelwelt. – Bindlach: Löwe

Lohse, Heinz (1983): Elementare Statistik. Volk und Wissen. Berlin.

Lorenz, J. H. / Radatz, H. (1993): Handbuch des Förderns im Mathematikunterricht. Hannover

Lorenz, J. H. (1992): Anschauung und Veranschaulichungsmittel im Mathematikunterricht – mentales visuelles Operieren und Rechenleistung. – Göttingen: Hogrefe Lorenz, J. H.: Wir leben in einer geometrischen Welt. – In: Praxis Schule (1994) 1, S. 6

Lorenz, J. H. (1997): Kinder entdecken die Mathematik. – Braunschweig: Westermann,

Lorenz, J. H. (Hrsg.)(2006 und 2007): Mathematikus Klasse 1., Klasse 2, Klasse 3, Klasse 4 – Braunschweig: Westermann

Lorenz, Jens Holger (2006a): Dämonen und Geister. In: Grundschule Mathematik 9 (2006), S. 20–21

Lorenz, Jens Holger (2006b): Die Kunst des Mutmaßens. In: Grundschule Mathematik 9 (2006), S. 4–7

Lorenz, Jens Holger (2006c): Gerechte Spiele. In: Grundschule Mathematik 9 (2006), S. 40–43

Lergenmüller, L. A.; Schmidt, G. (2005): Mathematik Neue Wege: Arbeitsbuch 5. – Schroedel

Maier, P. H. (1994): Räumliches Vorstellungsvermögen – Komponenten, geschlechtsspezifische Differenzen, Relevanz, Entwicklung und Realisierung in der Realschule. – Europäische Hochschulschriften, Bd. 493. – Frankfurt / Main: Verlag Peter Lang, 1994

Migutsch, A. (2007): Mein Wimmel-Bilderbuch: Frühling, Sommer, Herbst und Winter. – Ravensburg: Ravensburger Buchverlag Otto Maier

Mirwald, Elke / Nitsch, Bianca (2004): Die Welt mit mathematischen Augen sehen. Dieck Verlag. Heinsberg Moser Opitz, E. (2007) Zählen, Zahlbegriff, Rechnen. Bern: Haupt

Müller, G.; Wittmann, E. Ch. (1992): Handbuch produktiver Rechenübungen., Band 2, Klett, Stuttgart

Müller, G. ; Wittmann, E. Ch. (2008): Muster und Strukturen als fachliches Grundkonzept. In: Walter, G. et al. (Hrsg.): Bildungsstandards für die Grundschule: Mathematik konkret, Berlin, S. 42–65

Nitsch, Bianca (2005): Clara sucht Seife. In: Grundschulunterricht. Sonderheft 2005, S. 59

Nührenbörger, M. (2002): Denk- und Lernwege von Kindern beim Messen von Längen, Franzbecker, Hildesheim

Oberländer, F. (2005): Falten – eine unverzichtbare Tätigkeit im Geometrieunterricht der Grundschule; in: Grundschulunterricht Heft 11

Padberg, F. (1997): Einführung in die Mathematik I Arithmetik. Heidelberg

Padberg, F (2000): Didaktik der Arithmetik, Spektrum, Heidelberg

Paulsen, H. (1999): Mit Zirkel, Lineal, Tusche und Phantasie, Kiel, Nieswand

Penrose, R. (1979): Set of tiles for covering a surface. – US Patent Nr. 4133152 vom 9.01.1979 – online unter: http://v3.espacenet.com/publication Details/biblio?CC= US&NR=4133152&KC=&FT=E (letzter Aufruf: 14.05.2009)

Pippig, G. (1980): Beziehungen zwischen Kenntniserwerb und Entwicklung geistiger Fähigkeiten. Berlin: Volk und Wissen

Radatz, H. / Schipper, W. (2004): Handbuch des Mathematikunterrichts an Grundschulen. Hannover, 19. Auflage

Radatz, H. et al. (2000): Handbuch für den Mathematikunterricht 1. Schuljahr, Hannover

Rasch, R. (2001): Zur Arbeit mit problemhaltigen Textaufgaben im Mathematikunterricht der Grundschule. Franzbecker

Raudies, Monika (2000): Entwicklung stochastischer Denk- und Arbeitsweisen in der Grundschule. Universität Potsdam

Rost, D. (1977) Raumvorstellung. Psychologische und pädagogische Aspekte. Beltz, Weinheim

Schipper, W. (2001): Offenheit und Zielorientierung. In: Grundschule Heft 3, S. 10–15

Schipper, W. (2002): Thesen und Empfehlungen für schulischen und außerschulischen Umgang mit Rechenstörungen; in: Journal für Mathematikdidaktik 3/4 S. 243–261

Schwarzkopf, Ralph (2004): Wer gewinnt? – Dem Zufall auf der Spur. In: Die Grundschulzeitschrift 172 (2004), S. 32–36 Shepard, R.N.; Metzler, J. (1971) Mental rotation of three-dimensional objects. In: Science 171 S. 701–703

Selter, C. (2004): Vorgehensweisen von Grundschüler(inne)n bei Aufgaben zur Addition du Subtraktion im Zahlenraum bis 1000. In: JDM Heft 3/4, S. 227–258

Selter, Ch. Vorgehensweisen von Grundschüler(inne)n bei Aufgaben zur Addition und Subtraktion im Zahlenraum bis 1000 in: JMD 21(2000) Heft 3/4 S. 227–258

Selter/Spiegel (1997): Wie Kinder rechnen, Klett, Leipzig, Stuttgart, Düsseldorf

Selter, C./Sundermann, B (2006).: Beurteilen und Fördern im Mathematikunterricht. Berlin

Senftleben, G. (1998): Erkundungen zur Kopfgeometrie, in: Journal für Mathematikdidaktik Heft 3/4 Seite 49–72

Steindorf, G. (1991): Grundbegriffe des Lehrens und Lernens. – Bad Heilbrunn: Klinkhardt,

Steinweg, Anna Susanne (2006): Lerndokumentation Mathematik. Senatsverwaltung für Bildung, Wissenschaft und Forschung. Berlin

Stern, E. (1998): Die Entwicklung des mathematischen Verständnisses im Kindesalter, Pabst, Lengerich

Sturzebecher, K. (1972): Raumvorstellung – ein bedeutender Intelligenzfaktor in der Schule – In: Die Deutsche Schule. – Stuttgart

Tarassow, L.W. (1999): Symmetrie, Symmetrie. – Berlin/Heidelberg: Spektrum Verlag

Thiesemann, F.H. (1991a): Zur Entwicklung ausgewählter Komponenten der Raumanschauungsfähigkeit in später Kindheit und Adoleszenz. – In: Schriftenreihe Didaktik der Mathematik, Band 20, Anschauliche und Experimentelle Mathematik I. – Wien und Stuttgart

Thiesemann, F.H. (1991b): Ein informeller Test zur Raumanschauung. Entwicklung, Erprobung und Ergebnisse. – In: Praxis der Mathematik 33/5, S. 215–220

Thiesemann, F.H. (1991c): Zum Training der Raumvorstellungsfähigkeit. – In: Mathematische Unterrichtspraxis 12/2, S. 35–48

Thurstone, L.L. (1938): Primary mental abilities. – Chicago

Trapp, W. (1992): Kleines Handbuch der Maße, Zahlen, Gewichte und der Zeitrechnung, Komet Verlag GmbH, Köln

Weber, K.H. (1984):

Weinert, F.E. (Hrsg.) (2002): Leistungsmessung in Schulen. 2. unveränderte Auflage. Weinheim und Basel

Weinert/ Helmke (1997): Entwicklung im Grundschulalter, Weinheim

Wember, F. (1996): Anzahl und Ordnungszahl, Anschauer und Zähler – Über Streitfragen mit Tradition und Möglichkeiten einer kontentvaliden Lernstandsmessung im elementarischen mathematischen Lernbereich; In: Eberle, G. und Kornmann, R. (Hrsg.) Lernschwierigkeiten und Vermittlungsprobleme im Mathematikunterricht an Grund- und Sonderschulen, Deutscher Studienverlag, Heidelberg

Weyl, H. (1955): Symmetrie, Basel, Stuttgart, Birkhäuser Verlag

Wiebel, K.D. (2000): «Laborieren als Weg zum Experimentieren im Sachunterricht.» In: Die Grundschulzeitschrift, Heft 139, 14. Jahrgang, S. 44–45.

Winter, H. (1975): Allgemeine Lernziele im Mathematikunterricht? In: Zentralblatt für Didaktik der Mathematik,

Winter, H. (1989): Entdeckendes Lernen im Mathematikunterricht. Braunschweig

Winter, H. (1992): Aufgaben, Probleme, Kontexte – zur grundsätzlichen Problematik des Sachrechnens in der Grundschule. In: Sachunterricht und Mathematikunterricht in der Primarstufe, 20/8, S. 363–369

Winter, H. (1992): Sachrechnen in der Grundschule. Berlin

Winter, H. (2003): 'Gute Aufgaben' für das Sachrechnen, in: Baum, M. und Wielpütz, H. (Hrsg.) Mathematik in der Grundschule, Kallmeyer

Winter, H. Fundamentale Ideen in der Grundschule. – In: www.grundschule.bildung-rp.de (unter: Inhalte mathematischen Lernens – fundamentale Ideen)

Winter, H. Inhalte mathematischen Lernens. – Unter: http://grundschule.bildung-rp.de/lernbereiche/mathematik/wissenschaftliche-artikel/ inhalte-mathematischen-lernens.html (letzter Aufruf 07.10.2009)

Wittmann, E. Ch. (1996): Offener Mathematikunterricht in der Grundschule – vom FACH aus. In Grundschulunterricht Heft 6, S. 3–7

Wollring, B. (1994): Animistische Vorstellungen von Vor- und Grundschulkindern in stochastischen Situationen. In: Journal für Mathematikdidaktik 15 (1994) 1/2, S. 3–34

www.felix-und-felicitas.de – Onlineplattform zur Entwicklung des räumlichen Vorstellungsvermögens

Kompetent im Unterricht der Grundschule

Horst Bartnitzky

Band 1: Deutschunterricht

2. korr. Aufl., 2009. VIII, 142 Seiten. Kt. ISBN 9783834005953. € 15,—

Seit PISA hat der Kompetenz-Begriff auch für den Deutschunterricht Konjunktur. Dabei sind die Definitionen unterschiedlich, wie das Beispiel Lesekompetenz zeigt. Horst Bartnitzky zeigt die Verkürzungen bei PISA, IGLU und den Vergleichsarbeiten auf und argumentiert für einen dynamischen Kompetenzbegriff, der bei Kindern von Anfang an die bereits vorhandenen Kompetenzen aktiviert und sie dann weiter entwickelt. Für alle Bereiche des Deutschunterrichts stellt Horst Bartnitzky an vielen Beispielen den kompetenz-orientierten Deutschunterricht vor – vom Schulanfang bis zum Ende des Grundschulzeit, von der anregenden Lernumgebung bis zur Diagnose und Bewertung.

Astrid Kaiser / Charlotte Röhner

Band 2: Sachunterricht

2008. IX, 190 Seiten. Kt. ISBN 9783834004697. € 18,—

Überall wird von Kompetenzen geredet - aber wenig dafür getan. In diesem Buch wird gezeigt, wie Kinder tatsächlich Kompetenzen im Sachunterricht erwerben können. Dazu gibt es Beispiele und Unterrichtsprinzipien, die zum Kompetenzerwerb führen. Hier stehen das Fördern der Kinder und die Möglichkeiten nachhaltigen Lernens im Mittelpunkt und nicht Kompetenzrhetorik oder selektive Anforderungen. Dazu werden in diesem Band Wege für den Sachunterricht aufgezeigt, wie Kinder tatsächlich ihre Kompetenz steigern können. Dies erfolgt in fünf zentralen Förderbereichen im Sachunterricht, nämlich für kognitive, emotionale, politisch-gesellschaftliche, praktische und ethische Kompetenzen.

Bettina Küntzel

Band 3: Musikunterricht

2009. X, 114 Seiten. Kt. ISBN 9783834005366. € 12,—

Als die Autorin Bettina Küntzel realisierte, welche Qualität von Musikunterricht möglich ist, wenn die Präferenzen, die Bedürfnisse und die Kompetenzen der Kinder dessen Grundlage sind, begann sie zu beobachten: Was können und was wollen Kinder mit Musik und welche Fallstricke baut sich die Musikpädagogik selbst? Anliegen dieses Bandes ist es, unterrichtliche Wege für das Eigene Lernen von Kindern zu finden.

Nikola Mayer / Gudrun Köhler

Band 4: Englischunterricht

2009. X, 140 Seiten. Kt. ISBN 9783834005670. € 15,—

Das Buch bietet einen kompakten Überblick über die Kompetenzbereiche im Englischunterricht der Grundschule und neue Formen und Möglichkeiten der Leistungsmessung. Die Autorinnen haben eine Fülle von Aufgabenbeispielen und methodischen Ansätzen zusammengetragen, die anschaulich zeigen, wie die einzelnen Kompetenzbereiche sinnvoll aufgebaut und gefördert und nach und nach zu einem Kompetenznetzwerk verknüpft werden können.

 Schneider Verlag Hohengehren
Wilhelmstr. 13; D-73666 Baltmannsweiler